Dirk Strohmann

Anton Joseph Stratmann (1734-1807) –
Leben und Werk des Malers aus dem Paderborner Hochstift

Herr Heinke, D'dorf

In langjähriger, freundschaftlicher
Verbundenheit.

Ihr Heinz Kamp

25/03/98

Studien und Quellen
zur westfälischen Geschichte

Im Auftrag des Vereins für Geschichte und Altertumskunde Westfalens
Abteilung Paderborn
begründet von Klemens Honselmann
herausgegeben von Friedrich Gerhard Hohmann
Band 33

Gedruckt mit Unterstützung
des
Landschaftsverbandes Westfalen-Lippe

Gedruckt mit Unterstützung
der
Volksbank Paderborn

Dirk Strohmann

Anton Joseph Stratmann (1734-1807)

Leben und Werk des Malers aus dem Paderborner Hochstift

Mit Werkkatalogen von
Johann Heinrich Stratmann
und
Anton Ferdinand Stratmann

BONIFATIUS
Druck · Buch · Verlag
PADERBORN

Die Deutsche Bibliothek – CIP-Einheitsaufnahme

Strohmann, Dirk:
Anton Joseph Stratmann : (1734-1807) ; Leben und Werk des
Malers aus dem Paderborner Hochstift ; mit Werkkatalogen von
Johann Heinrich Stratmann und Anton Ferdinand Stratmann / Dirk
Strohmann. – Paderborn : Bonifatius, 1997
  (Studien und Quellen zur westfälischen Geschichte ; Bd. 33)
  ISBN 3-87088-989-6

ISBN 3-87088-989-6
© 1997 by Bonifatius GmbH Druck · Buch · Verlag Paderborn

Alle Rechte vorbehalten. Das Werk einschließlich seiner Teile ist urheberrechtlich geschützt. Jede Verwertung außerhalb der engen Grenzen des Urheberrechtsgesetzes ist ohne Zustimmung des Verlages unzulässig und strafbar. Das gilt insbesondere für Vervielfältigungen, Übersetzungen, Mikroverfilmungen und die Einspeicherung in elektronischen Systemen.

Gesamtherstellung:
Bonifatius GmbH Druck · Buch · Verlag Paderborn

Inhalt

Vorwort 7

Einleitung 9

Biographisches 12

Politische und gesellschaftliche Situation 21

Akademieaufenthalt in Antwerpen 29

Historienbilder 35

Porträts 42

Zusammenfassung 48

Werkkatalog Anton Joseph Stratmann 50

Werkkatalog Johann Heinrich Stratmann 124

Werkkatalog Anton Ferdinand Stratmann 126

Genealogische Übersicht 133

Literaturverzeichnis 137

Abkürzungsverzeichnis 144

Personenregister 145

Ortsregister 151

Abbildungsnachweis 155

Abbildungen 156

Vorwort

Den Anstoß für die Beschäftigung mit dem zu seinen Lebzeiten geschätzten, heute aber zu Unrecht weitgehend vergessenen Maler Anton Joseph Stratmann (1734-1807) gab nicht wie im Falle der Bildhauer Papen ein bevorstehendes Jubiläum. Der 190. Jahrestag des Todes des Künstlers 1997 ist nach allgemeinen Jubiläumsgewohnheiten dafür noch nicht Anlaß genug. Ausgangspunkt der Bearbeitung des Œuvres Anton Joseph Stratmanns war vielmehr eine denkmalpflegerische Maßnahme an einem der bedeutendsten westfälischen Kirchenbauten des späten Barock, der ehem. Jesuitenkirche Maria Immaculata in Büren. 1986 bis 1991 erfolgte die Restaurierung des Inneren der Kirche, zu deren anspruchsvoller Ausstattung Stratmann die Gemälde des Hochaltares beigetragen hat. Im Rahmen der denkmalkundlichen Vorbereitung der Restaurierungsmaßnahme und ihrer späteren Publikation beschäftigte ich mich erstmals intensiver mit dem nur in Ansätzen bekannten Werk des Künstlers, das mir bereits bei der Materialsammlung zu meiner Dissertation über einen westfälischen Maler des 17. Jahrhunderts als besonders qualitätvoll aufgefallen war. Erste Ergebnisse durfte ich 1994 im Rahmen eines Vortrages am Tag der Westfälischen Geschichte in Paderborn-Schloß Neuhaus der Öffentlichkeit vorstellen.

Der Direktor des Vereins für Geschichte und Altertumskunde Westfalens, Abteilung Paderborn, Herr Dr. Friedrich Gerhard Hohmann, regte daraufhin die systematische Bearbeitung des Malers in Form einer Monographie mit Werkverzeichnis an und stellte die Aufnahme in die vereinseigene Publikationsreihe „Studien und Quellen zur westfälischen Geschichte" in Aussicht. Für diesen entscheidenden Impuls danke ich Herrn Dr. Hohmann sehr, ebenso für seine unermüdliche Unterstützung und die kritische Durchsicht eines Teiles des Textes.

Besonders zu danken ist auch der Volksbank Paderborn, die das Erscheinen des Buches förderte.

Meinem Arbeitgeber, dem Landschaftsverband Westfalen-Lippe mit seinem Westfälischen Amt für Denkmalpflege, habe ich für allgemeine Unterstützung zu danken, besonders aber für die qualitätvollen fotografischen Neuaufnahmen der allermeisten Gemälde Stratmanns. Diese wichtige Hilfeleistung wurde getragen von der Einsicht, daß Anton Joseph Stratmann mit seinen Altarbildern, aber auch seinen Porträts die westfälische Denkmallandschaft mitgeprägt hat, deren wissenschaftliche Erforschung und Dokumentation Teil der Aufgaben des Westfälischen Amtes für Denkmalpflege sind. Das Landesamt für Denkmalpflege Sachsen-Anhalt steuerte dankenswerterweise die Fotoaufnahmen der Huysburger Altarbilder bei.

Mein ganz besonderer Dank gilt den Privateigentümern der Porträts, die mit einer Ausnahme bereitwillig die Besichtigung und das Fotografieren der Gemälde gestatteten und mit Hinweisen weiterhalfen. Gleiches trifft auf die Pfarrer und Küster der Kirchen und die Leiter und Mitarbeiter der Museen zu, die Werke des Malers bewahren. Ihnen bin ich für ihre Hilfe ebenso zu Dank verpflichtet wie den Verwaltern der zahlreichen privaten und öffentlichen Archive, die ich benutzen durfte. Dem Leiter des Paderborner Stadtarchivs, Herrn Rolf-Dieter Müller, schulde ich zusätzlich Dank für die kritische Durchsicht des biographischen Teiles dieses Buches.

Frau Sabine Heitmeyer-Löns, Textilrestauratorin in Havixbeck, danke ich für die fachliche Überprüfung und Korrektur meiner Porträtbeschreibungen im Hinblick auf Kleidung und sonstige Textilien.

Dankbar hervorheben möchte ich nicht zuletzt die hervorragende Zusammenarbeit mit meinen

Kollegen(-innen) der Fotowerkstatt des Westfälischen Amtes für Denkmalpflege, Angelika Brockmann-Peschel, Arnulf Brückner, Erich Dömer, Hartwig Dülberg und Hedwig Nieland, die bei den Fotoaufnahmen keine Mühe gescheut haben.

Münster, im Februar 1997   *Dirk Strohmann*

Einleitung

Mit dem vorliegenden Werkverzeichnis des Historienmalers und Porträtisten Anton Joseph Stratmann (1734-1807) soll dem breiteren interessierten Publikum ein Künstler bekannt gemacht werden, dessen herausragende Stellung in der westfälischen Kunstgeschichte des Barock und Rokoko bisher noch nicht hinreichend gewürdigt worden ist. In den wenigen übergreifenden Werken zur westfälischen Kunst- und Kulturgeschichte sucht man den Namen des Malers vergeblich oder findet ihn nur beiläufig erwähnt.[1] Dies ist eine Folge der bis in die jüngste Zeit verbreiteten Geringschätzung der Malerei des 17. und 18. Jahrhunderts in Westfalen. Die pauschale Abwertung beruhte einerseits auf der Unkenntnis des Bestandes, andererseits auf übersteigerten Originalitätsforderungen im Sinne von autochthonen kunstlandschaftlichen Stilmerkmalen. Die statt dessen kennzeichnende Orientierung an vorherrschenden Kunststilen anderer Kunstzentren und die damit verbundene Schwierigkeit, das „Westfälische" in der Malerei des 17. und 18. Jahrhunderts zu beschreiben, sind jedoch an sich noch kein Kriterium für mangelnde Qualität.[2] Entscheidend ist allein die eigenständige künstlerische Umsetzung der fremden Vorbilder in eine persönliche Formensprache, die bei Anton Joseph Stratmann im überregionalen Vergleich bestehen kann. Wie schon bei Johann Georg Rudolphi (1633-1693), dem bedeutendsten westfälischen Maler des 17. Jahrhunderts, weist auch bei Stratmann die wissenschaftliche Darstellung des Œuvres die Unrichtigkeit eines Urteils auf, wie es noch 1984 Hildegard Westhoff-Krummacher formuliert hat, wenn sie von der großen „Kunstpause" in Westfalen zwischen den Malern tom Ring und dem Porträtmaler Johann Christoph Rincklake (1764-1813) spricht.[3]

Dieser unverdienten Mißachtung zum Trotz belegt der folgende Überblick über den Forschungsstand durchaus kontinuierliches Interesse am Werk des Malers Anton Joseph Stratmann. Zu seinen Lebzeiten hoch geschätzt, geriet er auch im 19. Jahrhundert nicht ganz in Vergessenheit. In Zeiten allgemeiner Ablehnung der Kunst des Barock und Rokoko muß es immerhin verwundern, daß sich der Halberstädter Gelehrte Friedrich Lucanus 1866 zu einem geradezu euphorischen Urteil über die künstlerische Bedeutung Stratmanns hinreißen ließ. In seiner Beschreibung der Kirche der ehemaligen Benediktinerabtei Huysburg äußert sich Lucanus wie folgt: *In der Kirche sind drei werthvolle Gemälde von Strathmann aus Paderborn, einem Zeitgenossen von Raphael Mengs, der nächst diesem vielleicht als der ausgezeichnetste deutsche Maler dieser Zeit und Richtung anzusehen ist.*[4] 67, 72, 73

Diese aus heutiger Sicht etwas zu euphorische Einschätzung des künstlerischen Ranges des Paderbor-

---

[1] Hermann Rothert, Westfälische Geschichte. 3 Bde. Gütersloh 1951. Zur Malerei des Barock s. Bd. III, S. 409. – Anton Henze, Westfälische Kunstgeschichte. Recklinghausen 1957. S. dort S. 368. – Westfälische Geschichte. Hrsg. von Wilhelm Kohl. 3 Textbde. u. 1 Bild- u. Dokumentarband. Düsseldorf 1983. S. dort in Bd. 1 den Beitrag von Gerhard Langemeyer über die bildende Kunst (bis 1800). Langemeyer erwähnt S. 759 Anton Stratmanns Werke für das Schloß in Münster. – Wenig ergiebig auch die Angaben zu Stratmann bei Matzner/Schulze 1995, S. 225. – Vgl. auch den Abriß des Forschungsstandes bei Strohmann 1986, S. 12-14.

[2] Zur kunstlandschaftlichen Betrachtungsweise s. zuletzt: Paul Pieper, Westfälisches in Malerei und Plastik. Bemerkungen zum Stand der Diskussion um die Kunstlandschaft. In: Der Raum Westfalen. Bd. VI. Fortschritte der Forschung und Schlußbilanz. Erste Lieferung. Münster 1985, S. 25-43. – Zur Problematik der Anwendung der kunstlandschaftlichen Betrachtungsweise auf die Malerei des 17. Jahrhunderts s. Strohmann 1986, S. 87-94. Im Grundsatz lassen sich die Ausführungen auch auf die Malerei des 18. Jahrhunderts übertragen.

[3] Zu Rudolphi s. Strohmann 1986. – Westhoff-Krummacher 1984, S. 8. Ihr im Hinblick auf die Herausarbeitung der zu Recht gerühmten Qualitäten Rincklakes wohl etwas überspitzt formuliertes Urteil relativiert Westhoff-Krummacher 1993 selbst, wenn sie in ihrem Überblick über die Malerei in Münster vom 18. bis zum 20. Jahrhundert auf S. 443f. von dem „brillanten malerischen Können" Stratmanns spricht.

[4] Lucanus 1866, S. 68. Vgl. Kat.-Nr. A 18, 23, 24.

ner Malers wirkt gleichsam wie ein Resümee jener wohlmeinenden Beschreibung, die uns Philipp Ferdinand Ludwig Bartscher (1749-1823), ein nur wenig jüngerer Zeitgenosse und Malerkollege, von einem leider verschollenen Werk Stratmanns hinterlassen hat. Über das einstmals in der Kunstsammlung des Corveyer Fürstabtes Theodor von Brabeck befindliche Gemälde „Die Königin von Saba vor König Salomo" schreibt Bartscher 1787: *Dieses auserordentliche schöne Gemälde gehört gewiß unter die besten Werke dieses grosen Meisters: allenthalben entdeckt man Spuren seiner grosen Kunst, und Grazie ist selbst über die kleinsten Gegenstände verbreitet; die ganze Gruppe ist meisterhaft verbunden; das Colorit ist kräftig und die Würkung piquant; die Köpfe des Königs und der Königin wie auch die mehrsten übrigen sind vortreflich und von feinen Ausdrück; man glaubt, das schönste Fleisch zu sehen; die Gewänder sind frey geworfen, und die ganze Behandlung ist ungemein leicht; und dabey sind doch die Umrisse mit solcher Kunst ausgedeutet, daß man darüber erstaunet und sich über die richtige Ausführung auch in einzelnen Theilen nicht genug verwundern kann.*[5]

Johann Bernhard Nordhoff, dem das Verdienst zukommt, als erster einen knappen Überblick über die in Westfalen tätigen Maler des Barock gegeben zu haben, zitiert 1885/86 in seiner Erwähnung Stratmanns zwar das Urteil des Lucanus, äußert sich ansonsten jedoch nüchterner: *Schüler der Akademie zu Antwerpen hat er in einer geraumen Lebensspanne [...] alle Zweige der Malerei, das Portrait, das Kirchenbild, die Landschaft, die Allegorie [...] kultivirt und durch eine edle Auffassung, eine glückliche Komposition, kraftvolle und harmonische Farben zu einer gewissen Vollendung geführt.*[6] Man hat aber den Eindruck, daß der ansonsten wenig von den Qualitäten westfälischer Barockmaler überzeugte Nordhoff aufgrund der ihm bekannten Werke Anton Joseph Stratmann seine Anerkennung nicht verweigern konnte. Nordhoff erwähnt übrigens auch erstmals den ebenfalls als Maler arbeitenden Sohn Anton Ferdinand sowie die älteren Mitglieder der Malerfamilie Stratmann.

Die zeitweilige Tätigkeit Anton Joseph Stratmanns in Münster konnte nach ersten Hinweisen von Hartmann in seiner Schlaun-Monographie durch die von Max Geisberg bearbeiteten Inventarbände der Kunstdenkmäler der Stadt Münster dokumentiert werden.[7] Damit war der Forschungsstand erreicht, den Karl Hölker in seinem Artikel im Thieme-Becker-Künstlerlexikon 1938 zusammenfaßte.[8] Die damals bekannten Fakten zu Leben und Werk des Paderborner Malers waren jedoch immer noch mehr als dürftig.

Dies änderte sich erst mit dem 1963 veröffentlichten Aufsatz des ehemaligen Paderborner Stadtbaurates und Heimatforschers Paul Michels über die Malerfamilie Stratmann.[9] Mit Hilfe der von ihm ausgewerteten archivalischen Quellen stellte Michels die Familiengeschichte auf sichere Füße und erweiterte die Kenntnis der Werke durch einige Neufunde. Michels stützte sich dabei auf eine im Archiv des Vereins für Geschichte und Altertumskunde, Abt. Paderborn, aufbewahrte Akte mit handschriftlichen Aufzeichnungen über Paderborner Künstler, Schriftsteller, Drucker und Gelehrte.[10] Die kunsthistorische Bewertung und Einordnung des Œuvres Stratmanns war jedoch nicht sein erklärtes Arbeitsziel.

1966 folgte ein weiterer grundlegender Aufsatz von Herta Hesse-Frielinghaus, der zum ersten Mal auch den Porträtmaler Stratmann mit bereits den meisten seiner heute bekannten Bildnisse zu einer erkennbaren Größe werden ließ.[11] Hesse-Frielinghaus bezog den Sohn Anton Ferdinand in ihre Betrachtungen mit ein und unternahm es, für beide Maler künstlerische Entwicklung und stilistische Merkmale in Ansätzen aufzuzeigen. Die umfassende Objektkenntnis hatte sie bei ihren Arbeiten an der „Westfälischen Bildnissammlung" gewinnen können.[12] Dieses Inventarisationsprojekt war 1938 auf Initiative des damaligen Provinzialkon-

---

[5] Bartscher 1787, Nr. 7 (S. 36). Vgl. Kat.-Nr. D 1.
[6] Nordhoff 1885/86, S. 45.

[7] Hartmann 1910, S. 167f., 199, 200, 201, 205, 207. BKW Münster, Bd. I, S. 422, 424, 426, 439, 469, 472, 478ff., 488, 490, Bd. II, S. 402, Bd. IV, S. 237, 310.
[8] Th.-B., Bd. 32, 1938, S. 160f.
[9] Michels 1963.
[10] AAVP, Akte 194.
[11] Hesse 1966.
[12] S. dazu Herta [Hesse-]Frielinghaus, Westfälische Bildnissammlung, in: Westfälisches Adelsblatt 10, 1938/39, Nr. 2, S. 200-205. – Westhoff-Krummacher 1984, S. 10.

servators Rave ins Leben gerufen worden.[13] In zwei Arbeitsabschnitten sollten alle Porträts des westfälischen Adels und des Bürgertums mit den wichtigsten Angaben zum Bild, zu den Dargestellten und wenn möglich zum Künstler erfaßt und fotografiert werden. Von 1938 bis 1943 bereiste Herta Hesse-Frielinghaus zahlreiche westfälische Schlösser und konnte auf diese Weise eine umfangreiche Sammlung zumindest von Adelsporträts zusammentragen, ohne jedoch die angestrebte Vollständigkeit zu erreichen. Die Endphase des Zweiten Weltkriegs machte schließlich die Fortführung der Porträtinventarisation und die geplante Ausdehnung auf die bürgerlichen Porträts unmöglich. Die damals angelegte Objektkartei und auch die Fotonegative haben zum Glück die Kriegszerstörungen unversehrt überstanden und werden im Westfälischen Amt für Denkmalpflege in Münster aufbewahrt. Für das vorliegende Werkverzeichnis bilden diese Unterlagen einen wichtigen Ausgangspunkt, ohne den Stratmanns Bildnisœuvre sicher nicht in so großer Breite zu erfassen gewesen wäre.

Dem durch die Aufsätze von Michels und Hesse-Frielinghaus näher umrissenen, aber leider nur durch wenige Abbildungen veranschaulichten Werk Anton Joseph Stratmanns konnten in den folgenden Jahren einige in Form von kurzen Einzelpublikationen vorgestellte Neufunde eingegliedert werden.[14] Zum Teil waren diese Neufunde in Zusammenhang mit Restaurierungen zu vermelden, die von der Restaurierungsfirma Ochsenfarth in Paderborn durchgeführt wurden.

Jochen Zinks verdienstvolle monographische Bearbeitung (1985, Nachträge 1989) des Bildhauers Johann Heinrich Joseph Stratmann (1736-1805), einem jüngeren Bruder Anton Josephs, belegte die enge künstlerische Zusammenarbeit der beiden Brüder und bereicherte den gesicherten Werkbestand Anton Josephs um weitere Zugänge.[15] Anläßlich der Innenrestaurierung der ehemaligen Jesuitenkirche in Büren 1986 bis 1991 gelang es schließlich dem Verfasser aufgrund eines Archivalienfundes, die bisher als Werke des Freskomalers Joseph Gregor Winck (1710-1781) geltenden Altargemälde Anton Joseph Stratmann zuzuweisen. Im Rahmen der Publikation der Restaurierungsmaßnahme 1994 konnte der Verfasser innerhalb der Darstellung der Kirchenausstattung und ihrer Künstler auch auf Anton Joseph Stratmann eingehen und erste Ergebnisse seiner nun einsetzenden intensiveren Beschäftigung mit dem Maler vorstellen.[16]

57, 58

Die vorliegende Untersuchung ist das Ergebnis dieser Beschäftigung. Sie umfaßt als Hauptstück den Œuvrekatalog des Malers Anton Joseph Stratmann mit ca. 160 Katalognummern, ergänzt durch die weitaus weniger umfangreichen Werkverzeichnisse seines Vaters Johann Heinrich Stratmann (1708-1755) und seines Sohnes Anton Ferdinand Stratmann (1770-1844). Vorangeschickt ist eine zusammenfassende Würdigung von Leben und Werk des Künstlers, die auf einer breiten, nach jetzigem Kenntnisstand vollständigen Werkbasis Anton Joseph Stratmann den ihm gebührenden Platz in der Kunstgeschichte Westfalens einzuräumen versucht.

---

[13] Erste Vorarbeiten lagen bereits in Gestalt der 1929 begonnenen Ahnenbildersammlung der Vereinigten Westfälischen Adelsarchive vor, s. Glasmeier 1937.
[14] Servais 1968. – Hansmann/Butt 1978. – Stiegemann 1983/84. – Hansmann 1986.
[15] Zink 1985. – Zink 1989.
[16] Strohmann 1994.

Biographisches

Anton Joseph Stratmann wurde am 14. April 1734 in Paderborn geboren.[17] Seine Eltern waren der Maler Johann Heinrich Stratmann (1708-1755) und die Malerstochter Anna Maria Magdalena Woltemate (1703-1755). Beide Elternteile entstammten Familien, in denen über Generationen hinweg immer wieder mindestens ein Nachkomme den Malerberuf ergriffen hatte. Anton Joseph, dem erstgeborenen Sohn des Paares, war somit diese Profession gleichsam mit in die Wiege gelegt, eine Bestimmung, die zweifellos auch darin Ausdruck fand, daß sein Großvater mütterlicherseits, der Maler Jodokus Woltemate (1660?-1738), die Patenschaft übernahm.[18]

Jodokus (Jobst) Woltemate hatte 1690 das Paderborner Bürgerrecht erworben und übte in dritter Generation den Beruf des Malers aus.[19] Begründet wurde diese Tradition nach den bisherigen Erkenntnissen durch seinen Großvater Berendt Woltemate (kurz nach 1600-1680), der in seiner Heimatstadt Hameln, aber auch in Rinteln und Lemgo Zeugnisse seiner künstlerischen Tätigkeit hinterlassen hat.[20] Die Lemgoer Werke weisen ihn als Künstler von eher bescheidener Qualität aus.[21] Sein ältester Sohn Simon Christian (1631?-?), ebenfalls Maler, siedelte spätestens 1653 von Hameln nach Borgholz im Warburgischen über, von wo dessen Sohn Jodokus dann wiederum nach Paderborn abwanderte.[22] Als erhaltene Werke des Jodokus darf man möglicherweise die Emporenbilder von 1680 in der Kirche in Aerzen bei Hameln ansprechen.[23]

Zwei von Jodokus' Söhnen, Friedrich Ferdinand (1693-1746) und Ignaz Heinrich (1698-1752), wurden ebenfalls Maler. Mit Ausnahme von Faßmalerarbeiten an einem von dem Paderborner Baumeister

---

[17] KB Paderborn, Busdorfpfarre, Bd. 2, Taufen, S. 10. Tauftag war der 16. April 1734.

[18] Der Großvater väterlicherseits, der Maler Alexander Stratmann (1653-1715), war bereits verstorben und stand als Pate nicht mehr zur Verfügung. Bei der Geburt des jüngeren Bruders von Anton Joseph, des späteren Bildhauers Johann Heinrich Joseph Stratmann (1736-1805), übernahm der Bildhauer Johann Philipp Pütt (1700-1768?) die Patenschaft, ein weiterer Beleg dafür, daß die Wahl des Paten auch im Hinblick auf die spätere Berufsausbildung des Täuflings geschah. Der Sohn Johann Philipp Pütts, Johann Jakob (1731-1784), heiratete 1764 die älteste Schwester der beiden Stratmann-Brüder, Maria Agnes Ursula Stratmann (1732-1771), ein weiteres Beispiel für die Verschwägerung der Paderborner Künstlerfamilien untereinander. S. genealogische Übersicht.

[19] StadtA Paderborn, A 5247, Bürgerrolle 1677-1738, fol. 81, Kämperbauerschaft, Aufnahmeeintrag vom 3. Januar 1690. Jodokus Woltemate hatte bereits am 16. März 1688 in der Paderborner Gaukirche Elisabeth Ernesti (1668?-1736) geheiratet, mit der er zehn Kinder hatte. Diese sind nach den Kirchenbüchern der Gaukirche aufgeführt bei Michels 1957, S. 246f. Dort auf S. 245-248 weitergehende genealogische Angaben zur Malerfamilie Woltemate, die hier nur auszugsweise wiedergegeben sind. Die Schreibweise des Namens Woltemate differiert in den Quellen sehr stark.

[20] Spanuth 1952. Der Verfasser führt einige gesicherte und zugeschriebene Werke Berendt Woltemates in Hameln und Umgebung an, darunter das Porträt des Superintendenten und Theologieprofessors Josua Stegemann von 1634 in der ev. Marktkirche St. Nikolai in Rinteln. S. Dehio Niedersachsen 1992, S. 1135.

[21] Die Gemälde des Altarretabels von 1643 in der Nikolaikirche in Lemgo (Abendmahl, Himmelfahrt Christi) tragen die Signatur *Berendt Woltemate*. S. Die Bau- und Kunstdenkmäler von Westfalen. Stadt Lemgo. Begonnen von Otto Gaul. Fortgeführt von Ulf-Dietrich Korn. Münster 1983, S. 206.

[22] Werke des Simon Christian Woltemate sind nicht bekannt. Er scheint in Borgholz zum katholischen Glauben übergetreten zu sein, da er 1653 in der dortigen Pfarrkirche getraut und seine Kinder dort katholisch getauft werden. S. Michels 1957, S. 248. Offenbar konnte Michels die Taufe des Jodokus im Gegensatz zu der seiner Brüder nicht eindeutig im Kirchenbuch nachweisen, da er nur das Taufjahr angibt. Bei Th.-B., Bd. 36, 1947, S. 234, ist als Geburtsort des Jodokus Detmold und als Geburtsjahr 1662 genannt. Beide Angaben bedürfen noch der Überprüfung.

[23] Es handelt sich um drei 1680 datierte und *J. Woltemate* bezeichnete Gemälde in der Herrschaftspriece (von Münchhausen) von 1686 in der ev. Kirche St. Marien in Aerzen. S. Dehio Niedersachsen 1992, S. 112. Ob die Bilder von Jodokus oder der Hand seines ebenfalls malenden Onkels Johann Woltemate (1634-1702) stammen, ist ungewiß. Vgl. Spanuth 1952, S. 83.

Franz Christoph Nagel (1699-1764) entworfenen Heiligen Grab in der Paderborner Busdorfkirche 1737 lassen sich ihnen bisher keine Werke sicher zuweisen.[24]

Johann Ferdinand Woltemate (1736-1791), ein Sohn des Ignaz Heinrich und der letzte bekannte Maler aus dieser Familie, ist kaum besser belegt. Nach Michels Angaben kommt er am 23. September 1738 zur Welt.[25] Bei der Taufe in der Paderborner Gaukirche ist der Großvater Jodokus Woltemate als Pate anwesend, genau wie zwei Jahre zuvor bei Anton Joseph Stratmann, dem Vetter des kleinen Johann Ferdinand. Er heiratet Maria Josepha Schmiding aus Geseke. Sein Tod ist im Kirchenbuch der Gaukirchpfarre am 9. August 1791 vermerkt. Nachzutragen ist, daß er am 29. November 1774 zusammen mit seiner Frau als Bürger in die Paderborner Giersbauerschaft aufgenommen wird.[26] Von 1754 bis zu seinem Tode hatte der Künstler das Amt des domkapitularischen Wappenmalers inne.[27] Ansonsten ist er sowohl als Maler von Landschaften als auch von Altarbildern hervorgetreten.[28] Einige wenige Werke haben sich erhalten, die wie schon die des Berendt Woltemate nur bescheidenes Talent erkennen lassen. Genannt seien hier eine Geißelung Christi von 1777 in der Nikolaikapelle in Obermarsberg sowie eine Ansicht des östlichen Teils der Stadt Paderborn mit der Busdorfkirche von 1790 aus dem Dominikanerkloster Warburg. Ebenfalls aus dem Jahre 1790 stammt das jüngst wiederentdeckte Gemälde des ehemaligen Franz-Xaver-Altares der Paderborner Busdorfkirche, das den Tod des Heiligen darstellt.[29] Zugeschrieben werden Ferdinand Woltemate auch die

---

[24] StA Münster, Busdorfstift, Akten, Nr. 602, Reparaturen an den kirchlichen Gebäuden 1639ff. Die Akte enthält eine Aufstellung der Kosten für ein neues Hl. Grab von 1737, nach der Nagel 6 Reichstaler für Entwurf und Bauleitung erhielt. Ein separater Beleg listet die für die Malerarbeiten am Hl. Grab angefallenen Tagelöhne in der Gesamthöhe von 30 rt 18 gr auf. Auf diesem Blatt quittieren Ignatius und Ferdinand Woltemate gemeinsam am 20. April 1737 den Empfang einer Zahlung von 20 rt. – Zu den beiden Malern s. auch Th.-B., Bd. 36, 1947, S. 233. Dort sind zwei *F. Woltemuht pinxit* bezeichnete Landschaften, als Pendants angelegte Darstellungen von Flußhäfen, genannt, die 1928 bei Lempertz in Köln versteigert wurden. Es ist jedoch unklar, ob Ferdinand d. Ä. oder sein Neffe Ferdinand d. J. (s. u.) die Bilder signiert hat. Ebensowenig ist dies geklärt bei vier in Paderborner Privatbesitz befindlichen Landschaften (alle Öl auf Leinwand, 1. Landschaft mit Mühle und Wanderer, 135 x 115 cm; 2. Flußhafen mit Brücke und Häusergruppe, 80 x 130 cm; 3. Flußlandschaft mit Schafherde, 80 x 140 cm; 4. Berglandschaft mit Brücke und Brunnen, 81 x 127 cm), die als Werke Ferdinands d. Ä. gelten. Fotos dieser Bilder befinden sich im Museum für Stadtgeschichte Paderborn. Frau Dr. Graen danke ich herzlich für den Hinweis.
[25] Michels 1957, S. 247.
[26] StadtA Paderborn, A 5247, Bürgerrolle 1677-1783, fol. 125v.
[27] Tack 1940, S. 25f. Tack bezieht sich auf die Domkapitelsprotokolle. Ob sich eines der von Woltemate geführten Wappenbücher erhalten hat, ist bisher unbekannt. Tack schreibt Ferdinand Woltemate auch zwei Gemälde mit der Darstellung des Kappengangs der Paderborner Domherren im Paderborner Diözesanmuseum zu, s. S. 36. Diese Bilder müssen zwischen 1754 und 1761 entstanden sein. Wie Tack 1961, S. 285, Anm. 54, später selbst feststellt, sind diese Bilder nicht Woltemate, sondern dem Dombenefiziaten Gleseker zuzuweisen. Weiterhin stammt nach Tack 1940, S. 38f. und 45, die auf Schloß Herdringen erhaltene Wappenfahne des Domherrn Ferdinand von Fürstenberg von 1760 von diesem Maler. – In seiner Eigenschaft als Wappenmaler wird Johann Ferdinand Woltemate 1774 auch für Hermann Werner von der Asseburg tätig, dem er einen Stammbaum malt. Archiv Hinnenburg, Akte A 2354. Für die Beerdigung des Asseburgers fertigte er 18 Trauerschilder und zwei Trauerwappen an, für die er am 28. Juni 1779 bezahlt wird. Archiv Hinnenburg, Akte A 706. In den Executorii-Rechnungen des verstorbenen Dompropstes von Weichs (1786-88) ist er mit Zahlungen für die Schätzung von Malereien (S. 35) und für Reparatur eines Gemäldes (S. 40) erwähnt. Archiv Körtlinghausen, Akte A 1625.
[28] Der Katalog der Ausstellung des Vereins für Geschichte und Altertumskunde Westfalens, Abteilung Paderborn, Paderborn 1899, nennt auf S. 57 unter Nr. 702 zwei Landschaften „vom Paderborner Maler Wolthemath" im Besitz von Frau Dr. Westermann in Paderborn. Der Verbleib der Bilder ist unbekannt. 1783/84 „restauriert" Johann Ferdinand Woltemate im Auftrag von Fürstbischof Friedrich Wilhelm von Westphalen die 62 Ansichten von Orten des Bistums Paderborn, die 1664-1666 von Carl Fabritius für Ferdinand von Fürstenberg gemalt worden waren. Nach Auskunft von Johannes Schäfers, Die Fabritius'schen Gemälde im Kollegienhause zu Paderborn, in: WZ 69, 1911, II, S. 357-359, hier S. 357, malte er einige der schadhaftesten Gemälde, darunter die Ansichten von Neuenheerse und Erwitte, nach dem alten Vorbild völlig neu. S. auch BKW Münster I, S. 484f. Der größte Teil der Bilder hängt heute in den Gebäuden der Theologischen Fakultät in Paderborn. Die stark überarbeiteten Ansichten von Kleinenberg, Lügde und Salzkotten sind in der Abteilung Schloß Neuhaus des Stadtgeschichtlichen Museums Paderborn.
[29] Bei der Geißelung Christi (Öl auf Leinwand, 160 x 98 cm) handelt es sich um das ehemalige Hochaltarbild. Das Auszugsgemälde mit der Darstellung der Hl. Dreifaltigkeit ist nicht erhalten. BKW Brilon, S. 381, unter Bezug auf das Tagebuch des Stiftspfarrers, nach dem Woltemate 1777 15 Taler 19 Gr. für zwei Gemälde für den Hochaltar erhält. S. auch Michels 1957, S. 248. – Das Warburger Bild, dessen Kenntnis der Verfasser Herrn Dr. Stiegemann, Erzbischöfliches Diözesanmuseum Paderborn, verdankt, befindet sich zur Zeit bei Fa. Ochsenfarth, Paderborn. Es ist bezeichnet [...] *pinxit F. Woltemaht 1790*. – Das Gemälde „Tod des hl. Franz Xaver" (Öl auf Holz, 112 x 79 cm), dessen Kenntnis der Verfasser Frau Dr. Graen verdankt, befindet sich im Museum für Stadtgeschichte Paderborn und trägt rückseitig die Aufschrift *ara beatI XaVerII posIta eX Dono DeCanI et VICarII generaLIs DIerna. pICtor ILLIVs eXtItIt VVoLteMVth paDeranVs*. Die Chronogramme in beiden Sätzen erge-

beiden Memorialbilder des seligen Bischofs Meinwerk im Paderborner Diözesanmuseum.³⁰

In seiner Arbeit über die Malerfamilie Stratmann nahm Paul Michels 1963 an, daß Johann Heinrich Stratmann, der wie seine Vorfahren noch in Arnsberg geboren war, nach seiner Übersiedlung nach Paderborn bei seinem späteren Schwiegervater Jodokus Woltemate das Malerhandwerk lernte oder aber in seiner Werkstatt arbeitete.³¹ Diese Annahme Michels' leitet sich wohl von der späteren Hochzeit Johann Heinrichs mit der Meisterstochter ab, ist jedoch durch Stilvergleich nicht zu überprüfen, da gesicherte Werke der beiden Künstler entweder ganz fehlen oder nicht in ausreichender Zahl vorhanden sind.³² Mit dem Seßhaftwerden in Paderborn, das nach der Hochzeit Johann Heinrich Stratmanns mit Anna Maria Magdalena Woltemate 1731 durch die Aufnahme der Eheleute in die Paderborner Bürgerschaft (Kämperbauerschaft) im darauffolgenden Jahre seine Bekräftigung fand, kehrte der Maler an den Ort zurück, an dem im 16. Jahrhundert erstmalig ein Vertreter der Malerfamilie Stratmann faßbar geworden war.

Dies war Gerd Stratmann oder auch Strotmann, der 1592, aus Höxter stammend, das Paderborner Bürgerrecht erwarb.³³ Weitere Lebensdaten fehlen aufgrund der schlechten Quellenlage. Er signierte 1585 als *Gerdt Strotman v[on] Hox[ar]* einen der beiden doppelseitig bemalten Klappflügel der Orgel der Brakeler Pfarrkirche. Beide Flügel sind zwar noch erhalten, erlauben jedoch keine Aussage über die Kunstfertigkeit Gerd Stratmanns, da seine Bilder 1683 von Johann Georg Rudolphi (1633-1693) übermalt wurden. Die Signatur trat bei einer Probeöffnung der Malschicht anläßlich einer Restaurierung der Gemälde Rudolphis zutage.³⁴ Auch für die Stiftskirche in Fritzlar malte Gerd Stratmann 1589 Orgelflügel, von denen sich aber keine Spur mehr finden ließ.³⁵ In dem zu diesem Auftrag erhaltenen Quellenbeleg wird er schon als Maler zu Paderborn bezeichnet.³⁶

Im Text der Eintragung Gerd Stratmanns in die Paderborner Bürgerrolle ist auch das *soenlein Henrich* erwähnt, das uns erstmals 1612 mit einer Darstellung der Anbetung der Hirten für den Paderborner Dom als Maler entgegentritt.³⁷ Heinrich Stratmann (vor 1592-1652/55) dürfte bald darauf die Stadt verlassen haben, um sich in Arnsberg, wo er 1614 eine Familie gründete, niederzulassen. Hier entfaltete er eine fruchtbare Tätigkeit als Faßmaler, Wappenmaler und Maler von Altarbildern. Sein Wirkungskreis lag im wesentlichen im kurkölnischen Sauerland, wo angesichts der schweren Zeiten des Dreißigjährigen Krieges, der die Hauptschaffensphase Heinrich Stratmanns fast vollständig umfaßt, die Fülle der Aufträge erstaunt. Aus dem vom Verfasser 1986 auf der Grundlage älterer Untersuchungen zusammengestellten Werkverzeichnis seien hier nur stellvertretend die Altäre der Pfarrkirchen in Rhynern, 1623, Calle, 1636, und Kirchrarbach, 1644, genannt, an denen Heinrich Stratmann neben dem Bilderschmuck auch die Farbfassung besorgte.³⁸ Auch wenn seine künstlerischen Fähigkeiten kaum über das rein Handwerkliche hinausgingen und er sich noch sehr lange dem veralteten manieristischen Stilrepertoire verpflichtet zeigte, hat er doch mit seinen Werken einen ganzen Abschnitt westfälischer Malerei vor dem

---

ben jeweils 1790. Michels 1957, S. 246, zitiert diese Aufschrift nach Gleseker und gibt die Benennung als Altarbild der Busdorfkirche. 1777 malte Ferdinand Woltemate bereits ein Bild für den Remigiusaltar derselben Kirche, s. Michels 1957, S. 245f. Der Verbleib dieses Gemäldes ist noch ungewiß.

³⁰ Bischof Meinwerk mit dem Modell der Abdinghofkirche, 3. Viertel 18. Jh., Öl auf Leinwand, 99 x 76 cm, Leihgabe aus westf. Adelsbesitz, s. Christoph Stiegemann, Ein unbekanntes Memorialbild Bischof Meinwerks aus dem 18. Jahrhundert, in: Meinwerk von Paderborn 1009-1036. Ein Bischof in seiner Zeit. Ausstellungskatalog Paderborn 1986, S. 59-60, Abb. S. 10. – Bischof Meinwerk als Gründer des Busdorfstiftes, Ende 18. Jh. Leihgabe der Busdorfpfarre. Angeblich Kopie nach dem 1945 zerstörten Original, s. ebd., Abb. S. 79. Zuschreibung auch an Anton Ferdinand Stratmann.

³¹ Michels 1963, S. 411.

³² S. o. bzw. Werkverzeichnis Johann Heinrich Stratmann.

³³ Die Schreibweise des Namens wechselt in den Quellen ständig: Strotman(n), Strodtman(n), Stratman(n), Stradtman(n) und weitere Varianten. Bis zur erneuten Wiederansiedlung in Paderborn herrschen die Schreibweisen mit „o" als erstem Vokal des Namens vor, später tritt durchweg das „a" an seine Stelle. Der Einheitlichkeit halber wird in dieser Arbeit für alle Familienmitglieder die Namensschreibweise Stratmann benutzt.

³⁴ Schmitz/Butt 1978, S. 26f. Strohmann 1986, S. 24, 101, 108.

³⁵ Michels 1963, S. 406. Seine Vermutung, vier Tafelbilder aus dem Fritzlarer Dommuseum könnten zu der Orgel gehört haben, trifft m. E. nicht zu.

³⁶ Vertrag im Stiftsarchiv Fritzlar. Ohne genaue Quellenangabe in Auszügen abgedruckt in: Die Bau- und Kunstdenkmäler im Regierungsbezirk Cassel. Bd. II. Kreis Fritzlar. Bearb. von C. Alhard von Drach. Marburg 1909, S. 54, Anm. 6.

³⁷ Text der Bürgerrolle im vollen Wortlaut abgedruckt bei Michels 1963, S. 405. Zum Gemälde s. Strohmann 1986, S. 109, Nr. A.1.

³⁸ Strohmann 1986, S. 108-111. Dort auch die ältere Literatur.

unvermittelten Durchbruch des Hochbarock geprägt.

Die beiden Söhne Heinrich Stratmanns, Henning (um 1630-1678) und Caspar (geb. 1632), wurden ebenfalls Maler. Von Caspar ist lediglich bekannt, daß er 1664 Malerarbeiten unbestimmter Art am südlichen Seitenaltar der Arnsberger Stadtkapelle ausführte.[39] Henning dagegen führte offenbar die Werkstatt des Vaters weiter, übernahm er doch dessen Art der Signatur mit den ineinander verschlungenen Buchstaben HS. Zusammen mit dem Datum 1654 erscheint diese Signatur auf einem Kreuzigungsbild der Pfarrkirche in Niederense.[40] In diesem Bild bleibt die künstlerische Handschrift Heinrich Stratmanns, des mutmaßlichen Lehrers seinen Sohnes, spürbar, jedoch überführt in eine frischere Malweise, klarere, weniger gebrochene Farbigkeit und statuarischer aufgefaßte Körperlichkeit der Figuren. Obwohl der Vater möglicherweise 1654 noch lebte, wird man dafür wohl nur Henning in Anspruch nehmen können, der nun barocke Stileinflüsse aufnimmt und verarbeitet. Die gleiche Signatur mit dem Datum 1669 findet sich auf dem Stiftungsbild des Klosters Wedinghausen im Sauerland-Museum in Arnsberg.[41] Darüber hinaus hat Henning Stratmann 1662 das Hochaltarbild der ev. Pfarrkirche in Neuengeseke signiert und wohl auch das Gemälde im Auszug, die Bilder des Seitenaltares sowie vermutlich die Farbfassung der Altäre geschaffen.[42] Einen ähnlichen Auftrag für den 1944 zerstörten Hochaltar der Soester Wiesenkirche hatte Henning Stratmann bereits 1653 ausgeführt.[43]

Nicht nur künstlerisch übernahm Henning die Nachfolge seines Vaters, sondern engagierte sich auch in vergleichbarer Weise im öffentlichen Leben der Stadt Arnsberg. Von 1653 bis 1660 fungierte er als Kirchenprovisor und von 1668 bis 1677 als Stadtkämmerer.[44]

Sein Sohn Alexander (1653-1715) setzte die Malertradition der Familie fort.[45] Er bewohnte allerdings schon nicht mehr das alte Wohn- und wohl auch Werkstatthaus, das sogenannte „Mahlershaus" (Kaisers Pförtchen Nr. 2), das 1709 abbrannte.[46] Unsere Kenntnis seiner künstlerischen Tätigkeit beschränkt sich bisher auf zwei Faßmalerarbeiten. Er illuminierte den 1694 gestifteten Hochaltar der Stadtkapelle in Arnsberg und 1696 den neuen Hochaltar der Kirche in Balve.[47] Außerdem scheint er als Wappenmaler für die Landstände des Herzogtums Westfalen gearbeitet zu haben.[48]

Zur Ausbildung des 1708 geborenen jüngsten Sohnes Johann Heinrich konnte Alexander Stratmann wegen seines baldigen Todes nicht mehr viel beitragen. Vermutlich war die Übersiedlung nach Paderborn, deren genauer Zeitpunkt sich nicht bestimmen läßt, dadurch bedingt, daß es für Johann Heinrich in Arnsberg keine Ausbildungs- und Arbeitsmöglichkeiten mehr gab. Vielleicht hat bei dem Ortswechsel auch eine Rolle gespielt, daß Johann Heinrichs ältere Schwester Johanna Maria (geb. 1682) sich nach Paderborn verheiratet hatte und 1714 in die Westernbauerschaft aufgenommen worden war.[49]

Johann Heinrich Stratmanns künstlerische Tätigkeit und damit sein Einfluß auf den erstgeborenen Sohn Anton Joseph sind nur schwer zu fassen.[50] Von seiner Hand kennt man bisher nur zwei erhaltene Werke. Es handelt sich um die 1746 für die Abtei Corvey gemalten Darstellungen „Der hl. Johannes von Nepomuk in der Glorie" und

---

[39] Keßler o. J., S. 6. – Michels 1963, S. 409.
[40] Freundlicher Hinweis von Herrn Restaurator Peez, Obermarsberg.
[41] Keßler o. J., S. 6. – Oldt Aarenspergh, diu feine ... Arnsberg in historischen Stadtbilddarstellungen. Arnsberg 1996, S. 44, Nr. 10, mit Abb.
[42] Hauptbild des Hochaltares, Kreuztragung Christi, bez.: *Hening. Strodtman Pictor Fecit. 1662.* Das Auszugsgemälde mit der Darstellung der Auferstehung Christi ist dem Maler ebenfalls zuzuschreiben. Hauptbild des Seitenaltars: Ausgießung des Heiligen Geistes, Auszugsbild: Hl. Dreifaltigkeit. Die Ausgießung kopiert eine entsprechende von Rubens vorgezeichnete Kupferstichillustration, die erstmalig 1614 im Breviarium Romanum des Antwerpener Verlags Plantin-Moretus erschien und dann auch ab 1616 dessen Missale Romanum schmückte. Zur Verbreitung und Verwendung dieser Vorlagen in Westfalen s. Strohmann 1986, S. 96f.
[43] Schwartz 1957, S. 131. – Michels 1963, S. 409f.

[44] Keßler o. J., S. 7.
[45] Wahle 1964 begründet plausibel, daß der erstgeborene Sohn Hennings, der auf den Namen Norbert getauft wurde, nach seinem Taufpaten den Vornamen Alexander führte.
[46] Keßler 1937, S. 87.
[47] Keßler 1937, S. 86. – Michels 1963, S. 410.
[48] Keßler 1937, S. 86.
[49] Falls die Quellenbelege zu biographischen Daten von Mitgliedern der Familie Stratmann im folgenden nicht eigens genannt werden, sind diese der genealogischen Übersicht im Anhang zu entnehmen.
[50] S. Werkverzeichnis im Anhang.

175 „Die letzte Kommunion der hl. Maria Magdalena" (s. Kat.-Nr. A 2, A 3).[51] Bei der Betrachtung der Gemälde wird deutlich, daß sich Johann Heinrich in die Reihe seiner allesamt tüchtigen Malervorfahren einreiht, sich aber wie diese nicht über das handwerkliche Niveau erhebt. Seinem Sohn wird er nicht viel mehr als die Grundbegriffe der Malerei beigebracht haben können, berücksichtigt man die späteren Leistungen Anton Josephs, die nach künstlerischem Anspruch und Qualität der Ausführung weit über dem stehen, was die Maler der Familie Stratmann bis dahin hervorgebracht hatten.

Wo genau Anton Joseph Stratmann in Paderborn seine Jugend verbrachte, ist nicht ganz sicher. Die Eltern gehörten nach der Bürgerrolle zwar zur Kämperbauerschaft, also dem Kirchspiel der Gaukirche, wo auch die Hochzeit stattfand, alle ihre Kinder wurden jedoch in der Busdorfkirche getauft.[52] In den dortigen Kirchenbüchern ist auch der Tod der Eltern 1755 verzeichnet.[53] Die Familie scheint also in dem südöstlichen Stadtviertel Paderborns zwischen Kasseler Straße und Giersstraße gewohnt zu haben, das als Teil der Giersbauerschaft das kleine Kirchspiel der Busdorfpfarre bildete.[54] Möglicherweise ist das Haus Kasseler Str. 31 als ihr Wohnsitz anzusprechen, da das Brandkataster von 1769 als Vorbesitzer einen Stratmann anführt.[55] Im Schatzungsregister werden für die Jahre 1775 bis 1778 und 1782 *Erben Hen: Straetman* in der Giersbauerschaft genannt.[56]

Anton Joseph Stratmann wuchs mit vier Geschwistern auf, von denen zwei ebenfalls den Künstlerberuf ergreifen sollten.[57] Der 1736 geborene jüngere Bruder Johann Heinrich Joseph Stratmann (1736-1805) entwickelte sich zu einem der bedeutendsten westfälischen Bildhauer des 18. Jahrhunderts.[58] Maria Agnes Ursula (1732-1771), die zwei Jahre ältere Schwester, arbeitete als Faßmalerin an den Skulpturen ihres Mannes, des Hofbildhauers Johann Jakob Pütt (1731-1784), und vielleicht auch an Werken ihres Bruders Johann Heinrich Joseph.[59] Die beiden jüngeren Geschwister Franz Christian Liborius und Johanna Maria Theodora, 1740 und 1744 geboren, erreichten das Erwachsenenalter nicht.

Welche schulische Ausbildung Anton Joseph Stratmann erhielt, ist aus den Quellen nicht zu erhellen. Den hinterlassenen Schriftzeugnissen zufolge war der Maler des Lesens und Schreibens mächtig, und seine schriftlichen Ausführungen auf den Vorzeichnungen für die Deckengemälde des Schlosses in Münster lassen eine gewisse Bildung erkennen.[60] Es ist zu vermuten, daß er zumindest eine Elementarschule besucht hatte, wie sie auch in Paderborn vornehmlich wohl von den Kirchengemeinden vorgehalten wurden.[61] Ein Besuch des Gymnasium Theodorianum ist nicht nachzuweisen, allerdings fehlen die Schülerlisten für die Jahre 1746 bis 1752.[62] Das Busdorfstift, in dessen Einzugsbereich der spätere Maler lebte, unterhielt eine Lateinschule, die Stratmann auch besucht haben könnte, wenn er denn überhaupt eine höhere Schulbildung genießen durfte.[63] Ganz sicher auszuschließen ist ein Studium an der Paderborner Jesuitenuniversität, wie es beispielsweise für den Maler Johann Georg Rudolphi (1633-1693) belegt ist.[64] In den Immatrikulationslisten der Universität erscheint Anton Joseph Stratmanns Name nicht.[65] Im Gegen-

---

[51] Zwischen 1739 und 1746 arbeitete Johann Heinrich Stratmann mehrfach für die Abtei Corvey. Darüber hinaus existierten offenbar noch Verbindungen nach Höxter, denn *J. H. Stratmann pictor* stand dort am 28. Dezember 1752 Pate bei einer Tochter des Friedrich Overmann. Zitiert nach Brüning 1984, S. 142.

[52] S. genealogische Übersicht. StadtA Paderborn, A 5247, Bürgerrolle 1677-1738, fol. 332: *Joan Henrich Strothman von Arnßberg des Jobst Woltemathen Schwiegersohn zur Bürgerschaft admittirt d. 10 Junij 1732.*

[53] KB Paderborn, Busdorfpfarre, Bd. 2, Tote 1725-1803, S. 129: *1755 6ta Julii sepultus est Joannes Henricus Stradtman pictor, necessarius praemunitus, annorum 48. obiit 3tia ejusdem. 1755 3tia Novembris sepulta est Magdalena Vidua Strattman, nata Woltemath omnibus consueta... praemunita. annorum aetati 51. obiit ultima octobris.*

[54] Westfälischer Städteatlas, Lieferung II, Nr. 11, 1981, Karte Wachstumsphasen der Stadt Paderborn.

[55] StadtA Paderborn, A 5266, Altes Brand-Cataster der Stadt Paderborn de 1769, fol. 255r, Giersbauerschaft Nr. 855: *Jacob Pilsticker alias Stratman.*

[56] StadtA Paderborn, A 1958, Stadt Paderbornisches Schatzungs Register, fol. 81r.

---

[57] S. genealogische Übersicht.

[58] Zuletzt Zink 1985, Zink 1989.

[59] Zink 1985, S. 2f. – Zink 1989, S. 89, 97.

[60] Wortlaut s. Kat.-Nr. F 1, F 2.

[61] Die Paderborner Schulgeschichte ist mit Ausnahme des Gymnasium Theodorianum noch kaum bearbeitet. Zur Situation des Schulwesens in Westfalen im 18. Jh. im allgemeinen s. Hanschmidt 1983, S. 671ff.

[62] Studienfondsarchiv Paderborn, HS II, 7, Bd. 8: Catalogus discipulorum 1714 -1800, Album gymnas. Paderborn. 1724-55.

[63] S. Karl Hengst, Kollegiatstift St. Peter und Andreas, gen. Busdorf, Paderborn. In: Westfälisches Klosterbuch. Bd. 2. Münster 1994, S. 215-224, hier S. 218.

[64] Strohmann 1986, S. 14.

[65] Vgl. Freisen 1931/32.

satz zu Rudolphi, dessen Vater fürstbischöflicher Verwaltungsbeamter war, entstammte Anton Joseph Stratmann einer Familie, die trotz ihrer künstlerischen Tätigkeit dem Handwerkerstand zuzurechnen ist. Dessen Gepflogenheiten gemäß dürften Anton Joseph Stratmanns Eltern vermutlich weniger Wert auf eine höhere Schulbildung als auf eine frühzeitige und gründliche Ausbildung in dem zu erwählenden Handwerksberuf gelegt haben.

Anton Joseph Stratmann war als erstgeborener Sohn, wie bereits oben angeführt, zur Fortsetzung der Malertradition innerhalb der Familie auserkoren. Er wird deshalb vermutlich nach altem Handwerksbrauch im Alter von zwölf bis 14 Jahren als Lehrling in die väterliche Werkstatt eingetreten sein. Da es in Paderborn für die klassischen künstlerischen Berufe Maler und Bildhauer keine Zunft gab, existierten auch keine Regelungen für die Ausbildung des Nachwuchses, für die Aufnahme in den Gesellen- oder Meisterstand. Man kann jedoch analog der beispielsweise in der münsterschen Malergilde und anderswo gepflegten Praxis annehmen, daß ein Lehrling in der Regel nach ca. sechs Jahren seine Lehrzeit ausgestanden hatte.[66] Er hatte dann die Möglichkeit, seine Gesellenzeit am Ort zu absolvieren oder aber auf Wanderschaft zu gehen und seine Fähigkeiten auswärts zu vervollkommnen. Anton Joseph Stratmann wählte den letzteren Weg.

Wann genau der Maler seine Heimatstadt Paderborn verlassen hat, wissen wir nicht. Im Winter 1754/55 ist er jedenfalls als Lehrling eines Antwerpener Malers und als Preisträger des Zeichenkurses der dortigen Kunstakademie nachgewiesen.[67] Die genaue Dauer seines Antwerpener Aufenthaltes läßt sich nicht festlegen, man wird jedoch vermuten können, daß der Maler aus Anlaß des Todes seiner Eltern 1755 nach Hause zurückkehrte. Der bisher früheste archivalische Beleg für seine erneute Anwesenheit in Paderborn datiert allerdings erst vom 8. März 1760. In einer Abrechnung über die Farbfassung einer Liboriusfigur in der Kirche in Eissen (Stadt Willebadessen) wird er als *Mahler in Paderborn* genannt.[68]

Spätestens zu diesem Zeitpunkt endgültig in Paderborn seßhaft geworden, ließ die Gründung einer eigenen Familie nicht mehr lange auf sich warten.[69] Am 20. Oktober 1764 heiratete Anton Joseph Stratmann in der Marktkirche Maria Clara Elisabeth Kothe (1743-1782). Trauzeuge war sein noch lediger Bruder, der Bildhauer Johann Heinrich Joseph Stratmann, mit dem Anton Joseph in Zukunft vielfach zusammenarbeiten sollte.[70] Daß zur Hochzeit ein Dispens des Busdorfpfarrers notwendig wurde, zeigt, daß Anton Joseph vermutlich noch in der Wohnung seiner verstorbenen Eltern wohnte und nicht im Kirchspiel der Marktkirche, in das er aber schon ziemlich bald nach der Hochzeit übergesiedelt sein muß. Hier war die Familie seiner Frau ansässig. Am 12. Dezember 1765 wurde er zusammen mit seiner Frau in die Westernbauerschaft aufgenommen, die zum Kirchspiel der Marktkirche gehörte.[71] 1766 wird dort das erste Kind des Paares getauft, dem bis 1781 noch acht weitere folgten. Sechs Kinder starben bereits im Kleinkindalter und nur die beiden Söhne Anton Ferdinand (1770-1844), der spätere Maler und Polizeikommissar, und Franz Anton Adolf (1774-?), bis 1803 Leutnant des fürstbischöflichen Militärs, überlebten ihren Vater.[72] Der älteste Sohn Friedrich Jakob Aloysius Joseph starb 1786 als Student der Theologie an der Paderborner Universität.[73]

Bald nach der Hochzeit und Aufnahme in die Paderborner Bürgerschaft muß Anton Joseph Stratmann in den Besitz des in der Westernbauerschaft gelegenen Hauses Nr. 214, nach heutiger Zählung

---

[66] Geisberg 1941, S. 149f.
[67] Hierzu ausführlicher das entsprechende Kapitel dieses Buches.
[68] S. Kat.-Nr. G 1.

[69] S. genealogische Übersicht.
[70] S. Zink 1989, S. 89ff., sowie den Werkkatalog.
[71] StadtA Paderborn, A 5248, Bürgerrolle 1739-1815, fol. 102r: *1765, d. 12. Xbris Anton Joseph Strattman seiner profession ein Mahler Bürgerssohn. dessen Frau Maria Clara Kothe des Lti Kothe seel Tochter dahier geboren, aber kein Bürgers Kind.*
[72] Franz Anton ist von 1800 bis 1803 in den einzelnen Jahrgängen des Paderbornischen Hof- und Staatskalenders unter den fürstbischöflichen Offizieren verzeichnet. Die komplette Reihe der Kalender in der EAB Paderborn, Sign. AV 2592. Zumindest bis 1809 war er mit seiner Familie im Haus Markt 15 ansässig. In der Populationsliste der Stadt Paderborn von 1809, StadtA Paderborn, A 4762, ist sein Name dort gestrichen, wobei die Streichung auch erst lange nach 1809 erfolgt sein kann, da die Liste längere Zeit für Verwaltungszwecke benutzt wurde. Frdl. Hinweis von Herrn Müller, Stadtarchiv Paderborn.
[73] Freisen 1931/32, Nr. 8251. Friedrich Stratmann ist auch zwischen 1777 und 1782 als Schüler des Gymnasium Theodorianum genannt. AAVP, Acta 61, Album referens nomina Studiosorum ab anno 1760 ad 1828.

Westernstr. 15, gelangt sein.⁷⁴ Das Paderborner Brandkataster von 1769 führt als Eigentümer des Hauses an: *Stratman alias Spancken* [Spancken gestrichen und durch *Kurting* ersetzt].⁷⁵ Außer Anton Joseph und seinem Bruder Johann Heinrich Joseph kommt nach Maßgabe der Paderborner Kirchenbücher kein anderer Stratmann als Eigentümer in Frage. Da Johann Heinrich Joseph erst 1768 in Geseke geheiratet hatte und 1770 in die Giersbauerschaft aufgenommen wurde, ist es am wahrscheinlichsten, in dem Maler den Hauseigentümer zu sehen. Hinzu kommt, daß Antons Schwiegermutter eine geborene Spancken war. Im Besitz dieser Familie hatte sich das Haus nach der Eintragung im Brandkataster offensichtlich zuvor befunden. In den Paderborner Schatzungsregistern erscheint dann 1775/76, 1777, 1778, 1782 und 1790 ausdrücklich Anton Joseph Stratmann als steuerpflichtiger Hauseigentümer.⁷⁶ 1790 zahlte er auch für das Nebenhaus Nr. 215, heute Westernstr. 17, das sich 1769 noch im Besitz eines Eigentümers namens Lüke befand, Steuern. Er wird es daher nach 1782, wo es noch nicht im Schatzungsregister unter Stratmann aufgeführt ist, erworben haben. Im Schatzungsregister von 1811 sind beide Häuser als den Erben Stratmann gehörend erwähnt.⁷⁷

Das Haus des Malers, das im Zweiten Weltkrieg zerstört und durch einen Neubau ersetzt wurde, lag direkt neben dem Franziskanerkloster an einer der Paderborner Hauptstraßen, in einer, wie man heute sagen würde, guten Wohngegend. Die Häuser gegenüber gehörten der Paderborner Ökonomenfamilie Malberg, die 1770/71 auch den Paderborner Bürgermeister stellte, dessen Frau Anton Joseph Stratmann porträtierte (s. Kat.-Nr. C 23).⁷⁸ Nach einer fotografischen Ansicht vom Ende des 19. Jahrhunderts zu urteilen, handelte es sich um ein stattliches verschiefertes Fachwerkhaus von drei Geschossen, das an der zur Straße ausgerichteten, abgewalmten Giebelseite eine Utlucht aufwies.⁷⁹ Die Erbauungszeit läßt sich anhand des Fotos nicht eindeutig bestimmen, das Haus dürfte jedoch mindestens bereits im 17. Jahrhundert entstanden sein.⁸⁰ Das ebenfalls auf dem Foto zu erkennende Nebenhaus ist ein Neubau vom Ende des 19. Jahrhunderts, der heute noch steht.⁸¹ Das Aussehen des Nebenhauses zu Stratmanns Zeiten ist nicht überliefert. Möglicherweise befand sich hier das Atelier des Malers. Stratmann scheint, nach seinem Wohnsitz zu urteilen, zu den wohlhabenden und angesehenen Kreisen der Paderborner Bürgerschaft gehört zu haben. Sein Erfolg als Maler ist jedenfalls von 1763 bis zum Ende des Jahrhunderts durch eine dichte Folge von künstlerischen Aufträgen belegt, die ihm auch zu finanzieller Sicherheit verholfen haben werden. Um so erstaunlicher ist die Tatsache, daß Stratmann nach Auskunft der erhaltenen Quellen offenbar zu keiner Zeit ein öffentliches Amt in seiner Heimatstadt bekleidet hat, wie es bei seinen Arnsberger Vorfahren Sitte war.⁸² Andererseits kam es auch nie zu einer Bestallung des bekannten Künstlers als fürstbischöflicher Hofmaler. Zumindest nennt ihn der Paderbornische Hof- und Staatskalender niemals unter den Hofbediensteten, eine Ehre, die von 1775 bis 1783 der Bildhauer Johann Jakob Pütt genossen hat.⁸³

Nach dem Tod seiner Frau 1782 verheiratete sich Anton Joseph Stratmann 1785 zum zweiten Mal. Die Trauung mit Maria Anna Block aus Neuhaus fand in der dortigen Pfarrkirche statt. Trauzeuge war wiederum Antons Bruder Johann Heinrich Joseph Stratmann. Im Kirchenbuch der Marktkirche heißt es dazu fast ein Jahr später: *D. Antonius Strathman pictor excellens et celeberrimus viduus... Maria Anna Block Neuhusana in proclamationibus*

---

⁷⁴ Konkordanz der Hausnummern nach Theodor Uhlenhuth, Häuser- und Hausnummernverzeichnis der Stadt Paderborn, AAVP, Acta 515.

⁷⁵ StadtA Paderborn, A 5266, Altes Brand-Cataster der Stadt Paderborn de 1769, fol. 226v.

⁷⁶ StadtA Paderborn, A 1958, Stadt Paderbornisches Schatzungs Register 1775-1782, fol. 29r; A 1959, Schatzungsregister 1790-95, fol. 33r.

⁷⁷ Nach Theodor Uhlenhuth, Häuser- und Hausnummernverzeichnis der Stadt Paderborn, AAVP, Acta 515.

⁷⁸ S. Werkkatalog. – Theodor Uhlenhuth, Zur Geschichte der Paderborner Häuser. Masch. Manuskript von 1945 im StadtA Paderborn, S 1/3/2, nennt S. 117 die Häuser Westernstr. 12, 14 und 16 im Besitz der Familie Malberg.

⁷⁹ StadtA Paderborn, Fotosammlung.

⁸⁰ Meinem Kollegen Herrn Dr. Spohn danke ich für Hilfe bei der Einschätzung der Bauzeit des Hauses.

⁸¹ Westernstr. 17.

⁸² Im Verzeichnis der Bürgermeister, Kämmerer und Ratsherren zu Paderborn 1126-1800, nach Aufzeichnungen von F. J. Brand ergänzt und berichtet von Paul Michels, masch. Manuskript 1950, AAVP, Acta 521, erscheint der Name Stratmann nicht.

⁸³ Paderbornischer Hof- und Staatskalender, Jge. 1764-1803, EAB Paderborn, Sign. AV 2592. Mit Ausnahme der Jahre 1801 und 1802 ist dort von 1788-1803 Heinrich Christian Pausch zu Hildesheim als Hofmaler genannt.

dispensali, Neuhusii copulati sunt: Pro notitia.[84] 1788 wurde Anton Joseph Stratmann dann nochmals Vater. Die in der Marktkirche getaufte Tochter Johanna Catharina Elisabeth blieb das einzige gemeinsame Kind des Paares.

In den Paderborner Kirchenbüchern erscheint Anton Joseph Stratmann dann noch 1802 und 1803 als Pate zweier seiner Enkel.[85] Im Kirchenbuch der Marktkirche ist für den 12. Februar 1807 sein Tod eingetragen: *Strathmann. Josephus Antonius pictor in arte excellens, et celeberrimus per biennium decumbens S. S. o. o. munitus annus 75.*[86] Als Todesursache wird Entkräftung genannt, der nach dem Text des Eintrages ein zweijähriges Krankenlager vorausging. Vermutlich war es nicht Anton Joseph, sondern sein Sohn Anton Ferdinand (1770-1844), der sich 1801 vergeblich um das Amt des domkapitularischen Wappenmalers bewarb.[87]

Der nun schon genannte Sohn Anton Joseph Stratmanns, Anton Ferdinand Stratmann, kam am 1. März 1770 zur Welt.[88] Pate war der bereits vorgestellte Paderborner Maler Ferdinand Woltemate, ein Vetter Anton Josephs. So verwundert es nicht, daß Anton Ferdinand Stratmann ebenfalls Maler wurde. 1780/81 besuchte er die Sexta des Gymnasium Theodorianum.[89] Da er danach nicht mehr in den Schülerlisten erscheint, dürfte er die Schule wieder verlassen haben. 1791 begleitet er den Transport eines Bildes seines Vaters nach Bigge (s. Kat.-Nr. D 13). Nach einer in der Literatur wiedergegebenen Überlieferung soll er 1794 mit seinem Vater bei dem Auftrag in der Klosterkirche Huysburg bei Halberstadt zusammengearbeitet haben (s. Kat.-Nr. A 23, A 24). Zu diesem Zeitpunkt dürfte seine Ausbildung als Maler, die er vermutlich bei seinem Vater erhielt, aber bereits abgeschlossen gewesen sein. Spuren einer akademischen Ausbildung, wie sie Nordhoff für Anton Ferdinand behauptete, sind in seinem Werk nicht zu erkennen, wie ihm überhaupt das große künstlerische Talent seines Vaters fehlte.[90]

67, 72, 73

1799 heiratete Anton Ferdinand im Dom zu Paderborn Anna Maria Catharina Wischmann (1779-1837). Im darauffolgenden Jahr wurde das erste von sieben Kindern geboren. 1800 erfolgte auch die Aufnahme des Malers und seiner Frau in die Paderborner Bürgerschaft (Maspernbauerschaft).[91] Da das zweite Kind 1802 nicht mehr im Dom, sondern in der Gaukirche getauft wurde, ist auch ein Umzug der Familie in deren Pfarrsprengel anzunehmen. 1809 wohnte die Familie dort als Mieter im Haus Markt 21, an dessen Stelle heute das erzbischöfliche Diözesanmuseum steht.[92] Kurz vor 1814 muß Stratmann mit Frau und Kindern wieder in die Maspernbauerschaft zurückgekehrt sein.[93] 1828, 1833 und 1838 ist er hier als Bewohner des Hauses Nr. 582, heute Heiersstr. 17, genannt.[94] Seit 1833 befand sich Anton Ferdinand Stratmann im Besitz eines Hauses vor den Toren der Stadt an der Detmolder Straße, das er nicht selbst bewohnte.[95] Das Haus Heiersstr. 17 gehörte ihm dagegen nicht.

Anton Ferdinand Stratmann übte die Malerei nicht mehr als einzigen Erwerbszweig aus. Bei der

---

[84] KB Paderborn, Marktkirche, Bd. 6, Taufen, Trauungen, Tote 1754-1789, S. 185.

[85] Jeweils beim erstgeborenen Sohn seiner Söhne Anton Ferdinand und Anton Adolph, s. genealogische Übersicht.

[86] KB Paderborn, Marktkirche, Bd. 7, Taufen, Heiraten, Tote 1790-1821, S. 257.

[87] StA Münster, Domkapitel Paderborn, Protokolle, Nr. 2103, fol. 61v, 68v, 105r, Sitzungen vom 7. April, 8. April und 8. Juni 1801. Vgl. Michels 1963, S. 417. Das Gesuch Stratmanns, der nicht näher mit Vornamen bezeichnet ist, wurde am 8. April vorgetragen, nachdem man bereits am Vortage beschlossen hatte, den Maler Ignaz Pütt (1768-1824) ein Probestück anfertigen zu lassen. Die Entscheidung wurde daher bis zur Vorlage der Püttschen Probe vertagt. Am 8. Juni entschied das Domkapitel, die Stelle an Pütt zu vergeben, nachdem seine Probearbeit Zustimmung gefunden hatte. Zu Ignaz Pütt s. Michels 1950, S. 226.

[88] S. genealogische Übersicht.

[89] AAVP, Acta 61, Album referens nomina Studiosorum ab anno 1760-1828.

[90] Nordhoff 1885/86, S. 45.

[91] StadtA Paderborn, A 5248, Bürgerrolle 1739-1815, fol. 185r: *1800. 4t Martii. Ist Ferdinand Stratmann ein Kunstmahler Bürgerssohn nebst dessen Ehefrau Maria Catharina Wischmann Bürgerstochter, praestitis praestandis, zur Bürgerschaft zugelassen.*

[92] StadtA Paderborn, A 4762, Populationsliste der Stadt Paderborn 1809, fol. 5v, 6r.

[93] StadtA Paderborn, A 4768, Populationsliste 1814, fol. 6v, 7r. Ferdinand Stratmann und seine Familie sind noch für das Haus Markt 21 angeführt, jedoch mit der Bemerkung *wohnt nicht mehr hier*.

[94] StadtA Paderborn, A 4763, Volkszählungstabelle pro 1828. A 1660, Mutter-Rolle für die Grundsteuer von Gebäulichkeiten in der Gemeinde Paderborn 1833, Artikel 648. A 4774, Verzeichnis der Einwohner der Stadt Paderborn welche das Bürgerrecht gewonnen haben, 1838, fol. 99v. Das Haus Heiersstr. 17 ist heute ein Nachkriegsneubau.

[95] StadtA Paderborn, A 1660, Mutter-Rolle für die Grundsteuer von Gebäulichkeiten in der Gemeinde Paderborn 1833, Artikel 648.

Geburt seines zweiten Kindes 1802 wird er bereits als Maler und Kaufmann bezeichnet. Am 31. Mai 1808 ernannte ihn Jérôme Napoleon, König von Westphalen, zum Polizeikommissar, eine Tätigkeit, die er als Bediensteter der Stadt Paderborn bis 1833 ausübte.[96] Dennoch gab er die Malerei nicht auf, wie die bis 1837 reichende Folge gesicherter Werke beweist.[97] Am 2. Februar 1844 wird im Kirchenbuch der Dompfarre Anton Ferdinand Stratmanns Tod vermeldet. Damit endete nach jetzigem Kenntnisstand die 250jährige Tradition der Malerfamilie Stratmann, da von Anton Ferdinands Nachkommen offenbar keiner mehr den Malerberuf ergriffen hat.

---

[96] Bestallungsurkunde in der Akte A 78, Acta die städt. Officianten und deren Dienstverrichtungen betreffend, im StadtA Paderborn. Am 18. April 1833 genehmigt Polizeikommissar Stratmann noch einen Kontrakt über Hudeangelegenheiten der Maspernbauerschaft. Am 13. Juni 1833 unterschreibt ein anderer Polizeikommissar ein ähnliches Schriftstück, was vermutlich auf das Ausscheiden Ferdinand Stratmanns schließen läßt. AAVP, Acta 196, Stadt Paderborn, Grundsachen.

[97] S. Werkkatalog.

Politische und gesellschaftliche Situation

Die Anfänge der selbständigen künstlerischen Tätigkeit Anton Joseph Stratmanns nach dem Tode seines Vaters 1755 und die aus diesem Anlaß angenommene Rückkehr aus Antwerpen wurden überschattet von den Ereignissen und Folgen des Siebenjährigen Krieges (1756-1763), unter denen die Fürstbistümer Münster und Paderborn ganz besonders zu leiden hatten.[98] Landesherr beider Bistümer war bei Ausbruch des Krieges noch Clemens August von Bayern (reg. 1719-1761), gleichzeitig Kölner Kurfürst sowie Fürstbischof von Osnabrück und Hildesheim. Nach anfänglichem Zögern stellte sich Clemens August, der von den kriegführenden Parteien wegen seiner zahlreichen Territorien heftig umworben worden war, 1757 auf die Seite des Kaisers und der verbündeten katholischen Mächte Österreich und Frankreich. Ihr Gegner war der preußische König Friedrich der Große, verbündet mit England und Hannover, Braunschweig und Hessen-Kassel. Das Fürstbistum Paderborn war den Territorien dieser protestantischen Mächte unmittelbar benachbart. So verwundert es nicht, daß die Truppen beider Seiten abwechselnd das Land durchzogen, besetzten und durch Kontributionen und Plünderungen auspreßten. Als Kurfürst Clemens August 1761 starb, untersagte der englische König in Paderborn und Hildesheim die Wahl eines Nachfolgers. Dahinter stand die Absicht, die beiden Bistümer bei siegreichem Ausgang des Krieges zu säkularisieren und für das mit England in Personalunion verbundene Hannover zu annektieren.

Der 1763 geschlossene Friede von Hubertusburg brachte indes für Westfalen keine Gebietsveränderungen. Der Fortbestand der geistlichen Fürstentümer war zunächst gesichert.

Nach Freigabe der Wahlen gelangten mit Unterstützung Preußens und England-Hannovers in allen westfälischen Bistümern mit Ausnahme von Osnabrück sowie in Hildesheim Kandidaten auf den jeweiligen Bischofsstuhl, die nicht wie Clemens August von Bayern einer der großen, regierenden Dynastien angehörten. Die genannten Großmächte und auch die Domkapitel erwarteten, dadurch die geistlichen Territorien aus dem politischen Kräftespiel und zukünftigen kriegerischen Auseinandersetzungen heraushalten zu können. Während Preußen und Hannover keine einflußreiche katholische Dynastie an ihren Grenzen wissen wollten, war den Domkapiteln wohl mehr an der wirtschaftlichen Gesundung und friedlichen Entwicklung ihrer durch den Krieg ausgebluteten Länder gelegen. In Münster wurde 1762 der ein Jahr zuvor gekürte Kölner Kurfürst Maximilian Friedrich von Königsegg-Rothenfels aus einem schwäbischen Grafengeschlecht zum Bischof gewählt. In Paderborn wählte man 1763 aus den eigenen Reihen Wilhelm Anton von der Asseburg und in Hildesheim in demselben Jahr ebenfalls ex gremio seinen Neffen Friedrich Wilhelm von Westphalen zu Landesherren. Osnabrück erhielt den Vereinbarungen des Westfälischen Friedens über die konfessionell alternierende Besetzung des Bischofsstuhls gemäß mit Friedrich von York einen evangelischen Fürstbischof. Damit war das Bischofsreich Clemens August von Bayerns zerfallen.

---

[98] Der folgende historische Abriß beruht im wesentlichen auf: Harald Kindl, Der Siebenjährige Krieg und das Hochstift Paderborn. Paderborn 1974 (= Heimatkundliche Schriftenreihe der Volksbank Paderborn 5/1974). – Hohmann 1975. – Alfred Heggen, Gewerbliche Wirtschaft und Wirtschaftspolitik im Hochstift Paderborn im 18. Jahrhundert. Paderborn 1977 (= Heimatkundliche Schriftenreihe der Volksbank Paderborn 8/1977). – Alfred Heggen, Staat und Wirtschaft im Fürstentum Paderborn im 18. Jahrhundert. Paderborn 1978. – Heinz Reif, Westfälischer Adel 1770-1860. Göttingen 1979. – Rainer Decker, Die Ritterschaft des Hochstifts Paderborn. Paderborn 1982 (= Heimatkundliche Schriftenreihe der Volksbank Paderborn 13/1982). – Alwin Hanschmidt, Das 18. Jahrhundert. In: Westfälische Geschichte. Hrsg. von Wilhelm Kohl. Bd. 1. Düsseldorf 1983. – Ulrich Faust, Hildesheim als Residenz der letzten beiden Fürstbischöfe 1763-1825. In: Die fürstliche Tafel. Ausstellungskatalog Hildesheim 1995, S. 10-29. – Josef Nolte, Kontinuierliche Selbstverweltlichung. Skizzen zur Hildesheimer Domherrenkultur in der Endphase des geistlichen Fürstentums von 1750-1810. In: ebd., S. 31-41. – Keinemann 1996.

Den an ihn geknüpften Erwartungen entsprechend richtete der aus einem bedeutenden, im Hochstift landsässigen Adelsgeschlecht stammende Fürstbischof Wilhelm Anton Freiherr von der Asseburg sein ganzes Augenmerk auf die wirtschaftliche Konsolidierung seines Paderborner Territoriums und die Verbesserung der allgemeinen Lebensverhältnisse. Zu den hohen Schulden des Landes, bedingt durch die während des Krieges aufzubringenden Kontributionen in Höhe von 7,2 Millionen Reichstalern, traten andere Kriegsfolgen wie die Verarmung der durch Krankheiten und Abwanderung dezimierten Bevölkerung, verwüstete oder brachliegende landwirtschaftliche Flächen, geringer Viehbestand und abgeholzte Wälder. Die landwirtschaftlichen Ressourcen des vorwiegend agrarisch strukturierten Fürstbistums mußten erst wieder aufgefüllt, Handel und Gewerbe wieder belebt werden. Der Landesherr versuchte erfolgreich, diesen Prozeß durch gezielte Reformmaßnahmen anzuregen und zu fördern, flankiert durch reformerische Ansätze in kultureller, sozialer und seelsorgerischer Hinsicht. Von der Asseburgs Nachfolger wurde 1782 sein bereits erwähnter Neffe und Hildesheimer Fürstbischof Friedrich Wilhelm von Westphalen, der die Politik seines Onkels fortsetzte, jedoch ungeachtet seiner Herkunft aus dem Paderborner Hochstift Hildesheim als Hauptresidenz beibehielt und – seit 1785 kränkelnd – für Paderborn keine entscheidenden Impulse mehr geben konnte.

Mit der Regierungszeit dieser beiden Fürstbischöfe, die beide mehrfach von Anton Joseph Stratmann porträtiert (s. Kat.-Nr. C 4 - C 13, C 21, C 45 - C 46, C 54) worden sind, ist die Hauptschaffensphase des Paderborner Malers umschrieben, dessen erhaltene Werke sich besonders in den 1770er und 1780er Jahren häufen. Anton Joseph Stratmann konnte ebenso wie sein Bruder, der Bildhauer Johann Heinrich Joseph Stratmann, nach mageren Anfangsjahren zweifellos von den sich wieder erholenden Lebensumständen im Hochstift Paderborn und der länger andauernden Friedensperiode profitieren. Es waren jedoch nicht in erster Linie die Fürstbischöfe selbst, die durch bedeutende Aufträge die Existenz des Malers sicherten. Ihr relativ bescheidener Hofstaat umfaßte lange Zeit nicht die Position eines Hofmalers. Erst 1788 erscheint Heinrich Christian Pausch aus Hildesheim in den Paderbornischen Hof- und Staatskalendern als Hofmaler (s. Anm. 83).

95-103, 114, 139-140, 148

Im Gegensatz zu ihrem Vorgänger Clemens August betrieben Wilhelm Anton von der Asseburg und Friedrich Wilhelm von Westphalen nur wenige aufwendige Bauprojekte, zu deren Ausstattung Maler in großem Umfang hätten beitragen müssen, wie dies die Brüder Johann Anton (1707-1762) und Jodokus Matthias Kappers (1717-1781) aus Münster im westfälischen Bereich etwa bei den von Johann Conrad Schlaun erbauten oder modernisierten Schlössern in Ahaus, Arnsberg und Clemenswerth taten. Lediglich beim Ausbau der Hildesheimer Residenz für den neugewählten Bischof Friedrich Wilhelm von Westphalen 1763 erhielt Anton Joseph Stratmann nach bisherigem Forschungsstand einen Ausstattungsauftrag in Gestalt von Supraporten (s. Kat.-Nr. B 1 - B 3). Die Innenausstattung von Schloß Fürstenberg, der im Stile des Klassizismus neuerbauten Sommerresidenz Friedrich Wilhelm von Westphalens, war beim Tode des Fürstbischofs 1789 noch nicht vollendet. Das, was schon fertiggestellt war, wurde bereits 1848 zerstört, so daß der Anteil Anton Joseph Stratmanns an der Ausgestaltung von Schloß Fürstenberg unbekannt ist.

88-90

Fürstbischof von Westphalen vergab auch Aufträge für Altarbilder an Anton Joseph Stratmann. Der Paderborner Künstler malte das Bild für den vom Fürstbischof in die Familienkapelle auf Haus Laer gestifteten und 1768 geweihten Altar (s. Kat.-Nr. A 5). 1772 folgte der Auftrag für das Hochaltargemälde der Hildesheimer Kapuzinerkirche (s. Kat.-Nr. D 3) und schließlich um 1775 der für das Hochaltarbild der Fürstenberger Pfarrkirche (s. Kat.-Nr. D 5).

54

157

Ob die Bischöfe im Falle ihrer eigenen Porträts zumindest für das Urbild der in zahlreichen Repliken vorhandenen und in ihren und anderen Adelsfamilien Westfalens verbreiteten offiziellen Bildnisse den Auftrag gegeben haben, ist ungewiß.

Wichtigster Auftraggeber Anton Joseph Stratmanns war zweifellos der westfälische Adel, der den Maler besonders zu Porträtaufgaben gerne heranzog, ihn aber auch religiöse Historienbilder etwa für Altarstiftungen malen ließ. Die zahlreichen Adelsporträts Stratmanns sind Ausdruck der gesellschaftlich und politisch führenden Stellung dieses Standes in den geistlichen Fürstentümern Westfalens gegen Ende des Alten Reichs. Die Amtszeit der Bischöfe von der Asseburg und von Westphalen, die ja selbst aus den Reihen des einheimischen Adels stammten, bedeutete im 18. Jahrhundert zweifellos einen Höhepunkt für die Machtstellung und das Selbstverständnis der im Hochstift Paderborn ansässigen Adelsfamilien, insbesondere natürlich für die Familien der Fürstbischöfe selbst.

Die Fürstbistümer waren im Gegensatz zu den dynastisch regierten Ländern des Alten Reiches Wahlstaaten. Ihr Landesherr, geistliches und weltliches Oberhaupt zugleich, wurde vom Domkapitel gewählt. Das Domkapitel des Fürstbistums Paderborn bestand aus 24 Domherren, die allesamt von adeliger Abkunft sein mußten. Zum größten Teil stammten sie aus Familien, die in den Fürstbistümern Paderborn und Münster sowie im Herzogtum Westfalen lebten. Mit dem Wahlrecht des Landesherrn besaß der im Domkapitel vertretene Adel also ein wichtiges Machtinstrument. Die Wahl eines Kandidaten konnte von bestimmten, während der Regierungszeit zu erfüllenden Auflagen abhängig gemacht werden.

Das Fehlen einer auf die Regierung des Landes abonnierten Herrscherdynastie in Verbindung mit den Einflußmöglichkeiten des Domkapitels verhinderte die Ausbildung einer absolutischen Regierungsform, wie sie im 18. Jahrhundert sonst durchweg üblich war. Dies hatte zur Folge, daß die drei Landstände Domkapitel, Ritterschaft und Städte im Hochstift Paderborn wie auch in Münster und Hildesheim ihre Mitwirkungsrechte an der Landesregierung behaupten konnten. Neben dem Domkapitel setzte sich auch die Ritterschaft aus Mitgliedern der örtlichen Aristokratie zusammen. Zugangsvoraussetzungen zur Ritterschaft waren der Besitz eines landtagsfähigen Rittergutes sowie der Nachweis von 16 hochadeligen oder ritterbürtigen Ahnen, die im übrigen auch Bedingung für die Aufnahme in das Domkapitel waren. Personell vielfach verflochten und durch gemeinsame Interessen verbunden, dominierten Domkapitel und Ritterschaft, die beiden sogenannten Vorderstände, die Regierung des Hochstifts Paderborn. Auf den einmal jährlich stattfindenden Landtagen, die zur Beschlußfassung über Besteuerung, Gesetzgebung, Jurisdiktion sowie Truppenzahl und Ausrüstung des Militärs einberufen wurden, konnten die Städte als dritter Stand in allen strittigen Fragen überstimmt werden. Die 23 Städte des Hochstifts wurden durch ihre Bürgermeister vertreten und repräsentierten den städtischen Anteil der nichtadeligen Bevölkerung des Hochstifts. Die Landbevölkerung war überhaupt nicht repräsentiert.

Mitglied in der Ritterschaft waren in der Regel die Stammherren der jeweiligen Adelsfamilien bzw. ihrer verschiedenen Zweige. Der jeweils älteste Sohn übernahm nach dem Tod des Vaters die Position des Stammherrn. Anton Joseph Stratmann hat einige dieser Ritter aus den bedeutendsten westfälischen Adelsfamilien porträtiert: Hermann Werner von der Asseburg (s. Kat.-Nr. C 1, C 40, C 41), Clemens August von Wolff-Metternich zu Wehrden (s. Kat.-Nr. C 14), Clemens August I. von Westphalen (s. Kat.-Nr. C 17), Clemens August II. von Westphalen (s. Kat.-Nr. C 50), Franz Joseph von Mengersen (s. Kat.-Nr. C 27), Clemens August Bruno von Mengersen (s. Kat.-Nr. C 48) sowie den nicht der Paderborner, sondern der Ritterschaft des Herzogtums Westfalen angehörigen Paul Joseph von Landsberg-Velen (s. Kat.-Nr. C 37). Besaß eine Familie oder ein Familienzweig mehrere landtagsfähige Güter, konnten entsprechend viele Familienmitglieder gleichzeitig der Ritterschaft angehören, im Fall der Familie von Mengersen zu Rheder z. B. zeitweise der Stammherr Franz Joseph (s. Kat.-Nr. C 27), seine Brüder Ferdinand Mauritz (s. Kat.-Nr. C 24 - C 26), Friedrich Christian (s. Kat.-Nr. C 30), Moritz Wilhelm, Clemens August Constantin (s. Kat.-Nr. C 29) und der Sohn Franz Josephs, Clemens August Bruno (s. Kat.-Nr. C 48).[99]

92, 133, 137
106
107
145
121
141

132

121
117-119
120
125
141

Typisches Attribut dieser Porträts ist die Rüstung oder der leichtere, nur aus Brust- und/oder Rückenpanzer bestehende Küraß, in einigen Fällen ergänzt durch den auf einem Tisch drapierten Helm. In der tatsächlichen militärischen Ausrüstung der Zeit schon längst außer Gebrauch gekommen, handelt es sich um reine Standessymbole. Zur Rüstung trug man einen Mantel, über dem Küraß den Rock. War der Dargestellte Mitglied eines weltlichen Ritterordens wie Hermann Werner von der Asseburg (s. Kat.-Nr. C 1, C 40 - C 41), Clemens August II. von Westphalen (s. Kat.-Nr. C 50) und Franz Joseph von Mengersen (s. Kat.-Nr. C 27), gehörte die Wiedergabe zumindest der Ordensbänder zusammen mit dem Bruststern zur standesgemäßen Darstellung. Im Bildnis Clemens August von Wolff-Metternichs (s. Kat.-Nr. C 14) ist diesem ein Schlüssel beigegeben, der möglicherweise als Hinweis auf das Amt eines kurkölnischen Kammer-

133, 137
145
121

106

---

[99] Friedrich von Klocke, Kritische Erörterungen zur Geschichte des Geschlechts von Mengersen, in: Beiträge zur westfälischen Familienforschung 3, 1940/41, S. 152-160, hier S. 159f.

herrn zu deuten ist. Etwas aus dem Rahmen fällt in dieser Hinsicht das Porträt des Paul Joseph von Landsberg-Velen (s. Kat.-Nr. C 37), der als einziges Attribut eine Taschenuhr in den Händen hält.

Zu den genannten Standesporträts der Ritter gehören als Pendants die Bildnisse ihrer Ehefrauen (s. Kat.-Nr. C 15, 18-20, 28, 32, 42-43, 49, 51), bei denen in der Regel auf die Beigabe von Attributen verzichtet ist. Hier wirken allein die Pose und die aufwendige Kleidung, der oft üppige Schmuck und die aufwendigen Frisuren als standesbezeichnender Code. Diese Doppelbildnisse waren offenbar für die Ahnengalerien der eigenen und verwandten Familien bestimmt, in deren Besitz sie sich noch heute befinden. Für den offiziellen Gebrauch scheinen leicht abgewandelte Wiederholungen der Porträts des Hermann Werner von der Asseburg (s. Kat.-Nr. C 41), des Franz Joseph von Mengersen (nicht eigenhändig, s. Text zu Kat.-Nr. C 27) und des Ferdinand Mauritz von Mengersen (s. Kat.-Nr. C 26) gedacht gewesen zu sein. Die beiden letzteren tragen im unteren Bereich eine Aufschrift, die mit dem Namen des landtagsfähigen Rittersitzes und dem Jahr der Aufschwörung, d. h. der Feststellung der Ritterbürtigkeit, die Zugehörigkeit des Porträtierten zur Paderborner Ritterschaft dokumentiert.

Das Porträt des Hermann Werner von der Asseburg (s. Kat.-Nr. C 41) hat eine identisch gestaltete Aufschrift, die darauf verweist, daß der Dargestellte das Bild zum 50jährigen Jubiläum seiner Aufschwörung als Ritter zum Aufhängen auf der Ritterstube gestiftet habe. Die Ritterstube war der Raum, in den sich die Kurie der Ritterschaft auf den Landtagen zur Beratung zurückzog. Nach dem Text des Asseburger Bildnisses liegt die Vermutung nahe, daß dort auch die „Aufschwörungsbilder" der beiden Mengersens zusammen mit gleichlautend beschrifteten Porträts der anderen zur Zeit landtagsfähigen Ritter aufgehängt waren. Solche Porträtgalerien sind für zahlreiche Orden und andere geistliche und weltliche Körperschaften belegt.[100] Nach der Aufhebung des Fürstbistums könnten die Bilder dann an die Familien der Porträtierten zurückgelangt sein.

---

[100] Vgl. Gerd Dethlefs, Die barocke Portraitgalerie des „Ritterhauses" Lage im Kreismuseum in Bersenbrück. In: Johanniter-Kommende Lage. Beiträge zur Bau- und Kunstgeschichte. Osnabrück 1995, S. 27-84, hier S. 72ff.

Standen den adeligen Stammherren als Lebensgrundlage die Einkünfte aus ihren Besitzungen und Gerechtsamen zur Verfügung, mußten die übrigen Geschwister anderweitig versorgt werden. Für Mädchen kam entweder die Heirat oder der Eintritt in ein Kloster oder Stift in Frage. Die nachgeborenen Söhne hatten neben der im späten 18. Jahrhundert relativ selten eingeschlagenen militärischen Laufbahn nur die Möglichkeit, ihre materielle Versorgung durch den Eintritt in eine geistliche Institution zu sichern. Am attraktivsten war in dieser Hinsicht sicher die Erlangung eines Kanonikats in einem Domkapitel, da hier, abgesehen von den guten Einkünften, vielerorts wie in Paderborn die Möglichkeit bestand, an der Regierung des Landes teilzuhaben.

Von Anton Joseph Stratmanns Hand stammen die Porträts der Paderborner Domherren Joseph Ernst von Hörde (s. Kat.-Nr. C 59), Clemens August Constantin von Mengersen (s. Kat.-Nr. C 29), Clemens August oder Ferdinand Joseph von Plettenberg (s. Kat.-Nr. C 22), Johann Matthias oder Franz Karl von Landsberg (s. Kat.-Nr. C 36) und Wilhelm Joseph von Weichs (s. Kat.-Nr. C 57). Mit der Tätigkeit Stratmanns für Mitglieder des Domkapitels erweiterte sich der Kreis seiner Auftraggeber auch auf nicht im Hochstift Paderborn ansässige Adelsfamilien. So war der Adel des zu Kurköln gehörenden Herzogtums Westfalen besonders stark im Paderborner Kapitel vertreten, da er nicht die Möglichkeit hatte, in das reichsunmittelbaren Familien vorbehaltene Kölner Domkapitel zu gelangen. Mit Ausnahme von Mengersens kamen vier der fünf genannten, von Stratmann porträtierten Domherren aus diesem Gebiet. Auch im Fürstbistum Münster beheimatete Familien fanden ihren Weg in das Paderborner Domkapitel. Andererseits rekrutierte sich das Hildesheimer Domkapitel vornehmlich aus westfälischen Adelsfamilien, da der heimische Stiftsadel überwiegend evangelisch war.

Maßgeblich gefördert wurde dieser Austausch durch die rege geübte Praxis, mehrere Domherrenstellen in verschiedenen Kapiteln gleichzeitig zu besetzen. Diese Möglichkeit ergab sich daraus, daß in jedem Kapitel immer nur für einen Teil der Domherren Residenzpflicht bestand. Von den von Stratmann gemalten Domherren besaßen alle zwei oder drei Präbenden in den bereits genannten Kapiteln von Paderborn, Münster und Hildesheim sowie von Osnabrück. Stratmanns Auftraggeber hatten also weitverzweigte Verbindungen und

Interessen in den benachbarten geistlichen Territorien Westfalens, so daß es nicht verwundert, daß der Maler im Herzogtum Westfalen und auch in Hildesheim und Münster zeitweise umfangreiche Aufträge erhielt.

Von den von Stratmann porträtierten Domherren hatten Wilhelm Joseph von Weichs (s. Kat.-Nr. C 57), Clemens August Constantin von Mengersen (s. Kat.-Nr. C 29), Franz Karl von Landsberg (s. Kat.-Nr. C 36) und Ferdinand Joseph von Plettenberg (s. Kat.-Nr. C 22) die Priesterweihe erhalten. Der Priesterstand war nur für das Amt des Domdechanten zwingend erforderlich, der im gottesdienstlichen Bereich die wichtigsten leitenden Funktionen des Domkapitels innehatte. Von Weichs war von 1757 an Inhaber dieser Würde, bis er 1775 zum Dompropst gewählt wurde. Als Dompropst hatte er die angesehenste und am besten dotierte Position im Paderborner Domkapitel erreicht, war jedoch im Gegensatz zu der arbeitsreichen Tätigkeit des Domdechanten stärker zu repräsentativen Aufgaben verpflichtet und von der Residenzpflicht befreit. Von Landsberg war von 1774 bis zu seinem Tode Domdechant in Münster. Sowohl bei von Weichs als auch bei von Landsberg steht die Priesterweihe in Zusammenhang mit der Übernahme der Würde des Domdechanten. Für das Amt des Domküsters, das von Mengersen in Hildesheim, Ferdinand Joseph von Plettenberg und Johann Matthias von Landsberg in Paderborn innehatten, war sie nicht erforderlich. Auch für die anderen herausgehobenen Positionen im Domkapitel wie Domkantor, Domscholaster (Johann Matthias von Landsberg in Münster), Domkämmerer (von Hörde in Paderborn) und Domkellner sowie für die „einfache" Mitgliedschaft in einem Domkapitel reichten die niederen Weihen bis hin zum Subdiakon aus. Diese umfaßten u. a. immerhin das Gelübde der Ehelosigkeit, ließen jedoch die Möglichkeit offen, jederzeit wieder in den weltlichen Stand einzutreten.

Stratmanns Porträts zeigen die Domherren ohne Rücksicht auf den Grad der Weihe und die Stellung in der Kapitelshierarchie ausnahmslos in der üblichen Amtstracht der Weltgeistlichen außerhalb gottesdienstlicher Handlungen, im schwarzen Talar mit Beffchen. In einzelnen Fällen sind Buch und Birett attributiv hinzugefügt. Einziges Merkmal des besonderen Standes als Domkapitular ist das am seidenen Band mit oder ohne Coulant um den Hals getragene Brustkreuz.[101] Ein solches Domherrenkreuz, eine kostbare, zumeist emaillierte Gold- oder Silberschmiedearbeit, wies den Träger als Mitglied eines Domkapitels aus. Die Kreuze waren nur in der Anzahl der Präbenden vorhanden und gingen bei Ausscheiden oder Tod eines Kapitulars an den Nachfolger über. In Osnabrück waren die Kreuze des Dompropstes und des Domdechanten bei gleicher Grundform etwas größer und reicher ausgeführt als die übrigen Domherrenkreuze. Die große Bedeutung, die man diesem Standesmerkmal in der bildlichen Darstellung zuwies, zeigt sich auch darin, daß dem einen getragenen Brustkreuz die Brustkreuze der anderen Domkapitel, denen man angehörte, auf einem Tisch attributiv hinzugefügt wurden, so bei den Porträts von Landsbergs (Kat.-Nr. C 36), von Mengersens (Kat.-Nr. C 29) und von Weichs' (Kat.-Nr. C 57).

In den Domherrenporträts Stratmanns sind die Brustkreuze der Kapitel von Paderborn (1722), Münster (1721), Hildesheim (1739) und Osnabrück (1730 oder 1732) wiedergegeben. Dabei handelt es sich ausnahmslos um Stiftungen des Fürstbischofs Clemens August von Bayern, die mit Ausnahme von Paderborn bis zur Säkularisation in Gebrauch blieben. Für das Paderborner Domkapitel stiftete Fürstbischof Friedrich Wilhelm von Westphalen 1784 neue Domherrenkreuze, die auf den Porträts von Wilhelm Joseph von Weichs (s. Kat.-Nr. C 57) und Joseph Ernst von Hörde (s. Kat.-Nr. C 59) zu sehen sind.

Viele der Domkapitulare nahmen außerdem noch Ämter in Regierung und Verwaltung von mehreren Territorien wahr. Bestimmte Positionen mußten sogar mit Domkapitularen besetzt werden. So war der Dompropst in Paderborn immer auch Präsident der obersten Landesbehörde, des Geheimen Ratskollegiums. Dies bestand neben dem Präsidenten

---

[101] Als Coulant wird der mehr oder weniger breite und verzierte Ring bezeichnet, den man über das Stoffband streifte, an dem das Ordenskreuz hing. – Für Literaturhinweise zu den Domherrenkreuzen sei Herrn Dethlefs, Westfälisches Landesmuseum für Kunst und Kulturgeschichte Münster, herzlich gedankt. Zu Münster s. BKW Stadt Münster 5, S. 401f. Zu Paderborn s. Hans Jürgen Brandt, Artikel Paderborn, Domstift, in : Westfälisches Klosterbuch, Teil 2, Münster 1994, S. 175-205, hier S. 188. Zu Osnabrück und Hildesheim s. Katalog Clemenswerth 1987, S. 361, Nr. 144, S. 377, Nr. 161, Taf. 31. Zu Osnabrück auch Boeselager 1990, S. 418f. Zu Hildesheim auch Arens 1986, S. 89. – Im Gegensatz zu den anderen genannten Domkapiteln sind erhaltene Exemplare der beiden Paderborner Domherrenkreuze bisher nicht bekannt.

aus acht Geheimen Räten, von denen zwei dem Domkapitel und zwei der Ritterschaft angehören mußten. Von den übrigen Ratsstellen war 1802 allerdings nur eine von einem Bürgerlichen besetzt, die anderen hatten Mitglieder der Ritterschaft inne. Domkapitulare übernahmen auch regelmäßig die Präsidentschaft in anderen Landesbehörden wie der Hofkammer, die die landesherrlichen Güter verwaltete, oder der Regierungskanzlei, die als Obergericht für Zivil- und Strafsachen sowie als Verwaltungsgericht fungierte. Auch in der landesherrlichen Lokalverwaltung waren Domkapitulare z. B. als Drost des Amtes Neuhaus vertreten. Die Leitung der Verwaltungsbezirke des Landes, das in Ämter unterteilt war, denen jeweils ein adeliger Drost vorstand, galt jedoch als Domäne der Ritterschaft.

Die leitenden Regierungs- und Verwaltungsämter des Hochstiftes Paderborn und auch der anderen geistlichen Fürstentümer wurden also im wesentlichen unter dem in Domkapitel und Ritterschaft vertretenen Adel aufgeteilt. Vielfach waren mit diesen aber nur repräsentative Aufgaben verbunden, die keine ständige Präsenz erforderten. Die eigentliche Verwaltungsarbeit erledigten nachgeordnete bürgerliche Beamte. Ämterhäufungen waren daher nichts Besonderes. Familien wie die von Asseburg, seit 1793 von Bocholtz-Asseburg, von Westphalen und von Mengersen traten dabei im Fürstbistum Paderborn besonders hervor und dokumentierten auf diese Weise ihre führende Position innerhalb des landsässigen Adels. Die weitreichenden Beziehungen, die Hermann Werner von der Asseburg während seiner bis 1755 währenden Tätigkeit als kurkölnischer Gesandter und späterer Oberhofmeister und Minister Clemens Augusts knüpfen konnte, verstand er auch in späteren Jahren zum Wohle seiner Familie und der eng verwandten Familie von Westphalen zu nutzen. Die Wahl seines Bruders Wilhelm Anton zum Fürstbischof von Paderborn und seines Neffen Friedrich Wilhelm von Westphalen zum Fürstbischof von Hildesheim 1763 ist von ihm maßgeblich in die Wege geleitet worden. Beiden diente er auch als enger Berater. Er war Geheimer Rat Kaiser Karls VII., Geheimer Rat in Paderborn und Hildesheim, Landdrost zu Dringenberg, Drost zu Ruthe, Wewelsburg und Wünnenberg. Die Ernennung zum Kommandeur des bayerischen Michaels- und des hessischen Löwenordens ist als Ausdruck der besonderen Wertschät‐ zung des Kurfürsten Clemens August und des hessischen Landgrafen Friedrich II. zu werten.

133, 135, 137

Ähnlich beeindruckend liest sich die Ämterliste von Clemens August (II.) von Westphalen (s. Kat.-Nr. C 50), der 1792 in den Reichsgrafenstand erhoben wurde und Kaiser Franz II. bis 1801 als Kammerherr, Geheimer Rat und Gesandter diente. Die Funktion des Geheimen Rates übte er auch in Paderborn und Hildesheim aus. Er war Paderborner Oberstallmeister, Landdrost zu Dringenberg, Drost zu Liebenburg und Hunnesrück, Träger des kaiserlichen St.-Josephs-Ordens. Hinzu kamen noch die angesehenen Hofämter des Erbschenken in Hildesheim, Erbküchenmeisters in Paderborn und Erboberjägermeisters in Osnabrück. Von ihm glaubte Fürstbischof Franz Egon von Fürstenberg 1802, er wolle „Oberdirektor über alle Kapitel sein", ein Ausspruch, der ein bezeichnendes Licht auf Ambitionen und Einfluß des Clemens August (II.) von Westphalen wirft.[102]

145

Die Familie von Mengersen erreichte in der zweiten Hälfte des 18. Jahrhunderts ebenfalls einen Höhepunkt in Ansehen und Bedeutung. Diesem Aufstieg setzte sie mit der von Anton Joseph Stratmann gemalten drei Generationen umfassenden Porträtgalerie, die in die Stuckdekoration des Gartensaales von Schloß Rheder integriert ist, ein in Westfalen in dieser Form einzigartiges Denkmal. Der Erbauer von Schloß Rheder, der Paderborner Geheime Rat und Drost zu Schwalenberg, Oldenburg und Lügde, Franz Joseph von Mengersen, ist hier zusammen mit seiner Ehefrau im Kreise einiger seiner Brüder, seiner Eltern und seines Sohnes nebst Ehefrau dargestellt (s. Kat.-Nr. C 24, C 27 - C 32, C 47 - C 49). Von Franz Josephs Bruder, dem Domherrn Clemens August Constantin von Mengersen (s. Kat.-Nr. C 29), war oben bereits die Rede. Er amtierte als Domküster und Geheimer Rat in Hildesheim, als Geheimer Rat und Kammerpräsident in Paderborn. Sein Bruder, der Deutschordenskomtur Ferdinand Mauritz von Mengersen (s. Kat.-Nr. C 24-26), und sein Neffe Clemens August Bruno von Mengersen (s. Kat.-Nr. C 48), der Sohn Franz Josephs, gehörten ebenfalls dem Geheimen Rat an, so daß zeitweise wie auch in der Ritterschaft drei Mengersens gleichzeitig im Geheimen Rat vertreten waren. Clemens August Bruno war auch Hildesheimer Gehei-

38

117, 120-125, 141-143

117-119

141

---

[102] Zitiert nach Hohmann 1975, S. 17.

mer Rat und Obermarschall, Drost zu Schwalenberg, Oldenburg und Lügde sowie zu Wohlenberg im Hildesheimischen.

Die Rhedersche Porträtgalerie verdeutlicht auch die dem Adel zu Gebote stehenden weiteren Möglichkeiten zur Versorgung nachgeborener Söhne mit geistlichen Pfründen. Ferdinand Mauritz (s. Kat.-Nr. C 24 - C 26) und Friedrich Christian von Mengersen (s. Kat.-Nr. C 30) wurden als Komture in den Deutschen Orden aufgenommen, Wilhelm Werner (s. Kat.-Nr. C 47), ein weiterer Bruder Franz Josephs, war Kapitular des Fuldaer Stifts-, seit 1752 zugleich Domkapitels und Propst zu Johannisberg bei Fulda.

117-119
120
143

Der Dominanz des Adels in allen wichtigen politischen, gesellschaftlichen und auch wirtschaftlichen Funktionen hatte das Bürgertum im Hochstift Paderborn am Ende des Alten Reichs nicht nur im Bereich der landständischen Vertretung wenig Gewicht entgegenzusetzen. Die Wirtschaftsstruktur war agrarisch geprägt, Handel und Gewerbe hielten sich in relativ bescheidenem Rahmen. Selbst in der Hauptstadt des Hochstifts war die bürgerliche Oberschicht, vornehmlich bestehend aus den Familien der landesherrlichen Beamten und einigen Kaufleuten, nicht sehr stark. Von einem eigenständigen bürgerlichen Geistes- und Kulturleben kann nicht die Rede sein. Künstlerische Aufträge des Bürgertums an Anton Joseph Stratmann waren deshalb die Ausnahme. Die Porträts des aus Hamburg zugewanderten Kaufmannes Nikolaus Dammers (s. Kat.-Nr. C 2) und seiner aus dem gehobenen Briloner Bürgertum stammenden Frau Anna Sabina (s. Kat.-Nr. C 3) sowie das Bildnis der Frau des Paderborner Bürgermeisters und Kaufmannes Malberg (s. Kat.-Nr. C 23) sind die einzigen erhaltenen Beispiele. Vom Bildtypus her unterscheiden sie sich nicht signifikant von den adeligen Standesporträts, sieht man einmal von den Insignien der Ritterschaft ab.

94

93

116

Bürgerlicher Herkunft aus Beamtenfamilien waren auch der Wiedenbrücker Stiftsdechant Harsewinkel (s. Kat.-Nr. C 33), der Kanoniker von St. Martini in Münster und dortige Domvikar Hosius (s. Kat.-Nr. D 39), der Rietberger Pfarrer Schürckmann (s. Kat.-Nr. C 34) und der Grafschafter Benediktinerabt Kreilmann (s. Kat.-Nr. C 52) aus Erwitte, die von Stratmann porträtiert wurden. Wie der Adel suchten auch die oberen Schichten des Bürgertums, ihre nachgeborenen Söhne, sofern sie nicht ins Berufsleben eintraten, in geistlichen Institutionen unterzu-

127

128
144

bringen. Zu diesem Zweck standen ihnen eine Reihe von nicht ausschließlich dem Adel vorbehaltenen Kollegiatstiftern und die meisten Klöster zur Verfügung. Suchte man im allgemeinen die Lebensformen des Adels nachzuahmen, so gibt es auch bei den geistlichen Porträts mit Ausnahme der Brustkreuze der Domkapitulare keine äußerlichen Merkmale, die auf adelige oder bürgerliche Herkunft verweisen. In dieser Hinsicht ist der bürgerliche Abt von Grafschaft von dem adeligen Fürstabt von Corvey, Philipp von Spiegel (s. Kat.-Nr. C 16), ebensowenig zu unterscheiden wie der Dechant Harsewinkel von einem Domkapitular.

104

Im Bereich der religiösen Historienmalerei tritt das Bürgertum zumindest für das Œuvre Stratmanns nicht als Auftraggeber auf. Dem Adel verdankt der Maler jedoch eine Reihe von Aufträgen, vornehmlich für Altarbilder. So malte er für den Domdechanten und späteren Dompropst Wilhelm Joseph von Weichs (s. Kat.-Nr. C 57) das Altarbild für dessen später in die Marienkapelle des Domes übertragenen Hausaltar in der Paderborner Domdechanei (s. Kat.-Nr. A 13). Ferdinand Wilhelm von Bocholtz, Domherr zu Münster und Hildesheim, stiftete 1773 den Altar der Dreikönigskapelle im Hildesheimer Dom (s. Kat.-Nr. D 4), ein Gemeinschaftswerk des Bildhauers Joseph und des Malers Anton Joseph Stratmann. Für die Familie von Hörde malte er das Deckengemälde für die Kapelle von Schloß Schwarzenraben (s. Kat.-Nr. D 2), für die von Mengersen vermutlich das Bild mit den Gründern des Trinitarierordens für die Pfarrkirche in Rheder (s. Kat.-Nr. A 7).

151

62

155, 156

154

56

Natürlich sind auf diesem Gebiet die Kirchengemeinden und ihre Pfarrer der wichtigste Auftraggeber Stratmanns (s. Kat.-Nr. A 3, 11, 12, 15-17, 19, 22, 32-38, D 7, 10, 13). In zahlreichen Kirchen besonders des Paderborner Hochstifts und des katholischen Sauerlandes werden im letzten Drittel des 18. Jahrhunderts große Altäre neu erbaut, die Altarbilder des Malers enthalten. In einigen Fällen arbeitete er mit seinem Bruder Joseph zusammen, der die Bildhauerarbeiten besorgte. Manchmal übernahm Anton Joseph Stratmann auch die farbige Fassung der Altäre (s. Kat.-Nr. G 3, 7). Unter den Ordensgemeinschaften haben sich besonders die Benediktiner (s. Kat.-Nr. A 1, 4, 18, 23, 24, 27-31) als Auftraggeber des Malers hervorgetan, der aber auch für die Franziskaner in Brilon, Geseke und Paderborn (s. Kat.-Nr. A 2, 6, 14), dort seine Nach-

52, 60, 61,
64-66, 68,
71, 81-87

173

50, 53, 67,
72, 73,
76-80
51, 55, 63

barn, gearbeitet hat. Für die Jesuiten lieferte er die Altarbilder der neuerbauten Ordenskirche in Büren (s. Kat.-Nr. A 8, 9), eines der wichtigsten Kirchenbauten des 18. Jahrhunderts in Westfalen. Zu nennen sind weiterhin Aufträge des Soester Patroklistiftes (s. Kat.-Nr. A 25) und des Paderborner Domkapitels (s. Kat.-Nr. A 20, 21).

57, 58
74
69, 70

Die schaffensreichen siebziger und achtziger Jahre, in denen sich der Ruf des Malers über seine engere Heimat hinaus festigen konnte, fanden ihre Krönung in der Tätigkeit für die klassizistische Ausstattung des münsterschen Schlosses (s. Kat.-Nr. D 9, 20-21, 23-25, 29-34, F 1-5). Der wohl größte Einzelauftrag, das Deckengemälde für den Großen Saal (s. Kat.-Nr. D 24), kam jedoch wegen des Todes des Auftraggebers, des Kölner Kurfürsten und münsterschen Fürstbischofs Maximilian Friedrich von Königsegg-Rothenfels, 1784, nicht mehr zur Ausführung. Seinem Nachfolger Max Franz von Österreich war an der weiteren Ausstattung des Schlosses wie auch an der Förderung der Künste im allgemeinen nichts gelegen. Damit war Anton Joseph Stratmann die Basis für weitere Aufträge in Münster, der größten Stadt Westfalens, entzogen. Dem im späten Rokoko geschulten Maler gelang es, von einem Einzelfall abgesehen (Hosius, s. Kat.-Nr. D 39), offenbar nicht, Porträtaufträge der führenden münsterschen Kreise zu erlangen, in denen der Geist der Aufklärung sehr viel stärker und konkreter präsent war als in Paderborn. Immerhin hatte er vermutlich um 1775 mit dem jugendlichen Paul Joseph von Landsberg-Velen (s. Kat.-Nr. C 37) bereits ein späteres Mitglied des aufklärerischen Kreises um Franz von Fürstenberg und die Fürstin Gallitzin porträtiert. Anton Joseph Stratmanns gleichzeitiges Bildnis von dessen Mutter Anna Theresia von Landsberg (s. Kat.-Nr. C 38) kann als frühes Dokument des Wirkens der Aufklärung in Westfalen gelten, hält sie doch das Buch „Phaedon" des aufklärerischen Schriftstellers und Philosophen Moses Mendelssohn in Händen, eine für eine Frau von Stand aus westfälischem Adel zu jener Zeit sicher noch ungewöhnliche Literatur, die auch ihren Sohn maßgeblich beeinflußt haben dürfte. In Münster bediente man sich jedoch für Porträts des Wandermalers Georg Oswald May (1738-1816) oder dann gegen Ende des Jahrhunderts zunehmend des Johann Christoph Rincklake (1764-1813), der, eine Generation jünger als Stratmann, im Stile des Klassizis-

159,
160-165,
167-172
37

132

131

mus zum Chronisten einer sich von der höfischen Repräsentation abwendenden Gesellschaft wurde.[103]

Aufklärerische Tendenzen zeigten sich im Paderborner Hochstift bereits unter der Regierung des Wilhelm Anton von der Asseburg und seines Nachfolgers in Gestalt einiger reformerischer Verordnungen und Gesetze. Von vereinzelten Ereignissen abgesehen, blieben Auswirkungen auf das geistige und gesellschaftliche Leben in Paderborn jedoch ebenso gering wie direkte Folgen der Französischen Revolution. Immerhin verzichteten Adel und Geistlichkeit in Anbetracht der neuen, zu den Schulden aus dem Siebenjährigen Krieg noch hinzukommenden Lasten der Revolutionskriege unter dem Druck der steuerpflichtigen nichtadeligen Bevölkerung 1794 auf einen Teil ihrer Steuerprivilegien. Dies blieb in Westfalen mit Ausnahme Münsters, wo 1795 ähnliches beschlossen wurde, ein einzigartiger Vorgang.

Der neue Geist der Nüchternheit und Sparsamkeit zog jedenfalls mit dem Regierungsantritt Franz Egon von Fürstenbergs, der 1789 Friedrich Wilhelm von Westphalen als Fürstbischof ablöste, in Paderborn und Hildesheim ein. Seine Gunst konnte Anton Joseph Stratmann nach Auskunft des Erhaltenen nicht erringen. Obwohl er in den 1790er Jahren noch mehrere große Aufträge für Altarbilder und andere sakrale Gemälde innerhalb und außerhalb des Hochstifts erhielt, war der Zenit des Stratmannschen Schaffens mit dem Tod Friedrich Wilhelm von Westphalens bereits überschritten.

Die alte staatliche und gesellschaftliche Ordnung, deren letzte kurze Nachblüte im malerischen Werk Anton Joseph Stratmanns ihren Ausdruck fand, endete mit der Inbesitznahme des Fürstbistums Paderborn im August 1802 durch Preußen und der Säkularisation im folgenden Jahr. Für den greisen Maler setzten diese Ereignisse zweifellos den Schlußpunkt unter seine bereits gegen Ende des 18. Jahrhunderts ausklingende künstlerische Laufbahn. Den künstlerischen Anforderungen des neuen Zeitalters konnte und wollte er sich wohl auch nicht mehr stellen.

---

[103] S. Westhoff-Krummacher 1979 und 1984.

Akademieaufenthalt in Antwerpen

Anders als bei Johann Georg Rudolphi (1633-1693), dem bedeutendsten westfälischen Maler des 17. Jahrhunderts, ist im Falle Anton Joseph Stratmanns zumindest eine wichtige Station der künstlerischen Ausbildung des Malers gesichert nachzuvollziehen. Den ersten Hinweis auf Antwerpen als den Ort, an dem Anton Joseph Stratmann die entscheidende Prägung seiner künstlerischen Ausdrucksweise erhielt, verdanken wir Philipp Ferdinand Ludwig Bartscher (1749-1823). Der Rietberger Maler, Kunsthandwerker, Kunstschriftsteller und nur wenig jüngere Zeitgenosse Stratmanns veröffentlichte 1784 eine Beschreibung der Gemäldesammlung des Stiftsdechanten Harsewinkel in Wiedenbrück. Dort heißt es in der Erläuterung zu dem Porträt des Dechanten (s. Kat.-Nr. C 33) von Anton Joseph Stratmann, der Maler habe *in seiner Jugend auf der Mahlerakademie zu Antwerpen mehrmals das beste Prämium* erhalten.[104] 1787 schreibt Bartscher in seinem Katalog der Gemäldesammlung des Corveyer Fürstabtes von Brabeck zu dem heute verschollenen Bild Stratmanns, „Die Königin von Saba bei Salomon" (s. Kat.-Nr. D 1): *Dieses herrliche Gemälde, das Stradtmann als ein Preisstück zu Antwerpen gemalt hat, hat auch die besten Prämie erhalten.*[105]

Zwei historische Quellen belegen, daß Bartschers Angaben zumindest im Kern den Tatsachen entsprechen.[106] Die eine ist der Eintrag in den *Liggeren*, den Registern der Antwerpener Malergilde: *8. November 1754: Anthonius Straetmans leert bij Joseph Vervoort (van der Voort).*[107] Diese Notiz besagt, daß ein Anton Stratmann, in dem man unter Berücksichtigung der Bartscherschen Angaben den Paderborner Maler sehen muß, am 8. November 1754 als Lehrling des Antwerpener Gildemeisters Joseph Vervoort, auch van der Voort genannt, offiziell angenommen wurde.

Der zweite Quellenbeleg findet sich in einem Aktenband, der die schriftliche Überlieferung der Antwerpener Kunstakademie für die Jahre 1741 bis 1808 zusammenfaßt und auch die Preisträger der halbjährlich abgehaltenen Zeichenkurse nennt: *Promotie der Academisten. Geteeckent hebbende naer de Plaetsen ende Prijsen gedeurende de Exercitie begonst in October 1754 ende gesloten 9 Meert 1755 publiquelijck onder het geschal van Trompetten en Timballen geproclameert op de groote Schilders Caemer boven de Borse deser Stadt. Zijnde den eersten Prijs bestaende in eene schoone silvere sauscomme gegeven door Joncker Carolus Josephus Dellafaille Buyten Borgermeester ... 1. Antonius Straetman ...*[108] Demnach gewann Anton Joseph Stratmann als Absolvent des winterlichen Zeichenkursus der Akademie von Oktober 1754 bis zum 9. März 1755 den ersten Preis, bestehend aus einer silbernen Sauciere, die ihm im großen Malersaal im Gebäude der Börse der Stadt Antwerpen unter dem Klange von Trompeten und Zimbeln feierlich durch den Bürgermeister Dellafaille überreicht wurde.

Zum Zeitpunkt von Anton Joseph Stratmanns Aufenthalt in Antwerpen konnte die Kunstakademie der Scheldestadt bereits auf eine fast hundertjährige Geschichte zurückblicken.[109] Gegründet wurde sie 1663 in einer Zeit wirtschaftlichen Niedergangs,

---

[104] Bartscher 1784, S. 43, Nr. 52.
[105] Bartscher 1787, S. 36, Nr. 7.
[106] Heute: Nationaal Hoger Instituut en Koninklijke Academie voor Schone Kunsten Antwerpen.
[107] Zitiert nach Rombouts / van Lerius 1872, Bd. 2, S. 805. – S. auch Strohmann 1986, S. 90, Anm. 478. – Strohmann 1994, S. 158, Anm. 72.
[108] Antwerpen, Koninklijke Academie voor Schone Kunsten, Oud archief Sint-Lucasgild, Nr. 303 (22): Register der resolutiën, acten archieven concerneerende de opcomste voortganck ende vernieuwinge der vermaerde Conincklycke Academie van teekenconst, perspectiv. enz. 1741-1808, S. 14.
Für die Zitierung des Quellenbelegs danke ich Prof. Dr. Guido Persoons, dem wissenschaftlichen Bibliothekar der Kunstakademie, ganz herzlich.
[109] Hierzu und im folgenden: Pevsner 1986, S. 129f., 306f. – Van Looij 1989.

bedingt durch die Sperrung der Schelde, die durch den Westfälischen Frieden 1648 besiegelt worden war und der Hafenstadt die wichtigste Existenzgrundlage entzog. Das künstlerische Leben der Stadt, in der noch zahlreiche Schüler und Nachfolger Peter Paul Rubens' (1577-1640) tätig waren, drohte als Folge der schwindenden wirtschaftlichen Bedeutung zu erlahmen. Die Gründung der Akademie nach dem Beispiel der einige Jahre zuvor (1648) konstituierten Académie Royale de Peinture et de Sculpture in Paris sollte dem entgegensteuern. Sie verfolgte den Zweck, die in den Werkstätten der Gildemeister vernachlässigte Ausbildung zu verbessern und dadurch das allgemeine künstlerische Niveau wieder auf die Höhe der Rubens-Zeit zu heben. Die Akademie sollte die Abwanderung begabter Talente verhindern, auswärtige Künstler und Kunstliebhaber anziehen und den Ruf Antwerpens als Kunstmetropole festigen helfen.

Im Gegensatz zu Paris, wo im Sinne des Absolutismus die Zentralisierung der Künstlerausbildung, ihre Loslösung aus zünftischen Zwängen und die Prägung eines einheitlichen Kunstgeschmacks im Vordergrund standen, war in Antwerpen nicht der Landesherr die treibende Kraft der Akademiegründung, sondern die Antwerpener Malergilde unter ihrem Dekan David Teniers d. J. (1610-1690). Die St.-Lukas-Gilde übernahm die Trägerschaft und stellte aus dem Kreis ihrer Meister auch die Lehrpersonen für die Akademie. Diese war also, wenn man so will, ein Aus- und Weiterbildungsinstitut der Malergilde, deren Regeln man sich unterwerfen mußte, wollte man die Akademie besuchen.

Wie alle Kunstakademien von den Anfängen im 16. Jahrhundert bis zum Ende des 18. Jahrhunderts war auch die Antwerpener Akademie keine Ausbildungsstätte im heutigen Sinne. Zu ihren Aufgaben zählte keinesfalls die künstlerische Grundausbildung, die der angehende Maler traditionell in der Werkstatt eines in der Regel zünftisch organisierten Meisters absolvierte.[110] Über die praktische Unterweisung in den technischen und künstlerischen Grundlagen der Malkunst hinaus erhielt der Lehrling freie Kost und Logis im Hause des Meisters, die er durch die Mitarbeit bei den malerischen Aufträgen der Werkstatt entgelten mußte. Diese materielle Sicherheit wie auch die Notwendigkeit, zur Aufnahme in die Akademie das Zeugnis eines Gildemeisters vorzulegen, werden Anton Joseph Stratmann neben dem Wunsch nach Weiterbildung bewogen haben, in die Werkstatt Joseph Vervoorts einzutreten, obwohl der zwanzigjährige Maler sicher bereits eine Lehre hinter sich hatte.

Kernstück und oft auch einziges Element des Lehrangebotes der Kunstakademien war der Zeichenkursus. Gezeichnet wurde nach vorbildhaften Zeichnungen, Gemälden und Reliefs, die von den Akademielehrern oder aber anderen Meistern stammen konnten, nach Abgüssen antiker Bildwerke, vor allem aber nach dem lebenden Modell. An der Pariser Akademie waren die Kurse in Unter- und Oberstufe unterteilt.[111] Der Anfänger begann mit dem zeichnerischen Kopieren von Arbeiten der Professoren, dem Zeichnen nach Abgüssen und Bildwerken. Der Oberstufe war das Aktzeichnen vorbehalten. Die Antwerpener Akademie kannte diese Zweigleisigkeit nicht, hier stand das Aktzeichnen von Anfang an im Vordergrund.[112] Seit Gründung der Akademie wurden pro Jahr zwei Zeichenkurse abgehalten, im Sommer von fünf Uhr bis acht Uhr morgens, im Winter von sechs Uhr bis acht Uhr abends.[113] Die Kurse fanden in eigens dazu eingerichteten Räumen im Obergeschoß der Antwerpener Börse statt.

Ob hier ausschließlich nach lebenden Modellen gezeichnet wurde oder auch etwa nach Gemälden oder Kupferstichen, ist unbekannt. Eine erhaltene Abrechnung über die Kosten des ersten Lehrjahres der Akademie 1665/66 enthält neben Ausgaben für ein junges und ein altes Modell auch Vergütungen für die Lehrer in Baukunst, Perspektive und Geometrie.[114] Seit den Anfangsjahren der Akademie scheinen im Rahmen der Zeichenkurse also auch die theoretischen Grundlagen der Zeichenkunst gelehrt worden zu sein, Disziplinen, für die an anderen Akademien eigene Vorlesungen eingerichtet waren. Während Stratmanns Aufenthalt in Antwerpen war der Maler Cornelis Josef D'Heur (1707-1762) als Lehrer für Geometrie, Perspektive und Architektur an der Akademie tätig.[115]

---

[110] Vgl. Pevsner 1986, S. 100.

[111] Pevsner 1986, S. 101f.
[112] S. ebd., S. 129f., Anm. 142.
[113] Van Looij 1989, S. 311.
[114] Ebd., S. 311.
[115] Morel-Deckers 1988, S. 54.

Die Ausbildung an der Akademie bedeutete also für Anton Joseph Stratmann die Möglichkeit, sich durch theoretische Unterweisung, Zeichnen nach vorbildhaften Kunstwerken, aber auch ganz besonders nach dem lebenden Modell, in Kompositionsfindung, Figurenbildung, Faltengebung, in Proportion, Anatomie, Perspektive zu schulen, deren sichere Beherrschung für den Historienmaler unerläßliche Fähigkeiten darstellten. Daß Stratmann sein Ausbildungsziel und eine gewisse künstlerische Reife erreicht hatte, belegt der Gewinn des mit dem Zeichenkursus verbundenen Wettbewerbs. Solche Wettbewerbe und Preisverleihungen, bei der die Arbeiten der Schüler bewertet und prämiert wurden, gehörten üblicherweise zum Repertoire der Akademien.[116]

Die Aussage Bartschers, Stratmann habe *mehrmals das beste Prämium* erhalten, läßt sich allerdings anhand der Archivalien der Kunstakademie nicht verifizieren. Der Name Stratmann erscheint nur einmal unter den Preisträgern der Akademie. Ebensowenig läßt sich die Behauptung Bartschers nachprüfen, Stratmann habe das verschollene Gemälde „Die Königin von Saba bei Salomon" als prämiertes Preisstück gemalt. Überhaupt muß offenbleiben, ob Anton Stratmann länger als ein halbes Jahr in Antwerpen geblieben ist, da er vor Oktober 1754 und nach März 1755 nicht in den angegebenen Archivalien von Malergilde und Akademie genannt wird. Der Tod seines Vaters im Juli und seiner Mutter im Oktober 1755 könnten jedenfalls Anlaß zur Rückkehr nach Paderborn gegeben haben.[117]

Aus heutiger Sicht stellt sich die Frage, was Anton Joseph Stratmann bewogen haben mag, ausgerechnet Antwerpen als Ort seiner künstlerischen Vervollkommnung zu wählen, galt doch seit Mitte des 17. Jahrhunderts Paris als Inbegriff des herrschenden Kunstgeschmacks und der akademischen Kunstausbildung.[118] Auch die Italienreise war im 18. Jahrhundert zur Weitung des künstlerischen Horizontes keineswegs aus der Mode gekommen, und die Akademien von Rom, Florenz und Bologna gehörten zusammen mit der von Paris in der ersten Hälfte des 18. Jahrhunderts zu den renommiertesten akademischen Ausbildungsstätten.[119] Die Antwerpener Akademie hatte dagegen ihr Ziel verfehlt, den Künsten den hohen Standard der Rubens-Zeit zu bewahren. Antwerpen war um die Mitte des 18. Jahrhunderts im europäischen Vergleich zur künstlerischen Bedeutungslosigkeit herabgesunken. 1741 überlebte die Akademie als Institution nur durch das Engagement einiger Gildemeister, die kostenlos Unterricht erteilten. 1749 übernahm die Stadt Antwerpen anstelle der Malergilde die Trägerschaft der Akademie, die danach wieder größeren Zulauf erhielt.[120]

Ein sicher nicht zu unterschätzender Grund für die Wahl Antwerpens wird die auch nach 1749 zunächst noch weiter bestehende enge Verknüpfung der Akademie mit der Malergilde der Stadt, die nach wie vor die Lehrer stellte, gewesen sein. Da Anton Joseph Stratmann offenbar darauf angewiesen war, seinen Lebensunterhalt selbst zu verdienen, dürfte er die Chance, nach alter Handwerkstradition bei einem Meister unterzukommen und dennoch die Akademie besuchen zu können, in dem zusätzlich relativ nahe seiner Heimat gelegenen Antwerpen am größten eingeschätzt haben. Der andere, glanzvollere Weg, den z. B. der nur wenig ältere Johann Heinrich Tischbein (1722-1789), der spätere Kasseler Hofmaler, ging, hätte die Existenz eines Mäzens erfordert. Tischbein hatte bei Stratmann vergleichbarer Herkunft und übereinstimmendem Alter und Ausbildungsstand das Glück, in dem Geheimen Konferenzminister des Mainzer Erzbischofs, Graf von Stadion, einen solchen uneigennützigen Förderer zu finden, der ihm von 1743 bis 1751 Studienjahre in Paris, Rom und Venedig finanzierte.[121] In Paris lernte Tischbein fünf Jahre bei dem bekannten Historien- und Porträtmaler Carle Vanloo (1705-1765) und besuchte die Akademie. Zwei Jahre hielt er sich in Rom auf, den Rest der Studienzeit verbrachte er in Venedig, wo er den Unterricht Giambattista Piazzettas (1682-1754) genoß.

Stratmann standen solche Möglichkeiten nicht zu Gebote. Der westfälische Adel war zu derart generöser Kunstförderung aufgrund seiner wirtschaftlichen Möglichkeiten und seines bescheideneren Lebenszuschnitts wohl kaum willens und in der Lage. Der Landesherr Clemens August von Bayern residierte weitab von Paderborn und

---

[116] Pevsner 1986, S. 105.
[117] S. das Kapitel zur Biographie.
[118] Pevsner 1986, S. 75.
[119] Ebd., S. 143.

[120] Van Looij 1989, S. 312f.
[121] Hierzu und im folgenden: Kat. Kassel 1989, S. 41f.

beschäftigte einen bereits längst etablierten Künstlerstab, so daß er auf seine alten Tage wohl kaum Interesse an der Förderung eines jungen Talents aus seinem Paderborner Sprengel aufgebracht hätte.

Mehr noch dürften aber die in Paderborn und ganz Westfalen allgegenwärtigen künstlerischen Zeugnisse des übermächtigen Einflusses der flämischen Kunst der ersten Hälfte des 17. Jahrhunderts Anton Joseph Stratmann nach Antwerpen verwiesen haben. Von hier kamen 1655 die Künstler, die nach dem Ende des Dreißigjährigen Krieges als erste flämischer Barockkunst im östlichen Westfalen gemalte und plastisch greifbare Gestalt verliehen. Mit der von dem Maler Anton (tätig 1649/50-1671/72) und dem Bildhauer Ludwig Willemssens (1630-1702) ausgeführten Barockisierung des Paderborner Domes wurden in Westfalen die Stilepoche des Barock und eine lange Phase intensiver Auseinandersetzung mit der Kunst des Peter Paul Rubens (1577-1640) und seiner Zeitgenossen und Nachfolger eingeleitet.[122] In allen Paderborner Kirchen und den meisten Gotteshäusern des Hochstiftes konnte Stratmann die Ergebnisse der schöpferischen Umsetzung dieser flämischen Einflüsse im Werk heimischer Künstler wie dem Maler Johann Georg Rudolphi (1633-1693) oder den Bildhauern Heinrich (um 1645-1719) und Christophel Papen (1678-1735) besichtigen.[123] Insbesondere im Bereich der christlichen Historienmalerei wirkten Form und Stil der Malerei der Rubens-Zeit um die Mitte des 18. Jahrhunderts wie in Antwerpen selbst auch im Paderborner Hochstift noch nach.[124] Da auf diesem Gebiet der Malerei – abgesehen vom Porträt – die größte Nachfrage zu erwarten war, erscheint es nur folgerichtig, daß der junge angehende Maler hier anzuknüpfen suchte. Er folgte damit einer bereits traditionellen künstlerischen Ausrichtung des katholischen Westfalen nach Antwerpen, die mit dem Aufstieg der Stadt zu einem der bedeutendsten Kunstzentren nördlich der Alpen seit der Mitte des 16. Jahrhunderts ihren Anfang nahm, in der zweiten Hälfte des 17. Jahrhunderts ihren Höhepunkt erlebte und schließlich auch den Niedergang der Metropole selbst überdauerte.

Weiterhin muß man bedenken, daß die meisten der zahlreichen Akademien in den deutschen Staaten, die eine ganze Generation klassizistischer Maler heranzubilden halfen und die Stratmann größere Auswahlmöglichkeiten eröffnet hätten, erst nach Beendigung seiner Ausbildung gegründet oder neu organisiert wurden.[125] Ein Grund für die Flut der Neugründungen war die erneute hohe Wertschätzung der Zeichnung, des Umrisses, des „disegno", als bestimmender Grundlage der klassizistischen Malkunst. „Die Zeichnung ist die Seele der Malerei", lautete ein programmatischer Ausspruch des Architekten Simon Louis du Ry bei der Eröffnung der Kasseler Kunstakademie 1777.[126] Als Stratmann sich nach Antwerpen wandte, wurden die theoretischen Grundlagen des Klassizismus gerade erst gelegt. Johann Joachim Winckelmanns epochemachendes Werk „Gedanken über die Nachahmung der griechischen Werke in der Malerei und Bildhauerkunst" erschien 1755.

Bei dem bisher immer noch unzureichenden Forschungsstand zur Antwerpener Malerei des 18. Jahrhunderts fällt es schwer, über allgemeine formale Merkmale akademischer Ausbildung oder die stilistische Nähe zur Malerei der Rubens-Zeit hinaus konkrete stilkritische Bezüge zu bestimmten zeitgenössischen Malern herzustellen, die Anton Joseph Stratmann während seines Antwerpener Aufenthaltes beeinflußt haben könnten.[127] Einige, mit denen er in Malergilde und Akademie sicher Kontakt hatte, müssen hier aber dennoch kurz vorgestellt werden.

Joseph Vervoort oder auch van der Voort, derjenige Meister, in dessen Werkstatt Anton Joseph Stratmann in Antwerpen eintrat, war offenbar Landschaftsmaler. In der von Bartscher beschriebenen Gemäldesammlung des Wiedenbrücker Stiftsdechanten Harsewinkel, den Stratmann porträtierte (s. Kat.-Nr. C 33), befanden sich zwei heute verschollene Landschaften Joseph Vervoorts, von dem auch in Antwerpen keine erhaltenen Werke

---

[122] Tack 1947/49.
[123] Strohmann 1986. – Buchenthal/Bauer 1994. In beiden Büchern ist der Einfluß der Willemssens und der flämischen Kunst ausführlich behandelt.
[124] Zur kulturellen Dominanz Antwerpens s. Strohmann 1986, S. 90ff.

[125] Pevsner 1986, S. 143ff.
[126] Kat. Kassel 1989, S. 135.
[127] S. außer den weiter unten angegebenen jüngeren Veröffentlichungen Rooses 1889, S. 438-456. – Gerson / ter Kuile 1960, S. 165-173.

nachgewiesen werden konnten.¹²⁸ Eine Vorstellung von seinem künstlerischen Stil ist bisher nicht zu gewinnen. Thieme-Becker nennt ihn als Schüler des Landschaftsmalers Pieter Rysbraeck (1655-1729) und gibt sein Geburtsdatum mit 1676 an.¹²⁹ 1734 wird er Dekan der Antwerpener Malergilde.¹³⁰ 1749 ist ein Josephus van der Voort unter den Meistern, die die Malergilde bei der Unterzeichnung des Vertrages vertreten, mit dem die Akademie in die Trägerschaft der Stadt Antwerpen übergeht.¹³¹ Anläßlich der Annahme Stratmanns als Lehrling 1754 erscheint der Name des – sofern die Angabe des Geburtsdatums zutrifft – 78jährigen zum letzten Mal in den „Liggeren". Da Landschaften im erhaltenen Werkbestand Stratmanns nicht auftreten und auch unter den verschollenen Bildern eher eine Randerscheinung darstellen, ist zweifelhaft, ob Joseph Vervoort überhaupt nachvollziehbaren Einfluß auf die künstlerische Entwicklung Stratmanns genommen hat.

Einer der sechs Direktoren der Antwerpener Akademie war von 1752 bis 1762 Joseph van der Voorts Sohn Michiel Frans (1714-1777).¹³² Das Antwerpener Museum bewahrt von ihm als einziges Werk eine Puttenallegorie en grisaille, die vermutlich als Supraporte gedient hat.¹³³ Die kräftigen Putten stehen ganz in der Rubensschen Tradition und belegen eine plastische Körperauffassung, wie sie auch Anton Joseph Stratmanns Hildesheimer Supraporten (s. Kat.-Nr. B 1-3) zugrunde liegt. Für die Beurteilung eines mutmaßlichen künstlerischen Einflusses auf den Paderborner Maler reicht dieses eine bekannte Werk Michiel Frans van der Voorts jedoch nicht aus. Auch von zwei weiteren Akademielehrern, die Anton Joseph Stratmann unterwiesen haben könnten, sind in demselben Museum Puttenallegorien als Grisaillen erhalten, so von Marten Jozef Geeraerts (1707-1791) und dem bereits vorgestellten Cornelis Josef D'Heur (1707-1762).¹³⁴ Die Analogien zu den Stratmannschen Putten sind auch hier unübersehbar, besonders deutlich im Falle des Putto mit der Säule aus der Allegorie der Kraft von D'Heur und des sitzenden Putto, der in die Schale blickt, in Stratmanns Supraporte mit dem Kinderbacchanal in Hildesheim (s. Kat.-Nr. B 3).¹³⁵

1755 wurde Balthasar Beschey (1708-1776) zu einem der Direktoren der Akademie ernannt.¹³⁶ Der Maler unterhielt in Antwerpen ein großes Atelier, in dem zahlreiche Werke der flämischen Malerei des 17. Jahrhunderts im Original zu sehen und in Form von Miniaturen und Kupferstichen auch zu erwerben waren. Während in seinen biblischen Historienbildern der Einfluß der französischen Malerei der zweiten Hälfte des 17. Jahrhunderts (Le Brun, Coypel) mit ihren klassizistischen Tendenzen zu spüren ist, verharren seine Altarbilder streng in der Rubensschen Tradition. Beschey arbeitete auch als Porträtist. Sein Werk ist jedoch bis jetzt noch nicht zusammengestellt worden, so daß eine Beurteilung seiner Vorbildhaftigkeit für Stratmann, der nicht Lehrling Bescheys war, schwerfällt.

Seine Lehrlinge verpflichtete Beschey zum Studium und zum Kopieren von Werken des Rubens und anderer großer Meister aus dessen Umkreis, was im späteren Werk seiner Schüler Joseph Verhaghen (1728-1811) und Willem Jacob Herreyns (1743-1827) spürbar blieb.¹³⁷ Andries Cornelis Lens (1739-1822), ebenfalls Schüler Bescheys, entwickelte sich aus diesen Ansätzen heraus weiter und wurde zum führenden Vertreter der klassizistischen Malerei in den südlichen Niederlanden.¹³⁸ Lens war einer der Mitschüler Stratmanns an der Akademie. Der Paderborner Maler verwies ihn in dem Wettbewerb des Zeichenkurses 1754/55 auf den vierten Platz, während Lens dann im folgenden Jahr den ersten Preis gewann.¹³⁹

---

¹²⁸ Bartscher 1784, S. 56, Nr. 110, 111. Anfragen bei den Antwerpener Institutionen Stadtarchiv, Kunstakademie, Rubenianum und Königlichen Museum für schöne Künste brachten in bezug auf Vervoort keine Ergebnisse.

¹²⁹ Th.-B., Bd. 34, S. 306 (Joseph Vervoort) und S. 544 (Joseph van der Voort). Vermutlich handelt es sich bei beiden Einträgen um denselben Maler. Th.-B., S. 544, nennt als Werk van der Voorts noch ein 1928 bei Lempertz in Köln versteigertes Gemälde „Amoretten mit Blumen", bez. und dat. 1727, Verbleib unbekannt.

¹³⁰ Th.-B., Bd. 34, S. 544 nach den Liggeren.

¹³¹ Van Looij 1989, S. 312.

¹³² Morel-Deckers 1988, S. 125.

¹³³ Ebd., S. 125 m. Abb.

¹³⁴ Ebd., S. 35ff., S. 54ff.

¹³⁵ Ebd., S. 58.

¹³⁶ Zu Beschey s. Morel-Deckers 1988, S. 10ff. – Kat. Antwerpen 1989, S. 38ff.

¹³⁷ Morel-Deckers 1988, S. 40ff., 122ff. – Kat. Antwerpen 1989, S. 41.

¹³⁸ S. hierzu Kat. Antwerpen 1989.

¹³⁹ Dies geht aus der oben angeführten „Promotie der Academisten" des Winterkursus 1754/55 hervor. Der Gewinn des ersten Preises durch Lens 1756 genannt in Kat. Antwerpen, S. 40.

Nachdem nun die näheren Umstände der akademischen Ausbildung Stratmanns in Antwerpen und seine Schulung an den Vorbildern der Rubens-Zeit in einem knappen Abriß beschrieben sind, werden die Spuren dieser Ausbildung in den folgenden, der stilkritischen Betrachtung der Werke des Paderborner Malers gewidmeten Abschnitten des Buches noch hier und da anzusprechen sein.

Historienbilder

Obwohl Porträt und Historienbild im Œuvre Anton Joseph Stratmanns zahlenmäßig in etwa gleichgewichtige Werkkomplexe darstellen, hätte sich der Maler selbst, nach seinem Beruf gefragt, mit einiger Wahrscheinlichkeit als Historienmaler bezeichnet. Traditionell galt die Historienmalerei vor Genre, Landschaft, Stilleben und Porträt als die vornehmste Gattung der Malkunst, eine Auffassung, die im 18. Jahrhundert ganz besonders stark von den Akademien vertreten wurde.[140] Der Akademieunterricht, wie ihn auch Stratmann erfahren hatte, zielte fast ausschließlich auf die Herausbildung der Fähigkeit, die menschliche Figur in historischem Zusammenhang anatomisch und perspektivisch richtig, mit einem dem Thema angemessenen Ausdruck und in einer würdigen, das Geschehen verdeutlichenden Komposition darzustellen. Probates Mittel hierzu war, wie wir im vorangehenden Kapitel gesehen haben, das unermüdliche Zeichnen nach Vorlagen und lebenden Modellen.

Die Bedingungen, unter denen Historienmalerei entstehen konnte, lagen nun in den katholischen Gebieten Westfalens in der zweiten Hälfte des 18. Jahrhunderts etwas anders als z. B. in Frankreich oder den von dort beeinflußten großen und kleinen deutschen Fürstenhöfen. In den geistlichen Fürstentümern Westfalens, denen eine angestammte Herrscherdynastie mit entsprechender Hofhaltung abging, wo die Aristokratie einem vergleichsweise bescheidenen Lebenszuschnitt unterlag und auch das Bürgertum keine wirtschaftliche und kulturelle Größe war, fehlte einfach das Publikum für die von den Akademien favorisierten Historienbildthemen. Großformatige Gemälde mit Geschichten und Ereignissen aus der griechischen und römischen Mythologie, die für die Pariser und andere Kunstakademien den Inbegriff der Bildwürdigkeit darstellten, ja selbst biblische Historienbilder zu rein dekorativen Zwecken fanden im katholischen Westfalen kaum Abnehmer.[141] Die einzigen nicht für einen sakralen Zusammenhang bestimmten biblischen Historienbilder, die von Anton Joseph Stratmann bekannt sind, waren offenbar Jugendwerke aus seiner Antwerpener Zeit (Kat.-Nr. D 1, 11, 12), die in eine der wenigen westfälischen Kunstsammlungen der Zeit gelangten. Am Rande der Gattung des Historienbildes bewegten sich die in Münster ausgeführten bzw. geplanten allegorischen Deckengemälde (Kat.-Nr. F 1-5) sowie die als Supraporten ebenfalls in einen dekorativen Zusammenhang einbezogenen drei Darstellungen des Kinderbacchanals in Hildesheim (Kat.-Nr. B 1-3). Größerer Bedarf bestand, wie sonst nur noch in Süddeutschland, Österreich und Italien, lediglich an Altargemälden oder sonstigen für die kirchliche Nutzung bestimmten religiösen Historienbildern. Wenn auch nicht in dem Umfang wie in der zweiten Hälfte des 17. Jahrhunderts, als es die Folgen des Dreißigjährigen Krieges wettzumachen galt, entstanden auch noch hundert Jahre später in Westfalen Kirchenneubauten, die der Erstausstattung bedurften, oder wurden bestehende Kirchen aufgrund von Alterung oder Geschmackswandel neu ausgestattet. Auf diesen Bedarf mußte sich Anton Joseph Stratmann, der nicht das feste Gehalt eines Hofmalers bezog und allein auf Aufträge angewiesen war, einstellen. Für seine Ausbildung in diesem Bereich der Historienmalerei hatte der Paderborner Maler in Antwerpen, wo die flämische Altarbildtradition noch überall präsent war, sicher die besten Voraussetzungen gefunden.

So sind von Anton Joseph Stratmann nach jetzigem Kenntnisstand 23 zum überwiegenden Teil großformatige Altargemälde erhalten und sechs weitere belegt. Bis auf zwei Bilder (Kat.-Nr. A 11, 36), bei denen der Entstehungszusammenhang nicht ein-

166-172

88-90

60, 85

---

[140] Vgl. Kat. Köln 1987, S. 15-29. – Kat. Kassel 1989, S. 116f.

[141] Vgl. ebd.

deutig ist, sind alle in Zusammenhang mit Altarneubauten entstanden. Hinzu kommen einige für Kirchen-, Kloster- und Kapitelsräume bestimmte Einzelbilder sowie Gemälde für Beichtstuhlbekrönungen (Kat.-Nr. A 32, 37, 38) und ein Deckengemälde auf Leinwand (Kat.-Nr. D 2). Die Themenpalette der Altargemälde umfaßt die klassischen Themen aus der Heilsgeschichte wie Verkündigung an Maria (Kat.-Nr. A 16), Anbetung der Hirten (Kat.-Nr. A 2, 26), Anbetung der Könige (Kat.-Nr. A 14, D 4), Darbringung im Tempel (Kat.-Nr. D 3), Taufe Christi (Kat.-Nr. A 5), Abendmahl (Kat.-Nr. A 25), Kreuzigung Christi (Kat.-Nr. A 4, 22, 23, D 9), mariologische Themen wie die Himmelfahrt Mariens (Kat.-Nr. A 3, 12, 18) und die Darstellung der Maria Immaculata mit und ohne Heilige (Kat.-Nr. A 8, 13, 17, 24), Darstellungen der Hl. Trinität (Kat.-Nr. A 9, 11), der hl. Eucharistie (Kat.-Nr. A 1), des Erzengels Michael (Kat.-Nr. A 19, D 7) sowie der Heiligen St. Johannes von Nepomuk (Kat.-Nr. A 15), Meinulf (Kat.-Nr. A 10) und Josef (Kat.-Nr. A 36). Die Einzelbilder widmen sich herkömmlichen neutestamentlichen Themen, Marien- sowie Heiligendarstellungen. Hervorzuheben ist das seltene Bildthema „Vision des hl. Johannes von Matha und des sel. Felix von Valois" in der Pfarrkirche in Rheder (Kat.-Nr. A 7). Das Deckengemälde, ehemals in der Kapelle von Schloß Schwarzenraben, stellte die Marienkrönung (Kat.-Nr. D 2) dar.

Bei der Umsetzung der ihm in aller Regel wohl vom Auftraggeber vorgegebenen Themen in Bildkompositionen griff Anton Joseph Stratmann in verschiedenen Fällen auf Vorlagen zurück. Der Kupferstich und später in geringerem Umfang auch die Radierung oder das Schabkunstblatt waren seit dem späten 16. Jahrhundert die wohl wichtigsten Medien für die weite Verbreitung von Bildinhalten und -kompositionen. Als Tiefdrucktechnik ermöglichte der Kupferstich den Abdruck der Platte in relativ hoher Auflagenzahl. Rubens nutzte diese Vorteile systematisch, indem er für die kongeniale graphische Umsetzung vieler seiner Werke durch verschiedene in seinem Atelier beschäftigte Kupferstecher sorgte.[142] Antwerpener Verleger übernahmen den europaweiten Vertrieb der Kupferstiche. Aber nicht nur als Einzelblatt, sondern auch als Buchillustration fanden der Kupferstich und die von ihm transportierten Bildvorstellungen selbst in den entlegensten Orten ihr Publikum, wiederum ausgehend von Antwerpen mit seinen Buchdruckern und -verlegern. Genannt seien hier nur die bei Plantin-Moretus erschienenen Ausgaben des römischen Meßbuches, des Missale Romanum, von dem noch heute viele westfälische Pfarreien Ausgaben besitzen.[143] Im 18. Jahrhundert gewannen andere Zentren graphischer Produktion an Bedeutung, so z. B. Amsterdam oder Augsburg. Schon von Anfang an waren natürlich nicht nur die Werke flämischer Künstler Gegenstand druckgraphischer Reproduktionen. Kupferstiche nach den Hauptwerken italienischer und französischer Malerei fanden ähnlich weite Verbreitung, so daß dem Künstler des 18. Jahrhunderts ein ganzes Kompendium älterer und zeitgenössischer Vorlagen der unterschiedlichsten Stilrichtungen als Anregung zur Verfügung stand.

Dementsprechend breit gefächert ist auch die landschaftliche und stilistische Herkunft der in Anton Joseph Stratmanns Œuvre nachweisbaren Vorlagen. Erwartungsgemäß lassen sich in mehreren Fällen Kupferstiche nach Rubens als Vorbilder belegen, so für die Altarbilder Himmelfahrt Mariens in Erwitte (Kat.-Nr. A 3), Anbetung der Hirten im Paderborner Diözesanmuseum (Kat.-Nr. A 26) und Anbetung der Könige, ehemals im Hildesheimer Dom (Kat.-Nr. D 4). Der Altenrüthener Kreuzigung Christi (Kat.-Nr. A 4) liegt – ebenfalls nicht überraschend – ein Kupferstich nach Jakob Jordaens (1593-1678), dem Antwerpener Malerkollegen des Rubens, zugrunde. Andererseits ist mit Pierre Mignard (1612-1695) ein französischer Maler des 17. Jahrhunderts vertreten, dessen Bildkomposition Madonna mit der Traube im Pariser Louvre das entsprechende Bild Stratmanns im Paderborner Diözesanmuseum (Kat.-Nr. A 20) folgt. Hier könnte allerdings ein heute verschollenes älteres Bild von unbekannter Hand, das Stratmann durch die Neuanfertigung ersetzen mußte, die Quelle der Bildvorlage sein. Die frühe römische Barockmalerei berühren Zitate aus Werken Guido Renis (1575-1642) in der Geseker Anbetung der Hirten (Kat.-Nr. A 2), wobei der Vermittlungsweg offenbar über eine bisher noch nicht identifizierte weitere Vorlage läuft. Kupferstiche nach Sebastiano Conca (1680-1764) als Vorlage in Büren (Kat.-Nr. A 8) und Giambattista Piazzetta

---

[142] S. Kat Köln 1977.

[143] Vgl. hierzu Strohmann 1986, S. 96f.

(1682-1754) in Kallenhardt (Kat.-Nr. A 12) führen in die neapolitanisch-römische bzw. venezianische Malerei des 18. Jahrhunderts.

Es ist anzunehmen, daß Anton Joseph Stratmann eine eigene Sammlung von Kupferstichen besessen hat, die ihm als Grundstock und Ideenlieferant für seine Bilderfindungen diente. Ein Indiz für diese Annahme ist die in einer um 1900 entstandenen handschriftlichen Sammlung von Nachrichten über Paderborner Künstler, Schriftsteller, Gelehrte und Drucker enthaltene Angabe, nach der sich im Nachlaß des Malers ein Exemplar eines Sammelwerkes mit Bibelillustrationen im Kupferstich befunden haben soll.[144] Der Titel des Werkes lautete „Figures de la Bible dessinées et gravées par diverses Artists", herausgegeben von dem Amsterdamer Zeichner und Kupferstecher Bernard Picart (1673-1733).[145] Der leider verschollene Band bestand aus 235 Folioblättern, von denen viele nach Entwurf des seit 1714 in Den Haag ansässigen Malers Gerard Hoet (1648-1733) gestochen waren.[146]

Wahrscheinlich handelte es sich bei diesen Kupferstichen um die Illustrationen der sogenannten Hoet-Bibel, 1728 bei Pieter de Hondt in Den Haag erschienen.[147] Ein von Bernard Picart 1719 entworfenes und gestochenes Titelblatt mit entsprechenden Angaben zu Erscheinungsort und -jahr findet sich auch im zweiten Band einer holländischen Bibelausgabe nach Martin Luthers Text, deren erster Band bereits 1702 bei Jacob Lindenberg in Amsterdam herauskam und die anscheinend ebenfalls die Kupferstichillustrationen der Hoet-Bibel enthält.[148]

Zu den Illustrationen dieser Ausgabe gehört der von dem seit 1710 in Amsterdam ansässigen holländischen Maler Arnold Houbraken (1660-1719) gezeichnete und von dem Stecher Gilliam van der Gouwen (nachweisbar 1669/70-1720) umgesetzte Stich zum Thema der Anbetung der Hirten, der tatsächlich von Anton Joseph Stratmann für seine Briloner Anbetung der Könige (Kat.-Nr. A 14) als Vorlage verwendet wurde.[149] Nach der oben zitierten Quelle stellte weiterhin das verschollene Gemälde Verleugnung Petri von Stratmann eine Kopie der entsprechenden Bibelillustration in seinem Besitz dar. Mit dem Kompendium der Bibelillustrationen nach Hoet, Houbraken und Picart nannte der Paderborner Maler eine Vorlagensammlung sein eigen, die unter dem starken Einfluß der akademischen französischen Malerei des späten 17. und frühen 18. Jahrhunderts entstanden war. Der erhaltene Werkbestand Stratmanns zeigt jedoch, daß der Paderborner Maler offenbar nur in Einzelfällen auf die oftmals gesucht und leblos wirkenden Kompositionen und Figuren dieser Vorlagenquelle zurückgriff.

Der Umgang mit den Vorlagen ist in den genannten Werken Stratmanns von Fall zu Fall unterschiedlich. Die Bandbreite reicht von der weitgehend detailgetreuen Kopie eines Einzelwerkes über die Verwendung von Teilbestandteilen einzelner oder mehrerer vorbildlicher Kompositionen bis hin zu kopierten und in einen neuen Kompositionszusammenhang übertragenen Einzelfiguren.

Zur ersten Kategorie gehören die Darstellungen der Himmelfahrt Mariens in Erwitte (Kat.-Nr. A 3) und Kallenhardt (Kat.-Nr. A 12). Das 1763 entstandene Erwitter Altarbild übernimmt Bildaufbau und Figurendisposition der Stichvorlage von Schelte à Bolswert nach Rubens' Modello in London, Buckingham Palace, besonders in der unteren Bildzone relativ genau. In virtuoser malerischer Manier sind auch die kleinsten formalen Einzelheiten der Faltengebung und der Lichtführung wiederholt. In der oberen Bildhälfte löst sich Stratmann dagegen stärker von der Vorlage, indem er die Zahl der Engelputten unterhalb der emporschwebenden Maria reduziert und etwas mehr in die Fläche ausbreitet. Maria selbst erscheint im Bild proportional kleiner als im Stich und wirkt etwas in den Bildhintergrund gerückt. Im Stich setzt sich Maria als helle Lichterscheinung mit scharfen Kontrasten vom dunklen Wolkenhintergrund ab, während sie in

---

[144] EAB Paderborn, AAVP, Acta 194. – S. auch Michels 1963, S. 415.
[145] Zu Picart s. Th.-B., Bd. XXVI, S. 572f.
[146] Zu Hoet s. Th.-B., Bd. XVII, S. 224.
[147] Ein Exemplar dieser Bibel wird in der Bibliothek des Rijksmuseums in Amsterdam aufbewahrt. Frdl. Auskunft von Dr. Niemeijer, Rijksprentenkabinet Amsterdam.
[148] Universitäts- und Landesbibliothek Münster, Sign. 48 Fol. 76-1,2. Der Titel des Picartschen Titelblattes lautet: „Figures de la Bible, à la Haye, Chez Pierre de Hondt, 1728". Im zweiten Band nach dem Ende des Alten Testaments ein weiteres von G. Hoet entworfenes Titelblatt: „Figures qui représentent les événemens les plus mémorables du Nouveau Testament".

[149] Zu Houbraken und van der Gouwen s. Th.-B., Bd. XVII, S. 554, Bd. XIV, S. 450f.

Stratmanns Gemälde in die gleichmäßig ausgewogene Lichtregie des gesamten Bildes integriert ist.
Überhaupt führen die von Stratmann vorgenommenen Änderungen insgesamt zu einer Beruhigung der von barocker Dynamik geprägten Bildkomposition. Der gegenüber der Vorlage geringfügig enger gefaßte Bildausschnitt steigert weniger das Unmittelbare der Szene, als daß er den Figuren den notwendigen Aktionsraum zur glaubhaften Entfaltung ihrer heftigen Bewegungen nimmt. Die vom Hintergrund scharf abgesetzte Wolkensäule, auf der Maria kniet, die wirbelnde, sich in die Raumtiefe erstreckende Vielzahl der Putten, die Lichtaureole um die Gottesmutter, ja selbst die unruhig züngelnde Faltengebung ihres Gewandes, alle diese die Komposition dynamisierenden Elemente, die das Auffahren der Gottesmutter als Bewegung erfahrbar machen und ihr zugleich eine machtvoll-göttliche Präsenz verleihen, sind zurückgenommen zugunsten einer statischeren, stärker einheitlich-dekorativen Gestaltung der Bildfläche. Dies äußert sich auch darin, daß die großen, starkfarbigen Flächen im Bild, das Blau und Gelb des Gewandes Petri am linken Bildrand, das Rot und Grün des Apostels am rechten Bildrand und das Blau des Marienmantels eine dreieckige Anordnung bilden, die den Bildaufbau an den Eckpunkten verklammert.

Während der von Rubens autorisierte Kupferstich Schelte à Bolswerts eine stecherische Meisterleistung darstellt, die die Möglichkeiten des Mediums zur kongenialen Umsetzung eines Gemäldes bis ins letzte ausschöpft, liegt dem Kallenhardter Altarbild Stratmanns von 1776 (Kat.-Nr. A 12) eine künstlerisch eher dürftige, seitenrichtige Stichumsetzung eines Gemäldes von Giambattista Piazzetta von 1735, heute im Louvre, zugrunde. Kaum mehr als den gegenüber dem Original bereits im oberen Bereich veränderten Bildaufbau und die Figurenmotive konnte Stratmann diesem Blatt eines unbekannten Stechers des 18. Jahrhunderts entnehmen. Der Paderborner Maler reduziert nochmals das Figurenrepertoire, indem er den Engel links von Maria und den links vor dem Sarkophag knienden Apostel wegläßt. Die raumschaffende, den Blick des Betrachters in das Bild führende Rückenfigur des sich über den Sarkophag beugenden Apostels rückt Stratmann statt dessen mehr zur Bildmitte, was ihre Wirksamkeit erhöht. Der Paderborner Maler nutzt also die durch den Stich vermittelte Bilderfindung Piazzettas, korrigiert sie aber nach seinen Vorstellungen. Im Vergleich mit dem Originalgemälde Piazzettas sind insbesondere durch die völlige Freistellung Marias wiederum die Dynamik und das barocke Pathos der Darstellung zurückgenommen. Die ausgebreiteten Arme Mariens im Kallenhardter Altarbild bleiben, bedingt durch den sich gegen den Hintergrund deutlich abzeichnenden, statischen Figurenkontur, bloßes Motiv, während Piazzetta die Madonna in ein wirbelndes, auferndes Konglomerat aus geflügelten Engelsleibern, Wolken und flatternden Gewandzipfeln einbettet, das jeden strengen Kontur sprengt. Während Stratmanns Bild nicht den lockeren Pinselstrich und die Farbigkeit des Vorbilds aufweist und die Heftigkeit der Beleuchtung gemildert scheint, trägt das über das Altarbild gebreitete tonige Helldunkel doch durchaus verwandte Züge.

Der Umgang mit der Vorlage ist bei den genannten beiden Beispielen, die zeitlich und stilistisch weit auseinanderliegen, ähnlich. Anton Joseph Stratmann drückt aber nicht nur der Bildkomposition einen eigenen Stempel auf, sondern auch den Figuren, deren Gesichtstypik kräftig-derben Charakters unverkennbar eigene Züge trägt. Im Kallenhardter Bild korrigiert er gekonnt die schwache Wiedergabe der Gewänder im Stich durch eigene Erfindung.

Eine andere Form der Anlehnung an eine Kupferstichvorlage zeigt die Briloner Anbetung der Könige (Kat.-Nr. A 14) von 1785. Aus der in seinem Besitz befindlichen und bereits genannten Bibelillustration der Anbetung der Hirten, die dem Gemälde zugrunde liegt, übernimmt der Maler wesentliche Züge des Bildaufbaus. Die Hintergrundsszenerie des Stalls in einer Felsenhöhle und die Gruppe von Maria und Josef sind mit kleineren Abweichungen genau kopiert. Stratmann ersetzt aber die Gruppe der Hirten durch die Hl. Drei Könige und ihr Gefolge, wie sie ganz ähnlich bereits in der zerstörten Hildesheimer Anbetung der Könige auftraten, dem Maler also vermutlich in Form einer anderen Vorlage oder einer eigenen Studie zur Verfügung standen.

Die Verquickung zweier unterschiedlicher Vorlagen ist auch in der Falkenhagener Anbetung der Hirten (Kat.-Nr. A 26) von 1795 festzustellen. Die kompositionelle Grundanlage des Bildes mit der V-förmig auf das Kind in der Krippe am linken Bildrand zugespitzten Anordnung der adorierenden Figuren scheint auf die in Schloß Schleißheim aufbewahrte Anbetung der Hirten des Peter Paul

Rubens zurückzugehen. Von dieser existiert ein allerdings seitenverkehrter Kupferstich von Paulus Pontius. Auch die Haltung Mariens wird von dort entlehnt sein. Einzelmotive aus der Gruppe der Hirten, wie der sich auf den Stock stützende oder der den Hut ziehende Hirte, sind aus der Marseiller Anbetung der Hirten Rubens' übernommen, die Stratmann vermutlich in einem zum Gemälde seitenrichtigen Nachstich des Kupferstiches von Lukas Vorsterman vorlag. Gerade im Vergleich mit dem Schleißheimer Bild des Rubens, das in besonderer Weise das transitorische Moment des Heranschreitens der Hirten und ihrer ergriffenen Reaktion auf das ihnen gerade aus seinen Tüchern enthüllte göttliche Kind thematisiert, ist hier wiederum auf die statische, Senkrechte an Senkrechte reihende Anordnung der Figuren bei Stratmann hinzuweisen.

Einzelnen Figuren können in Stratmanns Gemälden ebenfalls Vorlagen zugrunde liegen, wie die Figur des Hirten mit dem Schaf nach Guido Reni in der Geseker Anbetung der Hirten (Kat.-Nr. A 2) belegt. Der Maler variiert zudem aus Vorlagen entnommene Figuren, die dann in mehreren seiner Bilder auftreten. Ein Beispiel ist der aus der Rubens-Vorlage kopierte Putto mit der blauen Gewanddraperie im Erwitter Gemälde (Kat.-Nr. A 3), der rücklings unterhalb der Madonna schwebt und im verlorenen Profil zu ihr aufblickt. Mit etwas variierter Arm-, Bein- und Kopfhaltung erscheint dieser Putto auch im Altenrüthener Hochaltarbild (Kat.-Nr. A 1), dort am unteren Bildrand, und in der Geseker Anbetung der Hirten (Kat.-Nr. A 2), wo ihm ein Platz unter den am Himmel über Maria schwebenden Putten zugewiesen ist. Auch bei den Kopftypen der Apostel, die Stratmann in unterschiedlichem thematischem Zusammenhang oft darstellen mußte, kommt es zu Wiederholungen vermutlich eigener Kopfstudien. Ein besonders krasses Beispiel ist die Huysburger Himmelfahrt Mariens (Kat.-Nr. A 18), in der zwei hinter dem Sarkophag nahe beieinanderstehende Apostel mit unterschiedlicher Handhaltung, aber identischem Kopf offenbar auf ein und dieselbe Kopfstudie zurückgehen. In den in der Entstehungszeit um 1800 eng zusammenliegenden Werken in Schloß Neuhaus (Kat.-Nr. A 27), Germete (Kat.-Nr. A 32) und Erkeln (Kat.-Nr. A 37) sind die Köpfe der Darstellungen des Apostels Petrus austauschbar, was in Germete und Erkeln bis zur Kopie der ganzen Figur geht.

Zweifellos war der Künstler um rationelles Arbeiten insbesondere beim Malen der großformatigen und figurenreichen Altarbilder bemüht, so daß eine solche Vorgehensweise nicht verwundert. Man kann jedoch nicht behaupten, daß Stratmann in ständiger Wiederholung ausschließlich aus einem Fundus fremder Vorlagen und eigener Kompositions- und Figurenstudien geschöpft habe. Von Fall zu Fall wird sich die Erarbeitung eigener, neuer Studien zur kompositorischen und motivischen Bewältigung der ihm gestellten Aufträge ergeben haben. Daß dem so war, kann die eigene Aussage Stratmanns auf seiner Entwurfszeichnung für das Deckengemälde im Treppenhaus des Schlosses in Münster (Kat.-Nr. F 1) belegen, nach der er bei Zustimmung zu seinem Entwurf die perspektivischen Verkürzungen der Figuren des Bildes nach *posirte Modellen* zu erarbeiten und festzuhalten gedachte.

Weiterhin muß zur richtigen Bewertung des vorangehend Festgestellten noch einmal in Erinnerung gerufen werden, daß das Kopieren von Kunstwerken älterer Epochen und auch zeitgenössischer Meister zum gängigen Ausbildungsrepertoire der Akademien gehörte. Die eigene Erfindungsgabe, die „inventio" des Malers, sollte durch das kopierende Nachvollziehen besonders gelungener Werke der Malkunst geschult werden.[150] Das vornehmlich reproduzierende Lehrverfahren förderte natürlich den Eklektizismus, indem etwa kopierte Kompositions- oder Figurenelemente mit eigenen Einzelstudien nach dem lebenden Modell zu einer neuen Gesamtkomposition zusammengefügt wurden. Heutige Originalitätsvorstellungen darf man dabei nicht zugrunde legen, war doch der erkennbare Rückgriff auf berühmte Kunstwerke im 18. Jahrhundert oftmals erwünscht. Es gab sogar regelrechte Stilmoden, bei denen es darauf ankam, im Stile eines alten Meisters, wie etwa Rembrandts, zu malen, wofür z. B. der sächsische Hofmaler und spätere Dresdener Akademieprofessor Christian Wilhelm Ernst Dietrich (1712-1774) bekannt war.[151] Ohne in bloße Nachahmung zu verfallen, arbeitete Dietrich, Eklektiker par excellence, darüber hinaus

---

[150] S. dazu auch Strohmann 1986, S. 81. – Schrader 1995, S. 47.
[151] Zur Rembrandt-Rezeption im 18. Jahrhundert s. Gerson 1942, S. 299ff. – Keller 1981.

in der Manier der unterschiedlichsten italienischen, französischen und holländischen Meister.¹⁵²

Dies allerdings trifft auf Anton Joseph Stratmann nicht zu, der trotz seiner vielfältigen Anregungen zeit seines Lebens der einmal gefundenen und vermutlich in Antwerpen definitiv ausgebildeten, ganz persönlichen „Manier" treu blieb. Einschneidende stilistische Veränderungen sind in seinem Œuvre nicht festzustellen. Dennoch läßt sich aus der Beobachtung der durch ein Gerüst sicher datierter Werke gestützten chronologischen Abfolge seiner christlichen Historienbilder eine gewisse Unterscheidung zwischen frühen und späten Gemälden machen. Am Beispiel der 1765 datierten Kreuzigung Christi in Altenrüthen (Kat.-Nr. A 4) und der Darstellung desselben Themas in Sommersell (Kat.-Nr. A 22), 1792/93 entstanden, soll dies erläutert werden.

In dem zehn Jahre nach dem Aufenthalt in Antwerpen gemalten Altenrüthener Bild sind die dort empfangenen Eindrücke der flämischen Malerei des 17. Jahrhunderts noch frisch. Dies äußert sich vor allem auch im Figurenstil, in der stark plastischen, schon fast derb zu nennenden Durchbildung des muskulösen Christuskörpers. Seiner etwas gedrungenen Gestalt entspricht die kräftige Figur der Maria Magdalena, deren Gewand in großzügigen, stark plastischen Falten durchmodelliert ist und die Empfindung schwerer Stofflichkeit vermittelt. Das Licht hebt die Körper der beiden Hauptpersonen im Bildvordergrund, zu denen sich noch ein Scherge gesellt, deutlich als Ganzes von dem diffuser beleuchteten Hintergrund ab. Die Kontraste zwischen gleißender Helligkeit und tiefer Dunkelheit sind stark und werden zur Steigerung der Plastizität eingesetzt. Trotz der im Bildhintergrund heraufziehenden Dunkelheit ist die Grundstimmung des Bildes hell, die Farben tendieren auch in den sparsam und nach dekorativen Gesichtspunkten eingesetzten kräftigen Grundfarbtönen durch die Brechung mit Weiß zu einer lichten Erscheinung.

Demgegenüber lösen sich die Figuren in dem ehemaligen Altarbild in Sommersell kaum aus der brauntonigen Dunkelheit, die das ganze Gemälde bestimmt. Das von links oben einfallende Licht reicht gerade dazu aus, die plastische Erscheinung der Figuren in einem differenzierten Helldunkel zu definieren. Licht und Schatten durchdringen sich, statt wie im Altenrüthener Bild in scharfen Kontrasten aufeinanderzuprallen. Selbst in den am hellsten beleuchteten Partien bleibt das brauntonige Dunkel als Oberton spürbar. Die wenigen im Bild vertretenen ausgemischten Buntfarben werden durch das Helldunkel gleichsam aufgesaugt. Die fast schon schemenartigen Figuren haben trotz der sorgfältigen Durchbildung des Oberkörpers Christi nicht mehr das plastische Gewicht ihrer Entsprechungen in der Altenrüthener Kreuzigung. Dies äußert sich in einer Längung und gewissen Ungleichgewichtigkeit der Körperproportionen, dem kleinen Kopf und den langen, schlanken Armen und Beinen Christi und dem schon manieristisch anmutenden Dünnerwerden der Finger bei Maria Magdalena. Die Faltengebung ihres Gewandes ist kleinteiliger, knittriger, weniger plastisch-schwer als in Altenrüthen.

Die für das Altenrüthener Gemälde genannten Charakteristika könnte man vielleicht auf die dem Bild zugrundeliegende Kupferstichvorlage nach Jakob Jordaens zurückführen, träfen sie nicht auch auf die anderen Werke der 1760er Jahre zu. Ergänzend für diese frühe Werkgruppe, muß noch auf die kontrastreiche und kräftige Durchbildung der im Licht stark weißlichen Inkarnate mit roten und grünen Schattierungen verwiesen werden, wie sie in der Geseker Anbetung der Hirten (Kat.-Nr. A 2) besonders deutlich wird. An den auffallend derben Figuren läßt sich auch der für Stratmann typische Gesichtsschnitt der Figuren zeigen: relativ lang und schmal mit ebenso langen, geraden und kräftigen Nasen, hohem Haaransatz, tiefliegenden Augen, schweren Augenlidern und wulstigen Lippen. Der Kopf des Kindes in der Krippe und der des Hirten am rechten Bildrand demonstrieren die gelegentliche Vorliebe des Malers für perspektivisch verkürzte Gesichter.

Die Sommerseller Kreuzigung Christi repräsentiert ihrerseits eine Tendenz in Stratmanns Œuvre, die mit wenigen Ausnahmen für die Gemälde der 1790er Jahre kennzeichnend ist, sich aber schon in einigen Bildern der achtziger Jahre, wie der Briloner Anbetung der Könige (Kat.-Nr. A 14), abzeichnet. In den hellsten Stellen spürt man hier noch die lichte Farbigkeit der frühen Werke. Überhaupt sind die Übergänge zwischen den beiden Werkphasen fließend. Dies läßt sich am Bürener Hochaltarbild von 1774 (Kat.-Nr. A 8) zeigen, das die helle, kon-

---

¹⁵² S. Michel 1984.

trastreiche Beleuchtung der frühen Werke, die dekorative Verteilung der Grundfarbtöne im Bild, die lichte Farbigkeit überhaupt bewahrt hat, aber nicht mehr die plastische Schwere der Figurendarstellung etwa der Geseker Anbetung der Hirten (Kat.-Nr. A 2) aufweist. Die Manierismen der späten Werke, wie die gespreizten, sehr langen und schlanken Finger, sind bereits vorhanden.

Mit einer gewissen Berechtigung kann man also von einem Frühwerk sprechen, das im Figurenstil und in der Lichtregie überdeutlich die noch nicht weit zurückliegende Antwerpener Schulung des Paderborner Malers verrät, sich aber durch die lichte, dem 18. Jahrhundert entsprechende Farbigkeit von den Vorbildern der flämischen Malerei des 17. Jahrhunderts absetzt. Mit zunehmender zeitlicher Entfernung verblassen offenbar die Eindrücke des Antwerpener Aufenthalts zunächst im Hinblick auf die Plastizität und organische Schwere der Figurendurchbildung, während sich dann seit den 1780er Jahren, augenfällig auch in der Zunahme der nächtlichen Szenen in Stratmanns Œuvre, ein brauntoniges Helldunkel herausbildet, das im Spätwerk alle Formen und Farben umfängt und sie nur widerstrebend in weichen Abstufungen in das zurückhaltend und nur punktuell eingesetzte volle Licht entläßt. Ob man dies als aus der persönlichen Entwicklung des Malers heraus entstandenen Altersstil werten kann oder ob eine äußere Anregung, etwa eine Beschäftigung mit den Werken Piazzettas oder Rembrandts den Wandel bedingte, ist offen.

Abschließend erhebt sich die Frage, wie sich der in Umrissen skizzierte Stil des Historienmalers Anton Joseph Stratmann in die herkömmliche Abfolge der Epochenbegriffe einordnen läßt. Für die Altäre und allgemein die kirchliche Ausstattung, in deren Zusammenhang die Gemälde des Paderborner Malers entstanden sind und sich zum Teil heute noch befinden, ist dies relativ einfach. Am Wandel der architektonischen Gliederungselemente und der Detailformen, vor allem des Ornaments, kann man in Westfalen seit Anfang der 1780er Jahre das Vordringen des Klassizismus beobachten. Die frühen Werke Anton Joseph Stratmanns sind Teil von hervorragenden Altären des Rokoko, seine späteren Bilder, wie z. B die in den Seitenaltären in Huysburg 1794, befinden sich in einer bereits klassizistisch geprägten Umgebung.

Stratmann als Rokokomaler zu bezeichnen fällt dagegen schwer, ist unsere Vorstellung dieses Kunststils in der Malerei doch einerseits vornehmlich von den „fêtes galantes" und anderen dekorativen Bildthemen der französischen Maler wie Jean Antoine Watteau (1684-1721), François Boucher (1703-1770) oder Jean Honoré Fragonard (1732-1806), andererseits von den italienischen, süddeutschen oder österreichischen Freskanten und Altarbildmalern wie Giovanni Domenico Tiepolo (1727-1804), Matthäus Günther (1705-1788) oder Franz Anton Maulbertsch (1724-1796) mit ihren kühnen perspektivischen Konstruktionen und ihrer mitunter expressiv aufgelösten Malweise geprägt. Stratmann paßt in keine der beiden Kategorien. Seine Historienmalerei hat ihre Wurzeln in der barocken Kunst des 17. Jahrhunderts, vornehmlich in ihrer flämischen Variante, die er als Kind seiner Zeit abzuwandeln versteht. Kennzeichnend sind hier der bereits einleitend beschriebene Verlust barocker Dramatik und die stärkere Isolierung der Einzelfigur über den Kontur zugunsten einer eher dekorativen Verteilung der Formen und Farben über die Bildfläche sowie die lichte Farbigkeit. Der Paderborner Maler schlägt damit den Bogen zwischen Anfang und Ende der Barockepoche, die das Rokoko als stilgeschichtliche Ableitung miteinbegreift und sowohl das 17. als auch das 18. Jahrhundert umfaßt. In diesem Sinne ist Stratmann Barockmaler.

Die theoretische und praktische Entwicklung des Klassizismus, von seinem deutschen Malerkollegen und Zeitgenossen Anton Raphael Mengs (1728-1779) in Rom maßgeblich vorangetrieben, hat Anton Joseph Stratmann, soweit erkennbar, nicht berührt. Seine Ausbildung ist beendet, bevor die Ausbreitung des Stils mit Hilfe der zahlreichen neugegründeten oder reformierten Akademien ihren Anfang nimmt. Gegen Ende des Jahrhunderts, als der Stil zu einer machtvollen Bewegung auch in Deutschland geworden war, war Stratmann bereits für einen Neuanfang zu alt. Im Gegenteil entwickelte sich seine Malerei mit der stärkeren Gewichtung des malerischen Helldunkels eher in die entgegengesetzte Richtung. Hinzu kommt die Tatsache, daß die Herausbildung des klassizistischen Stils auf anderen Feldern der Kunst als gerade der Altarbildmalerei erfolgte, die nach der Säkularisation fast völlig versiegen sollte. Auf diesem Betätigungsfeld des Historienmalers bestand am Ende des Alten Reichs kein Erneuerungsbedarf mehr.

Porträts

Adelige Standesporträts und Herrscherbildnisse machen den überwiegenden Teil der im Œuvrekatalog zusammengefaßten Porträts Anton Joseph Stratmanns aus. Die Gründe für dieses Übergewicht liegen – wie bereits skizziert – in der geschichtlichen und gesellschaftlichen Situation des Fürstbistums Paderborn und der angrenzenden katholischen Gebiete in der zweiten Hälfte des 18. Jahrhunderts. Den Wünschen und Vorstellungen seiner konservativen Auftraggeberschaft gemäß hatte sich Stratmann an die seit jeher besonders fest gefügten Konventionen dieser Bildnistypen zu halten, die ihre vollendetste Ausprägung in der französischen Porträtkunst des Barock, so etwa im Werk Hyacinthe Rigauds (1659-1747), erfahren hatten. Die Epoche des Rokoko, der Stratmanns Schaffen zuzuordnen ist, reduzierte das barocke „decorum", das Beiwerk, die große Form, das Pathos und die oftmals die Persönlichkeit erdrückende Präsenz der Würdeformeln, wieder auf ein schlichteres, die Darstellung der Individualität des Porträtierten stärker berücksichtigendes Maß.[153]

Dem offiziellen Herrscherbildnis, das am Ort seiner Anbringung in den repräsentativen Räumen staatlicher Institutionen, aber auch in den Festsälen der Adelsschlösser die Anwesenheit des Herrschers vertrat, war das Ganzfigurenporträt vorbehalten. In dieser Form malte Stratmann auch die nur noch in Fotos überlieferte Porträtreihe der sechs münsterschen Fürstbischöfe und Vorgänger des regierenden Maximilian Friedrich von Königsegg-Rothenfels im Fürstensaal des Schlosses in Münster (Kat.-Nr. D 29-34, 1778-84). Die nach älteren Bildnissen der Fürsten angefertigten Gemälde geben einen guten Überblick über die begrenzten Gestaltungsmöglichkeiten, die das barocke Herrscherbildnis zuließ. Stratmann bemühte sich, durch unterschiedliche Körperwendungen und Kopfdrehungen das Grundschema der stehenden Figur im Dreiviertelprofil aufzulockern und auch das geringe zur Verfügung stehende Repertoire der Arm- und Handhaltungen möglichst vielfältig auszuschöpfen. Neben den unentbehrlichen Requisiten des Lehnsessels und des Tisches, des Fürstenhutes und der Mitra erscheinen der geraffte, über eine Kordel drapierte Vorhang, die Säule auf hohem Postament, der Durchblick auf die unterworfene Landeshauptstadt oder das architektonische Versatzstück als barocke Symbole für herrscherliche Macht und Würde in allen Bildern.

Nicht viel anders faßt Stratmann den Gepflogenheiten der Zeit gemäß die Porträts Kaiser Josephs II. (Kat.-Nr. C 55) und der für den Künstler persönlich als Landesherrn, Förderer und Auftraggeber wichtigen Fürstbischöfe Wilhelm Anton von der Asseburg (Kat.-Nr. C 13) und Friedrich Wilhelm von Westphalen (Kat.-Nr. C 8) auf. Zu den Darstellungen als stehende Ganzfigur treten bei diesen beiden Fürstbischöfen die nun vorherrschende Variante des sitzenden Ganzfigurenbildnisses (Kat.-Nr. C 4-7, 10-12) und das Format des Kniestücks (Kat.-Nr. C 46) als zusätzliche Möglichkeit repräsentativer Herrscherdarstellung hinzu. Auch Halbfigurenbildnisse in vollem Ornat sind belegt. Von Friedrich Wilhelm von Westphalen existiert außerdem ein Halbfigurenbildnis, das ihn in weltlicher Kleidung zeigt (Kat.-Nr. C 21). Lediglich ein schlichtes Kreuz, das an einem durch ein Knopfloch des Rockes gezogenen Band hängt, bezeichnet das bischöfliche Amt. Der Typus des offiziellen Herrscherbildnisses wird mit diesem Porträt, das auch gegenüber den Bildnissen der adeligen Ritter und Domherren Stratmanns durch seine Schlichtheit, private Intimität und lebensechte Erfassung der Gesichtszüge besticht, verlassen. Man meint hier den Geist der Aufklärung zu spüren, der auch die

---
[153] Vgl. hierzu: Margret Stuffmann, Französische Malerei. In: Harald Keller, Die Kunst des 18. Jahrhunderts. Berlin 1971, S. 371-402, hier S. 373. – Bauer 1980, S. 125-137. – Warnke 1985, S. 270-284. – Kat. Kassel 1989, S. 107. – Borrmann 1994, S. 94.

Politik Friedrich Wilhelm von Westphalens als Landesherr der Fürstbistümer Hildesheim und Paderborn zumindest in den Ansätzen bestimmte. Die adeligen Standesporträts des Paderborner Malers sind in der Regel Halbfigurenbildnisse, bevorzugt im hochrechteckigen Bildformat von 80 bis 100 cm Höhe und 65 bis 85 cm Breite. Dieses Bildformat war im 18. Jahrhundert für das Adelsporträt wohl das am weitesten verbreitete. Charakteristische Beispiele für die Stratmanns Œuvre kennzeichnende Auffassung des adeligen Standesporträts sind die Bildnisse des zeitweiligen kurkölnischen Ministers Hermann Werner von der Asseburg (Kat.-Nr. C 40) und seiner Frau Theresia, geb. von der Lippe (Kat.-Nr. C 42) von 1776. Der Bildaufbau ist in beiden Gemälden pyramidal, wobei jeweils der in der unteren Bildhälfte durch Manteldrapierung bzw. Armhaltung verbreiterte Körper die solide Basis für den Porträtkopf bildet. Beide Personen sind in der in der Porträtkunst des 18. Jahrhunderts beliebten Dreiviertelansicht dargestellt, die im Gegensatz zur reinen Profilstellung eine gefälligere Wiedergabe, abwechslungsreichere Komposition und malerische Wirkung ermöglichte. Der Kopf ist gegen die Wendung des Körpers fast bis in die Frontale gedreht, der Blick auf den Betrachter gerichtet.

Die für ein Ehepaarbildnis kennzeichnende Zuordnung der beiden als Pendant zu verstehenden Bilder wird auf kompositionell denkbar einfache Weise durch eine symmetrische Anordnung der sich einander zuwendenden Porträtierten gelöst. Der Mann nimmt dabei gemäß der heraldischen Tradition die Position links von der Frau ein. Die Blicke der Ehepartner treffen sich im Augenpunkt des Betrachters, der mit ihnen in eine die Zusammengehörigkeit der Bilder nachvollziehende Dreiecksbeziehung eintritt. Die Zusammengehörigkeit bestärkt auch der Lichteinfall, der die Dargestellten von einem gemeinsamen Ausgangspunkt gleichsam in der Mitte zwischen beiden Bildern von oben rechts bzw. von oben links trifft.

Ähnlich verbindend wirkt die Farbe Rot, die in einer helleren Variante im Mantel des Mannes erscheint, etwas dunkler in den Tuchbesätzen seiner Rüstung wiederkehrt, während sie im Bildnis der Frau den Vorhang im Bildhintergrund bezeichnet. Das gedämpfte Blau des Kleides der Frau korrespondiert mit dem Blau des Ordensbandes beim Manne, der Ton seiner nur durch Lichtreflexe aus ihrem bräunlichen Dunkel gehobenen Rüstung harmoniert wiederum mit dem gegen einen dunklen Untergrund gestellten Ton ihrer Spitzen. Der sorgfältigen formalen Abstimmung ganz bewußt gegenübergestellte Elemente der Variation sind die Farbunterschiede der Hintergründe und die abweichende Armhaltung der Frau.

Einen wesentlichen Teil der Wirkung der beiden Porträts auf den Betrachter macht die äußere Erscheinung der Dargestellten aus. Durch Kleidung und Haltung sind sie als adelige Standespersonen ausgewiesen. Die Rüstung, die Ordensbänder und der Mantel mit den Bruststernen der Orden sowie die komplizierte, höfisch-elegante Haarfrisur lassen Hermann Werner von der Asseburg sofort als verdienten, hochdekorierten Ritter von großem Einfluß erkennen. Standessymbole der Frau sind die kostbare Kleidung und der Schmuck, wie ihn Theresia von der Asseburg als Ohrgehänge üppigsten Ausmaßes trägt. Für den heutigen Betrachter nicht so direkt nachvollziehbare, aber den Zeitgenossen in ihrer erhöhenden Bedeutung vertraute Motive sind die schwungvolle Manteldraperie beim Mann sowie das Hoheitsmotiv des Vorhangs im Hintergrund bei der Frau, beides typische Elemente des barocken „decorum" eines adeligen Standesporträts. Der würdevollen Inszenierung dient auch das bereits beschriebene festgefügte pyramidale Thronen der Büsten der Porträtierten im nachträglich etwas vergrößerten Bildausschnitt, dem bei aller Distanz doch so viel Nähe innewohnt, um die individuellen Züge der Dargestellten hinreichend charakterisieren zu können.

Die Darstellung der Individualität war für die natürlich erwünschte Wiedererkennbarkeit des Dargestellten von Wichtigkeit, hatte das Bildnis doch die Funktion, das Andenken des Porträtierten etwa innerhalb einer Ahnengalerie wachzuhalten oder aber im offiziell-repräsentativen Bereich die Anwesenheit des adeligen Amts- und Funktionsträgers zu vertreten. Die beiden Porträts des Asseburgers und seiner Frau waren für die Familie ihrer Tochter bestimmt, also vermutlich für den ersten Zweck. Eine Replik seines Bildnisses (Kat.-Nr. C 41) stiftete Hermann Werner aber auch anläßlich eines Jubiläums der Paderborner Ritterschaft und verfolgte damit den zweiten genannten Zweck. Für beide Verwendungen reichte eine allgemeinere Charakterisierung der Gesichtszüge aus, die durchaus mit einer Idealisierung einhergehen konnte. Der zum Zeitpunkt der Entstehung seines Porträts bereits 74 Jahre alte Hermann Werner von der Asseburg ist denn auch nicht als Greis, sondern als reifer Mann dargestellt, dessen Züge Erfahrung, Tatkraft und Entschlossenheit ausdrücken. Seine acht Jahre jüngere Ehefrau erscheint als würdige Matrone, deren Gesicht zwar Spuren des Alters erkennen läßt, sie aber dennoch im Vollbesitz ihrer Kräfte als Oberhaupt des umfangreichen Hauswesens ihres einflußreichen Mannes glaubhaft erscheinen läßt.

Wie verbreitet der skizzierte Typus des Standesporträts um die Mitte des 18. Jahrhunderts war, zeigt ein Blick auf vergleichbare Herrenporträts von Johann Georg Ziesenis (1716-1776) und Johann Heinrich Tischbein d. Ä. (1722-1789).[154] Die beiden etwas älteren Zeitgenossen Stratmanns zählen zu den besten deutschen Porträtmalern ihrer Zeit und arbeiteten an dem Fürstbistum Paderborn unmittelbar benachbarten Fürstenhöfen. Ziesenis wurde 1760 zum Hofmaler des Kurfürsten von Hannover ernannt, Tischbein war bereits seit 1753 als Hofmaler der hessischen Landgrafen Wilhelm VIII. und seines Nachfolgers Friedrich II. in Kassel tätig. Das 1753 entstandene Porträt des Marquis de Tilly von Ziesenis und das aus demselben Jahr stammende Bildnis des Landgrafen Wilhelm VIII. von Tischbein nehmen als Vertreter desselben Bildnistypus Ausschnitt und formalen Aufbau, Haltung und Ausdruck sowie das „decorum" des Asseburg-Porträts oder auch des Bildnisses von Franz Joseph von Mengersen (Kat.-Nr. C 27) vorweg.[155] Bei Ziesenis ist das bewußt gesuchte Pathos der Haltung durch die schärfere Rückwendung des Kopfes, den in die Hüfte gestützten Arm und den geringfügig engeren Bildausschnitt stärker betont, Merkmale, die wiederum auch die Stratmannschen Porträts der Deutschordensritter Ferdinand Mauritz von Mengersen (Kat.-Nr. C 24-26, vor 1772), Friedrich Christian von Mengersen (Kat.-Nr. C 30, vor 1772) und Raban Heinrich von Haxthausen (Kat.-Nr. C 53, 1783) aufweisen. Tischbeins Porträt zeigt den Landgrafen mit dem ihm als Landes- und Feldherr zukommenden Kommandostab in der rechten Hand. In der ruhigen Sammlung des Gesichtsausdrucks kommt Stratmann Tischbeins Bild besonders nahe, verzichtet jedoch auf die heroische Überhöhung durch die hinter dem Kopf aufreißenden und den blauen Himmel freigebenden Wolken. Gegenüber beiden Beispielen ist Stratmanns Gemälde trotz aller standesgemäßen Bildzutaten sehr viel zurückhaltender, nüchterner im Ausdruck, was vielleicht im Sinne der fortgeschritteneren Zeitstellung zu werten ist.

Der am Beispiel der Porträts Hermann Werner von der Asseburgs und seiner Ehefrau (Kat.-Nr. C 40, 42) vorgestellte Bildtyp ist im Grunde für alle adeligen Standesporträts von der Hand Stratmanns verbindlich. Eine Entwicklung ist in dieser Hinsicht nicht festzustellen. Schon die relativ frühen Bildnisse des Clemens August von Wolff-Metternich und seiner Frau Maria Theresia, geb. von Hamm (Kat.-Nr. C 14, 15, um 1766) zeigen dieselbe Bildanlage. Kleidung und Attribute sind leicht verändert, aber doch im wesentlichen austauschbar. Weniger streng, aber nicht minder eindeutig ist die kompositionelle Verknüpfung der Porträts als Pendants. Die Dame ist in diesem Fall, abweichend vom traditionellen Prinzip, auf die linke Seite des Betrachters gerückt und durch Kopfwendung, gemeinsamen Lichteinfall und übereinstimmende Farbwerte auf den sich ihr zuwendenden Ehemann bezogen.

Nicht viel anders verhält es sich in den späteren, zwischen 1779 und 1786 entstandenen Bildnissen von Clemens August (II.) von Westphalen (Kat.-Nr. C 50) und seiner Gattin Maria Antonia, geb. von Waldbott-Bassenheim (Kat.-Nr. C 51). Der adelige Ritter, in Stellung im Bild, Haltung und Kostüm dem Porträt Hermann Werner von der Asseburgs (Kat.-Nr. C 40) sehr ähnlich, ist wieder auf die linke Seite gerückt. Seine Ehefrau, gekleidet in schlichter Eleganz, aber mit aufwendigem Perlenschmuck versehen, wendet sich zwar in die andere Richtung, nimmt die Diagonale des Oberkörpers ihres Mannes mit ihrem aufgestützten Unterarm aber wieder auf. Zusammengehörigkeit stiften auch die Kopfwendung in Richtung ihres Gatten sowie das Medaillon ihrer Halskette, in dem das Porträt des Mannes nochmals en miniature erscheint. Solche Porträtminiaturen erfreuen sich im Rokoko großer Beliebtheit.

Am Bildnis der Maria Antonia von Westphalen (Kat.-Nr. C 51) läßt sich in besonders pointierter Form die Standardisierung und Austauschbarkeit insbesondere des „decorum" innerhalb der adeligen

---

[154] Zu Tischbein s. Kat. Kassel 1989. – Zu Ziesenis s. Schrader 1995.
[155] Kat. Kassel 1989, S. 156f., Kat.-Nr. 7, Tafel 6. – Schrader 1995, S. 176, Kat.-Nr. 74, Abb. 71.

Standesporträts Stratmanns zeigen. Pose, Kleidung, Haartracht und noch andere Details des Porträts finden sich in der ungefähr in demselben Zeitraum entstandenen Bildnisdarstellung der Maria Anna Felicitas von Mengersen (Kat.-Nr. C 49) nur geringfügig variiert wiederverwendet. Selbst die Miniatur des Ehemannes im Medaillon, diesmal als Silhouette, erscheint im Bild. Die Darstellung der Hände deckt sich bis in Einzelheiten. Die Gesichtszüge als Träger des individuellen Ausdrucks sind nur in kleinen Details verändert, die offenbar die Wiedererkennbarkeit gewährleisteten. Die Wiederholung und variierte Verwendung von Versatzstücken des „decorum" sind aber nicht nur für Stratmann typisch, sondern Ausdruck der Zeit und Spiegel des Selbstverständnisses der adeligen Auftraggeber. Auch bei Ziesenis, Johann Heinrich Tischbein d. Ä. und anderen Porträtmalern ist ein solches Vorgehen zu beobachten, bei dem nur die Porträtköpfe mit zeichnerischen Studien nach der Natur vorbereitet wurden, was allerdings nicht vor einer gewissen Typisierung der in erster Linie als Standesgesichter zu verstehenden Gesichtszüge schützte.[156] Letztlich forderte auch die starke Nachfrage nach Porträts, die oftmals zur Entstehung ganzer Replikenreihen führte, ein rationelles Arbeiten.

Das bisher für das adelige Standesporträt im Werk Stratmanns Festgestellte läßt sich auch auf seine Bildnisse geistlicher Würdenträger anwenden. Adelige Domherren, bürgerliche Äbte, Stiftskanoniker und Pfarrer erscheinen im Bild in erster Linie als Vertreter des geistlichen Standes. Die dem Amt innewohnende Uniformität der Kleidung erschwert die abwechslungsreiche Gestaltung ebenso wie die begrenzte Zahl der möglichen Attribute und Handhaltungen. Häufig wiederholte Motive wie die unter den Talar geschobene Hand sollen die strenge Erscheinung dieser schwarzen Farbfläche, der nur sehr mühsam Plastizität zu verleihen ist, beleben. In den Porträtköpfen der Geistlichen spürt man das Bemühen um Wiedergabe der individuellen Züge, die aber auch hier nur die äußere Oberfläche des Menschen berühren, sozusagen sein offizielles Gesicht darstellen.

Anton Joseph Stratmann versteht sich dabei wie in allen seinen Porträts durchaus auf feine Nuancierungen. Dies läßt sich am Vergleich der beiden in Körperhaltung und Kopfwendung fast identisch aufgebauten Domherrenporträts des Clemens August Constantin von Mengersen (Kat.-Nr. C 29, vor 1772) und des Johann Matthias bzw. Franz Karl von Landsberg (Kat.-Nr. C 36) demonstrieren. Mengersens Gesicht ist gekennzeichnet von dem vorgeschobenen Kinn, der leicht vorgestülpten Unterlippe, den hochgezogenen Nasenflügeln und den scharfen Falten zwischen Nase und Mund sowie unter den Augen. Sein Gesicht mit der kräftigen langen Nase, den tiefliegenden, schmal geschnittenen Augen und der gewölbten Stirn drückt Entschlossenheit und Durchsetzungsvermögen aus. Das Gesicht von Landsbergs ist demgegenüber weicher modelliert. Es wird bestimmt von den kräftigen Augenbrauen, den großen, weitgeöffneten Augen, der geraden Nase und den schmalen Lippen. Dadurch daß sein Kopf um einen Nuance mehr als bei Mengersen gegen die Körperdrehung ins Profil gedreht ist, bekommt das Fixieren des Betrachters eine bewußtere, weniger selbstverständliche Note. Zusammen mit den hochgezogenen Brauen und dem zusammengepreßten Mund erweckt sein Gesicht den Eindruck hochmütiger Skepsis und Undurchdringlichkeit. In krassem Gegensatz dazu steht, um ein weiteres Beispiel zu nennen, das rundliche, freundlichjoviale Gesicht des Pfarrers Schürckmann (Kat.-Nr. C 34) mit seinem frischen, wenig vornehm geröteten Inkarnat und dem um Mund und Augen spielenden Lächeln.

Das späte Porträt des Domherrn Joseph Ernst von Hörde (Kat.-Nr. C 59, um 1795/1800) unterscheidet sich durch die Wahl des Brustbildformats von den übrigen Domherrenbildern Stratmanns. Die standesbezeichnenden Attribute sind bis auf ein Minimum zurückgenommen, dem Gesicht wird durch die größere Nähe und Unmittelbarkeit größeres Gewicht beigemessen und eine tiefergehende psychologische Ausdeutung der Persönlichkeit ermöglicht. In dem letzten bisher bekannten Bildnis Stratmanns meint man den Reflex einer Entwicklung zu erkennen, die ihre Ursache letztlich im Gedankengut der Aufklärung hat. In dem Maße, wie das alte Standesdenken aufgeweicht wurde und sich die höfische Kultur des 18. Jahrhunderts immer mehr zu einer bürgerlichen wandelte, konnte sich auch in der Porträtkunst eine neue Auffassung durchsetzen, die eine physiognomisch genaue Wiedergabe und die Sichtbarmachung des Geistigen im

---

[156] Vgl. Kat. Kassel 1989, S. 108, 141f. – Schrader 1995, S. 47.

Menschen, die Hervorhebung seiner persönlichen Leistung über Standesgrenzen hinweg zum Darstellungsziel erhob.[157]

Mit seiner bürgerlichen Bildniskunst hatte der Schweizer Anton Graff (1736-1813) seit Ende der 1760er Jahre in Dresden bereits sehr früh den Weg dorthin geebnet.[158] Auch im Werk des Porträtmalers Johann Georg Ziesenis ermöglichte der Einfluß englischen Lebensstils und englischer Porträtkunst Bildnisse seiner aufgeklärten fürstlichen Auftraggeber, die sich vom Zwang althergebrachter repräsentativer Schemata lösen.[159] Selbst der in Münster Ende der 1770er und in den 1780er Jahren tätige Wandermaler Georg Oswald May (1738-1816) bevorzugte das Brustbild und reduzierte das adelige Standesporträt gleichsam auf seine von Nüchternheit getragene Minimalform.[160] Mit den Werken Johann Christoph Rincklakes (1764-1813) vollzieht sich in Münster noch zu Lebzeiten Stratmanns endgültig der Bruch mit der ständisch-höfischen Porträtkunst des Rokoko und die Hinwendung zur bürgerlichen Bildform des neuen Jahrhunderts.[161]

Die wenigen bürgerlichen Porträts von der Hand Anton Joseph Stratmanns, Ende der 1760er Jahre und um 1770/1771 entstanden, lassen von diesen sich ankündigenden Veränderungen noch nichts spüren. Kennzeichnend ist statt dessen die Anpassung an die Erscheinungsformen des adeligen Standesporträts, mit der man sich der führenden Gesellschaftsschicht anzunähern suchte. Das Porträt der Frau des Paderborner Bürgermeisters Malberg, Margarita Malberg (Kat.-Nr. C 23), und das Bildnis der Anna Theresia von Landsberg (Kat.-Nr. C 38, 1775?) wären im Hinblick auf Haltung und Kleidung austauschbar, würde nicht der noch üppigere Schmuck und der noch reichere Spitzenbesatz des Kleides der Adligen feine Unterschiede setzen. Auch das Buch eines aufklärerischen Schriftstellers, dessen Rückenschild die Freiin von Landsberg dem Betrachter präsentiert, wäre für eine Bürgersfrau ein sicher noch ungewöhnlicheres Attribut als für die westfälische Adlige.

Auf das Porträtœuvre Anton Joseph Stratmanns hatte die sich entwickelnde Porträtkunst des Klassizismus keinen prägenden Einfluß mehr. Bis zum Ende seiner künstlerischen Tätigkeit blieb das Standesporträt des Rokoko die für ihn gültige Bildform, die der Künstler dank seiner malerischen Virtuosität mit Leben zu füllen und auf eine für Westfalen fast einzigartige Qualitätsstufe zu heben vermochte. Eine entscheidende Veränderung der formalen und stilistischen Mittel des Malers ist im Verlauf seines Bildnisschaffens nicht festzustellen.

Den Gepflogenheiten des Rokokoporträts entsprechend bevorzugte Stratmann die neutralen, in Grün- und Brauntönen changierenden Bildhintergründe. Allein die Drehungen und Wendungen des dargestellten Menschen schaffen sich mit Hilfe des Lichts aus dem diffusen Hintergrundskontinuum heraus den notwendigen, knapp bemessenen Raum zu ihrer Entfaltung. Kleidung und Körper bilden eine organische, plastische Einheit. Die Konturen der Figuren sind dabei durch gekonnt weiche Übergänge von Licht und Schatten, durch subtile Helldunkelmodellierung dem Hintergrund vermittelt, so daß eine Silhouettenwirkung vermieden wird.

Ebenso nuanciert ist die Helldunkelmodellierung der Inkarnate, in denen Grün- und Rottöne verwendet sind. Die intensive Plastizität der Gesichter und Hände verweist vielleicht noch am ehesten auf die Antwerpener Schulung des Malers. Von vollendeter Stofflichkeit ist die Wiedergabe der Gewänder, etwa in bezug auf die changierende Oberflächenqualität von Samt oder eines Ordensbandes aus moirierter Seide. Das gleiche gilt für die Spitzen, deren Musterung in großzügigen, üppigen Formen gehalten ist, die Stratmann in allen Einzelheiten mit brillantem Können wiedergibt, ohne sich in Feinmalerei zu verlieren. Goldbrokat und Schmuck sind in brillanter malerischer Manier als Summe von hingetupften Lichtreflexen und verschatteter Partien zu erfahren. In merkwürdigem Gegensatz zu der ansonsten detaillierten Malweise steht die Wiedergabe der Haare, die in der Regel als verschwimmende, einheitliche Masse ohne

---

[157] Borrmann 1994, S. 95.
[158] Zu Graff s. Berckenhagen 1967.
[159] So z. B. Ziesenis' Bildnis des Kurfürsten Carl Theodor von der Pfalz und seiner Frau Elisabeth Auguste in Hauskleidern bei häuslicher Beschäftigung, Schrader 1995, S. 193f., Kat.-Nr. 114, 115a, Abb. 104, 105, oder das Porträt des Erbprinzen Ernst Ludwig von Sachsen-Gotha, Schrader 1995, S. 246f., Kat.-Nr. 211, Abb. 182.
[160] Westhoff-Krummacher 1979, S. 48f. Das Neue der Porträtauffassung Mays ist dort besonders anschaulich an einem Porträt des Franz Friedrich Wilhelm von Fürstenberg in westfälischem Privatbesitz charakterisiert, s. ebd., Abb. 42 und S. 54.
[161] Zu Rincklake s. Westhoff-Krummacher 1984.

Unterscheidung einzelner Strähnen dargestellt sind.

Die Farbwahl beschränkt sich auf wenige, der Kleidung, den Orden und Ordensbändern und beigegebenen Attributen vorbehaltene starkfarbige Akzente. Fast ausschließlich Blau und Rot in unterschiedlichen lichten Abtönungen kommen vor. Ansonsten herrschen der hautfarbene Inkarnatston, das Weiß der Spitzen, das Schwarz der Talare, die silbernen und goldenen Töne der Rüstungen vor.

Mit der hohen malerischen Qualität vieler seiner Porträts steht Anton Joseph Stratmann auf einer Stufe mit berühmteren deutschen Porträtmalern seiner Zeit wie Tischbein und Ziesenis. Ein Vergleich etwa der „Jungen Dame mit Fächer" Tischbeins von 1752/53 mit dem Porträt der Paderborner Bürgermeistersfrau Malberg (Kat.-Nr. C 23) verdeutlicht dies auf den ersten Blick, zu ähnlich ist der feine Schmelz des Inkarnats, die Delikatesse der Spitzenwiedergabe, die Stofflichkeit des Gewandes.[162] Gleiches gilt z. B. für die Gegenüberstellung von Ziesenis' Porträt der Anna Amalia Herzogin von Sachsen-Weimar-Eisenach (um 1769) und Stratmanns Bildnis der Maria Antonia von Westphalen (Kat.-Nr. C 51).[163]

Wenn Stratmanns Porträtwerk trotz seines gleichwertigen künstlerischen Vermögens derber, bodenständiger und auch uniformer wirkt und nicht die thematische Vielfalt und vibrierende Eleganz dieser beiden Hofmaler erreicht, so ist das doch auch auf die Art und den Umfang der ihm von der Gesellschaft seines Heimatlandes gestellten Aufgaben zurückzuführen. Gefordert war hier in erster Linie die Bewältigung alltäglicher Porträtaufgaben, denen sich Anton Joseph Stratmann mit einer über Westfalen hinausweisenden Bravour stellen konnte.

---

[162] Kat. Kassel 1989, S. 156, Kat.-Nr. 5, Taf. 5.
[163] Schrader 1995, S. 248f., Kat.-Nr. 214, Abb. 185.

Zusammenfassung

Anton Joseph Stratmanns malerisches Werk hat seine Wurzeln in der handwerklichen Tradition seiner in Arnsberg und Paderborn ansässigen Malerfamilie. Wie vielen seiner westfälischen Malerkollegen, sei es nun in Münster, Paderborn oder anderen Städten, drohte ihm daher eine von Anstreicherarbeiten und der eher unbeholfenen Erfüllung unbedeutender künstlerischer Aufträge geprägte Existenz als biederer Handwerker. Wie zu Beginn des 17. Jahrhunderts Johann Bockhorst (1604-1668), der in Münster geborene Rubens-Schüler, fand Anton Joseph Stratmann aber den Weg nach Antwerpen, wo er seine künstlerischen Fähigkeiten als Schüler eines ortsansässigen Malers und der Kunstakademie bis zu einer malerischen Virtuosität fortbilden konnte, die für das damit nicht gerade verwöhnte Westfalen einen besonderen Glücksfall darstellt.[164] Bezeichnenderweise kam neben Bockhorst, der nicht mehr nach Westfalen zurückkehrte, auch Johann Georg Rudolphi (1633-1693) aus Brakel, der bedeutendste westfälische Maler der zweiten Hälfte des 17. Jahrhunderts, in der Auseinandersetzung mit der flämischen Malerei zu seiner Stratmann vergleichbaren künstlerischen Qualität.[165]

Die Tatsache, daß nach dem Ende des Siebenjährigen Kriegs, beflügelt durch die Wahl eines im Lande ansässigen Fürstbischofs und die andauernde Phase politischer Stabilität, sich bei Kirche und Adel wieder eine, wenn auch bescheidene Nachfrage nach Malwerken regte, darf als zweiter Glücksfall gelten. Diesem Bedürfnis stand nunmehr mit dem aus Antwerpen zurückgekehrten Künstler ein überdurchschnittlich begabter Maler gegenüber, ein Zusammentreffen, das seit 1760 die ganze Fülle der im Werkverzeichnis zusammengestellten Werke Anton Joseph Stratmanns zeitigte. Gemäß der dominanten Stellung von Kirche und Adel in Staat und Gesellschaft des katholischen Westfalen wurden das christliche Historienbild und das adelige Standesporträt zu den Hauptarbeitsbereichen des Malers. Wie der Werkkatalog dokumentiert, war Anton Joseph Stratmann aber auch in den anderen Bildgattungen wie Allegorie, Stilleben und Landschaft tätig. Nicht nur im Hochstift Paderborn, sondern auch im kurkölnischen Herzogtum Westfalen, den Fürstbistümern Münster und Hildesheim, der Grafschaft Rietberg sowie im Kloster Huysburg jenseits des Harzes wurden Stratmanns künstlerische Fähigkeiten hoch geschätzt.

Mit seinen Altarbildern steht Anton Joseph Stratmann in einer Kontinuität malerischen Schaffens, die sich seit der Mitte des 17. Jahrhunderts in Westfalen vornehmlich durch die mehr oder weniger eigenschöpferische Rezeption der Werke des Rubens und seiner flämischen Schüler und Nachfolger herausgebildet hatte. Wichtiges Transportmedium dieser Vorbilder war der Kupferstich, den auch Stratmann in vielfältiger Weise nutzte. In der für die Akademieausbildung typischen eklektizistischen Manier kombinierte der Maler Einzelbestandteile aus diesen Vorlagen mit eigenen Kompositions- und Figurenstudien. Darüber hinaus bezog er seine Anregungen aber auch aus Werken älterer und zeitgenössischer holländischer, französischer und italienischer Künstler. Auf diese Weise gerüstet, bewältigte der Maler größte Bildformate mit ausgewogenen Bildkompositionen, die allerdings die barocke Dynamik und das Transitorische des Handlungsablaufs zugunsten eines statischeren, stärker flächenbezogenen, nach dekorativen Gesichtspunkten geordneten Figurenaufbaus zurücknehmen. Hieran und auch an der lichten Farbigkeit und der dekorativen Verteilung der wenigen starken Farbakzente läßt sich die Zeitstellung der Werke Stratmanns in der Stilperiode des Rokoko als letzter Phase des barocken Zeitalters ablesen. In den späten christlichen Historienbildern ab etwa 1780 setzt sich dann allerdings zunehmend ein toniges

---

[164] Jan Boeckhorst (1604-1668). Maler der Rubenszeit. Ausstellungskatalog Münster 1990.
[165] Zu Rudolphi s. Strohmann 1986.

Helldunkel gegen die mit Weiß gebrochene helle Farbigkeit durch.

Man kann sagen, daß Anton Joseph Stratmann das christliche Historienbild und insbesondere das Altarbild barocken Zuschnitts zu einer letzten Blüte geführt hat, die über Westfalen hinaus im ganzen norddeutschen Raum kaum Parallelen aufweist. Lediglich im Fürstbistum Münster befriedigten die Brüder Johann Anton (1707-1762) und Jodokus Matthias Kappers (1717-1781) die dort ganz ähnlich wie in Paderborn gelagerten Aufträge auf einem annähernd so hohen künstlerischen Niveau wie Stratmann.[166]

Einige seiner Altarbilder entstanden im Zusammenwirken mit seinem Bruder, dem Bildhauer Johann Heinrich Joseph Stratmann (1736-1805), der für den plastischen Schmuck der Altäre sorgte.[167] Die gemeinschaftlichen Leistungen der Brüder prägen in den von ihnen ausgestatteten Altären – sofern erhalten – noch heute unser Bild des westfälischen Rokoko in beeindruckender Weise. Ein solches Gesamtkunstwerk ist der Hochaltar der Kallenhardter Pfarrkirche, dessen aufgemalte reiche Marmorierung in Rot-, Blau- und Brauntönen mit einiger Wahrscheinlichkeit ebenfalls von Anton Joseph Stratmann stammt (s. Kat.-Nr. A 12, G 3). Solche Farbfassungen, auch Illuminationen oder Faßmalereien genannt, hat der Maler verschiedentlich ausgeführt. Sie galten bereits als gehobene handwerkliche Arbeit und wurden in der Regel gut bezahlt.

Stratmanns Porträts sind das getreue Spiegelbild einer Adelsgesellschaft, die im Ständestaat des Paderborner Hochstifts traditionelles elitäres Selbstverständnis bis zu dessen Ende 1803 fast völlig ungebrochen bewahren konnte. Das adelige Standesporträt des Rokoko blieb deshalb auch angesichts des anderenorts mit Macht heraufziehenden bürgerlichen Zeitalters bis zum Ende seines Schaffens für Stratmann die verbindliche Bildform. Trotz einer sich aus den Konventionen dieser Bildform zwangsläufig ergebenden gewissen Schematisierung und Austauschbarkeit der äußeren Erscheinung gelang Anton Joseph Stratmann doch immer auch die Darstellung der Individualität des dahinter stehenden Menschen. Eine tiefergehende psychologische Ausdeutung des Charakters darf man bei ihm jedoch noch nicht erwarten.

Als Porträtmaler von Rang ist Anton Joseph Stratmann eine in Westfalen vor Johann Christoph Rincklake (1764-1813) absolut singuläre Erscheinung, sieht man einmal von auswärtigen, nur zeitweise hier tätigen Künstlern wie Georg Oswald May (1738-1816) ab. Zwar betätigen sich auch andere, bisher unbekannte oder noch nicht erforschte Maler wie z. B. der Herforder F. W. Güte oder der vermutlich in Soest tätige J. J. Kleine im Porträtfach, keiner erreicht jedoch nur annähernd die Qualität Stratmanns, auch nicht die in Münster tätigen Kappers (s. o.), deren Schaffen ähnlich vielseitig war wie das des Paderborner Malers.[168] In der subtilen malerischen Ausführung seiner Porträts ist der Paderborner Maler den besten deutschen Porträtisten des Rokoko gleichwertig, für die bei der immer noch unzureichenden Forschungslage zur deutschen Porträtmalerei des 18. Jahrhunderts bisher vor allem Johann Georg Ziesenis (1716-1776) und Johann Heinrich Tischbein d. Ä. (1722-1789) zu nennen sind.[169]

---

[166] Das Werk der Kappers-Brüder und ihres Vaters Johann Gerhard Kappers (vor 1705-1750) ist bisher nur unzureichend erforscht, s. zuletzt Karrenbrock 1993, S. 309-322, mit älterer Literatur. – S. auch Herta Hesse-Frielinghaus, Die Kappers als Bildnismaler, in: Westfalen 27, 1948, S. 131-137. – Nach Abschluß des Manuskripts vorgelegt: Markus Kamps, Der Maler Johann Anton Kappers (1707-1762). Seine Tätigkeit im Schloß Clemenswerth. Magisterarbeit (masch.) Münster 1996.

[167] Zu dem Bildhauer Stratmann zuletzt Zink 1985, Zink 1986, Zink 1989.

[168] Güte war von 1724 bis 1776 tätig, s. Bau- und Kunstdenkmäler von Westfalen, Stadt Detmold. Münster 1968, S. 224, Abb. 204. – Zu Kleine s. Bau- und Kunstdenkmäler von Westfalen, Kreis Unna. Münster 1959, S. 423, Abb. S. 422.

[169] Kurzer Überblick zur Forschungslage bei Schrader 1995, S. 10f., Anm. 17.

Werkkatalog Anton Joseph Stratmann

Vorbemerkung:

Der Werkkatalog umfaßt sieben Abschnitte, die mit Großbuchstaben bezeichnet sind:
A. Gemälde sakraler Thematik
B. Gemälde profaner Thematik
C. Porträts
D. Zerstörte, verschollene und nicht ausgeführte Gemälde
E. Nicht mehr zugeschriebene Gemälde
F. Zeichnungen
G. Faßmalerarbeiten.

Die Abschnitte A-C enthalten alle erhaltenen gesicherten und zugeschriebenen Gemälde Anton Joseph Stratmanns, soweit sie dem Verfasser bekannt geworden sind, in fortlaufender Numerierung. Eine weitere Aufgliederung nach Bildthemen innerhalb der Abschnitte erschien aufgrund der homogenen Zusammensetzung des Werkbestandes nicht notwendig. Es gilt die chronologische Ordnung.

In Abschnitt C können sich geringfügige Verschiebungen in der chronologischen Abfolge ergeben, da bei nur wenig abweichenden Entstehungszeiten familiäre, örtliche oder inhaltliche Bezüge Vorrang haben. Repliken, bei denen Zweifel an der vollständigen Eigenhändigkeit bestehen, sind mit zusätzlichen Kleinbuchstaben unter der Katalognummer des vermutlichen Originals aufgeführt. Eigenhändige Repliken erhalten eine eigene Katalognummer.

In Abschnitt D sind die Gemälde nach dem Vorbild der ersten drei Katalogabschnitte in entsprechende Gruppen zusammengefaßt, innerhalb derer wiederum eine chronologische Ordnung besteht. Nicht datierbare Werke sind jeweils hinten angefügt.

Die chronologische Ordnung hat auch Gültigkeit in den Abschnitten F und G, wobei in Abschnitt G zwischen erhaltenen und zerstörten Werken nicht unterschieden wurde.

Abschnitt D ist abweichend nach dem Alphabet der Orte gegliedert.

Die einzelnen Katalognummern sind nach folgendem Schema aufgebaut:

Bildtitel

Aufbewahrungsort bzw. Besitzangabe

Provenienz
Provenienzangaben werden nur bei Museumsbesitz gemacht. Der Großteil der Porträts befindet sich noch im ursprünglichen Familienbesitz.

Technik, Maße, Zustand
Die Maße (grundsätzlich Höhe vor Breite) der großen Altargemälde konnten oftmals nur annäherungsweise oder gar nicht ermittelt werden. Zustandsangaben betreffen – soweit bekannt – nur Doublierungen und größere Zustandsbeeinträchtigungen.

Bezeichnung (Bez.) und Beschriftung
Bezeichnung meint die eigenhändige Signatur und gegebenenfalls Datierung. Nicht eigenhändige Bezeichnungen sind als solche gekennzeichnet. Vorder- und/oder rückseitige Beschriftungen beziehen sich in der Regel auf die Darstellung oder auf besondere, mit dem Bild in Verbindung stehende Umstände. Sie können spätere Zutaten sein. Wo die Eigenhändigkeit außer Frage steht, wird darauf hingewiesen. Beschriftungen auf rückseitig an den Rahmen gehefteten Zetteln oder Aufklebern sind nur ausnahmsweise genannt.

Datierung
Falls die Datierung nicht in einer Signatur enthalten ist, geht der Katalogtext in der Regel auf das Zustandekommen durch archivalischen Beleg oder stilkritische Bestimmung ein. Insbesondere bei den

Porträts konnte die Entstehungszeit oft nur sehr grob bestimmt werden.

Text
Der Katalogtext beinhaltet eine eingehende Beschreibung des jeweiligen Werkes, ikonographische Hinweise, Benennung konkreter Vorlagen und Vorbilder, Verweis auf andere Werke Stratmanns sowie – in unterschiedlicher Intensität – stilkritische Bemerkungen und kunsthistorische Wertungen. Bei Porträts wird der Dargestellte mit einigen biographischen Angaben vorgestellt. Des weiteren wird – soweit bekannt – auf die Entstehungsumstände des Werkes, sein Umfeld und seine Geschichte eingegangen. Hier sind insbesondere auch die archivalischen Belege zu den einzelnen Werken zu finden.

Literatur
Die Literaturhinweise zu den einzelnen Werken beanspruchen keine absolute Vollständigkeit.

Richtungsangaben sind in der Regel vom Betrachter aus zu sehen. Nur bei eindeutig bezeichneten Körperteilen wird eine Ausnahme gemacht.

A. Gemälde sakraler Thematik

A 1 Verehrung der hl. Eucharistie durch Engel
Rüthen-Altenrüthen, kath. Pfarrkirche St. Gervasius und St. Protasius, Hochaltarbild
Öl auf Leinwand, ca. 300 x 166 cm
1760

In der Bildmitte schwebt auf Wolken eine mit figürlichem und ornamentalem Schmuck reich verzierte goldene Zylindermonstranz mit der ausgesetzten Hostie. Zu Seiten der Monstranz sind zwei adorierende Engel mit Weihrauchfässern angeordnet. Gruppen von weiteren Engeln und Engelputten lagern auf und in den Wolkenbänken, die sich in spiralförmiger Bewegung zum oberen Bildrand erstrecken, wo helles Licht von oben herabfällt. Im unteren Bildbereich scheinen Putten spielerisch die Wolken zu tragen.
In dem hellbraunen bis grauen Grundton des Gemäldes sorgen die Engelsgewänder für kleine, aber intensive Farbtupfer in Weiß, Gelb, Blau und Rot.
Die Figur des vorderen linken Engels erinnert in ihrem verschraubten Haltungsmotiv und der Faltengebung stark an manieristische Vorbilder, so daß Stratmann vermutlich – zumindest für diese Figur – eine entsprechende Stichvorlage benutzt hat.
Besonders auffallend bei diesem Bild ist die stereotype Wiederholung eines kaum variierten Gesichtstypus bei den Engeln und Putten, der auch im Seitenaltarbild der Altenrüthener Kirche, s. Kat.-Nr. A 4, bei Maria Magdalena Verwendung findet.
Das Bildthema ist ein in der Volksfrömmigkeit beliebtes und im 18. Jahrhundert in Süddeutschland vorzugsweise im Deckenfresko dargestelltes Motiv.[170] Als Altarblatt verleiht das Gemälde dem im Tabernakel aufbewahrten Allerheiligsten bildliche Gestalt und macht das Altarsakrament über die zeitweise Aussetzung der Monstranz in der Expositionsnische des Tabernakels hinaus zum Gegenstand permanenter Verehrung durch die Gläubigen. Möglicherweise spielte bei der Wahl des Bildthemas die Tatsache eine Rolle, daß die Kirche als Wallfahrtskirche vermutlich auch außerhalb der Messen rege besucht wurde und von daher das eucharistische Wunder neben dem Hl. Kreuz ständig gegenwärtig sein sollte.[171]
Für die Anfertigung und Errichtung des Hochaltars wurde am 24. Juli 1759 ein Kontrakt zwischen dem Schreiner Johann Wilhelm Sinn aus Fredeburg und Pastor Kreilmann abgeschlossen.[172] Der Abschluß erfolgte im ausdrücklich vermerkten Beisein des Bildhauers Johann Theodor Axer, der somit für die figürliche Ausstattung des Hochaltars verantwortlich gewesen sein dürfte.[173] Ein separater Kontrakt mit ihm liegt allerdings nicht vor, ebensowenig wie mit Anton Joseph Stratmann, an dessen Urheberschaft für das Altargemälde der Vergleich mit dem signierten Bild des Altenrüthener Kreuzaltars keinen Zweifel läßt. Am 19. Mai 1760 schloß Kreilmann den Kontrakt mit Faßmaler Kaubeck aus Verne über die Illumination von Hochaltar und Tabernakel.[174] Der Hochaltar war also 1760 fertig, so daß man davon ausgehen kann, daß er in diesem

---

[170] Inge Habig-Bappert, Eucharistie im Spätbarock. Münster 1983, S. 122ff.
[171] Wagner 1967, S. 47f. – S. auch den Text zu Kat.-Nr. A 4.
[172] PfA Altenrüthen, Aktenband A 1, fol. 86.
[173] Heppe 1973, S. 101, spricht von einem Axer verwandten Stil der Hochaltarfiguren.
[174] Ebd., fol. 60. Kaubeck hatte bereits im Jahr zuvor den Auftrag erhalten, die Kanzel und die Aufsätze der vier Beichtstühle ... *nach neuster und bester façon* ... zu illuminieren. Ebd., fol. 85v.

Jahr auch sein Altargemälde erhielt. Die Weihe des Hochaltars fand allerdings erst 1766 zusammen mit derjenigen der Seitenaltäre statt.[175]

BKW Lippstadt, S. 14, Taf. 3. – Meyer 1938, S. 41f. – Kühle 1976, S. 101. – Hansmann/Butt 1978, S. 10, Abb. 12. – Kat. Unna 1979, S. 19. – Zink 1985, Anm. 160. – Zink 1989, S. 97.

51 **A 2 Anbetung der Hirten**
Geseke, kath. Kirche St. Johannes Bapt., Kirche des Landeskrankenhauses, ehem. Franziskanerkirche, Hochaltargemälde
Öl auf Leinwand, ca. 280 x 153 cm
Bez.: *Ant. Stradtman fecit*[176]
Um 1760/65

In der Bildmitte liegt der Jesusknabe auf einem niedrigen, mit Stroh bedeckten Bretterverschlag im Arm der dahinter sitzenden oder knienden Mutter. Der Kopf des Kindes ist zur linken Seite gewendet, sein Blick richtet sich auf die von dort dicht herangetretenen Engelputten und die hinter ihnen knienden Hirten. Rechts hinter Maria steht Josef, der mit auffälliger Geste auf das Kind hinweist. Im Bildvordergrund rechts ist ein großer, in Seitenansicht gezeigter Hirte mit einem Schaf unter dem Arm im Begriff niederzuknien. Sein Blick richtet sich auf das Kind, seine rechte Hand ist in einer Geste der Ergriffenheit an die Brust gelegt. Links im Bildvordergrund lagert der Esel, während der Kopf des Ochsen nur ganz im Hintergrund vor einer Heuraufe erscheint. Im oberen Bilddrittel schweben in Wolken Engelputten, die eine Blumengirlande und ein Weihrauchfaß tragen. Zu erwähnen sind noch die beiden Hirten im Hintergrund an den Bildrändern, die sich vom Geschehen abwenden, aber, offenbar von ihm ergriffen, zum Himmel emporblicken.
Farblich dominiert das rote Gewand des Hirten, begleitet von eher gedeckten Farbtönen in Blau, Gelb und Grün. Das von oben herabfallende Licht betont das Bildzentrum mit Maria und dem Jesuskind ebenso wie die ausgewogene Komposition, die die Figurengruppen an den Endpunkten zweier den Bildraum von vorne nach hinten durchmessenden Diagonalen aufbaut, die sich im Bildmittelpunkt kreuzen.
Für einzelne Figuren greift Anton Joseph Stratmann wiederum auf Vorlagen zurück. So ist etwa das Haltungsmotiv des Hirten mit dem Schaf in zwei Gemälden Guido Renis vorgebildet, der Himmelfahrt Mariens in Pieve di Cento von 1599 und der Anbetung der Hirten in Neapel, Certosa, von 1640.[177] Auch die auffallende Gestik des Josef könnte ihr Vorbild in einem Apostel der erwähnten Himmelfahrt Mariens haben.
Der Hirte mit dem Schaf ist im übrigen in fast wörtlicher, auch farbiger Übereinstimmung mit der Formulierung Stratmanns im Hochaltargemälde der kath. Pfarrkirche in Greven-Gimbte seitenverkehrt wiederholt. Das Bild ist für die Verwendung im Altar nachträglich vergrößert worden. Es wird der Malerin Maria Agatha Alberti (1767-1812) zugeschrieben, der späteren ersten Oberin des Ordens der Clemensschwestern in Münster.[178] Entweder hat die Malerin den Hirten aus Stratmanns Geseker Bild kopiert, oder aber es liegt eine bisher nicht identifizierte gemeinsame Vorlage zugrunde, die möglicherweise ihrerseits auf Reni zurückgeht.
Archivalische Nachrichten zum Geseker Altar und seinem Gemälde haben sich offenbar nicht erhalten. In der Literatur geht man bisher von einem Entstehungsdatum um 1760 aus. In der Tat ist der Altar mit dem 1760 fertiggestellten Hochaltar in Altenrüthen sowohl im Aufbau als auch im Figurenschmuck sehr eng verwandt, so daß möglicherweise hier im Anschluß dieselben Künstler und Kunsthandwerker am Werke waren. Aus stilkritischer Sicht paßt das Gemälde mit seinen etwas groben, stark muskulösen Gestalten, seiner Farbgebung und seiner Abhängigkeit von Vorlagen recht gut zu den anderen zwischen 1760 und 1765 entstandenen frühen Werken Anton Joseph Stratmanns.

---

[175] Meyer 1938, S. 41f.
[176] Die Signatur wurde von Restaurator Ochsenfarth bei der Restaurierung 1967 entdeckt. S. Hansmann/Butt 1978, S. 10. Bei der Besichtigung des Gemäldes im Altar konnte die Signatur jetzt ohne Hilfsmittel und aus der Entfernung nicht lokalisiert werden.

---

[177] Freundlicher Hinweis von Karl Bernd Heppe. S. D. Stephen Pepper, Guido Reni. Oxford 1984, Kat.-Nr. 10, Abb. 10, Kat.-Nr. 200, Abb. 236.
[178] Wilhelm Stammkötter, Gimbte. Kirche und Dorf. o. O., o. J., S. 15. Das Gemälde wird dort als Kopie eines Bildes von Murillo in der Kathedrale von Sevilla bezeichnet. Anhand der Literatur ließ sich ein solches Bild aber nicht nachweisen. – Zu Schwester Alberti s. Bernhard Wilking, Genossenschaft der Barmherzigen Schwestern … „Klemensschwestern". Münster 1927, S. 13ff. – Saur Allgemeines Künstlerlexikon, Bd. 2. München, Leipzig 1992, S. 91.

Nordhoff 1885/86, S. 45. – BKW Lippstadt, S. 71. – Falke 1915, S. 31. – Th.-B., S. 161. – Michels 1963, S. 413. – Servais 1968, S. 181. – Hansmann/Butt 1978, S. 10, Abb. 10. – Zink 1985, Anm. 160. – Cleff 1986, S. 98. – Zink 1989, S. 97. – Strohmann 1994, S. 161. – Matzner/Schulze 1995, S. 78.

A 3 Himmelfahrt Mariens

Erwitte, kath. Pfarrkirche St. Laurentius, Querschiff, über dem Südportal
Öl auf Leinwand, 320 x 205 cm
Bez.: *A: I: Stradtmann paderb. 1763*

Kopie nach dem Stich von Schelte à Bolswert nach Rubens' Modello (1611-15) in London, Buckingham Palace.[179]

In der unteren Bildzone umgeben die Apostel den Sarkophag Mariens. Zwei Frauen finden die Leichentücher von Rosen bedeckt. Einige Apostel sind noch mit dem Hochstemmen des Sarkophagdeckels beschäftigt, während die anderen zu dem Geschehen in der oberen Bildhälfte aufblicken. Dort fährt Maria, begleitet von Engelputten, zum Himmel empor.

Im Bereich der Figurengruppe rund um den Sarkophag kopiert Stratmann die Stichvorlage sehr genau bis in die Einzelheiten der Körpermodellierung, der Faltengebung und der Lichtführung. Er faßt aber den Bildausschnitt etwas knapper, so daß die Seitenfiguren stärker vom Bildrand überschnitten sind. Am linken Rand fällt der Kopf eines Apostels aus der Vorlage weg, rechts wird dafür einer im Hintergrund neu eingefügt. In der oberen Bildzone ist die Anzahl der Engel und Putten gegenüber dem Vorbild erheblich reduziert, jedoch ist eine neue Puttengruppe am oberen Bildrand hinzugekommen. In der Gewandung Mariens finden sich leichte Variationen gegenüber der Vorlage. Die Ausbildung der Gesichter weicht bei vielen Figuren etwas vom Vorbild ab und zeigt die für Stratmann charakteristische Gesichtstypik.

Als farbige Eckpfeiler der Komposition wirken die großen roten Farbflächen im Mantel des Apostels am rechten Bildrand, Blau und Gelb im Gewand und Mantel des knienden Petrus sowie Blau im Mantel Mariens. Stratmann bedient sich wie Rubens großflächig aufgetragener Lokalfarben, deren Farbwerte allerdings von der dem Kupferstich zugrundeliegenden Ölskizze Rubens' im Londoner Buckingham Palace abweichen.[180] Besonders fällt dies bei dem starken Akzent des Rots im Mantel des Apostels am rechten Bildrand auf, der sich bei Rubens mit einem lichten Blau stärker in die Gesamtfarbigkeit des Bildes einfügt. Die weiße Gewandung Mariens, die bei Rubens den Charakter der verzückt emporschwebenden Lichtgestalt betont, hat Stratmann durch eine dunklere, schwerere, erdverbundenere Farbigkeit ersetzt.

Die Antwerpener Schulung Stratmanns ist bei dem 29jährigen Maler in seinem frühesten signierten und datierten Gemälde unverkennbar.

Das Gemälde, bei dem es sich mit Sicherheit um ein Altarbild handelt, stammt der Überlieferung nach aus dem ehemaligen Hochaltar der Laurentiuskirche, der 1887 durch einen neuromanischen Nachfolger ersetzt wurde.[181] Zur Entstehungsgeschichte und zum Aussehen des Altares mit dem Bild Stratmanns ist bisher nichts bekannt. Lediglich das Tabernakel hat sich erhalten.

Wüstefeld 1961, S. 60, Abb. S. 62. – Michels 1963, S. 405, 412. – Denkmalpflegebericht, in: Westfalen 41, 1963, S. 80. – Dehio Westfalen, S. 158. – Hansmann/Butt 1978, S. 10, Abb. 11. – Heppe 1980, S. 153, Abb. 210. – Zink 1985, S. 208f. – Strohmann 1986, S. 90f. – Zink 1989, S. 97. – Schauerte o. J., S. 21. – Strohmann 1994, S. 159, Abb 126, 127. – Matzner/Schulze 1995, S. 76.

A 4 Kreuzigung Christi

Rüthen-Altenrüthen, kath. Pfarrkirche St. Gervasius und St. Protasius, Chorwand
Öl auf Leinwand, 176 x 104 cm
Bez. auf dem Kreuzbalken unterhalb der Füße Christi: *A: I: Stradtman pinxit 1765*

Zu Füßen des an das Kreuz gehefteten Christus sitzt die trauernde Maria Magdalena mit zum Gebet gefalteten Händen. Rechts neben dem Kreuz sammelt einer der Schergen in halber Rückenansicht die Gerätschaften der Kreuzannagelung in einen Korb. Hinter ihm sieht man den Rücken eines weiteren Schergen, der eine Leiter geschultert hat und einem nach hinten links abziehenden Soldaten zu Pferd

---

[179] Kat. Rom 1977, Nr. 66.
[180] Farbig reproduziert bei Jennifer Fletcher, Rubens. Köln 1968, Taf. 7.
[181] Wüstefeld 1961, S. 56.

mit Speer und Fahne folgt. Im Hintergrund erkennt man die nachtdunkle Folie eines Gewitterhimmels. Bei dem Kernstück der Bildszene mit dem Gekreuzigten und Maria Magdalena handelt es sich um eine sehr genaue Kopie nach dem Kupferstich der Kreuzigung Christi von Schelte à Bolswert nach Jakob Jordaens.[182] Kleinere Abweichungen sind die tiefere Position des Kreuzes im Vergleich zu Maria Magdalena und der Verzicht auf die Konsole unter den Füßen Christi. Ansonsten geht die Kopie bis in Details der Faltengebung und der Körpermodellierung.

Stratmann faßt den Bildausschnitt enger als der Stich und verzichtet auf Maria und Johannes sowie weitere trauernde Assistenzfiguren. Die Hintergrundszenerie der abziehenden Soldaten findet sich in Kreuzigungsdarstellungen relativ selten. Ob sie auf Stratmanns eigene Erfindung zurückgeht oder ebenfalls einer Vorlage folgt, ist unbekannt.

Bei dem Gemälde handelt es sich um das Bild des nördlichen Seitenaltars, des Kreuzaltars der Altenrüthener Pfarrkirche. Die Figuren des Altars stammen von dem 1764 in Altenrüthen verstorbenen Bildhauer Johann Theodor Axer (1700-1764), von dem Johann Heinrich Joseph Stratmann, der Bruder Anton Josephs, für sein bildhauerisches Werk maßgebende Anregungen erfahren hat.[183] Auf einem von Provinzialkonservator Ludorff 1911 aufgenommenen Foto des Kircheninnenraums ist das Gemälde noch im Altar zu erkennen.[184] Später wurde es wie das nicht von Stratmann gemalte Gegenstück im südlichen Seitenaltar ohne Rahmen im Chor aufgehängt, und zwar an der nördlichen Chorwand. Der genaue Zeitpunkt dieses Transfers konnte nicht ermittelt werden. Im nördlichen Seitenaltar ist heute vor einem Vorhang ein als Gnadenbild verehrter spätmittelalterlicher Kruzifixus, der sog. „Herrgott von Altenrüthen", aufgehängt.[185]

Die Zugehörigkeit des Gemäldes zu diesem Altar erklärt auch, warum Stratmann die in der Kupferstichvorlage vorgegebenen Figuren von Maria und Johannes weggelassen hat, stehen diese doch in plastischer Form am Altar zu Seiten des Bildes. Die im Stich auf Maria bezogene Ausrichtung von Kreuz und Christuskorpus nach rechts, die bei isolierter Betrachtung des Gemäldes wegen des Fehlens der Assistenzfiguren unmotiviert erscheint, bekommt dadurch wieder ihren Sinn. Allerdings nimmt am Altar Johannes die Stelle Mariens ein.

Eine Besonderheit besteht darin, daß die Bildleinwand auf eine aus drei Eichenbrettern gefügte, massive Holztür aufgespannt ist, die rückseitig rechts zwei Scharniere und links mittig einen Schloßkasten aufweist. Das Schlüsselloch ist vorderseitig in der Malerei zu erkennen. Der Befund zeigt, daß das Bild im Altar eingehängt war und bei Bedarf nach Betätigung des Schlosses nach hinten weggeklappt werden konnte, vermutlich um Platz für die Aussetzung des spätmittelalterlichen Kruzifixus im Altar zu schaffen, ähnlich wie es heute permanent geschieht. Das Schlüsselloch ist bereits auf dem Foto von 1911 zu erkennen, und es darf angenommen werden, daß die klappbare Konstruktion des Altarbildes ursprünglich ist.

Auftraggeber des Altarbildes dürfte wie bei der gesamten Ausstattung der Erbauungszeit der Kirche Pfarrer Kreilmann gewesen sein, der 1765 zum Abt des Benediktinerklosters Grafschaft gewählt wurde. Als solchen hat ihn Stratmann porträtiert (s. Kat.-Nr. C 52).

Strohmann 1994, S. 157, Anm. 70, S. 160, Abb. 128.

A 5 Taufe Christi
Meschede, Haus Laer, Kapelle St. Johannes d. T., Altarbild
Öl auf Leinwand
1767/68

Christus steht im Dreiviertelprofil im seichten Wasser des Jordans, der sich in der Ferne in einer nur angedeuteten Landschaft verliert. Sein rechtes Bein ist als Spielbein locker angewinkelt, die rechte Hand vor die Brust gelegt. Mit der linken Hand hält der nur mit einem Lendentuch bekleidete Christus einen Zipfel eines roten Mantels vor seinen Unterkörper, dessen anderes Ende ein hinter Christus am Ufer stehender Engelputto in den Händen hat. Hinter ihm steht ein zweiter Putto. Christus neigt seinen Oberkörper nach rechts zu dem in ausgreifendem Schritt am Flußufer vor einem Felsen stehen-

---

[182] Abb. des Stichs bei Michael Jaffé, Jacques Jordaens 1593-1678. Ausstellungskatalog. Ottawa 1968, Nr. 294. Der Stich gibt mit einigen Abweichungen ein Gemälde von Jordaens in der École Tierninck in Antwerpen wieder.
[183] Zink 1985, S. 168. – Michels 1950, S. 221f. – Archivalische Unterlagen zu den Seitenaltären der Altenrüthener Pfarrkirche sind offenbar nicht erhalten. Die Durchsicht des Pfarrarchivs blieb ohne Ergebnis.
[184] BKW Lippstadt, Taf. 3.
[185] Wagner 1967, S. 47f.

den Johannes, der sich wiederum Christus zuwendet und aus einer Muschel Wasser über den Kopf Christi gießt, also den Taufakt vollzieht. In seiner linken Hand hält Johannes den Kreuzstab mit dem daran hängenden Schriftband mit der Aufschrift *ECCE AGNUS DEI*. Er ist bekleidet mit einem den Oberkörper größtenteils freilassenden braunen Fellmantel, dessen haarige Seite nach innen gewendet ist, gehalten von einem Schultergurt. Sein Blick richtet sich nach oben, wo über ihm die Geisttaube in einer Gloriole schwebt. Auf Wolken gelagert erscheint darüber Gottvater in rotem Mantel mit der Weltkugel, umgeben von geflügelten Puttenköpfen und einem Engelputto mit blauer Gewanddraperie.

Mit seiner sich parallel zur vorderen Bildebene entfaltenden Bildkomposition folgt Anton Joseph Stratmann dem seit der Renaissance üblichen Darstellungstypus der Taufszene. Kompositionell und motivisch vergleichbare Vorbilder sind häufig. Anzuführen ist ein Kupferstich von Crispinus de Passe d. J. (um 1597 - um 1670), der Stratmann ebenso als Anregung gedient haben könnte wie ein vermutlich in einer graphischen Reproduktion greifbares Altarbild des französischen Malers Antoine Coypel (1661-1722).[186] Johann Anton Kappers (1707-1762) aus Münster kopierte zwischen 1743 und 1748 das Gemälde Coypels in seinem Altarbild für die Kirche von Kloster Brunnen (Sundern) im Sauerland.[187]

Die in beiden möglichen Vorbildern starke Bewegtheit der Haltungsmotive ist im Laerer Gemälde zurückgenommen zugunsten einer stärker statuarischen Figurenauffassung. Diese Umsetzung wirkt im Falle des Standmotivs Christi jedoch unorganisch und damit instabil, insbesondere wegen des unmotiviert starken Anwinkelns des rechten Beins Christi. Vor der graubraunen Hintergrundfolie heben sich die hell beleuchteten Figuren scharf ab. Die Farbigkeit wird von den bereits genannten wenigen Akzenten bestimmt, zu denen noch die dominierende Inkarnatfarbe tritt. Mit der kräftig herausmodellierten muskulösen Körperlichkeit der Figuren läßt sich das Altargemälde der Laerer Hauskapelle in die Reihe der in den 1760er Jahren entstandenen Werke Stratmanns stellen.

Nach der Inschrift im Portal erfuhr die Kapelle 1767 im Auftrag des Fürstbischofs Friedrich Wilhelm von Westphalen, des Bruders des Stammherrn Clemens August I. von Westphalen, eine Neugestaltung der Eingangsfassade.[188] Auf die Stiftung des Fürstbischofs geht auch der mit seinem Wappen geschmückte Kapellenaltar zurück, dessen Vorgänger 1768 abgebrochen wurde.[189] Die beiden Altarfiguren werden dem Paderborner Bildhauer Johann Philipp Pütt (1700 bis nach 1768) zugeschrieben.[190] Zwei weitere, an den Kapellenwänden auf Konsolen angebrachte Skulpturen der Maria Immaculata und des hl. Josef stammen von Anton Josephs Bruder Johann Heinrich Joseph Stratmann.[191]

Kat. Unna 1979, Abb. 46 ohne Künstlernennung. – Püttmann-Engel 1987, Abb. S. 209 ohne Zuschreibung. – Strohmann 1994, S. 158, Anm. 70.

A 6 Hostienwunder des hl. Antonius
Paderborn, Franziskanerkloster
Öl auf Leinwand, 193 x 95 cm, Malschicht mit Fehlstellen
Vorderseitige Aufschrift am unteren Bildrand: *Sancte Antoni de Padua OPN*
1760er Jahre

Das hochformatige Gemälde zeigt den hl. Antonius von Padua rechts im Mittelgrund stehend in gegürteter brauner Franziskanerkutte mit Tonsur und Heiligenschein. Über die Schultern hat er die priesterliche Stola gelegt. Der Heilige wendet sich zur Seite, hin zu dem vor ihm liegenden, gesattelten Esel, dem er die Hostie präsentiert. Der Esel blickt zu Antonius empor. Vor dem Esel steht ein offenes Behältnis mit Futter. Vor Antonius kniet ein zweiter, kahlköpfiger, mit Kutte und Rochett bekleideter Franziskaner in Rückansicht, der eine Fackel in der linken Hand hält und auf den Esel blickt. Die Szene entfaltet sich auf kahlem Boden vor einem graubraunen Wolkenhintergrund ohne Andeutung einer Landschaft.

Dargestellt ist das als Einzelszene in der Kunst der Gegenreformation beliebte Hostienwunder des

---

[186] Hollstein, Dutch, Bd. XVI, S. 90, m. Abb. – Bei dem Gemälde von Coypel handelt es sich um ein Altarbild der Abteikirche Saint-Riquier. S. Antoine Schnapper, Jean Jouvenet et la peinture d'histoire à Paris. Paris 1974, Abb. 256.
[187] Karrenbrock 1993, S. 312.
[188] Wiedergabe der Inschrift bei Püttmann-Engel 1987, S. 208.
[189] Konrad Mertens, Der hl. Liborius. Paderborn 1873, S. 165.
[190] Kat. Paderborn 1986, S. 140-142.
[191] Zink 1985, S. 178f.

hl. Antonius von Padua. Der Heilige zeigt einem bereits drei Tage hungernden Esel die Hostie, worauf der Esel das vor ihm hingesetzte Futter verschmäht und niederkniet. Daraufhin bekehrt sich der Eigentümer des Tieres, ein Ketzer, zum christlichen Glauben. Diesen letzten Teil des Hostienwunders hat Anton Joseph Stratmann in seinem Gemälde nicht wiedergegeben.

Aufgrund des Bildthemas darf man annehmen, daß das Gemälde des Hostienwunders des Ordensheiligen für das Paderborner Franziskanerkloster, dessen Nachbar Stratmann war, gemalt wurde. Das Entstehungsdatum läßt sich aufgrund fehlender Quellennachrichten nur auf stilkritischem Wege ermitteln. Die größten Übereinstimmungen ergeben sich dabei mit den Werken der 1760er Jahre.

Brand 1846, S. 33: „Die Wände der Klostergänge und des Refectoriums sind mit Gemälden geschmückt, unter denen ... mehrere Gemälde des hiesigen Malers A. Stratmann beachtenswerth sind." – Klaus 1958, S. 164, S. 173-175 mit evtl. Zuschreibung an Rudolphi, mit Abb. S. 174. – Michels 1963, S. 413. – Strohmann 1994, S. 158, Anm. 70.

A 7 Vision des hl. Johannes von Matha und des sel. Felix von Valois
Brakel-Rheder, kath. Pfarrkirche St. Katharina, südlicher Triumphbogenpfeiler
Öl auf Leinwand
Um 1770

Auf einer schmalen, brüstungsähnlichen Bodenfläche im Bildvordergrund befinden sich zwei Ordensleute in weißem Habit mit braunem Mantel. Dem linken, knienden Ordensmann ist ein Hirsch mit einem Kreuz im Geweih zugeordnet. Das gleiche Kreuz mit einem roten und einem blauen Balken erscheint auf dem Skapulier des Ordensmannes. Sein Gegenüber ist im Profil zu sehen. Er tritt mit dem rechten Bein auf eine Erhöhung, über die ein Hermelinmantel gebreitet ist. Davor liegt eine Krone. Durch diese Attribute sind die beiden Ordensleute identifiziert als Johannes von Matha (links) und Felix von Valois (rechts). Beide richten ihre Aufmerksamkeit auf die am Himmel erscheinende Hl. Dreifaltigkeit in Gestalt eines Gnadenstuhls, umspielt von Putten. Darunter nimmt ein weiß gewandeter Engel mit dem bereits beschriebenen Kreuz auf der Brust zwei neben ihm knienden Gefesselten, einem Weißen und einem Farbigen, die Augenbinden ab. Hinter der „Brüstung" erscheinen zudem noch zwei Männer.

Die beiden Heiligen bzw. Seligen sind die Gründer des Ordens der Heiligsten Dreifaltigkeit zum Loskauf der Gefangenen (Trinitarier). Dieser 1194 gegründete Orden befaßte sich mit der Befreiung in Sklaverei geratener Christen, z. B. in den Türkenkriegen. Hans Joachim Brüning, der sich in einem Aufsatz mit der Ikonographie des Bildes beschäftigt hat, konnte ermitteln, daß 1760 an der Kirche in Rheder eine Bruderschaft der Heiligsten Dreifaltigkeit zum Loskauf der Gefangenen gegründet wurde, mit der das Bild zweifellos in Zusammenhang steht. Nach der Überlieferung wurde während der Türkenkriege ein Oberst Moritz von Mengersen vom Trinitarierorden aus der Gefangenschaft freigekauft. Ob die Gründung der Bruderschaft mit diesem lange zurückliegenden Ereignis in Zusammenhang steht, muß vorerst offenbleiben. Auf jeden Fall ist es wahrscheinlich, daß ein Mitglied der auf Schloß Rheder ansässigen Familie von Mengersen um 1770 das Bild in Auftrag gegeben hat.

Brüning 1972. – Strohmann 1994, S. 158, Anm. 70.

A 8 Maria Immaculata mit den Jesuitenheiligen Ignatius, Franz Xaver, Stanislaus und Aloysius
Büren, ehem. Jesuitenkirche Maria Immaculata, Hochaltargemälde (Hauptbild)
Öl auf Leinwand, 460 x 278 cm
1774

Innerhalb einer bis auf den Erdboden herabreichenden Wolkensäule sitzen oder knien vier Jesuitenheilige zu Füßen der zum Himmel auffahrenden Maria Immaculata. Links unten sitzt der hl. Franz Xaver mit seinem Attribut, dem Kruzifixus, das er in der linken Hand hält und betrachtet. Die Rechte ist in einer Geste der Ergriffenheit zur Brust geführt. In der Armbeuge ruht ein Stab, zusammen mit der Pilgerflasche und dem Schultermantel mit der Jakobsmuschel Zeichen der Pilgerschaft. Rechts hinter ihm kniet der hl. Aloysius von Gonzaga im Rochett. Er wendet sich einem seitlich über ihm schwebenden, weiß und blau gewandeten Engel zu, der sein Attribut, die Lilie, umfaßt. Auf einer Wolke hinter den beiden sitzt der mit einer roten, goldbestickten Kasel und zugehörigem Manipel bekleidete hl. Ignatius mit Buch und Feder. Sein Blick richtet sich nach oben auf Maria, die rechte Hand ist in einer sprechenden Geste erhoben. Hinter dem Engel, in unmittelbarer Nähe Mariens kniet der hl. Stanislaus Kostka mit dem Jesuskind im Arm, auf das er seinen Blick richtet. Maria selbst ist in Weiß und Blau gekleidet und kniet auf der von der Paradiesschlange umwundenen Weltkugel. Ihr linker Fuß ist auf die Mondsichel gestellt. Die Hände sind vor der Brust verschränkt, der Blick geht nach oben. Engelputten und geflügelte Puttenköpfe bevölkern die Wolken um sie herum.

Für jeden Betrachter offensichtlich wird hier das in den Fresken dominante ikonographische Hauptthema des Marienlebens mit dem Wirken des Jesuitenordens, des Hausherrn der Kirche, verknüpft. Der jesuitische Akzent der Hauptfassade, in der dieselben Heiligen erscheinen, findet im Altarbild seine inhaltliche Entsprechung.

Die Heiligen sitzen oder knien in unterschiedlichen Posen auf Wolkenbänken, ohne daß sie in Haltung und Gestik ausdrücklich auf die auffahrende Immaculata bezogen wären. Die auffallendste motivische Verbindung bildet der in Seitenansicht dargestellte große schwebende Engel, der mit der Linken die Lilie des hl. Aloysius umfaßt und mit der Rechten auf Maria weist, „um anzudeuten, daß er [Aloysius] der Fürbitte der reinsten Jungfrau seine durch die Lilie symbolisierte Reinheit verdanke".[192] Kompositionell ordnen sich alle Figuren des Bildes einer aufwärtsstrebenden, gleichzeitig die verschiedenen Raumebenen erschließenden Spiralform unter. Diese nimmt mit der verschatteten Seitenansicht des hl. Franz Xaver als Repoussoirfigur in der unteren linken Ecke des Bildes ihren Anfang, wird vom hl. Aloysius weitergeführt, in der Gestalt des Engels in die Bildtiefe gelenkt, vom hl. Ignatius aufgenommen und durch dessen Ausrichtung auf den hl. Stanislaus projiziert, um schließlich in der Gestalt der Maria Immaculata zu gipfeln. Die räumliche Schichtung wird durch den Wechsel von Licht und Schatten, von hellen und dunklen Gewändern wirksam unterstützt. Auffällig ist auch die Deutlichkeit der Größenreduzierung der Figuren analog zu ihrer räumlichen Position. So erscheint die Hauptfigur des Bildes entsprechend ihrer Stellung in einer hinteren Bildebene im Vergleich mit den Heiligen am unteren Bildrand relativ klein, was angesichts der zentralen Bedeutung der Kirchenpatronin etwas verwundert.

Für das Bürener Hochaltarbild ist auf das mögliche Vorbild eines Kupferstichs von Jakob Frey (1681-1752) nach Sebastiano Conca (1680-1764) zu verweisen.[193] Der Kupferstich hat die Erscheinung der zum Himmel auffahrenden Maria Immaculata vor dem hl. Philipp Neri zum Inhalt, ein Thema, das in Büren in Abwandlung wiederkehrt. Kompositionell könnte das Bürener Gemälde, geschickt modifiziert und erweitert, durchaus von dieser Vorlage ausgehen. Hinzu kommen motivische Ähnlichkeiten insbesondere bei den hll. Philipp Neri und Ignatius und einigen Putten.

11

Stratmann hat jedoch zumindest eine weitere Vorlage für sein Bürener Altarbild benutzt. Der große Engel ist eine seitenverkehrte Kopie nach der entsprechenden Figur im Hochaltargemälde der Sebastianskapelle in Wertach im Allgäu.[194] Dieses Gemälde mit der Darstellung des Martyriums des hl. Sebastian stammt laut Signatur von dem in der Nähe in Rettenberg ansässigen Maler Franz Anton Weiß (1729-1784).[195] Das Bild ist 1763 datiert. Da kaum anzunehmen ist, daß es von dem Gemälde eines relativ unbekannten süddeutschen Malers in einer kleinen Dorfkapelle eine Kupferstichreproduktion gab, die Stratmann zur Verfügung stehen konnte, liegt die Vermutung einer gemeinsamen Vorlage nahe. Dabei verwundert jedoch die Seitenverkehrung des Stratmannschen Figurenzitats gegenüber der Wertacher Version.

12

Eine andere Rezeptionsmöglichkeit ergibt sich aber aus der Tatsache, daß der Chor der Kapelle 1763/64 von Bernhard Metz (1718-1792) stuckiert wurde.[196] Der aus einem Dorf in der Nähe von Wertach gebürtige, seit 1745 in Attendorn in Westfalen ansässige Stukkateur besorgte zusammen mit seinem Bruder Johann Nepomuk (1728-1804) nur wenige Jahre darauf die Stuckierung der Bürener

---

[192] Fuchs 1925, S. 29.

[193] Der Stich liegt auch dem Altargemälde Johann Anton Kappers in der Bocholter Liebfrauenkirche zugrunde. S. Schmeddinghoff, Das Altargemälde in der Liebfrauenkirche zu Bocholt, in: Münsterland 6, 1919, S. 394-401. – Die Bau- und Kunstdenkmäler von Westfalen. Stadt Bocholt. Münster 1931, S. 81. – Hesse 1948, S. 131.

[194] S. hierzu: Die Kunstdenkmäler von Bayern. Regierungsbezirk Schwaben. Landkreis Sonthofen. Bearb. von Michael Petzet. München 1964, S. 988-998, bes. S. 996f. – Strohmann 1994 II, S. 609, Anm. 41.

[195] Eine Monographie des Malers ist in Vorbereitung.

[196] Stangier 1994, S. 101ff., Abb. 58.

Jesuitenkirche (1767-1772).¹⁹⁷ Es ist daher nicht auszuschließen, daß Stratmann durch Vermittlung von Metz, vielleicht in Form einer Nachzeichnung oder dergleichen, Kenntnis des Wertacher Altarbildes erlangte. In diesem Zusammenhang ist zu erwähnen, daß der neben Christus auf einer Wolke sitzende Engelputto im Giebelbild des Bürener Altars (s. Kat.-Nr. A 9) ebenfalls seitenverkehrt in Wertach vorgebildet ist.

Die Urheberschaft Stratmanns ist für beide Bürener Altarbilder archivalisch gesichert. Der Maler erhält 1774 insgesamt 118 rt 32 gr für das Hauptbild und das Giebelbild des Altars. Die monatlichen Rechnungen des Hauses Büren für November 1773 bis September 1775 (EAB, Paderborner Studienfondsarchiv, Akten V, Nr. 232) geben über die Zahlungen Auskunft: März 1774, Pos. 16 *dh Stradtman wegen altar stück 50 rt*; Juni 1774, Pos. 16. *dh. Stradtman wegen altarstück ad aput 30 rt*; Juli 1774, Pos. 16. *dh. Stradtman den Rest für Verfertigung der altar stücken bezahlet mit 38 rt 32 gr.*

Es spricht für den künstlerischen Ruf des 40jährigen Malers, daß er diesen Auftrag für die Altargemälde des neben der münsterschen Clemenskirche wohl bedeutendsten westfälischen Kirchenbaus der zweiten Hälfte des 18. Jahrhunderts ausführen durfte.

Fuchs 1925, S. 29, dort als Winck. – BKW Büren, S. 74, ohne Künstlerzuweisung. – Rodewyk 1960, S. 9, ohne Künstlernennung. – Michels 1963, S. 414. – Wagner 1967, S. 110, Abb. 225. – Dehio Westfalen, S. 90, als Winck. – Zink 1985, S. 186. – Strohmann 1994, S. 155ff. m. Abb. 124, 125, S. 161ff., Abb. 131, 132, S. 267f.

A 9 Die Hl. Trinität in Erwartung der zum Himmel auffahrenden Maria Immaculata

Büren, ehem. Jesuitenkirche Maria Immaculata, Hochaltargemälde (Giebelbild)
Öl auf Leinwand, 315 x 216 cm
1774

Im Gemälde des Altarauszugs erwarten Gottvater und Christus, auf Wolken thronend, die auffahrende Maria Immaculata. Begleitet von zwei Engelputten, sitzt Christus, teilweise umhüllt von einer roten Manteldraperie, im Zentrum des Bildes in vollem Licht; sein Blick und der rechte Arm sind Maria entgegengerichtet. Die linke Hand liegt auf der Seitenwunde und verweist ebenso wie das von Engelputten am unteren Bildrand gehaltene Kreuz auf den qualvollen, um der Erlösung der Menschheit willen auf sich genommenen Tod Christi. Rechts hinter ihm sitzt Gottvater in grauviolettem Gewand und blauem Mantel, der seine Arme in einer empfangenden Geste weit ausgebreitet hat. Die linke Hand hält das Zepter. Zwei weitere Engelputten schweben am oberen Bildrand.

Der für das Hauptbild charakteristische spiralförmige Aufbau wird fortgesetzt, so daß sich die inhaltlich und motivisch aufeinander bezogenen Bilder auch kompositorisch zusammenschließen. Auch im Giebelbild gehen zumindest einzelne Figuren und Figurengruppen auf Vorlagen zurück. So erscheint die Gruppe der beiden Putti mit dem Kreuz fast identisch in dem 1771/72 entstandenen Deckengemälde der Kapelle von Haus Venne bei Drensteinfurt, hier zudem auch in Verbindung mit einer Darstellung der Hl. Trinität.¹⁹⁸ Diese wiederum ist eine Kopie nach dem von Franz Anton Weiß 1763 gemalten Deckenfresko der Wertacher Sebastianskapelle.¹⁹⁹ Mit dem dortigen Altarbild von der Hand desselben Malers stimmt der im Bürener Giebelbild neben Christus sitzende Putto in Seitenverkehrung überein.²⁰⁰ Wie beim Hauptbild drängt sich die Annahme gemeinsamer Kupferstichvorlagen auf. Dort (s. Kat.-Nr. A 8) wurde jedoch bereits auf die über die Stukkateure Metz bestehenden Verbindungen nach Wertach hingewiesen. Erschwerend kommt nun hinzu, daß auch die Stuckdekoration der Kapelle von Haus Venne (1770/71) ein Werk der Brüder Metz ist.²⁰¹

Literatur s. Kat.-Nr. A 8.

A 10 Hl. Meinulf

Wünnenberg-Fürstenberg, kath. Pfarrkirche Mariä Himmelfahrt, Gemälde des südlichen Seitenaltars
Öl auf Leinwand
Um 1775

Der hl. Meinulf kniet auf einer kleinen Erderhebung, die Arme ausgebreitet, den Blick nach schräg oben

---

¹⁹⁷ Ebd.

¹⁹⁸ Unbekannter Maler. Thema: Ecclesia-Allegorie. – S. Püttmann-Engel 1987, S. 77ff., 90f., 267ff., m. Abb. – Strohmann 1994 II, S. 608f, Anm. 41, Abb. 624.
¹⁹⁹ Apotheose des hl. Sebastian. Vgl. Text zu Kat.-Nr. A 8. – Stangier 1994, Abb. 58. – Strohmann 1994 II, S. 608f. Neuere Erkenntnisse haben die dort vorgeschlagene Zuschreibung des Venner Deckengemäldes an Franz Anton Weiß widerlegt.
²⁰⁰ S. Text zu Kat.-Nr. A 8.
²⁰¹ Strohmann 1994 II, S. 605ff. – Stangier 1994, S. 97.

gerichtet. Vom Himmel fällt eine Lichtbahn auf den Heiligen. Er ist bekleidet mit der weißen Albe und der roten Dalmatik, dem Diakonsgewand. Von seinem linken Arm hängt der ebenfalls rote Manipel herab. Vor ihm auf dem Boden liegt ein aufgeschlagenes Buch mit einem Palmzweig. Links hinter ihm ist der Hirsch mit dem Kruzifixus im Geweih zu sehen, rechts halten zwei Engelputten ein Kirchenmodell. Der Hintergrund ist ohne Landschaftsdarstellung.

Hirsch und Kirchenmodell nehmen Bezug auf die Legende des Heiligen, nach der ihm ein Hirsch mit Kreuz im Geweih die Stelle zur Errichtung des Stiftes Böddeken gezeigt haben soll. Meinulf war Mitpatron des Paderborner Bistums und erfreute sich als Lokalheiliger dort einer besonderen Verehrung.

Der Chor der Fürstenberger Kirche wurde als Patronatsbau und Grablege der in Fürstenberg begüterten Familie von Westphalen 1755 fertiggestellt, die Kirche insgesamt 1756 geweiht. Der nördliche Seitenaltar, dessen Gemälde nicht von Stratmann stammt, trägt das Allianzwappen des Clemens August (I.) von Westphalen und seiner Gemahlin Ferdinandine von der Asseburg. Nach Zinks Vermutung handelt es sich um den ehemaligen Hochaltar von 1756, der um 1775 einem neuen Hochaltar (s. Kat.-Nr. D 5) auf die Seitenaltarposition weichen mußte. Der südliche Seitenaltar wurde nach seiner Einschätzung zur selben Zeit als Pendant hinzugefügt, in erneuter Zusammenarbeit der Brüder Stratmann. Unabhängig davon, daß der nördliche Seitenaltar aufgrund seiner Proportionen nach Auffassung des Verfassers als Hochaltar nur schwer vorstellbar ist, wird die Datierung um 1775 für den südlichen Seitenaltar vom stilistischen Befund des Gemäldes bestätigt. Es erhebt sich die Frage, ob nicht doch die gesamte Altarausstattung der Fürstenberger Kirche einheitlich um 1775 entstanden ist trotz der von anderer Hand ausgeführten Figuren- und Gemäldedekoration des nördlichen Seitenaltars.

Zink 1985, S. 203. – Zink 1986, S. 129. – Zink 1989, S. 97.

A 11 Hl. Dreifaltigkeit
Höxter-Bruchhausen, kath. Pfarrkirche Mariä Himmelfahrt, Hochaltargemälde (Giebelbild)
Öl auf Leinwand, Durchmesser 130 cm, stark retuschiert
Mitte 1770er Jahre

Christus und Gottvater sitzen einander zugewandt auf einer Wolkenbank. Christus ist bekleidet mit einem weißen Lendentuch und einem roten Mantel, der den Oberkörper und das rechte Bein freiläßt. Die linke Hand ist vor die Brust genommen, in der Armbeuge ruht das Kreuz. Die rechte Hand greift in eine Falte des Umhangs. Gottvater trägt ein blaugraues Gewand und einen braunen, über der Schulter und um die Hüften drapierten Mantel. In der rechten Hand hält er ein Zepter. In der Mitte über den Köpfen der Beiden schwebt die Geisttaube.

Das Bild weist zahlreiche Retuschen auf, von denen der untere Bildbereich und die Figur Gottvaters besonders stark betroffen sind. Sein Kopf und seine rechte Hand sind fast komplett ergänzt, was sich gegenüber den Originalpartien auch in einem Abfall der malerischen Qualität auswirkt. Die Christusfigur zeigt dagegen noch alle Merkmale der Hand Anton Joseph Stratmanns, wie ein Vergleich mit dem Giebelbild des Bürener Hochaltars (s. Kat.-Nr. A 9) eindeutig demonstriert. Im zeitlichen Umfeld der 1774 gemalten Bürener Altarbilder dürfte auch das Bruchhausener Giebelbild anzusiedeln sein.

Es ist bisher unbekannt, ob Stratmanns Gemälde für den älteren Altar aus der Erbauungszeit der Kirche (1699) geschaffen wurde oder ob es aus anderem Zusammenhang in den Bruchhausener Altar gelangte.

Denkmalpflegebericht, in: Westfalen 56, 1978, S. 382.

A 12 Himmelfahrt Mariens
Rüthen-Kallenhardt, kath. Pfarrkirche St. Clemens, Hochaltargemälde
Öl auf Leinwand, ca. 280 x 139 cm
1776

In seinem Gemälde kopiert Stratmann den Kupferstich eines unbekannten deutschen Stechers des 18. Jahrhunderts nach der Himmelfahrt Mariens von Giovanni Battista Piazzetta (1682-1754) im Pariser Louvre.[202] Der Stich gibt das Gemälde Piazzettas, das der Kölner Kurfürst und Hochmeister des Deutschen Ordens, Clemens August von Bayern, 1735 für die Deutschordenskirche in Frankfurt-Sachsenhausen anfertigen ließ, seitenrichtig, jedoch nicht ohne Veränderungen wieder. Die zum Himmel auffahrende Maria ist im Stich von den sie eng umgebenden großen Engeln und einhüllenden

---

[202] Farbabb. des Gemäldes bei Rodolfo Pallucchini, Adriano Mariuz, L'opera completa del Piazzetta. Mailand 1982, Taf. XXV. – Abb. des Stichs bei Strohmann 1994, Abb. 130.

Wolken des Gemäldes freigestellt und näher an die Gruppe der Apostel herangerückt, wohl eine Folge des veränderten Bildformats. Die Zahl der Engel ist auf einen reduziert, zwei Engelputten rechts oben sind eigene Zutat des Stechers.

Stratmann bildet in seinem Gemälde diese veränderte Situation ab, ersetzt aber den einen Engel auch noch durch einen Puttenkopf. Aufgrund des gestreckteren Bildformats ist Maria wieder etwas höher gerückt. Bei der Apostelgruppe rund um den Sarkophag nimmt Stratmann Veränderungen vor, indem er den knienden Apostel vorne links sowie einen weiteren Apostel dahinter wegläßt. Der Tiefenzug der Rückenfigur des sich über den Sarkophagrand beugenden Apostels kommt dadurch deutlicher zum Tragen. Stratmann macht die Zwölfzahl der Apostel wieder komplett, indem er sie im Hintergrund und am rechten Bildrand als bis auf die Köpfe fast vollständig von anderen Aposteln überschnittene, untergeordnete Figuren wieder einfügt. Von diesen und einigen kleineren motivischen Abweichungen abgesehen, handelt es sich um eine relativ genaue Kopie des Kupferstichs.

Wichtige Farbakzente des Bildes sind das Blau des Marienmantels und des Gewandes der vorderen knienden Rückenfigur. Diese Farbigkeit weicht von derjenigen in Piazzettas Gemälde stark ab, das Stratmann vermutlich gar nicht bekannt war.

Anton Josephs Bruder, der Bildhauer Johann Heinrich Joseph Stratmann, quittierte am 14. März 1776 den Empfang von 206 Reichstalern für die am dortigen Altar ausgeführte Bildhauerarbeit. Weitere archivalische Quellen zum Hochaltar haben sich nicht erhalten. Es kann daher nur angenommen werden, daß das Altargemälde bald nach Fertigstellung der Bildhauerarbeiten in den Altar gelangte. Die farbige Fassung des Altars wird Anton Joseph Stratmann ebenfalls zugeschrieben (s. Kat.-Nr. G 3).

Heppe 1973, S. 101. – Heppe 1980, S. 156. – Zink 1985, S. 200, wohl Stratmann. – Zink 1989, S. 97. – Strohmann 1994, S. 161, Abb. 129, 130, 133.

A 13 Maria Immaculata
Paderborn, Dom, Marienkapelle, Altargemälde
Öl auf Leinwand
1770er Jahre

Maria schwebt vor einer Wolkenkulisse auf der von der Schlange umwundenen Weltkugel. Mit dem rechten Fuß tritt sie auf den Kopf der Schlange, mit dem linken Fuß auf die Mondsichel. Eine Drehbewegung, bei der Maria das rechte Bein und die rechte Schulter vorschiebt und die Hand mit der Lilie zur Brust führt, gibt dem Haltungsmotiv Spannung. Der Kopf ist nach rechts geneigt, der Blick geht nach unten. Mit der linken Hand rafft Maria ein wenig den blauen Umhang, den sie über dem weißen Gewand, über die Schultern gelegt, trägt. Den Kopf verhüllt ein hellbraunes Kopftuch, dessen Zipfel nach hinten flattert. Neun goldene Sterne umkränzen ihren Kopf.

Der Altar ist nach einer Inschrift auf der Predella eine Stiftung des Domdechanten und späteren Dompropstes Wilhelm Josef von Weichs zu Körtlinghausen (1716-1786, s. Kat.-Nr. C 57) für die Kapelle seiner eigenen Kurie.[203] Wie die Inschrift weiter mitteilt, wurde der Altar zur Erinnerung an den Verstorbenen 1786 in die Marienkapelle des Doms übertragen.[204] Daß es sich bei der inschriftlich genannten Kurie um die Domdechanei handelt, wird durch eine Quelle des Körtlinghausener Archivs bestätigt. In den von Vikar Klöpper geführten, undatierten *Executorii-Rechnungen des verstorbenen Domprobstes* [von Weichs] *von 1786-88* heißt es auf S. 36: *denen Leuten so das altar von der Domdechaney im Dohm in die Kapelle gebracht und aufgerichtet haben 11 St. 4 gr* (Archiv Körtlinghausen, Akte A 1625). Auf derselben Seite folgt u. a. eine weitere Position: *Mahler Stratmann für einige an dem Altar gemagte arbeit l. quitung 4 Rthlr. 30 Stüber*. Vermutlich mußte Stratmann nach der Neuaufstellung des Altars kleinere Reparaturen der Farbfassung vornehmen sowie möglicherweise die Predellainschriften auftragen.

Über das Entstehungsdatum des Altars geben die Quellen leider keine Auskunft. Zink vermutet, daß der Altar bald nach dem Einzug des 1757 gewählten Domdechanten in die Domdechanei um 1760 entstanden sein muß. Aus stilkritischen Gründen ist dieser Ansatz zumindest für das Gemälde zu früh.

---

[203] Komplette Wiedergabe der Inschrift bei Zink 1989, S. 96, Anm. 19.
[204] Die Anregung zu der Übertragung kam von dem Neffen des Verstorbenen, Josef von Weichs, der sein Anliegen am 12. Juli 1786 dem Domkapitel vortrug, s. Zink 1989, S. 96, Zitat nach StA Münster, Paderborn, Domkapitel, Nr. 2060, f. 194. Der Altar sollte die Funktion eines Epitaphs für den Verstorbenen erfüllen.

Die Darstellung der Immaculata gehört in die reife Phase des Werks Stratmanns in den 1770er Jahren.

Heppe 1973, S. 104. – Kat. Unna 1979, Abb. 40. – Kat. Paderborn 1986, S. 161-163. – Zink 1989, S. 96. – Drewes 1992, Abb. S. 9.

63 **A 14 Anbetung der Könige**
Brilon, kath. Kirche St. Nikolai, ehem. Minoritenkirche, Hochaltargemälde
Öl auf Leinwand, schlechter Zustand: abblätternde Malschicht, stark verbräunter dicker Lacküberzug mit Schwundrissen
1785

Die Beschreibung des Bildes wird durch den stark nachgedunkelten Lacküberzug sehr erschwert. Im Vordergrund links hat sich ein König in rotem Gewand und Hermelincappa anbetend vor Maria und dem Kind zu Boden geworfen. Rechts neben ihm liegen sein Turban und Geschenke, darunter eine brennende Weihrauchschale. Maria sitzt in rotem Untergewand und blauem Mantel auf einem hölzernen, mit Stroh bedeckten Podest. Das bis zur Brust fest eingewickelte Kind hält sie auf ihrem Schoß. Sie stützt den Rücken des Knaben, der sich dem links neben ihm knienden König zuwendet. Dieser im Profil gezeigte, ebenfalls in Hermelin gekleidete König präsentiert eine flache Schatulle mit Gaben. Bemerkenswert ist die Haarfrisur des fast Kahlköpfigen mit den lang in den Nacken fallenden Lockensträngen. Seitlich hinter ihm steht aufrecht der Mohrenkönig mit weißem Turban und blaugrünem Mantel, einen kostbaren Pokal in den Händen haltend. Rechts hinter Maria steht Josef inmitten teilweise verfallener Bretterwände, die die Stallarchitektur symbolisieren sollen. Über seinem Kopf, den er in seine Hand gestützt hat, hängt ein Beutel mit Werkzeugen. Am linken Bildrand hinter dem Mohrenkönig öffnet sich ein kaum erkennbarer Durchblick auf heranschreitende, von Knechten geführte Reittiere, unter denen auch ein Kamel zu sein scheint. Am Nachthimmel strahlt dort der Stern von Bethlehem, der mit seinem als Bahn erkennbaren Lichteinfall die sechs Hauptfiguren der Szene aus der Dunkelheit herauslöst. In dem von den braunen Hintergrundtönen dominierten Briloner Bild treten die flächenmäßig stark vertretenen Rottöne hervor.
Die Gruppe mit Maria, Josef und dem Jesusknaben sowie der Bildhintergrund sind aus einem Kupferstich zum Thema „Anbetung der Hirten" entnommen, der zu dem Sammelwerk der Bibelillustrationen gehört, das sich im Besitz Anton Joseph Stratmanns befand.[205] Maria ist mit Ausnahme der leicht variierten Handstellung ebenso wie der Bildhintergrund fast wörtlich aus der Stichvorlage zitiert. Josef, der sich auf einen Sattel stützt, wird im Gemälde zur Standfigur und etwas weiter in den Hintergrund gerückt. Die Beleuchtung der Nachtszene ist im Stich auf die Laterne zurückzuführen, die ein kniender Hirte in der Hand hat. Der Maler behält die Lichtsituation der Vorlage bei und sucht die Laterne durch den strahlenden Stern zu ersetzen, was nicht ganz überzeugen kann. In den Figuren der Könige, die im Kupferstich so nicht vorgebildet sind, variiert Stratmann die bereits im Hildesheimer Dreikönigsaltar (s. Kat.-Nr. D 4) zwölf Jahre zuvor gefundene Anordnung.
In seiner Chronik des Briloner Minoritenklosters, der vermutlich heute nicht mehr existente Quellen zugrunde lagen, berichtet Seibertz 1890, S. 52f.: „1785 ist das Bild im Hochaltar, darstellend die Geburt unseres Herrn Jesu Christi, auf Kosten des Convents, zu Paderborn von dem damals in Westphalen berühmten Maler Stratmann gemalt worden. Es kostete 18 Pistolen."

15

155, 156

Seibertz 1890, S. 52f. – BKW Brilon, S. 173. – Züllighoven 1938/39, H. 3, S. 8. – Michels 1963, S. 415f. – Dehio Westfalen, S. 84. – Schmitz 1969, Abb. 70. – Zink 1985, S. 220f. – Matzner/Schulze 1995, S. 61.

A 15 Der hl. Johannes von Nepomuk vor dem Gnadenbild der Muttergottes in Altbunzlau 64
Paderborn, Dom, über dem Portal zur Marienkapelle
Öl auf Leinwand, 260 x 175 cm, mit altem Rahmen
Bez.: *A. Stradtman pinxit et fecit 1785*
Ehem. Hochaltarbild der kath. Pfarrkirche St. Johannes von Nepomuk in Hövelhof
1785

Der hl. Johannes von Nepomuk, bekleidet mit Soutane, Rochett und Hermelinmozzetta, kniet in der Bildmitte vor einem Altarstipes. Er wendet sich anbetend dem Altarkruzifixus zu, den er offenbar aus dem noch auf dem Altar stehenden Sockel her-

---
[205] Der Kupferstich ist bezeichnet *A. Houbrake del. Vander Gouwen scu.* S. dazu S. 37.

ausgenommen hat und nun in den Händen hält. Eine rote Decke ist über den Altar gebreitet, auf dem sich außerdem zwei Altarleuchter und ein Muttergottesbild befinden. Die Skulptur der sitzenden Madonna mit dem Jesusknaben ist dem Betrachter frontal zugewendet. Vor dem knienden Heiligen halten zwei Engelputten ein Buch. Auf der Kniebank liegen das Birett des Heiligen und ein Totenschädel. Hinter dem Altar breitet sich eine von drei Puttenköpfen belebte, lichterfüllte Wolkenszenerie aus, die am linken Bildrand den Durchblick auf zwei Säulen auf hohem Postament freigibt.

Stratmanns Bild stellt den Abschnitt der Heiligenvita dar, in dem der hl. Johannes von Nepomuk, bereits von König Wenzel bedrängt und seinen nahen Tod vorausahnend, zum Gnadenbild der Muttergottes nach Altbunzlau in der Nähe von Prag wallfahrtet.[206] Johannes kniet dort vor dem Gnadenbild nieder, um von Maria Trost und Beistand für seine Sterbestunde zu erbitten, auf die auch der Totenschädel auf der Kniebank hinweist. Bemerkenswert ist in diesem Zusammenhang, daß Stratmann das Muttergottesbild nicht in Schrägansicht zeigt, wie es bei der Aufstellung auf dem von der Seite zu sehenden Altar eigentlich sein müßte. Für die bessere Sichtbarkeit des Marienbildes nimmt der Künstler offenbar einen formalen Bruch in Kauf. Sowohl Maler als auch Auftraggeber war zudem anscheinend die wahre Gestalt des Altbunzlauer Gnadenbildes, bei dem es sich um ein Gemälde handelt, unbekannt.

Mit der Darstellung der Andacht vor dem Marienbild in Altbunzlau ist das Gebet vor dem Kruzifixus verbunden, das oft auch als Einzelszene vorkommt. Die Verknüpfung der beiden Bildthemen gelingt Stratmann motivisch höchst einfallsreich, indem er den Heiligen den Kruzifixus aus seinem Sockel vom Altar der Muttergottes nehmen und anbeten läßt.

Vergleichbare Bildformulierungen in der süddeutschen Malerei des 18. Jahrhunderts, in der das Bildthema zu den beliebtesten Szenen aus der Legende des Heiligen gehörte, finden sich z. B. im Werk Franz Anton Maulbertschs und Martin Johann Schmidts (Kremserschmidt).[207] Motivisch und kompositorisch eng verwandt ist beispielsweise eine um 1780 entstandene Ölskizze von J. M. Schmidt im Grazer Museum Johanneum, ohne daß Stratmann dieses Blatt gekannt haben dürfte.[208] Eine direkte Vorlage konnte nicht nachgewiesen werden. Das Gemälde stammt aus dem Hochaltar der 1782 erbauten Hövelhofer Kirche. In der zweiten Hälfte des 19. Jahrhunderts wurde es aus dem Altar entfernt, 1928/29 nach dem Neubau der Kirche wieder eingesetzt. Anfang der 1980er Jahre gelangte es als Leihgabe in den Paderborner Dom.

Tack 1952, S. 73. – Stiegemann 1983/84, S. 91f. – St. Johannes Nepomuk. Kirchenpatron zu Hövelhof. Paderborn 1993, Farbabb. S. 16. – Strohmann 1994, S. 158, Anm. 70.

A 16 Verkündigung Mariens 65
Paderborn, Erzbischöfliches Diözesanmuseum, Inv.-Nr. M 524
Öl auf Leinwand, 174 x 114 cm
Ehem. Seitenaltarbild der kath. Pfarrkirche St. Johannes von Nepomuk in Hövelhof
1785

Maria, bekleidet mit weißem Gewand, blauem Mantel und rötlich–hellbraunem Kopftuch, kniet im Dreiviertelprofil auf einem einstufigen Podest. Sie hat die Hände locker vor die Brust gelegt und blickt zum Engel auf, der von rechts, auf einer Wolke kniend, heranschwebt und ihren Blick erwidert. Der im Profil dargestellte Engel trägt ein graublaues, linke Schulter und linkes Bein entblößendes Gewand und einen roten, über der rechten Schulter drapierten Mantel. In der linken Hand hält er eine Lilie, die Rechte ist zum Himmel emporgestreckt, an dem die Geisttaube erscheint. Vom Himmel herab fällt eine helle Lichtbahn, gesäumt von geflügelten Puttenköpfchen, auf Maria. Vor ihr steht ein Korb mit weißen Tüchern, hinter ihr erkennt man einen Tisch, auf dem ein Buch und ein Heft liegen. Vor dem Tisch steht ein Stuhl.

Hauptelement der Bildkomposition ist die aufsteigende, parallel zur Bildebene angeordnete Diagonale, die sich aus der Zuwendung von Maria und dem Engel ergibt. Im Vergleich zu den Bildern der 60er Jahre fällt besonders die Gestalt des Engels auf, der nichts mehr von den muskulösen, derben Gestalten des Frühwerks hat. Im Halbdunkel verschwimmen jetzt die Konturen des eher schmächtigen, schlanken Körpers.

---
[206] Kat. Passau 1971, S. 55f.
[207] Kat. Passau 1971, Kat.-Nr. 53, 56.

[208] Kat. Passau 1971, Kat.-Nr. 53.

Für die beiden Protagonisten des Bildes griff Stratmann vermutlich auch hier auf Vorlagen zurück, die jedoch nicht ermittelt werden konnten. Die Gestalt Mariens findet sich in nur geringfügig abweichender Form in der Figur der hl. Franziska von Rom in einem im Geseker Heimatmuseum befindlichen Gemälde wieder. Dieses Bild (undatiert, vermutlich 2. H. 18. Jh.) zeigt die Kommunion der Heiligen und stammt aus einer abgebrochenen Geseker Kapelle.[209] Von einer gemeinsamen Vorlage ist auszugehen.

Die Entstehungszeit des ehemaligen Seitenaltargemäldes der Hövelhofer Pfarrkirche dürfte analog zu der mit Signatur belegten Datierung des Hochaltargemäldes um 1785 anzusetzen sein.

Tack 1952, S. 73, ohne Zuschreibung. – Strohmann 1994, S. 158, Anm. 70.

A 17 Maria Immaculata
Nordkirchen-Südkirchen, kath. Pfarrkirche St. Pankratius, Seitenaltargemälde (Hauptbild)
Öl auf Leinwand, 138 x 73 cm
1785/90

Maria kniet im Dreiviertelprofil auf der von der Schlange umwundenen Weltkugel vor einer Wolkenkulisse. Ihr linker Fuß ruht auf der Mondsichel. Links von der Weltkugel schwebt ein in verlorenem Profil wiedergegebener Putto mit roter Gewanddraperie. Die Immaculata trägt ein weißes Gewand und einen blauen, über die rechte Schulter gelegten Mantel. Die Hände sind vor der Brust gekreuzt. Die Linke hält die Lilie, die Rechte greift in einen Zipfel des blaßrosa Kopftuches. Der andere Zipfel flattert hinter ihrem Kopf. Der Kopf ist leicht geneigt, die Lider sind halb gesenkt.

Am Kopftuch Mariens ist ein Pentimento zu erkennen. Der hintere Kontur war ursprünglich ausladender gemalt, er wurde nachträglich ein wenig zurückgenommen.

Besonders enge stilistische Verwandtschaft besteht zu der Immaculata Stratmanns im Paderborner Dom (s. Kat.-Nr. A 13), aber auch zum Huysburger Bild (s. Kat.-Nr. A 24). Gesichtstypik, Faltengebung, der duftige Pinselstrich und die stark mit Weiß ausgemischten Farben stimmen bei allen drei Bildern überein.

[209] Freundlicher Hinweis von Frau Monika Raker, Geseke.

Den Stilformen nach dürfte der Altar frühestens Mitte der 1780er Jahre entstanden sein. Er ist ein gutes Stück zu breit für das südöstliche Wandstück neben dem Chor der Saalkirche, wo er aufgestellt ist. Möglicherweise wurde er für eine andere Kirche geschaffen und ist erst später nach Südkirchen gelangt. Nach der Beschreibung bei Schwieters war er 1886 offenbar schon vorhanden. In den Unterlagen des Pfarrarchivs ließ sich über den Seitenaltar nichts ermitteln.

Julius Schwieters, Geschichtliche Nachrichten über den östlichen Teil des Kreises Lüdinghausen. Münster 1886, S. 100ff. (nur Erwähnung des Altars).

A 18 Himmelfahrt Mariens
Dingelstedt-Huysburg, Benediktinerkloster- und Pfarrkirche St. Maria Aufnahme, Hochaltargemälde
Öl auf Leinwand, ca. 400 x 200 cm
Um 1787

Die Apostel umstehen den diagonal in der Bildmitte angeordneten Sarpkophag, dessen Deckel abgehoben ist. Im Bildvordergrund links kauert der mit Pilgermuschel und -flasche bezeichnete hl. Jakobus in braunem Gewand und schwarzem Schultermantel, zur Muttergottes aufblickend. Hinter ihm beugt sich ein anderer Apostel tief über den Sarkophagrand. Hinter diesem staffeln sich die Gestalten weiterer gestikulierender Apostel in die Bildtiefe, zwischen einer felsigen Erhebung zur Linken und einer angedeuteten Architektur zu Rechten. Rechts vor dem Sarkophag kniet ein in Rückansicht dargestellter Apostel in grünem Gewand und rotem Mantel, dahinter fällt ein weiterer, in Olivgrün und Weiß Gekleideter durch seine weit nach vorne gestreckten Arme auf. Ein Dritter blickt noch dahinter zur Madonna empor, die begleitet von Engelputten auf einer Wolke sitzend zum Himmel auffährt.

Die für Stratmann typische Wiederholung bestimmter Kopftypen eines begrenzten Repertoires ist im Gemälde der Himmelfahrt Mariens besonders auffällig. So stimmen die mit nur geringem Abstand nebeneinander sichtbaren Köpfe des Apostels mit den ausgestreckten Armen am rechten Bildrand und des genau in der Bildmitte stehenden, aufblickenden Apostels völlig überein. Das Gesicht hinter dem gestikulierenden Apostel am rechten Bildrand erscheint nochmals in der Apostelgruppe ganz im Hintergrund.

Die Zuschreibung des Hochaltargemäldes an

Anton Joseph Stratmann erfolgte erstmals 1810 durch Carl van Eß, einen ehemaligen Pater des 1803 aufgehobenen Huysburger Benediktinerklosters. Nach Hildebrand, der das in der Halberstädter Dombibliothek erhaltene Rechnungsbuch der drei letzten Huysburger Äbte ausgewertet hat, ist der Hochaltar eine Schöpfung des Bildhauers Stubinitzki, der von 1777 bis 1782 daran arbeitete.[210] Laut inschriftlicher Bezeichnung in der Kartusche am Hauptgesims war der Altar erst 1787 fertig, wohl mit Vollendung der Farbfassung. Spätestens zu diesem Datum wird auch das Altargemälde eingefügt worden sein.

Die Patres des auf preußischem Gebiet gelegenen Benediktinerklosters stammten zum großen Teil aus dem Hochstift Paderborn und dem Corveyer Land. Abt Engelbert Engemann, der von 1781 bis 1796 amtierte und als Auftraggeber Stratmanns in Frage kommt, war in Welda bei Warburg geboren.[211] Es ist daher zumindest erklärlich, daß für die Gemäldeausstattung der Klosterkirche ein Paderborner Maler herangezogen wurde. Da man ansonsten aber keine westfälischen Künstler beschäftigte, muß wohl der besondere Ruf des Malers zur Auftragserteilung beigetragen haben.

Carl van Eß, Kurze Geschichte der ehemaligen Benedictinerabtei Huysburg. Halberstadt 1810, S. 74f. – Parthey 1863/64, Bd. 2, S. 593. – Lucanus 1866, S. 68. – Nordhoff 1885/86, S. 45. – Bau- und Kunstdenkmäler der Provinz Sachsen. Kreis Oschersleben. Bearbeitet von Gustav Schmidt. Halle 1891, S. 163. – Julius Hildebrand, Das Benediktinerkloster Huysburg in den letzten 50 Jahren seines Bestehens, in: Zeitschrift des Harz-Vereins für Geschichte und Altertumskunde 37, 1904, S. 1-53, 129-151, hier S. 29, 43. – Th.-B., S. 161. – Restaurierbericht von Ludwig Grote in: Deutsche Kunst und Denkmalpflege 1935, S. 154-156. – Keller 1939, S. 123f., Abb. 65-67. – Kesting 1953, S. 30. – Michels 1963, S. 412f. – Dehio Magdeburg, S. 72. – Mueller von der Haegen 1993, S. 12.

---

[210] Eine eigene Auswertung des Rechnungsbuches in der Halberstädter Dombibliothek war dem Verfasser aus Zeitgründen leider nicht möglich. Da in der Literatur keine Ausgaben an Stratmann genannt werden, kommt er offenbar in dem Rechnungsbuch nicht vor.
[211] Kesting 1953, S. 28.

A 19 Erzengel Michael im Kampf mit dem Satan

Borgentreich-Lütgeneder, kath. Pfarrkirche St. Michael, nördliche Chorwand
Öl auf Leinwand
1788

Der hl. Michael, dargestellt mit Stulpenstiefeln, kurzer Tunika, Brustharnisch und wehendem rotem Umhang, schwebt vor einem Wolkenhimmel im Ausfallschritt über dem bereits in Rückenlage befindlichen Satan. Der rechte Arm mit dem Schild ist vorgestreckt, der linke Arm zum Himmel emporgereckt. In der linken Hand hält der Erzengel ein Garbenbündel, aus dem ein Blitz herausspringt und Satan auf der Brust trifft. Satan, halb Tier, halb Mensch, mit braunem Fell und Schwanz, Krallen an Händen und Füßen und Dämonengesicht, die Arme hilflos über dem Kopf verschränkt, fällt in den schwarzen Schlund der Hölle, hinter dem es glutrot schimmert.

Das Bild erhält seine dem Thema angemessene Dynamik vornehmlich aus der Vielzahl der darin enthaltenen Richtungsachsen. Die Hand Michaels mit dem Schild stößt nach vorne, als wolle sie die vordere Bildebene durchbrechen, der andere Arm streckt sich himmelwärts, der Ausfallschritt strebt diagonal nach vorne, das rote Gewand flattert nach hinten, Fuß und Kopf des Teufels weisen nach unten. Stratmann gelingt dadurch die Verdeutlichung der Heftigkeit des Kampfes und der siegreichen Kraft Michaels, der entschlossen auf den Feind herabstößt und ihn besiegt. Auch in diesem Bild beschränkt sich der Maler auf die wesentlichen Elemente der Darstellung, auf die beiden Hauptfiguren, deren Kampf sich in monumentaler Größe in der vorderen Bildebene abspielt. Eingebunden in den ehemaligen Hochaltar der Michaelskirche in Lütgeneder, dürfte das Bild des Kirchenpatrons seine bewegende Wirkung auf den Betrachter nicht verfehlt haben.

Die Figuren für den Hochaltar der alten, 1729 erbauten Pfarrkirche lieferte der Bruder des Malers, Johann Heinrich Joseph Stratmann. Anton Joseph Stratmann besorgte auch die Farbfassung des nicht mehr erhaltenen Altargerüstes. In den Kirchenneubau von 1850/52 wurden nur einzelne Teile des Altars wie das Gemälde und die Figuren übernommen. Restauriert wurde das Altarbild 1854 durch Maler Wilhelm Juraschek aus Paderborn

(großflächige Übermalungen); 1957/58 durch Maler Günther Kirsch, beraten von Kirchenmaler Hans Biermann aus Delbrück (Reinigung, Entfernen der Übermalungen).[212]
Den Beleg für die Urheberschaft Anton Joseph Stratmanns liefert eine im Pfarrarchiv aufbewahrte eigenhändige Quittung des Malers: *Daß ich heint dato von Herrn Commissarius Kriner Hochwürden wegen illumination des altars, wie auch für die Bildnüß des h. Erz Engel Michael Empfangen habe 200 rtlr schreibe zwey hundert rtlr über welchen richtigen Empfang quitire*
LütgenEder den 7 t[en] Sept[ember] 1788
A. J. Stradtman.[213]
Anton Joseph Stratmann, der für das erneute Vergolden des beim Transport beschädigten Rahmens des Bildes gesondert bezahlt wurde, quittierte für seinen Bruder über den Empfang des Lohnes für die beiden Figuren des hl. Liborius und des hl. Johannes von Nepomuk: *daß ich heint dato wegen Verfertigung beyder Bilder als Johannes und liborius für Meinen bruder zu Gesecke die dafür veraccordierten 30 rthl schreibe dreißig rthl hier Empfangen habe, bescheinige hiedurch*
Lütgeneder d[en] 7 t[en] Sept[ember] 1788
AJ Stradtman.[214]
Die Schreinerarbeiten am Altar führte übrigens Wilhelm Lodenheit aus, mit dem die Gebrüder Stratmann des öfteren zusammenarbeiteten.

BKW Warburg, S. 256, ohne Künstlerzuweisung. Zum Altar ausführlich Zink 1989, S. 97-103.

69 A 20 Madonna mit der Traube
Paderborn, Erzbischöfliches Diözesanmuseum, Inv.-Nr. M 86
Öl auf Leinwand, 133 x 98 cm, kleinerer Wasserschaden, rückseitig aufgesetzte Leinwandflicken, ursprünglich zugehöriger Rahmen mit grauem Anstrich
1791

Maria sitzt in hellrotem Gewand und blauem Mantel im Bildvordergrund auf einem Armlehnsessel. Mit ihrem linken Arm umfängt sie den auf einem braunen Samtkissen auf ihrem Schoß sitzenden, mit einem weißen Hemdchen bekleideten Jesusknaben. Der Knabe lehnt den Kopf an die Schulter der Mutter und lüpft mit der Linken den auch über seinen Kopf gebreiteten Kopfschleier Mariens. Während sie die Augen niederschlägt, blickt Jesus den Betrachter an. Mit der rechten Hand greift das Kind in eine Weintraube, die seine Mutter über seinem Oberschenkel in der Hand hält. Links neben der Madonna steht ein Tischchen mit einem Obstkorb darauf. Den Hintergrund nimmt eine dunkle, von einem Gesims abgeschlossene, nicht näher identifizierbare Architektur ein. Am rechten Bildrand öffnet sich hinter einem an einer Stange halb zurückgeschobenen und übergeschlagenen Vorhang der Durchblick in eine sehr verschwommene Landschaft, deren Einzelheiten sich kaum unterscheiden lassen.
Zu diesem Bild berichtet das Protokoll der Sitzung des Paderborner Domkapitels vom 17. September 1791: *Rmus Dnus Decanus erinnerten, daß Sie gestern auf Befehl Rmi Capituli den Mahler Stratmann anhero berufen, und das im alten Capitel Hause stehende Bild B: M: Virgine wieder zu reparieren und zu illuminiren aufgetragen hätten, um solches im neuen Capitel Hauße aufzustellen, daß dieser aber referirt, daß das Bild sowohl als Ganzes so verdorben, daß es nicht füglich wieder hierher gesetzt werden könnte: so wollten Sie in Vorschlag bringen, ob Rmo Capitulo nicht gefällig, ein neues Bild, und Ramen machen zu lassen, welches nach Relation des Stratmanns für 25 bis 26 rl geschehen könnte. Daß ferner das alte an die vorige Stelle wieder reponirt werden mögte. Quod placuit und wären die Kosten ex praebenda communi zu nehmen* (StA Münster, Domkapitel Paderborn, Protokolle, Nr. 2073, fol. 559r+v).
Das von Anton Joseph Stratmann gemalte Bild war für das gerade fertiggestellte neue Kapitelhaus bestimmt.[215] Zusammen mit dem ein Jahr später hinzugefügten, ebenfalls von Anton Joseph Stratmann geschaffenen Bild des hl. Liborius (s. Kat.-Nr. A 21) **70** wurde es 1861 im Paderborner Dom neben dem Portal der Dreifaltigkeitskapelle aufgehängt.[216] Ver-

---

[212] Alle Angaben nach Zink 1989, S. 97f., Anm. 27.
[213] PfA Borgentreich, Archiv Lütgeneder, „Betr. die Kirche zu Lütgeneder, Bau der alten Kirche und kirchliches Inventarium", zitiert nach Zink 1989, S. 100.
[214] Zitiert nach Zink 1989, S. 102. Quelle wie vorige Anmerkung. Vgl. S. 101.

[215] Tack 1961, S. 278, rechnet es abweichend vom Protokolltext zur Ausstattung des großen Kapitelsaales.
[216] Hierzu und im folgenden Fuchs 1915, S. 19, Anm. 1 und Tack 1961, S. 278.

mutlich nach Aufhebung des Kapitels war das Gemälde in den Besitz des Paderborner Kaufmanns Ferrari gelangt, aus dessen Nachlaß es 1858 erworben und dem Dom geschenkt wurde. 1961 befand es sich nach Tack im Kapitelzimmer des Generalvikariats, noch im ursprünglichen Empirerahmen.

Das Bild ist eine genaue, seitenrichtige Kopie der „Madonna mit der Traube" des französischen Malers Pierre Mignard (1612-1695) im Pariser Louvre.[217] Ob diese Vorlage bereits dem von Stratmann zu „restaurierenden", offenbar nicht mehr erhaltenen älteren Bild des Kapitelsaales zugrundelag, ist unbekannt.

Fuchs 1915, S. 19. – Tack 1961, S. 278. – Michels 1963, S. 417.

A 21 Hl. Liborius
Paderborn, Erzbischöfliches Palais
Öl auf Leinwand
1792

Der Heilige sitzt in frontaler Darstellung auf einer Wolkenbank. Der Kopf ist zur linken Seite gedreht, der Blick geht nach oben, wo eine helle Lichtbahn die Erscheinung Gottes ankündigt. Vom Licht bestrahlt öffnet der hl. Liborius die Arme in einer empfangenden Geste. Er ist als Bischof mit brauner Mitra und braunem Chormantel gekleidet. Rechts hinter ihm hält ein Engel, der ebenfalls nach oben blickt, Bischofsstab und geöffnetes Buch, auf dem die drei Steine als Attribut des Heiligen liegen. Drei geflügelte Puttenköpfe umgeben die Lichtgloriole am oberen linken Bildrand.

Dargestellt ist die Erhebung des hl. Liborius, Patron des Paderborner Fürstbistums und des Doms, zu himmlischen Ehren.

Die Urheberschaft Stratmanns ist archivalisch belegt. 1792 erteilte ihm das Paderborner Domkapitel den Auftrag, ein im Dom hängendes Gemälde des hl. Liborius zu kopieren. Obwohl in der Quelle der Maler ohne Angabe eines Vornamens genannt ist, kommt wegen der malerischen Qualität des Bildes nur Anton Joseph in Frage: *Rmus Dnus Decanus proponirte, ob nicht gefällig durch Mahler Stratmann auch ein Bild des Hl. Liborii nach dem unten im Dom hangenden original mahlen, und im Capitel Hause aufstellen zu laßen. quod placuit, und sind Rmus Dnus Decanus ersucht, mit Stratmann zu accordiren* (StA Münster, Domkapitel Paderborn, Protokolle, Nr. 2077, fol. 51r, Sitzung vom 11. April 1792). In der Kapitelsitzung vom 11. August 1792 wurde die Bezahlung des Bildes besprochen: *Dann ist beliebt, daß d. H. Stratmann für das Bild Sti Liborii das nemliche ex praebanda communi sollte bezahlt werden, wie auch die 3 rl Douceur, so denen, die die Bilder gebracht, bezahlt worden* (StA Münster, Domkapitel Paderborn, Protokolle, Nr. 2077, fol. 84v).

Die Kopie Stratmanns war als Gegenstück zu dem von ihm ebenfalls nach einem älteren Vorbild 1791 neu gemalten Bild „Madonna mit der Traube" (s. Kat.-Nr. A 20) gedacht. Da dieses für das 1790/91 neu erbaute Kapitelhaus vorgesehen war, ist, abweichend von Tack, zu vermuten, daß auch das Liborius-Gemälde dort und nicht im großen Kapitelsaal aufgehängt wurde.[218] Beide Bilder kamen anscheinend nach Aufhebung des Domkapitels in den Besitz des Paderborner Kaufmanns Ferrari und wurden bei der Versteigerung dessen Nachlasses 1858 von Rendant Ahlemeyer erworben und dem Dom geschenkt, wo man sie 1861 neben dem Portal der Dreifaltigkeitskapelle aufhängte. Zu diesem Zeitpunkt hatten beide Bilder identische Empirerahmen. Nach 1945 gelangte das neu gerahmte und restaurierte Liboriusbild dann in das Erzbischöfliche Palais.

Das von Stratmann kopierte Liboriusbild aus dem Paderborner Dom befindet sich heute im Diözesanmuseum.[219] Im Vergleich zu diesem strafft der Maler die Bildkomposition, indem er den Bildausschnitt enger faßt und das Figurenrepertoire reduziert. Während der Heilige im Hinblick auf Haltung und Faltengebung getreu kopiert ist, hat Stratmann Engel und Putten frei interpretierend verändert. Im

---

[217] La peinture au musée du Louvre. École française. XVII. siècle. Paris o. J., S. 74, Abb. 83. Die Farbigkeit des Originalgemäldes ist mir leider nicht bekannt.

[218] Hierzu und im folgenden Tack 1961, S. 278.
[219] Kat. Paderborn 1986, Nr. 112 m. Abb. Das dort abgbbildete Gemälde weicht allerdings in einigen Details von dem bei Fuchs 1915, Abb. 8 gezeigten Bild ab, das sich damals noch im Paderborner Dom neben der Engelkapelle befand. Nach Tack 1961, S. 286 hing das letztere Bild später im neuen Kapitelsaal. Die Abweichungen könnten möglicherweise durch die Restaurierung zu erklären sein, der das Gemälde nach den von Tack ebd. genannten schweren Kriegs- und Nachkriegsschäden unterzogen werden mußte.

Endergebnis gelingt ihm eine Neuinterpretation des Themas, deren atmosphärische Dichte und fesselnde Unmittelbarkeit das Vorbild weit übertrifft. Von Stratmanns Gemälde wiederum existiert eine getreue, verkleinerte Kopie vermutlich des 19. Jahrhunderts, die ebenfalls im Paderborner Diözesanmuseum aufbewahrt wird.[220]

Fuchs 1915, S. 19. – Tack 1961, S. 278f., S. 285, Anm. 54, S. 286, Anm. 55. – Michels 1963, S. 417.

A 22 Kreuzigung Christi mit Maria Magdalena
Nieheim-Sommersell, kath. Pfarrkirche St. Peter und Paul
Öl auf Leinwand, ca. 220 x 98 cm
1792/93

Der Kopf des mit drei Nägeln an das Kreuz gehefteten Christus ist auf seine linke Schulter herabgesunken, in Richtung der in Seitenansicht am Fuße des Kreuzes knienden Maria Magdalena. Sie umfaßt den mit zwei Pflöcken im Erdboden verkeilten Kreuzesstamm und blickt zu dem mit geschlossenen Augen dargestellten Gekreuzigten auf. Maria Magdalena trägt ein braunes Gewand mit einem blaßlilafarbenen Überwurf. Ihr Oberkörper wird von dem von links oben einfallenden Licht bestrahlt, das auch den Körper Christi vom nachtdunklen Hintergrund mit der angedeuteten Stadtsilhouette abhebt. Der muskulöse Oberkörper Christi ist differenziert durchgebildet und wölbt sich stark hervor. Hüften und Beine wirken dagegen schmal und gestreckt. Das mit wehenden Zipfeln drapierte Lendentuch ist mit einer Kordel gegürtet. Es läßt die rechte Hüfte frei.
Ein direktes Vorbild konnte unter den zahlreichen ähnlichen Formulierungen des Bildthemas in der barocken Malerei nicht gefunden werden. Stratmanns Kreuzigungsgemälde von 1794 in der Huysburger Kirche ist ganz ähnlich aufgebaut.
Das Sommerseller Kreuzigungsbild mit seinem ursprünglich zugehörigen Rahmen ist vermutlich der erhaltene Rest des ehemaligen Hochaltars der Kirche. Dieser wurde 1792 durch den Schreiner und Lackierermeister Waldeck aus Höxter, wohnhaft in Holzminden, aufgerichtet und farbig gefaßt. Waldeck erhielt dafür laut Kontrakt 210 Reichstaler. Die Altarweihe erfolgte am 25. November 1792, die Arbeiten an der Farbfassung müssen sich jedoch ins folgende Jahr hingezogen haben, da Waldeck erst am 9. Dezember 1793 abschließend bezahlt wurde. Diese Angaben lassen sich dem Kirchenregister für die Jahre 1720 bis 1814 (PfA Sommersell, HS 3) entnehmen, das am Schluß eine genaue Aufstellung der Kosten des Altarbaus enthält. Ausgaben für das Altargemälde oder an Anton Joseph Stratmann sind nicht genannt, auch nicht im vorangehenden allgemeinen Rechnungsregister. An der Urheberschaft des Paderborner Malers für das Altarbild gibt es aus stilistischen Gründen aber keine Zweifel. Ob es bei der Altarweihe 1792 bereits im Altar war, ist unbekannt, spätestens aber wird es 1793 hineingekommen sein.
Mit Meister Waldeck war bereits der Kontrakt über die Anfertigung des Hochaltars der ehemaligen Jesuitenkirche in Falkenhagen geschlossen, als dieser im Juli 1795 in Marienmünster starb, wo er gerade arbeitete. Waldecks Altarentwurf hat sich erhalten (EAB, Studienfondsarchiv Paderborn, Akten V, Nr. 292). Die Ausführung des Altars übernahm schließlich der Schreiner Lodenheit, Anton Joseph Stratmann schuf das Altarbild (s. Kat.-Nr. A 26).

Dehio Westfalen, S. 544, ohne Künstlerzuweisung.

A 23 Kreuzigung Christi
Dingelstedt-Huysburg, Benediktinerkloster- und Pfarrkirche St. Maria Aufnahme, Gemälde des nördlichen Seitenaltars
Öl auf Leinwand, 198 x 108 cm
Bez. auf dem Pflock am Fuß des Kreuzes: *A J. Stradtman. 94*
1794

Das Kreuz steht auf einer kleinen Anhöhe, mit zwei Pflöcken im Erdboden verkeilt. Den Hintergrund bildet eine dunkle Landschaftsszenerie mit einer nur summarisch ausgebildeten Stadtsilhouette. Der Kopf Christi ist auf die linke Körperseite gefallen, das linke Bein leicht angewinkelt. Der muskulöse, mit einem weißen Lendentuch bekleidete Körper weist sehr schlanke Proportionen auf. Am Fuße des Kreuzes kniet Maria Magdalena in grauem Gewand und gelbem Mantel. Mit den Armen umfängt sie den Kreuzesstamm und die Füße Christi. Links hinter dem Kreuz stehen Maria und Johannes. Maria, bekleidet mit rötlichem Gewand und einem

---
[220] Kat. Paderborn 1986, Nr. 113 m. Abb.

kräftig blauen Mantel, ringt in Schmerz und Trauer die Hände. Johannes lehnt sich weinend an ihren Rücken. Er trägt ein grünes Gewand und einen roten Mantel.

Die beiden Seitenaltäre der Huysburger Klosterkirche wurden nach dem Rechnungsbuch der Äbte 1793 von dem Hildesheimer Tischler Eikenkötter und dem ebenfalls dort ansässigen Bildhauer Hinse fertiggestellt. Van Eß berichtet 1810, nachdem er zunächst das Hochaltarbild dem Paderborner Maler Stratmann zugewiesen hat: „Die Gemälde der zwei mittlern Altäre sollen vom Sohne des vorhin genannten Künstlers, unter des Vaters Leitung, gemalt seyn."

Die Mitarbeit des Sohnes könnte sich in formalen Unsicherheiten äußern, wie dem im Verhältnis zum Oberkörper zu kleinen Kopf Christi und den gegenüber den üblichen Köpfen Anton Joseph Stratmanns ausdrucksmäßig abfallenden Gesichtern von Maria und Johannes.

Literatur s. Kat.-Nr. A 18.

73 A 24 Maria Immaculata
Dingelstedt-Huysburg, Benediktinerkloster- und Pfarrkirche St. Maria Aufnahme, Gemälde des südlichen Seitenaltars
Öl auf Leinwand, 196 x 108 cm
1794

Maria kniet, nach rechts gewendet, in weißem Gewand und blauem Mantel auf Wolken. Mit dem rechten Fuß tritt sie die Schlange nieder, die sich um die Weltkugel windet. In der linken Hand hält sie die Lilie, die rechte Hand greift in das hellbraune Kopftuch, über das noch der Mantel gelegt ist. Der Kopf ist nach links zurückgedreht, der Blick gesenkt. Eine Zweiergruppe von Engelputten ist zu ihren Füßen angeordnet, während die andere sich links von Maria mit dem sich bauschenden Mantel beschäftigt. Am oberen rechten Bildrand erscheint noch eine Dreiergruppe von Puttenköpfen.

Es handelt sich um eine weitere Variante des in Stratmanns Werk mehrfach vertretenen Maria-Immaculata-Typus, wie er besonders ähnlich in
66 Südkirchen (s. Kat.-Nr. A 17) auftritt.
Hinsichtlich der Datierung des Bildes wird man annehmen können, daß es gleichzeitig mit dem signierten und datierten Gemälde des nördlichen Seitenaltars 1794 entstanden ist.

Im Hinblick auf die bei van Eß (s. Kat.-Nr. A 18) genannten Mitarbeit des Sohnes Anton Ferdinand fallen die wohl original übermalten Puttengesichter der Gruppe am rechten Bildrand auf, wie auch ein Pentimento bei dem Putto am linken Bildrand, dessen rechtes Bein zunächst gestreckt gemalt war. Möglicherweise ist hier wirklich von einer Überarbeitung durch den Vater auszugehen.

Literatur s. Kat.-Nr. A 18.

A 25 Abendmahl 74
Coesfeld, ev. Pfarrkirche, ehem. Jesuitenkirche, Hochaltargemälde
Öl auf Leinwand, 432 x 238 cm, auf Holzfaserplatte aufgezogen
Bez. „Strodtmann"
1794 (?)

Auf einem einstufigen Podest steht in einem Innenraum ein sich diagonal nach rechts hinten erstreckender, gedeckter Tisch, um den sich Christus und die Apostel gruppieren. Christus, in grauem Gewand und rotem Mantel, sitzt ungefähr in der Bildmitte hinter dem Tisch. Mit der linken Hand umgreift er die Schulter des sich zu ihm hinbeugenden Johannes, die Rechte ist segnend erhoben, der Blick zum Himmel gerichtet. Johannes umfaßt mit der linken Hand einen Kelch, so als wolle er ihn Christus reichen. Zu beiden Seiten der Zweiergruppe Christi und seines Lieblingsjüngers gruppieren sich weitere Apostel. Judas, der an der Schmalseite des Tisches sitzt, dreht sich mit dem Geldbeutel in der Hand zum Betrachter um. Zwei weitere Rückenfiguren, von denen die mit einem Bein auf der Sitzbank kniende als hl. Jakobus charakterisiert ist, finden sich an der vorderen Längsseite des Tisches. Dort steht auf dem Podest auch ein Korb mit Broten und einem Tuch.

Der Innenraum, in dem das Abendmahl stattfindet, ist durch Plattenfußboden, Fachwerkwände, hölzerne Balkendecke, Decken-und Wandleuchter mit brennenden Kerzen charakterisiert, wobei die perspektivische Wiedergabe der einzelnen Bauteile Divergenzen aufweist. Ein geraffter Vorhang im oberen Bildbereich und Schüssel und Kanne auf dem Plattenfußboden ergänzen die Raumdarstellung.

Das Bildthema ist als Nachtszene aufgefaßt. In dem nur schwach erhellten Raum setzt das von Christus ausgehende Leuchten den Hauptakzent und läßt die

Lokalfarben der Gewänder aufscheinen, die ansonsten vom bräunlichen Grundton des diffusen Helldunkels aufgesogen werden.

Manche Apostelköpfe, insbesondere im verschatteten Bildhintergrund, wie auch der des Judas fallen durch eine weniger differenzierte Malweise auf. Hier ist möglicherweise an die Mitarbeit des Sohnes Anton Ferdinand zu denken, der zur selben Zeit auch bei den Huysburger Gemälden seines Vaters mitgewirkt haben soll (s. Kat.-Nr. A 23, 24).

Das Gemälde befand sich ursprünglich im 1894 abgebauten und bis auf wenige Reste zerstörten Hochaltar von St. Patrokli in Soest. Später wurde es in den zunächst in die Paulikirche und dann nach St. Patrokli übertragenen Hochaltar der ehemaligen Soester Minoritenkirche eingefügt. Mit diesem Altar gelangte das Bild 1961 in die ehemalige Jesuitenkirche in Coesfeld.

Bei der Restaurierung des Abendmahls 1962/63 wurde die Signatur festgestellt, leider ohne Dokumentation und Angabe ihrer Position im Bild. Die Datierung des Altargemäldes ergibt sich aus einer von Schwartz zitierten Mitteilung des 1956 bereits verstorbenen Lehrers Kruse, nach der das Gemälde „von A. Strathmann angeblich 1794 gemalt" sei.[221]

Der ehemalige Hochaltar der Patroklikirche, der sog. Schüngel-Altar, war jedoch bereits 1696 als Stiftung des Stiftsdechanten Hermann von Schüngel errichtet worden. Er diente dem katholischen Gottesdienst der Stiftskanoniker im Stiftschor. Das Gemälde Anton Joseph Stratmanns dürfte ein älteres Altarbild abgelöst haben.

Als Stiftsdechant amtierte von 1781 bis 1800 Joseph Ernst von Hörde, der sich von Anton Joseph Stratmann porträtieren ließ (s. Kat.-Nr. C 59) und ihm vermutlich auch den Auftrag für das Abendmahl erteilt hat. Sein Bildnis, wie es das Porträtgemälde Stratmanns überliefert, meint man in dem sich von den übrigen Kopftypen deutlich unterscheidenden Apostel zu erkennen, der als dritter von rechts hinter dem Tisch neben Christus sitzt.

Nordhoff 1885/86, S. 45. – Th.-B., S. 161. – Schwartz 1956, II, S. 72. – Michels 1963, S. 413f. – Denkmalpflegebericht, in: Westfalen 46, 1968, S. 244. – Dehio Westfalen, S. 108. – Claussen 1961. – 150 Jahre Evangelische Kirchengemeinde Coesfeld,

S. 28ff. – Wenning 1988, S. 114. – Strohmann 1994, S. 157, Anm. 70.

A 26 Anbetung der Hirten
Paderborn, Erzbischöfliches Diözesanmuseum, Inv.-Nr. M 67
Ehemaliges Hochaltargemälde der kath. Pfarrkirche St. Michael in Lügde-Falkenhagen
Öl auf Leinwand, 182 x 128 cm
Bez. auf dem unteren, vorderen Brett der Krippe:
A: Stradtman p. 1795.

Aus dem Nachtdunkel des durch Balkenwerk und Bretterwände angegebenen Stalls hebt sich die hell beleuchtete Gruppe von Maria und dem Jesuskind deutlich hervor. Das Kind liegt auf einem weißen Laken auf der Krippe am linken Bildrand, lose umfangen von der seitlich dahinter knienden Mutter in blaßrotem Gewand und blauem Mantel. Hinter Maria steht Josef, zum Teil von einer Bretterwand verdeckt. Drei anbetende Hirten umgeben Mutter und Kind, dahinter steht eine Frau im Kapuzenmantel. Ein vierter Hirte in blauem Obergewand stützt sich vor einer den Raum teilenden Bretterwand auf seinen Stab.

Kompositionelle und motivische Grundlage des Gemäldes im Diözesanmuseum ist ein Kupferstich nach Rubens. Dessen heute in Marseille aufbewahrte Anbetung der Hirten war zunächst seitenverkehrt von Lukas Vorsterman gestochen worden. Vermutlich nach diesem Stich entstand eine zweite, nunmehr wieder zum Gemälde seitenrichtige Version, die Stratmann offenbar vorgelegen hat.[222] Der Paderborner Maler variiert die Vorlage, indem er den Bildausschnitt dem Hochformat gemäß enger faßt und er einzelne Figuren umstellt. Die Anordnung der Gruppe von Maria, Josef und dem Jesusknaben scheint (in Seitenverkehrung) eher von einem anderen Stich nach Rubens angeregt zu sein, den Paulus Pontius nach der Schleißheimer Anbetung der Hirten herstellte.[223] Auch hier ist die Vorlage von Stratmann abgewandelt worden.

Im Gegensatz zu den verwendeten Vorlagen formuliert Stratmann seine Darstellung der Anbetung der Hirten als reine Nachtszene, bei der sich die Beleuchtung auf das vom Kind ausgehende Licht

---

[221] Diese wie auch die anderen historischen Angaben nach Schwartz 1956, S. 72.
[222] Anonymer Stecher. Herausgegeben von Jan Claesz. Visscher. Kat. Rom 1977, Nr. 433.
[223] Kat. Rom 1977, Nr. 212.

beschränkt. Nur das Kind selbst und Maria erscheinen in vollem Licht, alle anderen Figuren sind in ein diffuses Halbdunkel getaucht, aus dem die Gesichter der Hirten im Widerschein aufleuchten.

Die Urheberschaft Stratmanns ist nicht nur durch die Signatur belegt, sondern auch durch eine im Archiv des Paderborner Studienfonds erhaltene undatierte Abrechnung über die Ausgaben für den neuen Altar der Falkenhagener Kirche. Dort heißt es: *Dem Kunstmahler Stratmann für ferfertigtes altar bild 40 Rtlr.*[224] Der Schreiner Wilhelm Lodenheit aus Paderborn erhielt nach der Abrechnung 100 Rtlr. für die Schreinerarbeit, der Bildhauer Falter 39 Rtlr. für zwei Figuren, zwei Putten und einen Kruzifixus. Der in derselben Akte aufbewahrte Kontrakt mit Lodenheit vom 13. Juli 1795, auf dem der Schreiner am 10. Oktober 1795 den Erhalt der vereinbarten Bezahlung quittiert, ermöglicht die genaue Datierung des Altars, die mit der Datierung des Altarbildes übereinstimmt. Stratmann hatte bereits 1788 in Lütgeneder mit Lodenheit zusammengearbeitet (s. Kat.-Nr. A 19).

Der 1795 errichtete Altar ist nicht mehr als Ganzes erhalten. Einige Teile des Retabels und auch das Altarbild Stratmanns integrierte man aber in den 1932 errichteten neubarocken Hochaltar. Dieser wurde 1966 aus der Kirche entfernt und eingelagert, bis er 1992 an seinen angestammten Platz zurückkehrte. Stratmanns Anbetung der Hirten war bereits 1938 aus dem Altar herausgenommen und durch eine Darstellung der Kreuzigung Christi aus Beverungen ersetzt worden. Nach langjähriger Aufbewahrung im Pfarrhaus gelangte Stratmanns Gemälde schließlich in das Paderborner Diözesanmuseum. Den Falkenhagener Altar ziert heute eine Kopie des jetzt im Hochaltar der Kirche in Brakel-Erkeln (vgl. Kat.-Nr. A 36) befindlichen Kreuzigungsbildes.

Servais 1968, S. 184. – Denkmalpflegebericht, in: Westfalen 55, 1975, S. 434. – Strohmann 1994, S. 158, Anm. 70, S. 159f. – Willy Gerking, 300 Jahre Kirche St. Michael in Falkenhagen. Falkenhagen 1995, S. 44ff., Abb. 14.

A 27-31 Heiligenzyklus (Hll. Petrus, Paulus, Blasius, Felix, Stephanus)

Paderborn-Schloß Neuhaus, kath. Pfarrkirche St. Heinrich und Kunigunde
Öl auf Leinwand
1795/1800

A 27 Hl. Petrus 76
Aufschrift am unteren Bildrand: *S: Petrus Apostolus.*

Petrus steht, nach links gewendet, als Ganzfigur im Dreiviertelprofil auf einer Erderhebung. Zu seinen Füßen liegen ein Fischernetz und das Kreuz seines Martyriums. Das rechte Bein ist auf einen Felsblock gestellt. In der linken Hand hält der Apostel die Attribute Buch und Schlüssel, die rechte Hand ist in einer sprechenden Geste geöffnet. Petrus trägt ein braunes Gewand und einen blauen Mantel.

A 28 Hl. Paulus 77
Aufschrift am unteren Bildrand: *S: Paulus Apostolus.*

Bekleidet mit graugrünem Gewand und hellrotem Mantel, steht Paulus in Frontalansicht in Schrittstellung vor dem Betrachter. In der rechten Hand hat er das Schwert als Attribut, in der linken Hand hält er ein geöffnetes Buch.

A 29 Hl. Blasius 78
Aufschrift am unteren Bildrand: *S: Blasius.*

Der Heilige steht, nach links gewendet, am Ufer eines Gewässers. Er ist als Bischof gekleidet, mit Soutane, Rochett, rotem Pluviale mit Goldbordüren, roten Pontifikalhandschuhen und roter Mitra. In der Linken hält er Bischofsstab und Märtyrerpalme, die Rechte ist segnend erhoben. Zu seinen Füßen liegt ein Schwert.

---

[224] EAB, Studienfondsarchiv Paderborn, Akten V, Nr. 291, o. Pag. Verwaltung der Oekonomie und Pfarre in Falkenhagen 1783 bis 1798. Berechnung der Ausgabe des Universitätshauses zur Verfertigung des neuen Altars für die katholische Kirche zu Falkenhagen. – Das Universitätshaus war Rechtsnachfolger des Paderborner Jesuitenkollegs, zu dessen Besitz das ehemalige Kloster Falkenhagen gehörte. Die Kapelle der dortigen Jesuitenresidenz wurde nach der Aufhebung des Ordens 1773 Pfarrkirche. Ein 1794 geschlossener Vertrag mit dem Grafen zur Lippe, in dessen Eigentum die Klostergüter übergingen, garantierte die ungestörte Ausübung des katholischen Gottesdienstes und die finanzielle Grundausstattung der Kirchengemeinde (s. Anton Gemmeke, Geschichte der katholischen Pfarreien in Lippe. Paderborn 1905, S. 236ff.). Dies dürfte Anlaß für die Errichtung des Altars gegeben haben. In der Exjesuitenkommission, die die Aufsicht über das Universitätshaus führte und auch den Vertrag von 1794 aushandelte, saß Clemens August Constantin von Mengersen, den Stratmann bereits porträtiert hatte (s. Kat.-Nr. C 29) und der den Maler möglicherweise empfohlen haben könnte.

Das Gewässer im Bildhintergrund ist wohl als Teich zu deuten, in den nach der Legende Blasius mit zwei Gefährten geworfen worden sein soll, bevor er enthauptet wurde, worauf das Schwert hinweist.

A 30 Hl. Felix
Aufschrift am unteren Bildrand: *S: Felix.*

In kontrapostischer Grundhaltung nach links gewendet, steht der hl. Felix vor einer Treppe in einem Kerker mit vergittertem Fenster. Die Arme hat er vor dem Körper verschränkt, mit links die Märtyrerpalme haltend. Die Rechte greift in den graugrünen, um rechte Schulter und Hüfte drapierten Mantel. Das weiße Gewand entblößt die linke Schulter. Zu seinen Füßen liegt eine Auswahl verschiedener Geißeln, daneben ist eine halb geöffnete Falltür zu erkennen.

A 31 Hl. Stephanus
Aufschrift am unteren Bildrand: *S: Stephanus*

Der nach links gewendete Heilige wird von einem vom Himmel herabfallenden Lichtstrahl getroffen. In der linken Hand trägt er den Palmzweig. Seine Tracht ist die des Diakons: weiße Alba, rote Dalmatik mit Goldbordüren und Manipel. Zu seinen Füßen liegen ein geöffnetes Buch und Steinbrocken als Zeichen seines Martyriums.

Da es sich bei den Heiligen um die Patrone des Klosters Abdinghof in Paderborn handelt, vermutete Wolfgang Hansmann dort die Herkunft der Bilder. Aus der Kirchenrechnung von 1803 (Pfarrarchiv Schloß Neuhaus) führte er dazu ergänzend eine Quelle an, die den Transport von Bildern in die Neuhäuser Kirche berichtet: *Für Bilder von Paderborn zu tragen: 14 Mariengroschen gezahlt.* Eindeutige Beweise für die Übertragung der Bilder aus dem aufgehobenen Abdinghofkloster fehlen jedoch, so daß die durchaus plausible Annahme Hansmanns Vermutung bleiben muß.
Die Zuschreibung der Gemälde steht außer Zweifel. Hansmann wies bereits auf die Übereinstimmung der Gesichtstypen mit denjenigen der Geseker Anbetung der Hirten Stratmanns hin.
Lüffe 1957, S. 130: dort als Rudolphi. – Hansmann 1986, S. 17. – Strohmann 1994, S. 158, Anm. 70.

A 32 Hl. Petrus
Warburg-Germete, kath. Pfarrkirche St. Nikolaus, über dem nördlichen Westportal
Öl auf Leinwand, 90 x 72 cm
1797/98

Brustbild des Heiligen, der in felsiger Landschaft vor einer Erhebung steht, auf der seine Attribute Schlüssel und Buch liegen. Petrus, in braunem Gewand und türkisblauem Mantel, hat die Hände zum Gebet gefaltet und blickt schräg nach oben, von wo das auch durch Strahlen angedeutete himmlische Licht herabfällt. Über seine Wangen rinnen Tränen.
Das Gemälde hat die Reue Petri nach der Verleugnung des Herrn zum Thema. Entsprechende Darstellungen finden sich aufgrund ihrer Verbildlichung der Buße oftmals als Bekrönung von Beichtstühlen, so etwa in der kath. Pfarrkirche in Erkeln (s. Kat.-Nr. A 37, 38). Das dortige, ebenfalls von Stratmann gemalte Bild ist eine Variante der Germeter Darstellung, wobei der Maler Kopf- und Schulterpartie des Heiligen identisch übernimmt, ein erneuter Beleg für die Wiederverwendung im Repertoire vorhandener Kopf- und Haltungsstudien. Gegen das differenzierter und sorgfältiger gemalte Germeter Bild fällt die Erkelner Variante allerdings etwas ab.
Ein im Pfarrarchiv Germete befindliches *Inventar zur Rechnung pro 1867* (Aktenband A 1) nennt unter Position 75 das Gemälde des hl. Petrus mit der Standortangabe *über dem großen Paramentenschrank* und unter Pos. 76 ein Bild der hl. Maria Magdalena *über dem Beichtstuhl*. Letzteres ist ebenfalls erhalten, stammt nach dem stilistischen Befund aber aus dem 19. Jahrhundert.[225] Der Inventareintrag macht deutlich, daß es sich bei beiden Bildern um Bekrönungen von Ausstattungsstücken der Kirche handelt, was die architektonisch gestaltetete Rahmung erklärt.
Beide Gemälde sind auf einem Foto von 1934 zu erkennen.[226] Der auf dem Foto abgebildete Kirchenbau ist die zweite, von 1779 bis 1782 errichtete und 1788 geweihte Germeter Pfarrkirche, deren Schiff 1971/72 durch einen Neubau ersetzt wurde.[227]

---

[225] Das Bild hängt heute über dem südlichen Westportal der Kirche.
[226] BKW Warburg, Abb. S. 197. Originalfoto und Negativ im WAfD.
[227] Angaben nach der Chronik *Geschichtliches über die kirchlichen Verhältnisse der Gemeinde Germete*, Abschnitt *Die Pfarrkirche*, ohne Verfasserangabe und Datierung, vermutlich Anfang 20. Jh., in Aktenband A 11 des Pfarrarchivs Germete.

Abweichend von den Angaben des Inventars von 1867, hat auf diesem Foto das Petrusbild allerdings den Platz über der später in die südliche Chorwand eingebrochenen Sakristeitür inne, an deren Stelle sich zuvor der Beichtstuhl befunden haben wird. Die hl. Maria Magdalena ist dagegen über dem Wandschrank der nördlichen Chorwand zu erkennen.

Paramentenschrank und Beichtstuhl waren sich also im Chor ursprünglich benachbart, was die Bußthematik beider Bekrönungsgemälde erklären kann. Offenbar hatten vermutlich mit der für 1932 belegten Neuausmalung des Kirchenraumes die Gemälde die 1867 angegebenen Plätze getauscht, wobei unklar ist, ob dieser Tausch mit oder ohne Rahmung vollzogen wurde. Einen erneuten Austausch sowohl der Bilder als auch der Rahmen belegt ein Foto des Kircheninneren nach Osten von 1970.[228]

Nach den Kirchenrechnungen wurde der anstelle des jüngeren Sakristeidurchgangs im Chor vermutete Beichtstuhl 1793/94, seine Bekrönung 1796/97 angefertigt (Pfarrarchiv Germete, B 4). Es wäre also denkbar, daß das Magdalenenbild des 19. Jahrhunderts aus unbekanntem Grund an die Stelle eines älteren Vorgängergemäldes getreten ist, das ebenfalls von der Hand Stratmanns stammte. Auf dieses ursprüngliche Beichtstuhlgemälde und auf das Bild des hl. Petrus über dem Paramentenschrank könnten sich dann folgende in der Kirchenrechnung für 1797/98 aufgelistete Ausgabepositionen beziehen (Pfarrarchiv Germete, B 4):
– *Dem Mahler Straetman zu Paderborn für 2 Bilder zu mahlen 10rt 5gr*
– *Bothelohn die 2 Rahmen nach Paderborn zu bringen und zurückholen 6gr*
– *für 100 kleine Nägel die Bilder aufzuspannen 2gr*

Aus den Rechnungspositionen kann man schließen, daß Stratmann die Rahmen in Gestalt der beiden Bekrönungen nach Paderborn in die Werkstatt geliefert bekam, wo er die aufgezogenen Leinwände darin einbaute. Mit den Bildern sind die Bekrönungen dann wieder nach Germete zurückgeholt worden.

BKW Warburg, S. 200. – Strohmann 1994, S. 158, Anm. 70.

---

[228] Im Bildarchiv des WAfD. Aufgenommen von H. Jacobi, Warburg.

A 33   Hl. Aloysius 82

Warburg-Germete, kath. Pfarrkirche St. Nikolaus
Öl auf Leinwand, 155 x 120 cm
1800/01

Der hl. Aloysius in schwarzem Jesuitentalar beugt sich in Seitenansicht über einen Tisch mit roter Decke, auf dem als Attribute des Heiligen, Krone, Totenkopf, Lilie und eine Geißel, liegen. Aloysius ergreift mit der rechten Hand die Geißel, während er in der linken Hand den Kruzifixus und ein weißes Tuch hält. Der Blick ist andächtig gesenkt. Die angedeutete Wandgliederung im Hintergrund ist nicht eindeutig zu erkennen.

Auf dem bereits angesprochenen Foto des Inneren der Germeter Kirche von 1934 (s. Kat.-Nr. A 32) ist 34 über einer Wandvorlage der Nordwand das Gemälde des hl. Aloysius angebracht. Eine Innenansicht nach Westen, aufgenommen 1970 vor dem Abbruch des alten Kirchenschiffs, zeigt zudem über zwei weiteren Wandvorlagen auf Nord- und Südwand die beiden folgenden Gemälde (Kat.-Nr. A 34, 83, 84 35).[229] Alle drei Gemälde sind also Teil eines dekorativen Bildzyklus, der das architektonische Vakuum ausfüllen sollte, das nach der Entfernung der erst 1780 beim Neubau der Kirche eingezogenen Gewölbe oberhalb der stehengebliebenen Wandpfeiler 1785 entstanden war.[230] Aufgrund der Rißbildungen in den Umfassungsmauern hatte der mit der Untersuchung betraute waldeckische Landbaumeister Johann Matthias Kitz († 1788) den Abriß der Gewölbe empfohlen. Nach seinem Entwurf entstand statt dessen eine hölzerne Muldendecke. Erst 1800 erhielt diese mit der Anbringung der stuckierten Gesimse ihre endgültige Gestalt.

Zu diesem Zeitpunkt empfand man die Funktionslosigkeit der ihrer tragenden Rolle beraubten Wandvorlagen wohl endgültig als störend, da die Kirchenrechnung 1800/1801 (Pfarrarchiv Germete, B 4) folgende Ausgabe enthält: *Für 4 Bild Rahmen = Transport = Briefporto = nägel und band zur Einfassung 4rt 34gr 2pf*. Legt man zugrunde, daß die vierte Wandvorlage im Kirchenschiff im 19. Jahrhundert durch eine neu angeschaffte Kanzel zugestellt und das vermutlich hier befindliche Gemälde

---

[229] Bildarchiv des WAfD. Aufgenommen von H. Jacobi, Warburg.
[230] S. hierzu und im folgenden Pfarrarchiv Germete, Aktenband A 10 sowie A 11, Geschichtliches über die kirchlichen Verhältnisse der Gemeinde Germete (s. Kat.-Nr. A 32).

zerstört wurde, könnten mit der zitierten Position der Kirchenrechnung die Rahmen für Stratmanns Gemälde gemeint sein.[231] Eine Ausgabeposition für die Gemälde selbst fehlt allerdings in den von 1789 bis 1825 lückenlos erhaltenen Kirchenrechnungen. An der Urheberschaft des Paderborner Malers gibt es indes keinen Zweifel, so daß man vielleicht an eine Stiftung denken muß, etwa durch den Paderborner Domherrn und Kammerpräsidenten Clemens August Constantin von Mengersen, der die grundherrliche Gerichtsbarkeit in Germete Anfang der 1780er Jahre erworben hatte.[232] Für die Familie von Mengersen hatte Anton Joseph Stratmann bereits gearbeitet (s. Kat.-Nr. C 24ff.).

BKW Warburg, S. 200. – Strohmann 1994, S. 158, Anm. 70.

83 A 34 Hl. Josef
Warburg-Germete, kath. Pfarrkirche St. Nikolaus
Öl auf Leinwand, 155 x 120 cm
1800/01

Bekleidet mit einem braunen Gewand und grauem Umhang, steht der hl. Josef vor seiner Werkbank mit Schraubstock und daraufliegenden Werkzeugen. In seinen Armen hält er den nur sparsam mit einem weißen Tuch bedeckten Jesusknaben. Mit einer leichten Drehung des Oberkörpers wendet Josef sich und das Kind dem Betrachter zu. Der Knabe umfaßt mit beiden Händen einen Lilienstengel, das Attribut Josefs. Im Hintergrund verdeutlichen Balken vor einer geputzten Wand, eine an die Werkbank gelehnte Säge und ein Wandbord mit Stechbeiteln zusätzlich die Lokalisierung der Szene in Josefs Schreinerwerkstatt.

BKW Warburg, S. 200. – Strohmann 1994, S. 158, Anm. 70.

84 A 35 Hl. Anna Maria unterweisend
Warburg-Germete, kath. Pfarrkirche St. Nikolaus
Öl auf Leinwand, 155 x 120 cm
1800/01

Die hl. Mutter Anna sitzt in einem reichverzierten Lehnstuhl am linken Bildrand, bekleidet mit einem über den Kopf gelegten, dunkelgelben Mantel und einem dunkelgrauen Gewand. Sie wendet sich der rechts neben ihr stehenden kindlichen Maria zu, die in ein geöffnetes Buch blickt, das sie mit beiden Händen vor sich hält. Die linke Hand Annas ist in einer Aufmerksamkeit erheischenden Geste erhoben. Maria trägt ein weißes Gewand und einen blauen Mantel, um den Hals eine zweireihige Perlenkette. Vor ihr steht ein Tischchen mit geöffneter Schublade, in der sich Schmuck befindet. Auf dem Tisch steht neben einem Wollkorb ein pultartiger Kasten, auf dem ein Nadelkissen liegt.

BKW Warburg, S. 200. – Strohmann 1994, S. 158, Anm. 70.

85 A 36 Hl. Josef mit dem Jesusknaben
Brakel-Erkeln, kath. Pfarrkirche St. Petri Ketten, Hochaltarbild (Giebel)
Öl auf Leinwand, 102 x 67 cm, oval
Nach 1800

Der hl. Josef, bekleidet mit einem schlichten grauen Gewand und braunem, über Unterarme und Knie drapiertem Mantel, sitzt im Bildvordergrund. Mit dem linken Arm umfaßt er den Jesusknaben, der auf einem grünen Kissen auf seinem Schoß sitzt. Der Knabe trägt ein weißes Hemdchen. Mit der linken Hand hält er die Lilie, das Attribut Josefs, empor. Seine rechte Hand umfaßt den Daumen der rechten Hand seines Ziehvaters. Der Blick des Jesusknaben richtet sich auf den Betrachter, während Josef, die Lider niedergeschlagen, nach unten blickt. Im Bildhintergrund ist eine Architektur angedeutet, die den Durchblick auf einen Wolkenhimmel eröffnet. Davor ist an einer Stange ein brauner Vorhang drapiert. Im Mittelgrund kann man einen Pfosten erkennen, der möglicherweise zu der ansonsten nicht sichtbaren Sitzgelegenheit Josefs gehört.
Der Giebel des Papen-Altars der Erkelner Pfarrkirche wurde im 19. Jahrhundert entfernt, das Gemälde später vergrößert und, auf Fichtenholzplatte aufgezogen, in den rechten Seitenaltar eingefügt. Die Fichtenholztafel war rückseitig beschriftet: *Renoviert 1922 J. Leisten, Erfurt.* 1978 wurde der Altargiebel rekonstruiert, das Gemälde auf seine ursprüngliche Größe zurückgeführt, restauriert und wieder in den Hochaltar eingefügt. Das zugehörige Hauptbild des Altars ist verloren. Das heutige Bild stammt aus Falkenhagen (s. Kat.-Nr. A 26).

S. Denkmalpflegebericht, in: Westfalen 62, 1984, S. 467.

---

[231] Auf die beiden Wandvorlagen im Chor stellte man zwei Holzskulpturen von Joseph Stratmann, vgl. Zink 1985, S. 221f. sowie Foto von 1934.
[232] Keinemann 1996, Bd. I, S. 399ff.

86 A 37 Hl. Petrus mit dem Hahn
Brakel-Erkeln, kath. Pfarrkirche St. Petri Ketten, Beichtstuhl
Öl auf Leinwand
Nach 1800

Petrus erscheint als Halbfigur hinter einer fast altarähnlich ausgestalteten Erderhebung, auf der seine Attribute Buch und Schlüssel liegen. Der Oberkörper wendet sich leicht nach rechts, der Blick richtet sich gen Himmel, die Hände sind gefaltet. Petrus ist als älterer Mann mit weißem Haar und Bart dargestellt. Er trägt ein blaugraues Gewand und einen braunen, den Oberkörper weitgehend frei lassenden Mantel. Im Bildhintergrund steht auf einem Gatter ein krähender Hahn vor einer nur angedeuteten Landschaft. Hinter Petrus selbst befindet sich eine Baumstaffage.
Die Bildszene nimmt Bezug auf die Petrus von Jesus selbst prophezeite Verleugnung: „Wahrlich, ich sage dir: In dieser Nacht, ehe der Hahn kräht, wirst du mich dreimal verleugnen" (Matthäus 26, Vers 34). Thematisiert ist die Reue Petri über die geschehene Verleugnung.

Unveröffentlicht.

87 A 38 Christus als Guter Hirte
Brakel-Erkeln, kath. Pfarrkirche St. Petri Ketten, Beichtstuhl
Öl auf Leinwand
Nach 1800

Vor einer durch ein Gatter abgetrennten Weide im Bildhintergrund, auf der ein Schaf grast, steht Christus mit Hirtenstab und einem weiteren Schaf auf den Schultern. Er ist in Halbfigur gezeigt, bekleidet mit einem hellgrauen Gewand und einem hellroten Mantel. Der Kopf Christi ist in das Profil nach rechts gewendet, so daß er den Betrachter nicht anblickt. Die Hände sind vor den Oberkörper angehoben und halten ein Bein des Schafes bzw. den Hirtenstab. Der Kopf des Schafes wendet sich hingegen dem Betrachter zu, sein Blick scheint ihn zu fixieren.
Hinter der Bildthematik steckt die Vorstellung von Christus als sündenvergebendem Retter, der das verlorene Schaf, sprich den Sünder, heimholt. Wie Petrus mit dem Hahn, bezieht sich auch die Darstellung des Guten Hirten auf das Thema der Buße. Beide Darstellungen erscheinen – in der typischen Form des Halbfigurenbildes – deshalb häufig in den Bekrönungen barocker Beichtstühle, sei es nun als Gemälde oder in geschnitztem Relief, wie z. B. in den Beichtstühlen der ehemaligen Jesuitenkirche in Büren.[233]

Unveröffentlicht.

B. Gemälde profaner Thematik

B 1 Spielende Putten mit Ziegenbock   88
Hildesheim, Roemer-Museum, Inv.-Nr. G 12
Öl auf Leinwand, 128 x 178 cm, schlechter Erhaltungszustand, Leinwanddurchbrüche, aufstehende Malschicht, Lacküberzug.
Supraporte aus der fürstbischöflichen Residenz Hildesheim im originalen Zierrahmen
1763

Zwei Putten versuchen mit Hilfe eines Seiles, einen Ziegenbock, auf dem ein weiterer Putto reitet, nach links zu ziehen. Zwischen den Beinen des Ziegenbocks in der Bildmitte kriecht ein Putto mit einer Weintraube, hinter dem Ziegenbock versucht ein anderer, der eine Weinrebe in der Hand hält, das Tier durch Schieben zum Weitergehen zu ermutigen. Zwei weitere Putten befinden sich im Gefolge des Ziegenbocks, der eine hält eine Lanze oder etwas Ähnliches, und legt die andere Hand auf die Schulter seines sich vorbeugenden Begleiters. Das Ganze ist lokalisiert in einer sparsam angedeuteten Landschaft.
Diese und die beiden folgenden Supraporten sind im Inventar der Residenz verzeichnet: *1789: 4. 3 Stück Stiftshistorien, welche weggenommen stadt dessen sind 3 Dessous de porte spilandt Kinder mit vergoldeten Rahmen hingekommen* (Niedersächsisches Hauptstaatsarchiv Hannover, Hildesheim R 20, Nr. 125: Tit. 9 Mobilien und Holzgeräte. Freundliche Auskunft von Frau Dr. Stein).
Die Archivalie gibt leider keine Auskunft darüber, ob die Supraporten 1789 für den Austausch neu angefertigt oder von anderer Stelle der fürstbischöflichen Residenz herangeholt wurden. Es ist indes jedoch unwahrscheinlich, daß solche dermaßen stark der barocken Tradition verpflichteten Darstellungen 1789, zumal zu Beginn der Regierungszeit des als nüchtern bekannten Franz Egon von Fürstenberg, noch entstehen konnten. Denkbar

---
[233] S. Strohmann 1994, S. 168ff. m. Abb. Die Darstellung des Guten Hirten befindet sich hier in einer Portalbekrönung am ehem. Aufstellungsort der Beichtstühle, die heute in Brilon stehen.

wäre es eher, daß sie als Ausstattungsstücke in die Phase der Herrichtung der Residenz für den 1763 neu gewählten Fürstbischof Friedrich Wilhelm von Westphalen gehören, sofern sie nicht aus ganz anderem Zusammenhang stammen.

Thematisch sind alle drei Supraporten unter dem Oberbegriff des Kinderbacchanals zu einer Darstellungsfolge zusammenzufassen. Die Darstellung eines Bacchanals, eines Festes oder eines Triumphzuges zu Ehren des Weingottes Dionysos, lateinisch Bacchus, ist ein antikes Bildthema, das sich seit der Renaissance großer Beliebtheit erfreute, besonders auch in Barock und Rokoko. Das muntere Treiben des vom Weingenuß berauschten Bacchus und seines Gefolges von Satyrn und Mänaden wird beim Kinderbacchanal von nackten Putten dargestellt.[234] Die wilde Triebhaftigkeit des Bacchanals ist auf diese Weise in die Sphäre neckischer, harmloser Kinderspiele transformiert. Weintrauben und Ziegenbock dienen als rein motivischer Hinweis auf den bacchantischen Charakter der Darstellung, die auf diese Weise als dekorative Ausstattungskunst mit lediglich leicht pikanter Note auch Einzug in eine Bischofsresidenz des Rokoko halten konnte.

In der vorliegenden Szene darf man vielleicht das eigentliche Kernstück des Kinderbacchanals, den Triumphzug des Bacchus selbst, erkennen. Ganz ähnlich ist diese Gruppe in einem Kupferstich nach Johann Heinrich Schönfeldt (1609-1682) dargestellt, wo allerdings der den Bacchus verkörpernde Putto auf dem Ziegenbock durch einen Weinlaubkranz auf dem Kopf hervorgehoben ist.[235]

Der stilistische Befund läßt keinen Zweifel daran, daß alle drei Supraporten von einer Hand stammen. Die Zuschreibung an Anton Joseph Stratmann beruht auf der Übereinstimmung des Puttentypus im Vergleich mit gesicherten Werken des Malers, wie der Himmelfahrt Mariens in Erwitte (s. Kat.-Nr. A 3), den Altarbildern in Büren und Huysburg (s. Kat.-Nr. A 8, 9, 18, 23, 24) sowie den unzweifelhaft zuzuschreibenden Altarbildern in Altenrüthen und Geseke (s. Kat.-Nr. A 1, 2, 4). In allen genannten Werken sind die Putten durch schwellende, derbe Körperlichkeit und die unverwechselbaren Gesichtszüge, durch Malweise und Lichtregie übereinstimmend ausgezeichnet.

B 2 Spielende Putten mit Ziegenbock 89
Hildesheim, Roemer-Museum, Inv.-Nr. G 13
Öl auf Leinwand, 126 x 178 cm, schlechter Erhaltungszustand, Leinwanddurchbrüche, aufstehende Malschicht, Lacküberzug
Supraporte aus der fürstbischöflichen Residenz Hildesheim im originalen Zierrahmen
1763

In der Bildmitte bäumt sich ein Ziegenbock auf, auf dessen Rücken zwei Putten im Aufsteigen begriffen sind. Der vordere hält sich an den Hörnern des Bocks fest. Der hintere mit Weintraube in der Hand schwingt gerade sein Bein über den Rücken des Tieres. Ein dritter Putto will ihm dabei behilflich sein, stolpert aber über einen am Boden liegenden Felsbrocken. Ein vierter Putto im Mittelgrund dahinter ist wegen des schlechten Erhaltungszustandes des Bildes nicht genau zu erkennen. Mit einem Strick versucht ein anderer Putto den Kopf des Bocks herunterzuziehen und ihn am Abwerfen der Reiter zu hindern. Landschaftselemente bilden erneut die Hintergrundsstaffage.

Unveröffentlicht.

B 3 Spielende Putten 90, 49
Hildesheim, Roemer-Museum, Inv.-Nr. G 15
Öl auf Leinwand, 107 x 191 cm
Supraporte aus der fürstbischöflichen Residenz Hildesheim im originalen Zierrahmen
1763

Im unmittelbaren Bildvordergrund agieren zwei Gruppen von je drei, durch minimale Gewanddraperien nur notdürftig verhüllten Putten von derber Fleischlichkeit. In der rechten Gruppe dreht ein etwas abseits stehender Putto den anderen den Rücken zu und hält sich mit der linken Hand einen Gewandzipfel vors Gesicht. Die beiden anderen verspotten ihn, indem der eine sitzende Putto „eine lange Nase dreht", der andere stehende die „Schäm dich"-Geste ausführt. In der zweiten Gruppe sitzen sich zwei Putten, die gemeinsam eine flache Schale mit einer Flüssigkeit halten, gegenüber. Beide blicken auf die Schale. Ein dritter Putto steht neben ihnen und hält eine Traube über die Schale. Im Mittelgrund links betrachtet ein siebter Putto das Treiben, ohne erkennbaren Anteil daran zu nehmen. Die Szene ist

---
[234] S. Stichwort Bacchanal im Reallexikon zur deutschen Kunstgeschichte, Bd. 1. Stuttgart 1937, Sp. 1321-1330, mit Bildbeispielen.
[235] Ebd., Abb. 5.

mit einem Landschaftshintergrund hinterlegt. Links bildet eine Berg- und Wolkenformation eine dunkle Folie für die Figuren, rechts gleitet der Blick des Betrachters in dunstige, landschaftlich nicht genau definierte Fernen bis zum Horizont.

Farblich ist das Gemälde von den Braun- und gedämpften Grüntönen der Landschaft und den hellbeigen Inkarnattönen dominiert. Sparsame Farbakzente setzen das Rot, Blau, Violett und Weiß der Gewänder.

Kat. Hildesheim 1995, Abb. 35.

91 B 4 Jagdstilleben mit erlegtem Hasen
Westfälischer Privatbesitz
Öl auf Leinwand, 88 x 58 cm, doubliert
Bez. u. li.: *A. Straetman pinxit*
Aufschrift u. re.: *am Ettler steg – geschoßen von dem Domkellner Fhr. v. Weichs im jahre 1797. 28 tr octobr*
1797

Mit zusammengebundenen Hinterläufen hängt ein erlegter Hase an einem Nagel, der neben zwei anderen in eine nicht näher definierte Wand eingeschlagen ist. Kopf und Vorderläufe des Tieres ruhen in Seitenlage auf einem Holztisch, auf den der Betrachter von oben herabschaut. Die Seitenfläche der Tischplatte trägt Signatur und Aufschrift.

Das Bild ist ganz in dunklen Brauntönen gehalten, aus denen das durch die gezielte Beleuchtung hervorgehobene goldfarbene Fell des Hasen aufscheint. Die weiche, mit Hilfe des Helldunkels großzügig durchmodellierte Stofflichkeit des Fells zeigt die malerische Meisterschaft des 63jährigen Stratmann.

Die künstlerische Darstellung von Jagdbeute hatte zur Zeit der Entstehung von Stratmanns Gemälde bereits eine lange Tradition, die schließlich im 17. Jahrhundert zur Ausbildung der opulenten, mit erlegten Tieren und Jagdgerät reich bestückten Jagdstilleben führte.[236] Diese Kunstgattung wurde besonders in der holländischen und flämischen Malerei durch zahlreiche darauf spezialisierte Maler wie Snyders, Boel, Fyt, Weenix und andere gepflegt. Ganz in diesem Sinne ist auch ein Jagdstilleben des 18. Jahrhunderts im Antwerpener Museum der Schönen Künste gemalt, das unter anderem einen Hasen in einer Stratmanns Bild sehr ähnlichen Stellung zeigt.[237] Es stammt von dem Antwerpener Maler Pieter Snyers (1681-1752), der bis zu seinem Tod Lehrer an der Antwerpener Akademie war, die Stratmann 1754/55 besuchte.[238] Der Paderborner Maler mag das Bild Snyers' gekannt haben. Auf jeden Fall zeigt der Vergleich der beiden Bilder, daß die meisterhafte stoffliche Wiedergabe des Hasenfells bei Stratmann ihren Ursprung in der flämischen Malerei und der Antwerpener Akademieausbildung hat und diese auch noch für das Alterswerk des Paderborner Malers von entscheidender Bedeutung ist.

Im Gegensatz zu dem Gemälde Snyers' stellt Stratmanns Bild eine auf jedes dekorative Beiwerk und Sinnbefrachtung verzichtende, durch die Aufschrift auf das konkrete Jagdereignis am *Ettler Steg* bezogene Wiedergabe des einzelnen erlegten Tieres dar. Für den waidmännisch ungeschulten Betrachter ist allerdings nicht zu ersehen, was die Besonderheit des Hasen ausmacht, die ihn aus der Masse der Jagdbeute heraushob und darstellungswürdig werden ließ. Die Entscheidung fällt schwer, ob der Maler nun tatsächlich einen bestimmten Hasen porträtiert hat oder ob er uns ein Idealbild zeigt.

Bei dem in der Aufschrift als Schütze genannten Domkellner von Weichs handelt es sich aller Wahrscheinlichkeit nach um Franz Philipp Freiherr von Weichs zu Wenne (1757 oder 1758-1831), der dieses Amt in Paderborn am 31. Januar 1797 angetreten hatte.[239] Ihm oblag die Vermögensverwaltung des Domkapitels und in diesem Zusammenhang auch die Oberaufsicht über die domkapitularischen Forsten.[240] Umfangreichen Waldbesitz hatte das Domkapitel u. a. südlich von Paderborn im Tal der Altenau, in dem auch die Ortschaft Etteln liegt.[241] Möglicherweise ist also der *Ettler Steg*, an dem der Hase geschossen wurde, in dieser Gegend zu suchen. Jeder Domherr hatte das Recht, in den domkapitularischen Forsten *mit Hunden und dem Horn zu jagen*.[242] Die Jagd als adeliges Vorrecht war

---

[236] Claus Grimm, Das Jagdstilleben. In: Stilleben in Europa. Ausstellungskatalog Münster 1980, S. 253-263.

[237] Morel-Deckers 1988, S. 101.
[238] Vgl. ebd., S. 98.
[239] Angaben nach Michels 1966, S. 148, und Keinemann 1996, Bd. II, S. 208, 233.
[240] Keinemann 1996, Bd. II, S. 203ff.
[241] Anton Voss, Die Grundherrschaft im Altenautale, in: WZ 91, 1935, II, S. 61-129, hier S. 90.
[242] Zitiert nach ebd., S. 101 (Domäneninspektor Rose 1811 an den Generaldirektor der Domänen und direkten Steuern des Königreiches Westphalen).

durchaus mit dem geistlichen Stand des Domherrn vereinbar, ja sie dürfte sogar ein wesentlicher Bestandteil der Lebensgewohnheiten der Domkapitulare gewesen sein.[243]

Das Bild befindet sich mindestens seit 1829 im jetzigen Besitz. Unklar ist, ob der Schütze die Darstellung selbst bei Stratmann in Auftrag gab oder ob es vom Veranstalter der Jagd, der nicht unbedingt mit dem Schützen identisch sein muß, etwa zum Schmuck eines Jagdzimmers geordert wurde. Das Gemälde ist das einzige bisher bekannt gewordene Stilleben von Anton Joseph Stratmann.

Unveröffentlicht.

C. Porträts

C 1 Hermann Werner von der Asseburg
Westfälischer Privatbesitz
Öl auf Leinwand, 175 x 122 cm
Bald nach 1755

Kniestück nach links, stehend im Dreiviertelprofil vor dem Tisch, den Kopf dem Betrachter zugewendet. Seine linke Hand ergreift den auf dem Tisch liegenden Dreispitz, dahinter befindet sich ein Helm. Die rechte Hand ist auf den Kommandostab gestützt. Volle Rüstung mit Degen. Über seiner rechten Schulter Ordensband mit dem Großkreuz des Michaelsordens. Stark bewegte voluminöse Manteldraperie mit dem Bruststern des Michaelsordens. Geraffter Vorhang über dem Tisch, ansonsten neutrale Hintergrundsfolie.
Das Gemälde konnte nicht besichtigt werden.
Hesse konstatierte eine leichte und weiche Malweise sowie frische Farbgebung, die die Antwerpener Schulung Stratmanns deutlich werden lasse. Sie hielt das Bild für ein Frühwerk, worin ihr zuzustimmen ist. Das Gemälde muß unmittelbar nach der Rückkehr Stratmanns aus Antwerpen entstanden sein. Gegenüber den späteren Porträts Stratmanns fallen das Bildformat und die ausgeprägte, aus dem Herrscherbildnis entlehnte Pose des Dargestellten auf.

Das Bild befindet sich in einer Stuckrahmung über dem Kamin des Festsaales, der in der Ausbauphase des Schlosses 1736 bis 1746 entstand. Das in der gegenüberliegenden Saalwand angebrachte Bildnis der Ehefrau Theresia von der Asseburg wurde bei einem Brand 1934 zerstört und durch eine Neuschöpfung ersetzt. Nach dem Foto des verbrannten Originals zu urteilen, stammte das Porträt nicht von Anton Joseph Stratmann.
Biographische Angaben s. Kat.-Nr. C 40.

Hesse 1966, S. 252f., Abb. 95.

C 2 Nikolaus Dammers
Westfälischer Privatbesitz
Öl auf Leinwand, 84 x 70 cm, stark verbräunter Firnis
Frühe 1760er Jahre

Halbfigur nach links. Dunkelblauer Rock, helle, mit goldenen und grünen Fäden in floralem Muster bestickte Weste, weißes Hemd mit Jabot und Ärmelrüschen aus Spitze, weiße Halsbinde. Glatt fallende Haare. Sitzt im Dreiviertelprofil nach links, der Blick wendet sich dem Betrachter zu. Der linke Arm ruht auf einem Tisch mit Marmorplatte am rechten Bildrand, die rechte Hand hält zwischen Daumen und Zeigefinger eine Taschenuhr mit geschlossenem Deckel. Im Hintergrund die holzvertäfelte Wand eines Zimmers, davor ein geraffter Vorhang, der über die Stuhllehne fällt.
Das Bildnis ist als Pendant zu dem Porträt der Ehefrau (s. Kat.-Nr. C 3) gestaltet und somit wohl ebenfalls in den frühen sechziger Jahren entstanden. Nikolaus Dammers (1731?-1784) war 13 Jahre jünger als seine Frau und stand zum Zeitpunkt der Anfertigung der Porträts erst in den Dreißigern. 1762 wurde den in Paderborn ansässigen Eheleuten der Sohn Richard Cornelius Dammers (1762-1844) geboren, der später der erste bürgerliche Bischof von Paderborn werden sollte.

Unveröffentlicht.
Herrn Dr. Heege, Olsberg, sei für seine Hilfe herzlich gedankt.

C 3 Anna Sabina Dammers
Westfälischer Privatbesitz
Öl auf Leinwand, 85 x 73 cm, Abplatzungen der Malschicht, einzelne Löcher, stark verbräunter Firnis
Frühe 1760er Jahre

---
[243] Vgl. Keinemann 1996, Bd. II, S. 213.

Halbfigur nach rechts. Dunkelbraunes Kleid mit buntem Blumenmuster und Knopfleiste (Perlen) am Mieder. Ärmel mit Spitzenbesatz. Schultern und Décolleté sind mit einem Schultertuch aus Spitze bedeckt. Halsband aus braunem gekräuselten Stoff mit Perlenbrosche, hellblauer Schleife und langfallendem Zipfel. Perlenohrringe. Die Haare sind auf dem Kopf zu einem Dutt hochgebunden, der von einem mit Blüten geschmückten Band gehalten wird. Frau Dammers sitzt im Dreiviertelprofil auf einem Stuhl mit Rohrgeflechtlehne. Der Blick richtet sich auf den Betrachter. Der rechte Arm ist auf einen am linken Bildrand stehenden runden Tisch mit Marmorplatte gestützt. Die linke Hand liegt locker im Schoß. Im Hintergrund ist die hölzerne Vertäfelung einer Zimmerwand zu erkennen.

Anna Sabina Dammers (1718?-1789), verw. Unkraut, geb. Kannegießer stammte aus einer angesehenen Briloner Bürgerfamilie und heiratete 1748 den bereits 1753 als Paderborner Bürgermeister verstorbenen Johann Heinrich Unkraut. 1756 ging sie eine zweite Ehe mit dem Paderborner Kaufmann Nikolaus Dammers (1731?-1784) ein. Ihr Bildnis ist das Gegenstück zu dem Porträt ihres zweiten Mannes in demselben Privatbesitz (s. Kat.-Nr. C 2). Michels' Datierung des Porträts in das Jahr 1753 dürfte schon allein aus diesem Grund nicht zutreffen.[244] Nach dem Alter der Dargestellten, das sicher nicht unter Vierzig liegen kann, muß man eher an eine Entstehung in den frühen sechziger Jahren denken.

Michels 1963, S. 416. – Hansmann/Butt 1978, S. 10.

Herrn Dr. Heege, Olsberg, danke ich herzlich für seine Hilfe.

C 4 Fürstbischof Friedrich Wilhelm von Westphalen

Westfälischer Privatbesitz
Öl auf Leinwand
Bald nach 1763

Kniestück nach links, sitzend in einem roten Polstersessel neben einem reich geschnitzten Tisch mit Marmorplatte. Bekleidet mit Soutane, Rochett, dunkelgrauer, fast schwarz gehaltener Cappa magna, Brustkreuz mit Edelsteinen und Brillanten sowie Coulant an rotem Band, Beffchen, Perücke mit Mittelscheitel und je drei seitlichen Lockenreihen. Seine rechte Hand liegt auf einem roten Birett auf dem Tisch, dahinter Fürstenhut und Mitra. Die linke Hand ruht entspannt auf dem linken Oberschenkel. Im Hintergrund gerafter dunkelgrüner Vorhang mit Posamenten, der den Blick auf eine architektonisch gegliederte Innenraumwand freigibt.

Bis auf den geringfügig weiter gefaßten Bildausschnitt und winzige motivische Abänderungen sowie die abweichende Farbigkeit ist das Gemälde mit dem bisher Johann Georg Ziesenis zugeschriebenen Porträt des Fürstbischofs im Hildesheimer Roemer-Museum (Kat.-Nr. C 5) identisch. Qualitätsunterschiede sind zwischen den auch stilistisch übereinstimmenden Bildern nicht festzustellen. Beide sind als eigenhändige Werke Anton Joseph Stratmanns anzusprechen, der wie auch bei den Bildnissen des Wilhelm Anton von der Asseburg (s. Kat.-Nr. C 10-13) den einmal nach der Natur genommenen Porträtkopf in verschiedenen Ausschnitt- und Motivvarianten einsetzt.

Friedrich Wilhelm Freiherr von Westphalen (1727-1789), Domherr der vier Kapitel zu Paderborn, Hildesheim, Osnabrück und Münster, wurde 1763 zum Fürstbischof von Hildesheim gewählt.[245] Nach Beendigung des Siebenjährigen Krieges und zweijähriger Vakanz des Hildesheimer Bischofsstuhls trat er sein Amt im selben Jahr an wie in Paderborn sein Onkel Wilhelm Anton von der Asseburg. Beide Fürstbistümer waren den Säkularisationsgelüsten der Großmächte noch einmal entkommen. Friedrich Wilhelm von Westphalen richtete als erster Fürstbischof nach langer Zeit wieder seine Hofhaltung in Hildesheim ein, für die er das berühmte Silberservice anschaffen ließ.[246] Hildesheim blieb auch sein bevorzugter Aufenthaltsort, als er 1782 die Nachfolge seines Onkels als Fürstbischof von Paderborn antrat.

Hesse vermutet die Herkunft des Bildes aus dem Nachlaß des Kaplan Brandt. Es wurde daher wohl nicht ursprünglich für den heutigen Aufbewahrungsort geschaffen.

---

[244] Michels 1963, S. 416.

[245] Biographische Daten nach Brandt/Hengst 1984, S. 282ff.
[246] S. Kat. Hildesheim 1995.

Man muß annehmen, daß das repräsentative Herrscherporträt wie die folgenden Katalognummern nicht lange nach dem Amtsantritt des Kirchenfürsten entstanden sein werden, um den vielerorts auftretenden Bedarf nach einem Bildnis des neuen Landesherrn zu decken.

Hesse 1966, S. 256.

96 **C 5 Fürstbischof Friedrich Wilhelm von Westphalen**
Hildesheim, Roemer-Museum
Öl auf Leinwand, 153 x 125 cm
Bald nach 1763

Motivisch geringfügigst abgeänderte Variante des
95 vorangehenden Porträts (Kat.-Nr. C 4). Cappa magna rotbraun, Polstersessel dunkelgrün, Vorhang rot.
Die bisherige Zuschreibung des Bildnisses an Johann Georg Ziesenis beruht auf einem auf Seide
24 gedruckten Schabkunstporträt des Fürstbischofs, angefertigt von Gabriel Bodenehr aus Augsburg. Dieses 49 x 31,5 cm (Plattenrand) große Porträt (Exemplare im Roemer-Museum und im Museum für Stadtgeschichte Paderborn) trägt die Bezeichnung: *I. G. Zisenis. Effig. pinx.* und weicht motivisch kaum von dem gemalten Bildnis im Roemer-Museum ab, weshalb man in diesem die Vorlage für das Schabkunstblatt sah. Das Gemälde erscheint auch in dem erst jüngst von Karin Schrader publizierten Werkkatalog des zeitweiligen Hannoveraner Hofmalers Ziesenis als Werk des Künstlers. Tatsächlich wirkt es jedoch fremd in dem nun mit guten Abbildungen dokumentierten Œuvre des Ziesenis mit seiner weichen, schmelzenden Farb- und Lichtmodellierung. Insbesondere die metallisch scharfe, sehr genaue Wiedergabe der Spitze des Rochetts in dem Hildesheimer Gemälde unterscheidet sich deutlich von der üblichen, eher summarischen, in den Konturen der Einzelheiten verschwimmenden Wiedergabe von Spitze bei Ziesenis. Zudem läßt sich das Bild des Roemer-Museums ohne stilistische Unstimmigkeiten in die Reihe der in Westfalen erhaltenen, Stratmann zugeschriebenen Porträts Friedrich Wilhelm von Westphalens
95-99 (s. Kat.-Nr. C 4-9) einreihen, der den Paderborner Maler mehrfach mit bedeutenden Aufträgen in Westfalen, aber auch in Hildesheim betraut hat.
Man kann daher vielleicht annehmen, daß sich in dem Porträt des Roemer-Museums eine von mehreren leicht variierten Repliken des verlorenen Ziesenischen Bildnisses von der Hand Anton Joseph Stratmanns erhalten hat.

Kat. Hildesheim 1995, Abb. S. 7. – Schrader 1995, S. 235, Nr. 189.

C 6 Fürstbischof Friedrich Wilhelm von Westphalen **97**
Westfälischer Privatbesitz
Öl auf Leinwand, 92 x 58 cm
Bald nach 1763

Nur geringfügig abweichende Variante der beiden vorangehenden Porträts des Fürstbischofs. Der Bildausschnitt ist im unteren Bereich etwas enger gefaßt, von Westphalen hält das Birett in der rechten Hand, der rechte Unterarm ruht anstelle des Biretts auf dem Tisch. Vorhangdraperie und Hintergrund sind motivisch leicht verändert. Vorhang rot, Polstersessel blau, Cappa magna hellgrau, Hintergrund grünlich.
Hesse beurteilt das Bild als eigenhändige Replik Anton Joseph Stratmanns. Welches Porträt den Ausgangspunkt der ganzen Reihe von Bildnissen des Fürstbischofs von der Hand Stratmanns darstellt, ist schwer zu entscheiden. Die Eigenhändigkeit ist bei dem vorliegenden Bild jedenfalls gegeben.

Hesse 1966, S. 256.

C 7 Fürstbischof Friedrich Wilhelm von Westphalen **98**
Westfälischer Privatbesitz
Öl auf Leinwand, schlechter Zustand, Leinwanddurchstoßungen
Bald nach 1763

Variante zu den vorangehenden Bildern. Sitzmotiv, Körperhaltung, Bekleidung, Hintergrund, Attribute wie dort, aber zur Ganzfigur erweitert. Schnallenschuhe. Schmuckfußboden aus zweifarbigen Steinplatten in geometrischen Grundformen. Handhaltung leicht abgewandelt: Seine Rechte liegt anstelle des Biretts geöffnet auf dem Tisch, die Linke greift in die Falten des Mantels.
Vorhang rot, Polstersessel rot, Cappa magna hellgrau, Hintergrund grünlich. Pendant zu Kat.-Nr. **101**
C 10.

Mertens 1892, S. 34, Abb. vor S. 33. – Michels 1963, S. 415. – Hesse 1966, S. 255.

C 8 Fürstbischof Friedrich Wilhelm von Westphalen
Westfälischer Privatbesitz
Öl auf Leinwand, ca. 400 x 200 cm, großflächige Malschichtfehlstellen, zugehöriger Rahmen mit Namensmonogramm *FW*
Bald nach 1763

Ganzfigur, stehend nach links. Bekleidung wie bei den vorangehenden Bildern. Steht vor einem blaßroten Polstersessel und neben einem Tisch mit geschnitzten Füßen und Marmorplatte, darauf Fürstenhut und Mitra. Seine rechte Hand hält ein rotes Birett auf dem Tisch, die linke greift in eine Mantelfalte. Links hinter dem Tisch Säule auf hohem Postament. Vorhang als dunkelgrüne Hintergrundsfolie. Am oberen Bildrand Durchblick auf architektonischen Hintergrund (Doppelpilaster). Steinplattenfußboden.
Weitere eigenhändige Variante des Stratmannschen Porträttypus.

Th.-B., S. 161. – BKW Warendorf, S. 151, Abb. 225, ohne Zuschreibung, datiert um 1780. – Michels 1963, S. 417.

C 9 Fürstbischof Friedrich Wilhelm von Westphalen
Westfälischer Privatbesitz
Öl auf Leinwand
Bald nach 1763

Halbfigurenbild, ohne Hände, nach links. Porträtkopf, Körperwendung und Bekleidung wie bei den vorhergehenden Bildnissen des Fürstbischofs. Neutraler brauner Hintergrund.
Wie schon von Hesse bemerkt, wohl eigenhändige Replik Stratmanns.

Hesse 1966, S. 257.

C 10 Fürstbischof Wilhelm Anton von der Asseburg
Westfälischer Privatbesitz
Öl auf Leinwand, 160 x 120 cm, schlechter Zustand, Leinwanddurchstoßungen
Bald nach 1763

Ganzfigur, sitzend nach rechts auf rotem Polstersessel mit geschnitzter Lehne, davor am linken Bildrand Tisch mit roter Decke, darauf Fürstenhut und Mitra. Die linke Hand liegt auf der Sessellehne, der rechte Unterarm stützt sich auf den Tisch. Der Blick richtet sich auf den Betrachter. Bekleidung wie im vorangehenden Bild (Kat.-Nr. C 9). Bischofsring am Ringfinger seiner rechten Hand. Hinter dem Stuhl Säule auf hohem Postament. Dahinter gerraffter, dunkelgrüner Vorhang mit Goldfransenborte, der den Blick auf eine profilierte Wandgliederung mit Pilasterstellung freigibt. Schwarzweiß gefelderter Natursteinplattenfußboden. Pendant zu dem Bild Kat.-Nr. C 7.
Biographische Angaben s. Kat.-Nr. C 46.

Unveröffentlicht.

C 11 Fürstbischof Wilhelm Anton von der Asseburg
Westfälischer Privatbesitz
Öl auf Leinwand, 89 x 58 cm
Bald nach 1763

Kniestück nach rechts. Sitzmotiv und Bekleidung sowie deren Farbigkeit wie im vorangehenden Bild (Kat.-Nr. C 10). Motivische Variation von Kleinigkeiten in Faltenwurf, Handhaltung etc. Bischofsring auf dem kleinen Finger der rechten Hand. Ein hellgrüner Vorhang verhüllt eine nur in kleinem Ausschnitt sichtbare Architektur im Hintergrund. Hinter dem Stuhl des Fürstbischofs ist eine Säule auf hohem Postament zu erkennen. Am rechten Bildrand erscheint ein weiterer, mit Hilfe einer Kordel gerraffter dunkelgrüner Vorhang mit Posamenten und hellgrünem Futter.
Variante des vorangehenden Bildes (Kat.-Nr. C 10) mit verändertem Bildausschnitt. Von Hesse als „eigenhändige Replik" eingestuft. Pendant zu dem Bild Kat.-Nr. C 6.
Aufgrund des geschweiften Umrisses des Bildes dürfte es wie sein Pendant ehemals Bestandteil einer architektonischen Wandgliederung aus Stuck oder Holz gewesen sein.

Hesse 1966, S. 256.

C 12 Fürstbischof Wilhelm Anton von der Asseburg
Westfälischer Privatbesitz
Öl auf Leinwand, ca. 300 x 200 cm, zahlreiche Malschichtfehlstellen
Bald nach 1763

Kniestück, sitzend in Polstersessel nach links, den Kopf nach rechts gewendet, neben reichgeschnitztem Tisch mit Marmorplatte am linken Bildrand. Auf dem Tisch Fürstenhut, Birett und Mitra. Bekleidet mit Soutane, Spitzenrochett, grauer Cappa magna, Beffchen, Perücke, Brustkreuz. Ring am Ringfinger der rechten Hand. Die linke Hand greift in die Mantelfalten, die rechte liegt auf dem Birett auf dem Tisch. Hinter und über dem Fürstbischof ein geraffter blauer Vorhang mit grünem Futter und Posamenten, der den Blick auf ein Fenster und die hölzerne Wandvertäfelung eines Innenraumes eröffnet. Offenbar zugehöriger reich geschnitzter Rahmen mit Namensmonogramm *WA*.

Das Sitzmotiv der beiden vorhergehenden Bilder (Kat.-Nr. C 10, 11) erfährt hier eine Variation durch die Abänderung der Anordnung des Porträtierten und seiner Handhaltung.

Unveröffentlicht.

C 13 Fürstbischof Wilhelm Anton von der Asseburg
Westfälischer Privatbesitz
Öl auf Leinwand
Bald nach 1763

Ganzfigur, stehend, nach links gewendet, Kopf nach rechts zurückgedreht. Bekleidet mit Schnallenschuhen, Soutane mit roten Knöpfen, Spitzenrochett, schwarze Cappa magna, Beffchen, Brustkreuz, Perücke. Kontrapostische Körperhaltung: Sein rechtes Bein ist als Spielbein vorangestellt, der linke Arm hängt locker herab, die Hand greift in eine Falte des Rochetts, zum Standbein korrespondiert der rechte Arm, mit dem sich der Porträtierte auf einem hohen Postament am linken Bildrand abstützt. In der rechten Hand das rote Birett. Auf der Vorderseite des Postamentes befindet sich das fürstbischöfliche Wappen, oben darauf liegen Fürstenhut und Mitra. Rechts hinter dem Fürstbischof steht ein Polstersessel mit vergoldeten Schnitzereien und roter Polsterung. Im Hintergrund links ein geraffter roter Vorhang vor einer architektonischen Wandgliederung, rechts ein Säulenpaar auf hohem Postament. Gefelderter Fußboden aus grünlichen Natursteinplatten mit roten Einfassungsstreifen.

Nach Hesse kein Stratmann. Das Bild zeigt jedoch dieselbe Haltung und Durchbildung des Porträtkopfes wie die übrigen Porträts des Asseburgers von der Hand Stratmanns. Auch die Details der Gewanddurchbildung sprechen für seine Urheberschaft.

Hesse 1966, S. 257.

C 14 Clemens August von Wolff-Metternich
Westfälischer Privatbesitz
Öl auf Leinwand, 87 x 66 cm, doubliert
Um 1766

Halbfigur im Dreiviertelprofil nach links. Hellblauer Rock mit gestickten Borteninitationen um Knöpfe und Knopflöcher. Darunter Küraß. Weißes Hemd mit Spitzenjabot und Ärmelrüschen aus Spitze. Haare der Perücke hinten mit schwarzer Schleife zusammengebunden. Der Dargestellte steht vor einem Tisch. Die rechte Hand liegt auf einem Helm mit weißem Federbusch. Die linke Hand ruht auf dem Tisch neben einem Schlüssel mit anhängenden Quasten. Graubrauner Hintergrund.
Clemens August Freiherr von Wolff-Metternich zu Wehrden (1738-1817) war Erbherr zu Wehrden, kurkölnischer Kammerherr und Drost zu Wewelsburg.[247] Er heiratete 1766 Maria Theresia von Hamm, deren Porträt als Gegenstück ebenfalls von Stratmann gemalt wurde (s. Kat.-Nr. C 15). Anlaß für die Porträts dürfte die Hochzeit des Paares gewesen sein.

Unveröffentlicht.

C 15 Maria Theresia von Wolff-Metternich
Westfälischer Privatbesitz
Öl auf Leinwand, 87 x 66 cm, doubliert. Übermalter Streifen am unteren und linken Bildrand
Rückseitig Aufschrift: *M. Theres Wolff-Metternich née Baroness de Hamm rest. 1967*
Um 1766

Halbfigur (ohne Hände) nach links, Kopf nach rechts zurückgedreht. Hellblaues Kleid mit Spitzenbesatz am Ausschnitt. Lange, in Spitzenmanschetten endende Ärmel (Engageantes). Über der rechten Schulter drapierter Umhang aus Spitze. Um den Hals hellblaue Schleife. Im Haar hellblaue und weiße Feder. Ohrgehänge. Graubrauner Hintergrund.
Maria Theresia von Hamm (1742-1821) heiratete 1766 Clemens August von Wolff-Metternich. Aus

---

[247] Daten nach von Wolff-Metternich 1985, S. 44ff. und Keinemann 1996, Bd. II, S. 281, Bd. III, Register.

Anlaß der Hochzeit werden die beiden Porträts als Gegenstücke entstanden sein (s. Kat.-Nr. C 14).²⁴⁸

Unveröffentlicht.

C 16 Philipp von Spiegel
Westfälischer Privatbesitz
Öl auf Leinwand, 95,5 x 73,5 cm, Firnis krepiert
Rückseitig Aufschrift: *Philipp von Spiegel Fürst. Abt Bischof zu Corvei*
Vor 1769

Halbfigur nach links. Talar mit Ärmelaufschlägen und Handkrause aus Spitze und breitem Kragen. Die rechte Hand ist auf Bauchhöhe in den Talar geschoben. Ohne Perücke. Scheitelkäppchen. Die Linke hält ein geschlossenes Buch, der Zeigefinger ist zwischen die Seiten gesteckt. Der Dargestellte trägt den Bischofsring sowie ein Brustkreuz mit roten Edelsteinen an rotem Band. Das Band wird oberhalb des Kreuzes von einer Brosche in Gestalt des Fürstenhutes zusammengehalten. Links im Hintergrund auf einem Tisch mit roter Decke Mitra und Fürstenhut, dahinter Vorhang. Graugrüner Hintergrund.
Philipp Leopold Georg Freiherr von Spiegel zu Oberklingenburg (1715-1776) war der vorletzte Fürstabt der Reichsabtei Corvey.²⁴⁹ Er hatte dieses Amt von 1758 bis zu seinem Tode 1776 inne. Die Erhebung Corveys zum Fürstbistum erfolgte erst 1793, so daß die Benennung von Spiegels als Bischof von Corvey auf der Rückseite des Bildes unzutreffend ist. Der Abt trägt offenbar ein 1749 erworbenes Pektorale nebst Ring mit Hyazinthen (rotbraune Edelsteine). Diese beiden Stücke wurden bereits 1769 durch ein Smaragdkreuz mit passendem Ring ersetzt unter Wiederverwendung der Brillanten des Kreuzes von 1749.²⁵⁰ Stratmanns Porträt muß also vor 1769 entstanden sein.

Unveröffentlicht.

C 17 Clemens August (I.) von Westphalen
Münster, Westfälisches Landesmuseum für Kunst und Kulturgeschichte, Inv.-Nr. 825 LM (44-6)
Öl auf Leinwand, 83 x 73 cm, kleinere Retuschen

Provenienz: Erworben 1944 von Baron von Mallinckrodt, Paderborn
Um 1765/70?

Halbfigur (ohne Hände) nach links in gemaltem Oval, der Kopf ist über die Frontalansicht hinaus nach rechts zurückgewendet, der Blick richtet sich auf den Betrachter. Küraß mit goldenen Verzierungen entlang des Mittelsteges und rotem Tuchbesatz am Halsausschnitt. Dort auch Spitzenjabot. Blauer Samtrock mit Pelzbesatz am Saum und aufgesetzten goldenen Knebelschließen, diese auch als Besatz der Ärmelmanschetten. Gepuderte Perücke mit seitlicher Lockenreihe. Hinten über die Schultern herabfallende Haare, mit Schleife zusammengebunden. Brauner, im Licht zu Grün tendierender Hintergrund.
Clemens August Freiherr von Westphalen zu Fürstenberg und Laer (1725-1777) war der ältere Bruder des Fürstbischofs von Hildesheim und Paderborn, Friedrich Wilhelm von Westphalen (1727-1789), und Erbherr der von Westphalenschen Besitzungen.²⁵¹ Nach dem Tode seiner ersten Frau, Therese Isabella von Brabeck (1731-1754, ∞ 1751), heiratete er 1755 in zweiter Ehe seine Cousine Ferdinandine von der Asseburg (1737-1799). Durch diese Heirat wurde er zum Schwiegersohn des mächtigen kurkölnischen Ministers und Erbherrn Hermann Werner von der Asseburg (1702-1779). Diese Verbindung festigte nochmals die bereits enge Verwandtschaft der Familien und besiegelte das politische Zusammenwirken der beiden einflußreichen Adelsgeschlechter zum gegenseitigen Vorteil. Clemens August (I.) von Westphalen bekleidete in Hildesheim, wo sein Bruder als Fürstbischof regierte, die Ämter des Geheimen Rates und Oberstallmeisters, führte seit 1763 als Adjunkt seines Schwiegervaters die Amtsgeschäfte des Paderborner Landdrosten und avancierte auch in Paderborn, wohl auf Vermittlung des Fürstbischofs Wilhelm Anton von der Asseburg, zum Geheimen Rat.
Das Porträt im Besitz des Landesmuseums ist vermutlich die Vorlage für zwei im folgenden aufgeführte, zum Teil sicher nicht eigenhändige oder aber stark überarbeitete Repliken. Als qualitätvollste Ausführung der Reihe trägt es ganz eindeutig die künstlerische Handschrift Anton Joseph Stratmanns, der für die Familien von der Asseburg und von Westphalen mehrfach gearbeitet hat.

---

²⁴⁸ Die Daten nach von Wolff-Metternich 1985, S.44ff.
²⁴⁹ Daten nach Raban Freiherr von Spiegel von und zu Peckelsheim, Geschichte der Spiegel zum Desenberg und von und zu Peckelsheim, 3 Bde. Münster 1956, Bd. 2, S. 512.
²⁵⁰ S. Hans Joachim Brüning, Corveyer Abtskreuze, in: Höxter-Corvey 31, 1983, Nr. 2, S. 5-11, hier S. 5-7.

²⁵¹ Biographische Angaben nach Keinemann 1996, Bd. II, S. 282ff., 298ff., Bd. III, Register.

Ulrike Groos, Vom Barock zum Jugendstil in Schloß Cappenberg. Münster 1996 (= Bildhefte des Westfälischen Landesmuseums für Kunst und Kulturgeschichte Münster, Nr. 35), S. 82, als Bildnis eines Herrn, unbekannter Meister des 18. Jahrhunderts.

109 C 17a Clemens August (I.) von Westphalen
Westfälischer Privatbesitz
Öl auf Leinwand, 84 x 66 cm
Um 1765/70?

Das Bild ist, von winzigen Abweichungen abgesehen, eine genaue Wiederholung von Kat.-Nr. C 17 ohne gemaltes Oval. Nach Maßgabe des erhaltenen Fotos um 1940 zeigt besonders der Kopf eine sehr viel härtere, für Anton Joseph Stratmann untypische Malweise. Ob dieser Eindruck auf nachträgliche Übermalungen zurückzuführen ist, konnte am Original nicht überprüft werden. Bei der Wiedergabe der Bekleidung ist man jedoch dem Vorbild anscheinend sehr nahe gekommen, so daß eine Entstehung im Umkreis Anton Joseph Stratmanns durchaus Wahrscheinlichkeit besitzt.

Hesse 1966, S. 253.

108 C 17b Clemens August (I.) von Westphalen
Westfälischer Privatbesitz
Öl auf Leinwand, 85 x 68,5cm
Inschrift oben links: *CLEMENS AUGUST FREYHERR V. WESTPHALEN PATERBÖRNISCHER LAND-DROST*
Um 1765/70?

Genaue Wiederholung des Bildes im Landesmuseum, Kat.-Nr. C 17. Der Bildausschnitt ist am unteren Rand geringfügig reduziert. Leichte Variationen ergeben sich auch in der Wiedergabe der Rockschließen. Die bis zur Restaurierung des Bildes 1997 vorhandenen umfangreichen Übermalungen führten zu Zweifeln an der Eigenhändigkeit, was die entsprechende Einstufung im Werkkatalog zur Folge hatte. Der restaurierte Zustand (s. Abb.) zeigt jedoch, daß es sich um eine eigenhändige Replik handelt.

Hesse 1966, S. 253, 255.

110 C 17c Clemens August (I.) von Westphalen
Westfälischer Privatbesitz
Öl auf Leinwand, 56 x 44 cm, oval, Leinwanddurchstoßung, stumpfer Firnis
Um 1765/70?

Brustbild nach rechts, Kopf fast en face. Brauner Rock mit schwarz abgesetztem Kragen. Weiße Halsbinde und Spitzenjabot.
Das Bild ist, was den Porträtkopf anbelangt, eine Wiederholung von Kat.-Nr. C 17. Bildausschnitt, Körperdrehung und Bekleidung weichen ab. Vermutlich variierte Replik aus dem Umkreis von Anton Joseph Stratmann.

Unveröffentlicht.

C 18 Therese Isabella von Westphalen   111
Westfälischer Privatbesitz
Öl auf Leinwand, 85,5 x 69 cm, doubliert
Um 1765/70?

Halbfigur nach rechts, der Kopf frontal. Stehend vor Postament, auf das ihr linker Unterarm gestützt ist. Der rechte Arm ist nur leicht angewinkelt. Darüber liegt der blaue, um den Körper drapierte und unter den linken Unterarm geklemmte Mantel. Ockerfarbenes Kleid mit Spitzenbesatz am Ausschnitt und den halblangen Ärmeln. Perlenschmuck um Hals und Handgelenk, Perlenohrgehänge. Rosenblüte im welligen, hinten lang fallenden Haar. Grüngrauer Hintergrund.
Therese Isabella von Westphalen, geb. von Brabeck (1731-1754), die 1751 angetraute Ehefrau des Clemens August (I.) von Westphalen, starb bald nach der Geburt ihres Sohnes Clemens August (II.). Vermutlich posthum nach älterem Vorbild gemaltes Pendant zum Bildnis ihres Ehemannes (s. Kat.-Nr. 108 C 17b).

Hesse 1966, S. 253.

C 19 Ferdinandine von Westphalen   112
Westfälischer Privatbesitz
Öl auf Leinwand, 84 x 69 cm, auf Sperrholzplatte aufgezogen
Aufschrift oben links: *FERDINANDINE FREYFRAU VON WESTPHALEN GEB. V. ASSEBURG*
Um 1765/70?

Halbfigur, nur leicht nach rechts, Kopf etwas nach links gewendet. Stehend vor grün bis braun changierendem Hintergrund. Blaues Kleid mit Spitzenbesatz am Ausschnitt. Arme leicht abgespreizt, darüber und um ihren Körper drapiert der helle, sich heftig knittrig bauschende Mantel. Um den Hals blaue Schleife mit üppiger Brosche. Dazu passende

Ohrgehänge. Auf den hochgesteckten und toupierten Haaren ein Schmuckmedaillon am Band.
Die 1755 zwischen Ferdinandine Freiin von der Asseburg (1737-1799) und Clemens August (I.) von Westphalen geschlossene Ehe blieb kinderlos. Pendant zum Porträt ihres Ehemannes (s. Kat.-Nr. C 17b).

Unveröffentlicht.

113 C 20 Ferdinandine von Westphalen
Westfälischer Privatbesitz
Öl auf Leinwand, 80 x 64 cm
Um 1765/70?

Halbfigur, stehend, nur leicht nach rechts gedreht, Kopf etwas nach links gewendet. Floral gemustertes Kleid mit Spitzenbesatz am Ausschnitt und Spitzenvolants am Ärmel. Arme leicht abgespreizt, darüber und um ihren Körper drapiert der sich heftig knittrig bauschende Mantel. Um den Hals Schleife mit üppiger Brosche. Dazu passende Ohrgehänge. Auf den hochgesteckten Haaren ein mit Brillanten verzierter Schmuckkamm. Neutraler Hintergrund. Pendant zum Porträt ihres Ehemannes Clemens August (I.) von Westphalen (s. Kat.-Nr. C 17a). Nach Körperhaltung und Gewanddraperie identisch mit Kat.-Nr. C 19. Kleid, Haare und Kopfschmuck sind motivisch abgewandelt. Das Bild konnte nicht besichtigt werden.

Hesse 1966, S. 254.

114 C 21 Fürstbischof Friedrich Wilhelm von Westphalen
Westfälischer Privatbesitz
Öl auf Leinwand, 85 x 66 cm
Aufschrift oben links: *FRIDER: WILHEL. ELECT. 7 MA FEBR. 1763.*
Darüber Wappen als Fürstbischof von Hildesheim.
Um 1765/70?

Halbfigurenbild nach links vor neutralem graubraunem Hintergrund. Brauner Rock, weiße Halsbinde, Spitzenjabot. Trägt an rotem Band durch Knopfloch gesteckt schlichtes Bischofskreuz. Die rechte Hand ist vor dem Bauch unter den Rock geschoben. Perücke mit Mittelscheitel und seitlichen Lockenreihen.
Der Fürstbischof ist in diesem Bild ohne die repräsentativen Insignien seiner geistlichen und weltlichen Macht dargestellt. Lediglich das sehr schlichte Brustkreuz verweist auf das bischöfliche Amt. Es handelt sich nicht um ein offizielles Herrscherporträt, sondern um eine eher für den familiären Gebrauch bestimmte Darstellung des Fürstbischofs. Andererseits ist Stratmanns Bild auch keines der üblichen Domherrenporträts, wie sie in seinem Œuvre mehrfach vorkommen. Bar jeden repräsentativen Charakters scheint das Bildnis die in der für Stratmann typischen Weise weich und dabei doch akzentuiert durchgebildeten Gesichtszüge Friedrich Wilhelm von Westphalens sehr viel naturalistischer wiederzugeben als die bereits aufgelisteten offiziellen Porträts, die einen jugendlich idealisierten Reichsfürsten zeigen. Aufgrund des vermutlichen Alters des Dargestellten ist eine Datierung um 1765/70 angemessen.

Unveröffentlicht.

115 C 22 Clemens August oder Ferdinand Joseph von Plettenberg-Lenhausen
Westfälischer Privatbesitz
Öl auf Leinwand, 95 x 73 cm, auf Hartfaserplatte aufgezogen. Ältere Retuschen im Gesicht. Partienweise verbräunter Firnis
Um 1765/70

Halbfigur nach links. Talar mit Beffchen. Weißes Hemd mit Spitzenjabot und Ärmelrüschen aus Spitze. Gepuderte Perücke. Brustkreuz des Paderborner Domkapitels von 1722 an hellblauem Band. Stehend vor Tisch am linken Bildrand, darauf offener roter Buchschuber. Das zugehörige Buch mit rotem Einband hält der Dargestellte in der linken Hand. Die rechte Hand ist unter den Talar gesteckt. Braungrauer Hintergrund. In der linken oberen Ecke Wappen der Grafen von Plettenberg.

Da eine rückseitige Aufschrift fehlt oder hinter der Hartfaserplatte verborgen liegt, ist nicht eindeutig zu entscheiden, ob es sich bei dem Porträtierten um Clemens August Graf von Plettenberg-Lenhausen (1724-1778) oder um seinen jüngeren Bruder Ferdinand Joseph (1729-1777) handelt.[252] Beide waren seit 1746 bzw. 1756 Paderborner Domherren. Der ältere Bruder brachte es bis zum Paderborner Kammerpräsidenten (1778). Der Jüngere wurde 1776 Paderborner Domküster. Beide Brüder gehörten

---

[252] Zur Biographie s. Michels 1966, S. 111, 120. – Keinemann 1967, S. 301f., 308f.

auch den Domkapiteln weiterer Bistümer an, darunter Münster.

Hesse 1966, S. 255.

116 **C 23 Margeritha Malberg**
Paderborn, Museum für Stadtgeschichte, Adam-und-Eva-Haus
Öl auf Leinwand, 82,2 x 65 cm
Provenienz: Schenkung Wilhelm Malberg. Bis 1990 als Leihgabe im Thüringer Museum Eisenach
Um 1770/71

Halbfigur nach links, stehend mit über den Hüften locker verschränkten Armen vor neutralem graubraunen Hintergrund. Das Gesicht fast en face. Auffällig gespreizte Fingerhaltung. Reich mit Spitzenvolants an Mieder und halblangen Ärmeln geschmücktes hellblaues Samtkleid. Mit Spitzenstickerei verzierte Säume. Um den Hals hellblaue Schleife mit Perlenbrosche. Dazu passende Ohrgehänge und Ring. Um ihr linkes Handgelenk geschlungenes schwarzes Bändchen. Goldener Ehering. Toupierte grauweiße Haare mit dezentem Kopfschmuck (textil, mit blauen Blüten). Haare im Nacken mit Schleife zusammengebunden.
Margaritha Malberg geb. Costeri (1725-1801) war die Ehefrau des Paderborner Weinhändlers Joseph Malberg (1705-1777). Dieser war 1770 zweiter und 1771 erster Bürgermeister von Paderborn. Die Häuser gegenüber Stratmanns Wohnhaus auf der Westernstraße gehörten der Familie Malberg, so daß es nicht verwundert, daß man Anton Joseph Stratmann für das Porträt der Frau Malberg heranzog. Das ebenfalls im Museum hängende Bildnis ihres Mannes, des Bürgermeisters Joseph Malberg, zeigt eine andere künstlerische Handschrift und ist ganz sicher nicht von Stratmann. Nach Kleidung, Haartracht und Alter des Dargestellten dürfte es etwa 20 Jahre vor dem Bild der Ehefrau entstanden sein, das vermutlich in die Zeit der Bürgermeisterschaft ihres Mannes zu datieren ist. Offenbar hat Stratmann das Porträt der Ehefrau in Größe und Haltung als Pendant auf das bereits vorhandene Bildnis des Ehemannes abgestimmt.

Unveröffentlicht.

117 **C 24 Ferdinand Mauritz Falco Franz von Mengersen**
Westfälischer Privatbesitz
Öl auf Leinwand, 109 x 84 cm, Haaransatz übermalt. Ältere Retuschen im Randbereich

Rückseitig Aufschrift: *Ferdinand Mauritz von Mengersen 1710-1761 Comtur zu Mülheim*
Vor 1772

Halbfigur nach links. Voller Harnisch. Über rechte Schulter und linke Hüfte drapiert der weiße Mantel mit dem Deutschordenskreuz. Dieses auch als Brustkreuz mit Coulant an schwarzem Bande. Unter dem Harnisch weißes Hemd mit Spitzenkragen und Ärmelrüschen. Der Dargestellte steht im Dreiviertelprofil vor einem Tisch mit grüner Decke am linken Bildrand. Er hat die linke Hand in die Hüfte gestützt, die rechte hält den auf dem Tisch abgestützten Kommandostab. Auf dem Tisch steht weiterhin ein Helm mit weißem Federbusch. Grünbrauner Hintergrund.
Der in typischer militärischer Repräsentationshaltung („Feldherrnpose") porträtierte Ferdinand Mauritz Freiherr von Mengersen (1706-1788) hatte auch die entsprechenden Ämter inne: Paderbornischer Oberst und Geheimer Rat, kurkölnischer Generalleutnant, münsterscher Geheimer Kriegsrat, dazu Landkomtur des Deutschen Ordens in Westfalen (1740-1788), Komtur von Osnabrück (1733-1737) und Brackel (1737-1746) sowie Konferenzminister des Deutschmeisters Prinz Carl von Lothringen.[253]

Unveröffentlicht.

C 25 Ferdinand Mauritz Falco Franz von Mengersen **118**
Westfälischer Privatbesitz
Öl auf Leinwand, 113 x 85 cm
Vor 1772
Eigenhändige Replik des vorangehenden Gemäldes im rechteckigen Format.

Abb. in: 300 Jahre Brauerei Rheder. Ohne Angabe des Künstlers, als Christian Falcko von Mengersen

C 26 Ferdinand Mauritz Falco Franz von Mengersen **119**
Westfälischer Privatbesitz
Öl auf Leinwand, 101 x 75 cm, doubliert, retuschiert.
Aufschrift auf gemalter Brüstung im unteren Bildviertel: *Ferd. Moritz Fhr. v. Mengersen zu Rhedar aufgeschworen zu Borcholtz 1735 29 decemb. des*

---

[253] Daten nach Keinemann 1996, Bd. 2, S. 305ff., sowie Bd. 3, Register. – Dorn 1978, passim (s. Register)

hohen deutschen Ordens Ritter landt Command der balley Westphalen, Command zu Mühlheim, Münster und Osnabrück, Kuhrköllnischer General lieutenant, Münsterischer Geheimer Kriegsraht, Hoch- und Deutschmeisterischer wirklicher geheimer Conferenz- und Staatsrath.
Vor 1772

117 Eigenhändige, als Brustbild abgewandelte Replik des Gemäldes Kat.-Nr. C 24. Es handelt sich um ein „Aufschwörungsbild", als Gegenstück zur entsprechenden Darstellung Franz Joseph von Mengersens
121 (vgl. Kat.-Nr. C 27) mit übereinstimmendem klassizistischem Rahmen.

Hesse 1966, S. 256.

121 **C 27 Franz Joseph von Mengersen**
Westfälischer Privatbesitz
Öl auf Leinwand, 109,5 x 84,5 cm, abblätternde Malschicht
Vor 1772
Rückseitig Aufschrift: *Franz Joseph Fhr. v. Mengersen Erbauer des Schlosses 1705-1780*

Halbfigurenbild nach links. Kompletter Harnisch mit Randeinfassungen aus rotem Tuch. Weiße Halsbinde. Hemd mit Spitzenjabot und Ärmelrüschen aus Spitze. Den Oberkörper umspielt ein roter Mantel mit dem gestickten Bruststern des kurkölnischen Michaelsordens (Text: QUIS UT DEUS). Über der rechten Schulter das Ordensband des Michaelsordens aus hellblauem Moiré mit kräftigen blauen Rändern. Das Ordenskreuz selbst ist am unteren Bildrand angeschnitten zu erkennen. Von Mengersen steht im Dreiviertelprofil vor einem Tisch am linken Bildrand, darauf Helm mit weißem Federbusch. Die linke Hand liegt auf dem Helm. Der Kopf ist fast in die Frontalität zurückgewendet, der Blick scheint den Betrachter zu treffen. Gepuderte, langfallende Perücke, im Nacken mit schwarzer Schleife gebunden. Grünbrauner Hintergrund.

Als Majoratsherr zu Rheder ließ Franz Joseph Freiherr von Mengersen (gest. 1780) das Schloß um 1750 neu erbauen. 1728 wurde er in die Paderborner Ritterschaft aufgenommen.[254] Nach Fahne war er kurkölnischer und Paderborner Geheimer Rat.[255] Außerdem amtierte er als Drost zu Lügde, Schwalenberg und Oldenburg-Stoppelberg.[256] Wie das Gemälde ausweist, war er Mitglied des vom Kölner Kurfürsten Joseph Clemens von Bayern 1693 gegründeten Ritterordens vom hl. Michael. Dessen Großmeister war nach dem Tod des Gründers sein Nachfolger Clemens August von Bayern.[257]

Von diesem Porträt existiert eine wegen des Qualitätsunterschiedes nicht von Stratmann gemalte leicht abgewandelte Kopie als Brustbild mit Text in demselben Privatbesitz (Öl auf Leinwand, 102 x 75 cm, starke Übermalungen auch im Gesicht.) Es handelt sich um ein sogenanntes „Aufschwörungsbildnis", das den Dargestellten als Mitglied der Paderborner Ritterschaft ausweist. Die auf einer gemalten Brüstung im unteren Bildviertel angebrachte Inschrift lautet: *Frans Joseph Fhr. von Mengersen zu Rehdar aufgeschworen auf Rehdar 1728 d. 15. Novemb. Drost der Aemter Schwalenberg Oldenburg und Lügde, Geheimer Raht und des Michaelis Ordens Commandeur und Großkreutz.*

Mit den Katalognummern C 24, C 28-32 und C 47-49 gehört das eigenhändige Bildnis zu einer Folge von zehn Familienporträts, die in die Stuckierung des Gartensaales von Schloß Rheder eingelassen sind. Porträtiert sind der Erbauer des Schlosses und seine Ehefrau (Kat.-Nr. C 27, C 28), vier seiner Brüder (Kat.-Nr. C 24, C 29-30, C 47), seine Eltern (Kat.-Nr. C 31, C 32) und sein Sohn und Nachfolger mit Ehefrau (Kat.-Nr. C 48, C 49). Der Stuck ist mit guten Gründen den Brüdern Bernhard und Johann Nepomuk Metz zugeschrieben und 1770/75 datiert worden.[258] Für die Datierung des Stucks und der Gemälde vor Oktober 1772 spricht aber die Notiz in einer Hausinventarliste, die für den Saal des Schlosses Rheder zehn Porträts und einen gemalten Platfond als vorhanden anführt (Archiv Rheder, Akten, Nr. 2523). Da sich die Gemälde ganz der Komposition der Stuckausstattung unterordnen, muß man voraussetzen, daß der Stuck zuerst entstanden ist und die Bilder erst nach seiner Fertigstellung für die dafür vorgesehenen Plätze

121, 122
117, 120,
125, 143
123, 124
141, 142

---

[254] Friedrich von Klocke, Kritische Erörterungen zur Geschichte des Geschlechtes von Mengersen, in: Beiträge zur westfälischen Familienforschung 3, 1941, S. 152-160, hier S. 159.

[255] Fahne 1858, S. 298.
[256] Keinemann 1996, Bd. III, Register.
[257] Georg Schreiber, Die bayerischen Orden und Ehrenzeichen. München 1964, S. 49ff.
[258] Stangier 1994, S. 97f.

gemalt wurden. Will man nicht eine ältere, 1772 vorhandene Wanddekoration mit der genau gleichen Anzahl von Gemälden annehmen, bedeutet dies die Entstehung von Stuck und Gemälden kurz vor 1772. Die Porträts Kat.-Nr. 47-49 müssen jedoch aufgrund ihrer aus inhaltlichen Gegebenheiten abgeleiteten Datierung (s. dort) erst später hinzugekommen sein, so daß sich an deren Stelle zunächst vielleicht andere Bildnisse befunden haben.

Hesse 1966, S. 256.

C 28 Sophie Antoinette von Mengersen
Westfälischer Privatbesitz
Öl auf Leinwand, 109 x 84 cm. Stark übermalt, besonders im rechten Ärmelbereich, unteren Teil des Kleides, Schleife, Haare
Rückseitig Aufschrift: *Antoinette von Spiegel zu Übelgönne verm. v. Mengersen 1740 1718-1787*
Vor 1772

Kniestück nach links. Weißes Kleid mit Spitzenbesatz an Ausschnitt und Ärmeln. Über der rechten Schulter schwarzer Spitzenschal. Blaue Schleife unter dem Ausschnitt des Kleides spätere Zutat. Trägt Perlenkette, Ohrringe, Perlendiadem mit blauen Bändern. Sitzt im Dreiviertelprofil auf einem Stuhl mit gepolsterter Lehne in dunklem Blau. Die rechte Hand ist in den Schoß gelegt, der angewinkelte linke Arm ist auf ein Tischchen mit Marmorplatte gestützt, die Hand umfaßt die Vorderpfoten eines kleinen Schoßhündchens. Im Hintergrund ein über der Dargestellten geraffter roter Vorhang, der den Durchblick auf die Wand eines Raumes mit Konsoltisch und geschweiftem Bilder- bzw. Spiegelrahmen darüber freigibt.
Sophie Antoinette Freifrau von Mengersen geb. von Spiegel (1718-1778) war seit 1740 die Gemahlin des Franz Joseph von Mengersen und somit Schloßherrin in Rheder. Ihr Porträt ist als Gegenstück zu demjenigen ihres Gatten (s. die vorherige Katalognummer) konzipiert.

Unveröffentlicht.

C 29 Clemens August Constantin von Mengersen
Westfälischer Privatbesitz
Öl auf Leinwand, 109,5 x 84 cm, einige Fehlstellen in der Malschicht
Rückseitig Aufschrift: *Clemens August von Mengersen geb. 1713-1802 Cam. Präsident + Domherr in Corvey etc.*
Vor 1772

Halbfigur nach links. Talar und Beffchen. Ärmelrüschen aus weißer Spitze. Um den Hals an rotem Band mit weißem Rand Brustkreuz des Hildesheimer Domkapitels mit aufwendigem Brillantencoulant. Steht vor einem Tisch mit Marmorplatte am linken Bildrand. Der Kopf ist aus dem Dreiviertelprofil nach rechts in die Frontale zurückgewendet. Der rechte Arm ist angewinkelt, die Hand unter den Talar gesteckt. Die Linke hält ein geschlossenes Buch, der Zeigefinger liegt zwischen den Seiten. Auf dem Tisch ein rotes Birett und das ältere Brustkreuz des Paderborner Domkapitels an blauem Band sowie ein nicht mehr im Zusammenhang lesbares Schriftstück, das sich offenbar auf den Domherrn selbst bezieht, da das Kanonikat in Passau erwähnt ist. Im Hintergrund sieht man die vertäfelten Wände eines Zimmers mit einem Fenster. Daran befindet sich ein zurückgebundener grünblauer Vorhang.
Clemens August Constantin Freiherr von Mengersen (1719-1801) war nach seiner Ausbildung an der Paderborner Universität und am Collegium Germanicum in Rom zunächst Domherr in Passau und Worms. Im Hildesheimer Kapitel, dessen Brustkreuz er in dem Porträt trägt, brachte er es bis zum Domthesaurar und Geheimen Kriegs- und Schatzrat. 1762 erhielt er eine Präbende in Paderborn, wo er bis zum Kammerpräsidenten und Geheimen Rat aufstieg. Er stiftete 1770 den von Mengersenschen Fideikommiß und ist auch als wichtiger Förderer des Paderborner Priesterseminars hervorgetreten.[259]

Unveröffentlicht.

C 30 Friedrich Christian von Mengersen
Westfälischer Privatbesitz
Öl auf Leinwand, 109 x 84,5 cm
Rückseitig Aufschrift: *Friedr. Christian v. Mengersen D. O. R. zu Mecheln*
Vor 1772

---

[259] Daten nach Michels 1966, S. 124-126. Keinemann 1996, Bd. II, S. 237f., 309, Bd. III, Register. – Schäfers 1902, S. 63-69.

Halbfigur im Dreiviertelprofil nach rechts. Vollständiger Harnisch mit blauer Tucheinfassung der Ränder. Über linke Schulter und rechten Arm drapierter weißer Mantel mit dem Kreuz des Deutschen Ordens. Weiße Halsbinde, Spitzenjabot, Ärmelrüschen. Brustkreuz des Deutschen Ordens an schwarzem Band mit Aufhänger in Gestalt eines Helmes. Blaugoldene Schärpe um die Hüften. Die linke Hand greift in die Schärpe. Darunter ist der Griff des Degens sichtbar. Brauner Hintergrund.
Friedrich Christian Burchard Bruno Freiherr zu Rheder, Herr auf Oberelmen (geb. 1718), ist im Porträt als Komtur des Deutschen Ordens in Mecheln dargestellt. Als königlich französischer Oberst setzte er die militärische Tradition seiner Familie fort. Weiterhin wird er als kaiserlicher Kammerherr genannt.[260]

Unveröffentlicht.

123 C 31 Burchard Bruno von Mengersen
Westfälischer Privatbesitz
Öl auf Leinwand, 77 x 53 cm, oval
Rückseitig Aufschrift: *Burchard Bruno von Mengersen 1661-1730 Herr zu Rheder und Bonkholz Geh. Rat u. Drost*
Vor 1772

Brustbild im Dreiviertelprofil nach rechts. Der Kopf erscheint wieder fast frontal. Der Dargestellte trägt eine Allongeperücke, einen Harnisch und einen über der rechten Schulter drapierten blauen Mantel sowie eine übergroße rote Schleife um den Hals. Grünbrauner Hintergrund.
Burchard Bruno Freiherr von Mengersen (1670-1730) war Erbherr von Rheder, kurkölnischer, Paderborner und münsterscher Geheimer Rat sowie Drost zu Schwalenberg und Oldenburg.[261]
Da Burchard Bruno von Mengersen zu Lebzeiten Stratmanns schon verstorben war, dürfte sich der Maler hier ein älteres Porträt zum Vorbild genommen haben.

Unveröffentlicht.

---

[260] Angaben nach Keinemann 1996, Bd. II, S. 272, Bd. III, Register.
[261] Angaben nach Keinemann 1996, Bd. III, Register.

C 32 Maria Theresia von Mengersen 124
Westfälischer Privatbesitz
Öl auf Leinwand, 77 x 52 cm, oval, abblätternde Malschicht
Rückseitig Aufschrift: *Maria Theresia von Hörde z. Eringerfeld verm. 1700 mit B. B. v. Mengersen 1681-1740*
Vor 1772

Brustbild im Dreiviertelprofil nach rechts, den Kopf nach links zurückgewendet. Trägt vorne hochgesteckte, mit Perlenschnüren verflochtene und hinten lang fallende Frisur, weißes Kleid mit Spitzenbesatz am Ausschnitt und den Ärmeln. Vor der Brust zwei blaue Schleifen. Roter Mantel um die linke Schulter drapiert. Brauner Hintergrund.
Das Gemälde zeigt Maria Theresia Freifrau von Mengersen geb. von Hörde zu Eringerfeld (1681-1740), die Ehefrau des Burchard Bruno von Mengersen. Das Bildnis ist als Gegenstück zum Porträt ihres Mannes konzipiert und dürfte ebenso wie dieses nach einem älteren Porträt entstanden sein.

Unveröffentlicht.

C 33 Florenz Karl Joseph Harsewinkel 127
Detmold, Westfälisches Freilichtmuseum, „Schönhof" aus Wiedenbrück, Küche
Öl auf Leinwand, 95 x 72,5 cm
Rückseitig Aufschrift: *C: F: Harssewinckell Natus 18ma May 1738; in Decanum Electus 12. Jan: 1773. A: Strahtman. Pinxit in 8bri. 1774.*

Halbfigur im Dreiviertelprofil nach rechts. Harsewinkel steht in Talar und Beffchen vor einem Tisch mit grünlicher Marmorplatte. Der linke Arm ist angewinkelt, die Hand unter den Talar geschoben. Mit der rechten Hand greift er in die Seiten eines aufgeschlagenen Buches auf dem Tisch. Daneben liegt das rote Birett. Auf der Brust schimmert durch einen Schlitz zwischen den Säumen das weiße Hemd, das auch in Gestalt von Ärmelrüschen aus Spitze in Erscheinung tritt. Harsewinkel trägt eine gepuderte Perücke. Der Blick richtet sich auf den Betrachter. Im Hintergrund ist eine neutrale Architekturfolie in graubraunen Tönen eingeführt, bei der es sich aufgrund der Profilierungen um die Wandvertäfelung eines Zimmers handeln könnte.
Florenz Karl Joseph Harsewinkel (1738-1818) entstammte einer begüterten bürgerlichen Juristenfamilie, deren erstgeborene Söhne traditionell als

Rentmeister des fürstbischöflich osnabrückischen Amtes Reckenberg in Wiedenbrück fungierten.[262] Als nachgeborener Sohn schlug Florenz Karl ebenso traditionell die geistliche Laufbahn ein, nachdem er eine solide philosophisch-theologische Grundausbildung absolviert hatte. Seit 1757 Kanoniker des Kollegiatstiftes St. Aegidius in Wiedenbrück, schloß er 1759 noch ein juristisches Studium in Heidelberg an. 1768 stieg Harsewinkel zum Thesaurar und 1773 zum Dechanten des Wiedenbrücker Stifts auf. Die für dieses Amt erforderliche Priesterweihe hatte er zwar zuvor erhalten, nicht jedoch die Befugnis zur Seelsorge. Viele der mit seinen Ämtern verbundenen Aufgaben ließ er den Gepflogenheiten der Zeit gemäß wahrscheinlich durch Beauftragte erledigen, so daß sich der vielseitig gebildete Dechant als Kunstsammler und Historiker hervortun konnte.

Sein Wohnsitz war seit 1774 nicht mehr die ihm zustehende Stiftskurie, sondern der repräsentative sog. Schönhof. Dieses große Fachwerk-Hallenhaus hatte der Großvater des Dechanten, Franz Wilhelm Harsewinkel d. Ä., gegen 1720 auf dem wenige Jahre zuvor erworbenen preußischen Lehen Schönhof errichten lassen. Mit dem Umzug in das neue Wohnhaus baute Florenz Karl vermutlich auch seine Gemäldesammlung aus, die er zumindest zum Teil im Festsaal des Hauses unterbrachte. Die Decke des Saales ließ der Dechant zweckentsprechend mit einer den bildenden Künsten gewidmeten allegorischen Dekoration ausschmücken. Der von Philipp Ferdinand Ludwig Bartscher verfaßte und 1784 in Holzminden gedruckte Katalog der Gemäldesammlung verzeichnet unter Nr. 52 auch Stratmanns Porträt des Hausherrn: *Anton Strathmann. Hoch 39, breit 30 Zoll; auf Leinwand. Das wohlgetroffene Bildniß des Herrn Besitzers dieser Sammlung, welches der durch seine Arbeiten im Portrait- und Historienmahlen in dem Fürstlichen Residenzschlosse zu Münster und sonst bewährter Geschicklichkeit des rühmlich bekannten Meisters, der in seiner Jugend auf der Mahlerakademie zu Antwerpen mehrmals das beste Prämium erhielt, vollkommen entspricht.*[263]

Die Gemäldesammlung wurde vor 1796, als die

---

[262] Alle Angaben zur Biographie Harsewinkels und zur Geschichte des Schönhofes nach Lienen 1988 und Pieper 1988.
[263] Bartscher 1784, S. 43.

nunmehr leeren Wände des Festsaales eine malerische Dekoration bekamen, verkauft. Lediglich Stratmanns Porträt des Dechanten verblieb im Schönhof und hing bis zur Translozierung des Hauses in das Detmolder Freilichtmuseum an einer Wand des Festsaales.

Das Bildnis zeigt den noch relativ jungen Harsewinkel kurz nach der Erlangung der Würde des Dechanten und dem Umzug in ein dem neuen Stande angemessenes, großzügiges Haus. Zweifellos hat dieser Lebenshöhepunkt Anlaß zur Anfertigung des Porträts gegeben. Um so erstaunlicher ist der Verzicht auf alles Decorum, was im Bild auf die Ämter und Würden des Dargestellten hindeuten könnte. Genausogut könnte es sich um die Darstellung eines einfachen Pfarrers handeln, da noch nicht einmal ein Brustkreuz auf die Kapitelszugehörigkeit hindeutet. Auch das Buch, dessen Seiten der Dechant zwischen den Fingern hält, stünde einem Pfarrer genausogut an wie dem Gelehrten. Die Haltung ist zwar selbstbewußt, der Blick fest auf den Betrachter gerichtet, doch umspielt ein Lächeln den Mund, das die vom Bildausschnitt vorgegebene Distanz zum Betrachter überbrückt. Durch das Lächeln scheint trotz der statischen Geste der unter den Talar gesteckten Hand ein transitorisches, vielleicht auch sentimentalisches Element im Bild eingefangen zu sein.

Bartscher 1784, Vorwort Flaskamp, S. 11. – Th.-B., S. 161. – Flaskamp 1933, S. IX, Anm. 22. – Singer, Neuer Bildniskatalog, Bd. II, S. 221, Nr. 14543. – Michels 1963, S. 417. – Hesse 1966, S. 255f. – Lienen 1988, Farbabb. S. 44, 45, auch Signatur. – Pieper 1988, S. 114 (Abb.), S. 123. – Beine 1994, S. 13 m. Abb. – Strohmann 1994, S. 158, Anm. 73.

C 34 Johannes Baptist Christoph Franz Schürckmann 128

Rietberg, kath. Pfarrhaus St. Johannes Bapt., Treppenhaus
Öl auf Leinwand, 96,5 x 74 cm, stellenweise blätternde Malschicht, kleinere Leinwanddurchbrüche
Mitte der 1770er Jahre?

Halbfigur nach rechts, stehend vor einem Tisch am rechten Bildrand, das Gesicht dem Betrachter zugewendet. Talar und Beffchen. Ärmelrüschen aus Spitze. Graues, seitlich lockig fallendes Haar. Perücke? Seine linke Hand ist in Bauchhöhe unter den Talar geschoben. Die rechte Hand ruht auf dem

Tisch mit einer roten Decke, Zeige- und Mittelfinger sind mit den Fingerspitzen auf ein längliches, zusammengefaltetes Schriftstück auf dem Tisch gesetzt. Dahinter liegen Bücher. Grüngrauer Hintergrund.

Der aus einer Rietberger Bürgerfamilie stammende Dr. theol. Johannes Baptist Christoph Franz Schürckmann (1727-1788) war von 1758 bis zu seinem Tod Pfarrer in Rietberg.[264] Während des Siebenjährigen Krieges führte er von 1758 bis 1763 im Auftrag des Landesherrn Graf Wenzel Anton von Kaunitz-Rietberg die Verwaltung der Grafschaft anstelle der geflüchteten Landesbeamten. Er hatte weiterhin die Ämter des Landdechanten für die Grafschaft Rietberg und des Apostolischen Protonotars inne, war kurkölnischer und hildesheimischer Geheimer Rat. Er war bekannt mit dem Kanonikus Harsewinkel aus Wiedenbrück, dessen Porträt Stratmann ebenfalls gemalt hat (s. Kat.-Nr. C 33).

Bartscher 1784, Vorwort Flaskamp, S. 11. – Th.-B., S. 161. – Flaskamp 1955, S. 107. – Hesse 1966, S. 255 m. Abb. – Heppe 1973, S. 146.

129 C 35 Maximilian Friedrich von Plettenberg
Westfälischer Privatbesitz
Provenienz: Um 1939 im Kettelerschen Hof in Münster. Vor 1995 Schloß Schwarzenraben.
Öl auf Leinwand, 130 x 90 cm, doubliert, stark retuschiert, besonders Hintergrund und Kopf
Rückseitig beschriftet: *Maximilian Friederich, Graff von Plettenberg Wittem, im 5 1/2 jahr seines Alters, Stradtman pinxit 1775. Renovatum 1977 Edgar Jetter, Vreden.* Es handelt sich offenbar um eine vom Restaurator auf die Doublierungsleinwand übertragene und mit Zusatz erweiterte Originalinschrift.
Laut Inventarkartei des Eigentümers, Nr. 404, bez.: „Stradtmann pinx 1775"
1775

Ganzfiguriges Kinderbildnis, stehend in Schrittstellung, leicht nach links gewendet, das Gesicht dem Betrachter zugekehrt. Blauer Samtanzug mit langer Hose und kurzer Jacke mit Ärmelaufschlägen, silbernen Tressen und Silberknöpfen. Weiße Strümpfe und schwarze Spangenschuhe. Goldfarbene Leibbinde mit Kokarde in Silber und Rot. Schwarze Halsbinde. Kurz geschorene Haare. Sein linker Arm ist angewinkelt, die Hand umfaßt den Griff eines Kinderdegens, der hinter die Leibbinde geschoben ist. Der Knauf des bügellosen Griffes ist als Vogelkopf ausgestaltet. In der rechten Hand ein beiger, runder Hut mit hochgewölbter Krempe, weißem Hutband mit Schleife und schwarzer Feder. Der Knabe hält den Hut über den Kopf des links neben ihm stehenden Hundes, der seinen Kopf zurückwendet und zu seinem Herrn aufblickt. Der Hund trägt ein Halsband mit den Initialen *L F G*. Im Hintergrund die hölzerne Wandvertäfelung eines Zimmers mit Fenster, neben dem ein gerraffter Vorhang hängt.

Maximilian Friedrich Reichsgraf von Plettenberg-Wittem (1771-1813) war der letzte männliche Erbe von Schloß Nordkirchen.[265] Nach dem frühen Tod seines Vaters Clemens August von Plettenberg (1742-1771) heiratete seine Mutter Maria Anna von Galen zu Dinklage 1778 Clemens August von Ketteler zu Harkotten (1751-1815) und lebte nunmehr auf Haus Harkotten. Dort wuchs auch Maximilian Friedrich von Plettenberg auf, bevor er sich 1791 auf eine ausgedehnte Bildungsreise begab. Nach deren Beendigung wird er den Gepflogenheiten der Zeit gemäß sein väterliches Erbe angetreten haben. 1801 heiratete er Josefine Gräfin von Gallenberg.

Das Bild dürfte noch in Nordkirchen entstanden sein, dessen unter Vormundschaft stehender Herr der Knabe durch den Tod seines Vaters ja bereits kurz nach seiner Geburt geworden war. Mit der Heirat der Mutter scheint das Porträt an die Familie von Ketteler übergegangen zu sein. Die korrekte Übertragung der rückseitigen Aufschrift auf die Doublierungsleinwand wird zumindest für den Künstlernamen und die Datierung durch die entsprechende Eintragung auf einer vor der Restaurierung angelegten Karteikarte des Schwarzenrabener Kunstinventars belegt. Wenn das oben genannte Geburtsdatum stimmt, kann der Knabe auf dem

---

[264] Biographische Angaben nach Flaskamp 1955 und Alwin Hanschmidt, Die Pfarrei St. Johann Baptista Rietberg von den Anfängen bis zum Ende der gräflichen Zeit. In: 500 Jahre Pfarrkirche St. Johann Baptista Rietberg 1483-1983. Herausgegeben von Alwin Hanschmidt. Rietberg 1983, S. 9-34.

[265] Biographische Angaben nach Georg Erler, Geschichte der Herrschaft und des Schlosses Nordkirchen. In: Nordkirchen. Festschrift zur Prinz Heinrich-Fahrt 1911. Münster 1911, S. 5-72, hier S. 64ff., sowie nach Mitteilung von Karl Josef Freiherr von Ketteler.

Bild allerdings noch nicht fünfeinhalb Jahre alt sein, was vielleicht auf einem Irrtum bei der ursprünglichen Beschriftung des Gemäldes beruht.

Karl Josef Freiherr von Ketteler, dem ich für den Hinweis auf das Porträt und weitere Hilfe ganz herzlich danke, vermutet in der Bekleidung des Knaben die Uniform eines Pagens am Hofe des Fürstbischofs von Münster und Kurfürsten von Köln, Maximilian Friedrich von Königsegg-Rothenfels.

Unveröffentlicht.

C 36 Johann Matthias oder Franz Karl von Landsberg
Westfälischer Privatbesitz
Öl auf Leinwand, 92 x 72 cm, Leinwand beulig
1774?

Halbfigur nach links, stehend neben einem Tisch mit Marmorplatte, den Kopf weit nach rechts gedreht, den Blick auf den Betrachter gerichtet. Stützt sich mit seinem rechten Unterarm auf dem Tisch ab, die Hand hält ein geschlossenes Buch mit rotem Einband, der Zeigefinger ist zwischen die Seiten gesteckt. Seine linke Hand ist unter den Talar geschoben. Auf dem Tisch ein rotes Birett. Davor liegen das Brustkreuz des Paderborner Domkapitels von 1722 am blauen Band und das Brustkreuz des Osnabrücker Domkapitels am roten Band. Um den Hals an blauem Band, durch ein Knopfloch gesteckt, das Brustkreuz des Domkapitels von Münster. Beffchen, Spitzenrüschen an den Ärmeln, gepuderte Perücke mit seitlichen Lockenreihen. Brauner Hintergrund mit Andeutung einer Architektur oder Wandtäfelung mit vertikal verlaufenden Profilen.

Die Brüder Johann Matthias (1734-1813) und Franz Karl von Landsberg zu Erwitte (1735-1779) besaßen beide je drei Kanonikate in den Domkapiteln von Münster, Paderborn und Osnabrück.[266] Johann Matthias erhielt sein drittes Kanonikat 1765 in Osnabrück, Franz Karl bereits 1759 in Münster. Der erstere wurde 1783 in Münster Domscholaster, 1787 Hofkammerpräsident und 1789 Geheimer Rat. Der zweite war in Münster bereits 1770 zum Kammerpräsidenten bestellt worden. Dieses Amt gab er mit der Wahl zum Domdechanten 1774 wieder auf. Welcher der beiden Brüder in dem Porträt Stratmanns dargestellt ist, läßt sich nicht eindeutig entscheiden. Auf jeden Fall muß das Bild vor 1784 entstanden sein, da auf dem Tisch das alte Brustkreuz der Paderborner Domherren abgebildet ist, das 1784 durch ein neues abgelöst wurde. Da die beiden anderen Porträts von Mitgliedern der Familie von Landsberg (s. Kat.-Nr. C 37, 38) vermutlich um 1774/75 gemalt wurden, könnte auch das Porträt des Domherrn aus dieser Zeit stammen. Anlaß für die Entstehung des Porträts dürfte dann vielleicht die Wahl Franz Karl von Landsbergs zum münsterschen Domdechanten 1774 gegeben haben.

Unveröffentlicht.

C 37 Paul Joseph von Landsberg-Velen
Westfälischer Privatbesitz
Öl auf Leinwand, 92 x 72 cm, doubliert, neuer Keilrahmen, verbräunter Firnis
Rückseitig Aufschrift: *Paul Joseph von Landsberg-Velen † 19. März 1800*
1775?

Halbfigur im Dreiviertelprofil nach links. Stehend neben einem Holztisch am rechten Bildrand. Auf der mit grünem Stoff bezogenen Tischplatte liegt ein Hut mit goldener Schnalle am Hutband und das Gehäuse der Taschenuhr, die der Porträtierte vor sich in den Händen hält. Hellblaue, lange Weste mit Goldknöpfen und aufgesetzten Taschen. Reicher Besatz mit durch Goldstickerei imitierten Borten und Tressen. Dazu passender schwarzer Rock. Gepuderte Perücke mit Mittelscheitel und seitlichen Lockenreihen, hinten mit Haarbeutel. Schwarze Halsbinde. Hemd mit Spitzenjabot und Ärmelrüschen aus Spitze. Neutraler graubrauner Hintergrund.

Paul Joseph Freiherr von Landsberg-Velen (1761-1800) war der erstgeborene Sohn des Clemens August von Landsberg (1735-1785) und der Anna Theresia von Velen (1735-1775). Mit dem Tod seines Vaters erbte er die mit der Hochzeit seiner Eltern 1756 zusammengeführten Landsbergschen und Velenschen Besitzungen und führte als erster den Namen von Landsberg-Velen. Paul Joseph folgte seinem Vater auch in dessen Ämter als Drost zu Erwitte, Balve und Meppen-Nienhaus nach. 1780 wurde er zum kurkölnischen Kämmerer ernannt, später zum Geheimen Rat. 1784 heiratete

---
[266] Biographische Angaben nach Michels 1966, S. 118f. – Keinemann 1967, S. 298f., 316f. – Kohl 1982, Bd. 2, S. 160, 207. – Boeselager 1990, S. 286-289.

er Therese Karoline Gräfin von Wolff-Metternich zur Gracht (1765-1805). Mehr als für die Fragen der Verwaltung seiner Besitztümer und die Führung der Wocklumer Eisenhütte der Familie interessierte sich Paul Joseph von Landsberg-Velen für geistige Dinge. Er galt als guter Mathematiker, beschäftigte sich mit Philosophie, Theologie und Pädagogik und war aufklärerischen Ideen aufgeschlossen. Mit der Fürstin Gallitzin und ihrem Kreis, darunter auch Bernhard Overberg, stand er in engem Kontakt und galt als treuer Parteigänger des ehemaligen münsterschen Ministers und Generalvikars Franz von Fürstenberg. Paul Joseph trat auch durch zahlreiche Stiftungen für die Armen, für Kirchen- und Schulzwecke hervor, die sich nach seinem Tod als erhebliche finanzielle Belastung für seine Nachkommen erwiesen.[267]

Stratmanns Porträt zeigt Paul Joseph von Landsberg-Velen in jugendlichem Alter in der typischen Pose des Standesherrn. Anlaß zu dem Bild gab daher vielleicht die Tatsache, daß der vierzehnjährige von Landsberg mit dem Tod seiner Mutter Anna Theresia 1775 zum Erbe der von Velenschen Besitzungen wurde. Bis zu seiner Volljährigkeit verwaltete sein Vater das Erbe.

Das Bild ist offenbar auch in diesem Sinne als Pendant zu dem Porträt seiner Mutter zu sehen, das vermutlich kurz vor Ihrem Tod entstanden ist (s. Kat.-Nr. C 38).

Abb. S. 183 ohne Künstlerzuweisung bei Josef Barnekamp, Velen und Ramsdorf 1803-1918. Velen 1995.

131 C 38 Anna Theresia von Landsberg
Westfälischer Privatbesitz
Öl auf Leinwand, 90 x 71,5 cm, Leinwand beulig, verbräunter Firnis
1775?

Halbfigur nach rechts, stehend vor Tisch mit roter Decke, hinter sich Polsterstuhl. Ihre rechte Hand liegt locker auf dem Tisch, die Linke hält ein Buch aufrecht mit dem Buchrücken zum Betrachter. Der Buchrücken trägt die Beschriftung *Moises Mendelson*. Hellblaues Samtkleid mit zahlreichen Spitzenvolants und -schleifen am Mieder und den halblangen Ärmeln. Um den Hals blaue Samtschleife. Hochgesteckte Frisur mit prächtigem Diadem, Ohrgehänge. Um ihr rechtes Handgelenk breites, schwarzes, durchbrochenes, textiles Band mit großem Schmuckstein. Grünbrauner Hintergrund.

Als Erbin des mit dem Tod ihres Vaters im Mannesstamm erloschenen Adelsgeschlechts der von Velen brachte Anna Theresia von Landsberg geb. von Velen die Besitzungen ihrer Familie in ihre 1756 geschlossene Ehe mit Clemens August von Landsberg ein (s. Text zu Kat.-Nr. C 37). Stratmanns Porträt zeigt Anna Theresia von Landsberg gegen Ende ihres Lebens. Bemerkenswert ist das Buch des in Berlin lebenden jüdischen Schriftstellers und aufklärerischen Philosophen Moses Mendelssohn (1729-1786), das sie in der Hand hält. Der Titel des Buches ist auf dem Rücken nicht angegeben, vermutlich handelt es sich aber um den 1767 in Berlin erschienenen Band „Phaedon oder über die Unsterblichkeit der Seele in drey Gesprächen", das wohl erfolgreichste Werk des Autors.[268] Ein solches Buch in der Hand einer westfälischen Landadligen muß in zweierlei Hinsicht verwundern, zum einen, weil der Hinweis auf ganz konkrete literarische und philosophische Interessen nicht zum üblichen Darstellungsrepertoire des weiblichen adeligen Standesporträts des ausgehenden Rokoko in Westfalen gehörte, zum anderen, weil es den Erfolg von Mendelssohns Werk über alle Glaubens- und Standesunterschiede hinweg dokumentiert. Anna Theresia von Landsberg bekennt sich in Stratmanns Porträt damit ganz offen zu fortschrittlichem aufklärerischem Gedankengut. Die Vermutung liegt nahe, daß der Keim für die späteren Neigungen und Interessen des Sohnes Paul Joseph bereits von der Mutter gelegt wurde.

---

[267] Biographische Angaben nach Heinrich Glasmeier, Die Studienreise des Reichsfreiherrn Paul Joseph von Landsberg 1782-83, in: Landsberg 1, 1923, S. 20-26. – Wilhelm Kohl, Ein Briefwechsel der Fürstin Gallitzin und Overbergs mit dem Freiherrn Paul Joseph von Landsberg-Velen, in: Westfalen 34, 1956, S. 195-199. – Keinemann 1967, S. 316, Anm. 14. – Manfred Wolf, Ignaz Graf Landsberg-Velen. In: Westfälische Lebensbilder, Bd. XI, Münster 1975, S. 112-130, hier S. 112. – Heimatbuch Velen 1983, S. 106f. – Gerd Dethlefs, Die Kavaliersreise des Franz Anton Freiherr von Landsberg 1675-78. Münster 1984, Stammtafelauszug S. 195ff. – Josef Barnekamp, Velen und Ramsdorf 1803-1918. Velen 1995, S. 182f. mit Stammtafelauszug.

[268] Friedrich Vollhardt, Artikel Moses Mendelssohn. In: Metzler Philosophen-Lexikon. Stuttgart 1989, S. 536-538. – Michael Albrecht, Moses Mendelssohn. Ausstellungskatalog. Weinheim 1986.

130 C 39 Christine Therese Theodora Agnes Elisabeth von Haxthausen
Westfälischer Privatbesitz
Öl auf Leinwand, 84 x 69 cm
1774?

Halbfigur (ohne Hände) nach links, stehend vor neutralem Hintergrund, den Kopf in die Frontale zurückgedreht. Kleid mit Spitzenbesatz am Ausschnitt und an dem mit einer Brosche gerafften Ärmel. Über ihrem rechten Arm drapierter Mantel. Zurückgekämmte wellige Haare, hinten lang fallend. Ohrgehänge. Die Besichtigung des Bildes war nicht möglich.
Christine Therese Theodora Agnes Elisabeth Freiin von Haxthausen zu Abbenburg geb. von der Asseburg zu Brakel (1701-1775) war seit 1737 mit Caspar Moritz Freiherr von Haxthausen (1703-1787), dem Drosten des Amtes Lichtenau, verheiratet.[269]
Zur Datierung vgl. Kat.-Nr. C 40.

Hesse 1966, S. 254.

133 C 40 Hermann Werner von der Asseburg
Westfälischer Privatbesitz
Öl auf Leinwand, 100 x 78 cm, doubliert, rundum durch Anstücken vergrößert (ursprgl. Maß ca. 88 x 70 cm), verbräunter Firnis
1776

Halbfigur (ohne Hände) nach rechts, stehend, den Kopf nach links zurückgewendet, der Blick richtet sich auf den Betrachter. Voller Harnisch mit Randbesatz aus rotem Tuch. Halsbinde, Spitzenjabot. Über seiner rechten Schulter ein rotes und ein blaues Ordensband. Über der linken Schulter drapierter roter Mantel mit den Bruststernen des bayerischen Michaelsordens (Devise *QUIS UT DEUS* auf blauem Grund) und des hessischen Hausordens vom goldenen Löwen (hessischer Löwe mit rotgrundiger Umschrift *VIRTUTE ET FIDELITATE*). Gepuderte Perücke, hinten über die Schulter herabfallende lange Haare. Neutraler graubrauner Hintergrund.
Hermann Werner Freiherr von der Asseburg zu Hinnenburg (1702-1779) begann seine glanzvolle politische Karriere 1728 mit dem Amt des Paderborner Geheimen Rats, fand sein hauptsächliches Betätigungsfeld jedoch zunächst im Dienste des Kölner Kurfürsten Clemens August, dem er als Gesandter und von 1751 an als Minister diente.[270] 1755 wurde er aus Angst vor seinen wachsenden Machtbefugnissen gestürzt. Daraufhin widmete sich Hermann Werner seinen Paderborner Ämtern, zu denen neben der Stellung als Geheimer Rat auch die Funktionen des Kammerherrn, Obristjägermeisters und Obermarschalls kamen. Weiterhin war er Landdrost zu Dringenberg und Drost zu Wewelsburg und Wünnenberg. Mit Diplomatie und Geld beförderte er die Wahl seines Bruders Wilhelm Anton von der Asseburg zum Paderborner Fürstbischof 1763 und unterstützte auch die im selben Jahr stattgefundene Wahl seines Verwandten Friedrich Wilhelm von Westphalen zum Fürstbischof von Hildesheim. Seinem Bruder stand er als politischer Berater eng zur Seite. Seinen großen politischen Einfluß nutzte Hermann Werner konsequent zur Mehrung des Ansehens und des Reichtums seiner Familie.
1735 war Hermann Werner von der Asseburg mit Theresia von der Lippe zu Vinsebeck (1710-1788) **134** in den Ehestand getreten. Seinen Stammsitz, die Hinnenburg bei Brakel, baute er in den Jahren von 1736 bis 1746 seinen politischen Ambitionen gemäß zu einer repräsentativen Anlage des Rokoko aus.
Die Aufnahme in den 1770 von Landgraf Friedrich II. von Hessen-Kassel (1720-1785, reg. seit 1760) gestifteten Hausorden vom goldenen Löwen könnte darauf zurückzuführen sein, daß Hermann Werner von der Asseburg 1749 den Übertritt des damaligen Prinzen zum katholischen Glauben maßgeblich bewirkt haben soll.[271]
In den von Hermann Werner von der Asseburg hinterlassenen Journalen über persönliche Einnahmen und Ausgaben erscheint in dem Heft für die Jahre 1772-1778 (Archiv Hinnenburg, Bestand A, Haus Hinnenburg, Akten, Nr. 2354) mehrfach der Name Stratmann:
10. Aprilis 1774 d. mahler Strattman fohr 2 portraits … [unleserlich] 18 Rt
1776 6ten April … [unleserlich] zahle an stratman fohr mein portrait fohr die gräffienn Metternich 8 Rt und fohr … [unleserlich] 8 Rt 6 St.

---

[269] Biographische Angaben nach Keinemann 1996, Bd. II, S. 312.

[270] Biographische Angaben nach Keinemann 1996, Bd. II, S. 292ff.
[271] Max Trippenbach, Asseburger Familiengeschichte. Hannover 1915, S. 203.

1777 d. 6ten dito [April] d mahler Strattman fohr 2 portraiter 1 fohr die Ritterschaft cum inscription 1 fohr die franciscaner 18 Rt

Hesse zitiert neben diesen Angaben noch weitere Zahlungen an Stratmann. Als Quelle gibt sie ein Notizbuch des Hermann Werner von der Asseburg an, das 1966 nicht auffindbar war. Dieses Notizbuch ist im Findbuch des Archivs nicht nachgewiesen, aber vermutlich mit den Einnahme- und Ausgabejournalen identisch. Die von Hesse aufgeführten Positionen ließen sich allerdings in den Journalen nicht ermitteln. Sie werden hier deshalb nach Hesse 1966, S. 253 zitiert:

4. Juli 1764: *Dem Mahler Strateman zu Paderborn vor 2 grosse Porträte vor Sr. Hochfürstl. Gnad. zu Paderborn und Hildesheim nach Hinnenburg 6 pistol = 30 Rthr.*

15. Nov. 1769: *Per Canonicum Waresius dem Mahler Stratman vor die Porträt des Fürsten 7. –*

Während das vorangehend beschriebene Porträt der Christine von Haxthausen (s. Kat.-Nr. C 39) möglicherweise eines der beiden 1774 bezahlten Bilder ist, handelt es sich bei dem hier besprochenen Porträt Hermann Werners vermutlich um das für die Gräfin Metternich bestimmte Bildnis von 1776, zu dem noch das Bildnis seiner Ehefrau als Pendant (s. Kat.-Nr. C 42) kam. Mit der Gräfin Metternich ist wahrscheinlich die Tochter Hermann Werners gemeint, Antonetta Victoria, die 1765 Johann Ignaz Graf Wolff-Metternich geheiratet hatte und 1767 über ihre Mutter in den Besitz des Schlosses gelangt war, wo sich die Bilder noch heute befinden.[272]

Der Dargestellte ist dann jedoch idealisiert wiedergegeben, da Hermann Werner von der Asseburg zu diesem Zeitpunkt 74 Jahre alt war. Das Porträt zeigt ihn als „Mann in den besten Jahren", als ordensdekorierten Standesherrn und Ritter von reifer, aber vitaler Kraft und Würde, nicht jedoch in seiner tatsächlichen Lebenssituation als alter Mann am Ende seines Lebens.

Verzeichnis 1887, Nr. V, 16? – Hesse 1966, S. 254.

C 40a Hermann Werner von der Asseburg
Westfälischer Privatbesitz
Öl auf Leinwand, 92 x 73 cm
Um 1776?

---
[272] Nach Keinemann 1996, Bd. II, S. 314, S. 386.

Replik des vorgenannten Porträts (Kat.-Nr. C 40) mit kleinen Abweichungen. Offenbar nicht eigenhändig, da stilistische Unterschiede in der Wiedergabe des Gesichts und der Spitze des Jabots. Ob im Gesicht Übermalungen den Eindruck verfälschen, konnte nicht am Original überprüft werden.

Hesse 1966, S. 254.

C 41 Hermann Werner von der Asseburg
Westfälischer Privatbesitz
Öl auf Leinwand, 97 x 71 cm
Aufschrift am unteren Bildrand: *Herr Herman Werner Fherr v. der Asseburg Sr. Kayserl. Majst. würcklicher Geheimter Raht. Sr. Kuhrfürstl. dhlt. Zu Colln gewesener ersterer Etats Ministre, und obristhoffmeister auch paderbr. und Hildesheim. geh. Raht, Land drost des Ober amts Dringenberg, ist d. 2ten jan. 1727 Von dem Hauße Hinnenburg auf diesen Ritter saal aufgeschworen, und hatt die hochlöbliche Ritterschafft in beyseyn übriger Ständen das 50 jahries jubilaeum d. 22ten jan. 1777 Feyerliche abgehalten, dieses portrait auch zum andencken auf die Ritter stube anvermachet.*
1777

Motivisch übereinstimmend mit dem Porträt Kat.-Nr. C 40, jedoch Einfügung einer Brüstung mit Fuß- und Deckprofil und der oben zitierten Beschriftung sowie dem Asseburger Wappen am unteren Bildrand. Eine Besichtigung des Bildes war nicht möglich, es handelt sich aber offenbar um eine qualitätvolle eigenhändige Replik von Kat.-Nr. C 40.

Mit Hesse darf man annehmen, daß das im April 1777 bezahlte Porträt für die Ritterschaft (s. Text zu Kat.-Nr. C 40) später wieder in Familienbesitz zurückgekehrt und mit dem hier vorgestellten Bildnis Hermann Werners identisch ist. Das Bildnis wurde zum Andenken an das 50jährige Jubiläum der Zugehörigkeit Hermann Werner von der Asseburgs zur Ritterschaft des Fürstbistums Paderborn gestiftet.

Hesse 1966, S. 253, Abb. 96.

C 42 Theresia von der Asseburg
Westfälischer Privatbesitz
Öl auf Leinwand, 100 x 78 cm, doubliert, rundum durch Anstücken vergrößert (ursprgl. Maß ca. 88 x 70 cm), kleinere Fehlstellen verbräunter Firnis
1776

Halbfigur, stehend nach links vor drapiertem roten Vorhang, der Blick richtet sich auf den Betrachter. Dunkelblaues Kleid mit Schmuckborten und weißer Schleife am Mieder, halblange Ärmel mit weißen Schleifen und Rüschen aus Spitze. Darüber Schultertuch ganz aus Spitze. Auf den hochfrisierten Haaren Haube mit Schleife. Über den Hinterkopf gelegt ein schwarzer Schleier, dessen Enden ihre linke Hand vor der Brust zusammenhält. Der rechte Arm hängt herab, die Hand ist von den Falten des Kleides verdeckt. Üppige Ohrgehänge mit Edelsteinen.

Theresia von der Lippe zu Vinsebeck (1710-1788) heiratete 1735 Hermann Werner von der Asseburg. Ihr Porträt ist das Pendant zu dem Porträt ihres Mannes Kat.-Nr. C 40.

Verzeichnis 1887, Nr. 17 ? – Hesse 1966, S. 254.

136 C 43 Theresia von der Asseburg
Westfälischer Privatbesitz
Öl auf Leinwand, 95 x 74 cm
Um 1776?

Replik des vorangehenden Porträts Kat.-Nr. C 42. Lediglich kleine Abweichung der Handhaltung, die hier noch einen Schleifenzipfel mit einbezieht. Pendant zu dem Bildnis ihres Mannes Kat.-Nr. C 40a. Im Gegensatz zu diesem jedoch offenbar eigenhändig. Anhand des Fotos ist der von Hesse beschriebene Qualitätsunterschied nicht nachvollziehbar. Das Original konnte leider nicht besichtigt werden.

Hesse 1966, S. 254.

138 C 44 Max Friedrich von Königsegg-Rothenfels
Münster, Westfälisches Landesmuseum für Kunst und Kulturgeschichte, Inv.-Nr. K 30-90 LM
Kupferstich, 30,8 x 23,3 cm (Plattenrand)
Bez. u. li.: *A. Stradtman pinxit*, u. r.: *Joh. Mich. Söckler sculp.*
Inschrift: *MAXIMILIAN FRIEDRICH Erzbischof und Churfürst zu Cölln, Bischof und Fürst zu Münster p. p. Graf zu Königsegg = Rothenfels. p. p. gebohren im Jahr 1708.*
Um 1775/81

Halbfigurenbild (ohne Hände) nach rechts. Der Kopf ist nach links zurückgewendet, der Blick richtet sich auf den Betrachter. Sein linker Unterarm liegt auf einem Tisch o. ä. Bekleidet mit hermelingefütterter Cappa magna, Brustkreuz mit Coulant am Bande, Beffchen, Perücke mit seitlichen Lockenreihen. Das Porträt erscheint in einem reich profilierten gestochenen Rahmen mit Sockelzone, in der Inschrift und kurfürstliches Wappen untergebracht sind.

Maximilian Friedrich Graf von Königsegg-Rothenfels (1718-1784) wurde 1761 zum Kölner Erzbischof gewählt und erhielt im darauffolgenden Jahr auch den münsterschen Bischofsstuhl.[273] In seine Amtszeit fällt die Erbauung des Residenzschlosses in Münster durch Johann Conrad Schlaun und Wilhelm Ferdinand Lipper. Der Fürstbischof residierte indes die meiste Zeit in Bonn und ließ die Regierungsgeschäfte in Münster durch seinen Minister Franz von Fürstenberg wahrnehmen.

Ob Anton Joseph Stratmann für den Kupferstecher eigens eine Porträtzeichnung des Kurfürsten angefertigt hat oder ob ein Porträtgemälde von der Hand des Malers als Vorlage für den Stich diente, ist nicht mehr festzustellen. Keins von beiden hat sich erhalten. Hartmann erwähnt 1910 zwar ein von Stratmann signiertes Gemälde des Fürstbischofs in Münster (s. Kat.-Nr. D 36), ein solches läßt sich heute aber nicht mehr nachweisen. Die Datierung ergibt sich aus der Tatsache, daß Stratmanns Tätigkeit für die Ausstattung des Schlosses in Münster und damit für den Fürstbischof Maximilian Friedrich vermutlich 1775 beginnt, sowie daraus, daß der Stecher Söckler 1781 stirbt. Johann Michael Söckler (1744-1781) war seit 1767 in München ansässig und arbeitete dort als Kupferstecher und Verleger.

Der Porträtkopf des Stiches setzt sich deutlich von den bekannten Porträtdarstellungen des Fürstbischofs in jüngerem Alter ab. Das Gesicht ist sehr lang und schmal und differenzierter durchgebildet als etwa bei den älteren Bildnissen Maximilian Friedrichs im Stadtmuseum Münster.[274] Noch in der Kupferstichumsetzung kann man die künstlerische Handschrift Anton Joseph Stratmanns deutlich spüren.

---

[273] Biographische Angaben nach Das Bistum Münster, Bd. I, S. 240-243.
[274] Kat. Münster 1984, Nr. 286, Abb. S. 403, dort falsch Anton Stratmann zugeschrieben, s. Kat.-Nr. E 5. – BKW Münster, Bd. I, Abb. 135. – Schlaun 1995, Abb. S. 86. – Ein weiteres Porträt befand sich bis zur Zerstörung im Zweiten Weltkrieg im Schloß zu Münster, s. Foto im Bildarchiv des WAfD.

Gürtler 1912, S. 74, Nr. 5, Taf. XX, Nr. 48. – Singer, Bildniskatalog, Bd. VIII, S. 235, Nr. 62512. – Geisberg 1941, S. 178. – Michels 1963, S. 415.
Weiteres Exemplar im Stadtmuseum Münster, Plattenmaß 31,1 x 23,2 cm, Blattmaß 39,7 x 28,4 cm, Inv.-Nr. GR-1854-2. Weiteres Exemplar mit fehlender Angabe des Malers.

Frau Dr. Kauder-Steiniger vom Stadtmuseum Münster und Herrn Dr. Kessemeier vom Landesmuseum sei für ihre Hilfe herzlich gedankt.

C 45 Fürstbischof Wilhelm Anton von der Asseburg
Münster, Stadtmuseum, Inv.-Nr. GE-18-PO15-0146-23
Öl auf Leinwand, 90,3 x 72 cm
Provenienz: Alter städtischer Kunstbesitz. Galt bis in die jüngste Zeit als Porträt des Kölner Kurfürsten und münsterischen Fürstbischofs Maximilian Friedrich von Königsegg-Rothenfels.
Um 1770/80

Halbfigurenbild nach rechts, der Kopf fast frontal. Stehend vor Tisch am rechten Bildrand, darauf Fürstenhut und Mitra. Trägt zum Talar mit Beffchen das bischöfliche Brustkreuz. Perücke. Die linke Hand umfaßt das Kreuz auf dem Fürstenhut, die rechte ist unter den Talar geschoben. Hinter dem Tisch Stück eines roten Vorhangs. Hintergrund ansonsten dunkles Braungrau.
In diesem Porträt, das Stratmanns charakteristische Art der Inkarnatmodellierung aufweist, präsentiert sich der Fürstbischof ohne Cappa magna und Rochett etwas weniger repräsentativ als in den üblichen Herrscherporträts, die vorangehend beschrieben wurden. Die Insignien seiner weltlichen und geistlichen Macht, Fürstenhut und Mitra, sind dennoch durch die Bildanlage deutlich betont. Zweifellos war auch dieses Bild für einen offiziellen Zweck bestimmt, der jedoch offenbar nicht das volle Instrumentarium der fürstlichen Prachtentfaltung erforderte.

Ausstellungskatalog Alter Kunstbesitz der Stadt Münster, Münster 1931 (Landesmuseum), Nr. 87: „Bildnis des Fürstbischofs Maximilian Friedrich. Oelgemälde von Anton Stratmann um 1778. Eine der lebensvollsten Wiedergaben des Kirchenfürsten." Übernommen und zitiert in: BKW Münster II, S. 402: Bildnis Max Friedrichs von 1778 im Rathaus, von Anton Stratmann, Öl auf Leinwand, 82 x 65 cm. Ebenso Th.-B, S. 161. – Das Gemälde ist auf einem Foto eines Saales der Ausstellung des städtischen Kunstbesitzes 1931 im Landesmuseum (Abb. S. 255 in: Geschichte der Stadt Münster im Stadtmuseum Münster. Ausstellungskatalog Münster 1989) neben dem J. M. Kappers zugewiesenen Porträt Max Friedrichs zu sehen. – Singer, Neuer Bildniskatalog, Bd. III, S. 232, Nr. 23811. – Hesse 1966, S. 255: „Schließlich sei dieser Reihe von Geistlichen noch ein Gemälde von Stratmanns Hand hinzugefügt, das sich vor dem Zweiten Weltkrieg als Inventar-Nr. 629 im Landesmuseum Münster befand, im Augenblick aber nicht auffindbar ist. Es ist ‚angeblich': Max Friedrich von Königsegg-Rothenfels, Fürstbischof zu Münster (Reg. 1762-84). Der Dargestellte legt seine Rechte auf ein Birett, hinter dem sich die Bischofsmütze befindet. Die Gesichtszüge zeigen einen jüngeren Herrn als die bekannten Bildnisse des Fürstbischofs, (siehe unten) eine gewisse Ähnlichkeit mit Max Friedrich läßt sich jedoch nicht abweisen." Nach den Unterlagen des Landesmuseums bezeichnet die Inventarnr. 629 das Kat. Münster 1984, Nr. 286, Abb. S. 403 abgebildete und fälschlich Stratmann zugeschriebene Porträt (s. Kat.-Nr. E 5). Mit diesem wiederum stimmt aber die Beschreibung Hesses nicht überein, die das Porträt Wilhelm Antons meint. Als Maximilian Friedrich abgebildet in Geschichte der Stadt Münster, Bd. 1, 1993, S. 382.

Frau Dr. Kauder-Steiniger, Stadtmuseum Münster, und Herrn Markus Kamps, Münster, sei für ihre freundliche Hilfe herzlich gedankt.

C 46 Fürstbischof Wilhelm Anton von der Asseburg
Paderborn, Priesterseminar
Öl auf Leinwand, ca. 180 x 121 cm (im Rahmen gemessen, Höhe dabei mittig genommen), zahlreiche Retuschen, auch im Gesicht
Um 1777/82

Kniestück, fast frontal stehend, Oberkörper nur leicht nach links gedreht, Kopf nach rechts zurückgewendet. Bekleidet mit Soutane, Rochett, dunkelgrauem Mantel mit weiter, mit Hermelinfellen gefütterter Kapuze (cappa magna). Beffchen, gepuderte graue Perücke mit Mittelscheitel, bis in den Nacken reichend mit mehreren seitlichen Lockenreihen. Trägt an violettem Band bischöfliches Brustkreuz mit sechs großen Edelsteinen, von Brillanten umgeben. Dazu Coulant mit einem Edelstein und Brillantenfassung. Greift mit seiner linken Hand in den über den linken Unterarm geworfenen Mantel, der hier mit einer violetten Schleife verziert ist. Die rechte Hand hält auf Hüfthöhe ein Schriftstück dem Betrachter entgegen. Auf der Vorderseite ist zu lesen: *Fundatio Seminarii Episcopalis*. Dahinter am linken Bildrand ein Tisch mit roter Decke, darauf eine Dokumentenmappe mit heraushängendem Siegel, der Fürstenhut und die Mitra. Auf der rechten Seite hinter dem Dargestellten ein Stuhl mit roter Polsterung und geschnitzter Lehne mit dem fürstbischöflichen Wappen. Über Tisch und Stuhl wölbt sich ein geraffter dunkelgrüner Vorhang mit goldenen Fransen und Troddeln, der den Durchblick auf eine Säule freigibt. Ansonsten neutraler, graugrüner Hintergrund.

Wilhelm Anton Freiherr von der Asseburg (1707-1782) wurde 1763 zum Paderborner Bischof gewählt.[275] Sein Amtsantritt beendete eine zweijährige durch den Siebenjährigen Krieg bedingte Vakanz auf dem Paderborner Bischofsstuhl. Dem Wittelsbacher Clemens August von Bayern folgte somit wieder ein Mitglied des landsässigen Adels als Paderborner Fürstbischof nach. Wilhelm Anton von der Asseburg versuchte durch zahlreiche Reformen die wirtschaftliche, kulturelle und soziale Lage des Fürstbistums und seiner Bevölkerung zu verbessern. Das Porträt zeigt ihn als Gründer des Paderborner Priesterseminars, das er 1777 zur Verbesserung der Ausbildung der künftigen Seelsorger einrichten ließ. Er erfüllte damit eine päpstliche Auflage, die ihm bei seiner Ernennung zum Fürstbischof gemacht worden war. Schäfers berichtet, leider ohne Angabe der Quelle, daß Anton Joseph Stratmann für die Anfertigung des Bildes 50 Reichstaler als Bezahlung erhielt.[276] Seiner Schilderung folgend, hing das Porträt ursprünglich in einem stuckierten Rahmen über dem Kamin des Kardinalssaales. Der Kardinalssaal befand sich im 1733/34 erbauten sog. Vorbau, Kopfbau oder Pavillon am Klingelgassenflügel des ehemaligen Jesuitenkollegs, in dem auch das Priesterseminar untergebracht war. Als dieser Saal im Jahre 1846 zum Speisesaal hergerichtet wurde, versah man das Bild mit einem hölzernen Rahmen und hängte es an der östlichen Wand des Speisesaales auf. 1912 kehrte es an seinen ursprünglichen Platz zurück.[277] Nach dem Zweiten Weltkrieg hing es im großen Hörsaal.[278] Heute ist das Porträt in seinem Rahmen von 1846 in dem Raum hinter der Pforte des Priesterseminars untergebracht.

Obwohl der von Schäfers angegebene Betrag von 50 Reichstalern, die Stratmann für das fürstbischöfliche Porträt erhalten haben soll, reichlich hoch erscheint und Zweifel an der Richtigkeit der Schäferschen Angabe aufkommen läßt, handelt es sich doch ganz unzweifelhaft um ein eigenhändiges Werk des Paderborner Malers. Stratmann benutzt hier den vermutlich einmal nach der Natur gemalten Porträtkopf, der in allen seinen Bildnissen Wilhelm Anton von der Asseburgs vorkommt und mit unterschiedlichen Bildausschnitten, Körperhaltungen und Hintergründen kombiniert wird, ein in der Porträtmalerei durchaus gängiges Verfahren. Das Porträt gibt daher auch keinen Siebzigjährigen wieder, der von der Asseburg bei der Seminargründung 1777 ja war, sondern eher den sechsundfünfzigjährigen Fürstbischof zum Zeitpunkt seines Amtsantrittes oder kurz danach. Unmittelbar nach der Wahl des Fürstbischofs wird auch der größte Bedarf nach Porträts des neuen Landesherrn bestanden haben, die Stratmann im Falle von der Asseburgs mehrfach für die Schlösser des westfälischen Adels gemalt hat (s. Kat.-Nr. C 10-13). Oft stehen diese Bilder als Pendants den Porträts seines Neffen Friedrich Wilhelm von Westphalen (s. Kat.-Nr. C 4-9), des gleichzeitigen Hildesheimer Fürstbischofs und Paderborner Nachfolgers, gegenüber. Stratmanns Porträtkopf des Asseburgers dürfte auch dem Augsburger Schabkünstler J. Elias Haid als Vorlage für sein graphisches Porträt des Fürstbischofs gedient haben.[279] Das Schabkunstblatt war über den Paderborner Buchdrucker und Verleger Wilhelm Junfermann zu beziehen.

Schäfers 1902, S. 51f. S. 51/52. – Schäfers 1927, S. 11. – Hesse 1966, S. 256.

---

[275] Biographische Angaben nach Brandt/Hengst 1984, S. 276ff.
[276] Schäfers 1902, S. 52, Anm. 1. Das in der Beschreibung des Gemäldes von Schäfers erwähnte Kruzifix in der linken Hand des Fürstbischofs ist nicht vorhanden. Schäfers hat offenbar die Mantelschleife als Kruzifix mißdeutet.

[277] Schäfers 1927, S. 11.
[278] Hesse 1966, S. 256.
[279] Abb. bei Mertens 1892, neben S. 30 und bei Brandt/Hengst 1984, S. 277.

C 47 Wilhelm Werner von Mengersen
Westfälischer Privatbesitz
Öl auf Leinwand, 109 x 84,5 cm, einige Fehlstellen in der Malschicht
Rückseitig Aufschrift: *Wilhelm Werner von Mengersen 1714-1778, Propst zu Johannisberg bei Fulda*
Zwischen 1776 und 1778

Halbfigur nach rechts. Schwarzer Talar mit kleinem weißen Umschlagkragen. Auf dem Kopf ein schwarzes Scheitelkäppchen. An schwarzem Band Brustkreuz des Fuldaer Domkapitels. Der Porträtierte steht fast frontal vor einem sich in die Bildtiefe erstreckenden Tisch am linken Bildrand. Mit der linken Hand greift er in eine Falte seines Talars, den er mit der rechten Hand etwas über Tischhöhe rafft. Auf dem Tisch mit Marmorplatte liegt im Vordergrund ein geöffneter leerer Buchschuber in Rot, das zugehörige Buch steht dahinter. Weiter hinten auf dem Tisch befindet sich die goldfarbene Mitra. Im Bildhintergrund ist der Ausschnitt einer mit Rocaillen verzierten Architektur in Rot- und Grautönen zu erkennen. Rechts neben und über dem Dargestellten ist ein geraffter roter Vorhang drapiert.
Wilhelm Werner Freiherr von Mengersen zu Rheder (1714-1778) war Mitglied des Fuldaer Stifts-, seit 1752 zugleich Domkapitels, dessen Brustkreuz er trägt.[280] 1776 wurde er Propst der Benediktinerpropstei von Johannisberg bei Fulda, ein Amt, das er nur zwei Jahre bis zu seinem Tod ausübte und das ihn offenbar berechtigte, die Mitra zu tragen. In diesen zwei Jahren wird auch Stratmanns Porträt entstanden sein.

Unveröffentlicht.

C 48 Clemens August Bruno von Mengersen
Westfälischer Privatbesitz
Öl auf Leinwand, 77 x 53 cm, oval, doubliert
Rückseitig Aufschrift: *C. A. von Mengersen 1742-180?*
Um 1780?

Brustbild im Profil nach links. Kopf im Dreiviertelprofil. Harnisch mit braunem Tuchbesatz an den Rändern. Blauer Mantel über rechter Schulter drapiert. Gepuderte Perücke, mit schwarzer Schleife zu Zopf gebunden.
Clemens August Bruno von Mengersen (1742-1800) war der einzige Sohn des Franz Joseph und der Sophie Antoinette von Mengersen (s. Kat.-Nr. C 27, 28) und damit Erbherr auf Rheder. Nach seiner Hochzeit 1772 mit Maria Anna Felicitas von Westphalen (s. Kat.-Nr. C 49) avancierte er 1772 zum Hildesheimer Geheimen Rat, 1774 erhielt er dieses Amt auch in Paderborn. 1777 wurde er zum Hildesheimer Obermarschall ernannt. Daneben stand er als Drost den Ämtern Schwalenberg, Oldenburg, Lügde sowie dem hildesheimischen Amt Wohlenberg vor.[281]
Das Bild dürfte wie das Porträt der Ehefrau (s. Kat.-Nr. C 49) um 1780 entstanden sein, möglicherweise nach dem in diesem Jahre erfolgten Tod des Vaters. Stratmann erhält 1780 eine Zahlung: *Habe von seiner Hochwürden und Hochwohlgebohren Excelence empfangen sechs Rt welches hirmit dankbahrlich bescheinige in Paderborn den 22. Mey Ao 1780 ... Antonius Stradman* (Archiv Rheder, Akten, Nr. 2364). Es könnte sein, daß die in Höhe von 6 Rtlr. für zwei Porträts eigentlich zu geringe Entlohnung des Paderborner Malers dennoch mit den beiden Bildnissen in Verbindung zu bringen ist.

Unveröffentlicht.

C 49 Maria Anna Felicitas von Mengersen
Westfälischer Privatbesitz
Öl auf Leinwand, 77 x 53 cm, oval
Rückseitig Aufschrift: *Maria Anna v. Westphalen 1752-1810 verm. m. C. A. von Mengersen 1772*
Um 1780?

Der Oberkörper ist in diesem Halbfigurenbild frontal wiedergegeben, der Kopf nach rechts ins Dreiviertelprofil gewendet. Die Dargestellte trägt ein rosafarbenes Hemd mit Spitzenbesatz an Ausschnitt und Ärmeln, darüber ein grauweißes Kleid mit perlenbesetzten Säumen. Das Kleid ist mit einem rosafarbenen Tuch über der recht hoch angesetzten Taille gegürtet. Auf die hochtoupierte Frisur sind ein Chiffontuch und eine Perlenschnur drapiert. An Schmuck trägt sie Perlenohrgehänge und an einer Halskette ein Medaillon mit dem Schattenriß ihres Gatten. Der linke Unterarm ruht auf einem Tisch mit Marmorplatte.

---

[280] Zum Brustkreuz s. Arens 1986, S. 95-98.

[281] Angaben nach Keinemann 1996, Bd. II, S. 305ff., Bd. III, Register.

Das Bildnis Maria Anna Felicitas von Mengersens (1752-1810) ist das Gegenstück zu dem Porträt ihres Gatten (s. Kat.-Nr. C 48). Eine leicht veränderte Variante stellt das Porträt der Maria Antonia von Westphalen (s. Kat.-Nr. C 51) dar.

Unveröffentlicht.

C 50 Clemens August (II.) von Westphalen
Westfälischer Privatbesitz
Öl auf Leinwand, 85 x 65 cm, auf Sperrholzplatte aufgezogen
Aufschrift oben links: *CLEMENS AUGUST GRAF VON WESTPHALEN KEISL.: KÖNIGL: GEHEIMER RATH UND BEVOLLMAECHTIGTER MINISTER pp 1790*
Zwischen 1779 und 1786?

Halbfigur (ohne Hände) stehend nach rechts, Kopf in die Frontalität zurückgewendet. Kompletter Harnisch mit Randbesätzen aus hellbraunem Tuch. Weiße Halsbinde, Spitzenjabot. Über seine linke Schulter drapierter braunroter Mantel mit Bruststern eines Ritterordens: Auf die Strahlen des Sterns aufgelegtes Kreuz mit Schild, darin schwarzer Doppeladler und Umschrift auf blauem Grund *VIRTUTIS AVITAE AEMULI*. Über seiner linken Schulter blaues Ordensband mit schwarzen Randstreifen. Neutraler grünlicher Hintergrund. Frisur mit ausgeprägten „Geheimratsecken" und seitlicher Haarwelle über den Ohren. Haare hinten lang fallend, von schwarzer Schleife gehalten.
Clemens August (II.) Graf von Westphalen zu Fürstenberg und Laer (1753-1818) folgte seinem Vater Clemens August (I.) in dessen Paderborner Ämter als Landdrost und Geheimer Rat nach und wurde dort auch Oberstallmeister.[282] Sein Onkel, der Paderborner und Hildesheimer Fürstbischof Friedrich Wilhelm von Westphalen, schätzte ihn als engen politischen Berater. 1792 erreichte Clemens August (II.) beim Kaiser die Erhebung in den Reichsgrafenstand. Bis 1801 vertrat er die kaiserlichen Interessen als Gesandter bei den rheinischen Kurfürsten und dem niederrheinisch-westfälischen Reichskreis. 1778 hatte er Maria Antonia Gräfin von Waldbott-Bassenheim (1757-1786) geheiratet (s. Kat.-Nr. C 51), nach deren frühen Tod, 1786, zwei Jahre später Theresia von Bocholtz (1768-1851) seine zweite Frau wurde. Die Heirat mit der Gräfin von Waldbott-Bassenheim verschaffte ihm 1779 die Aufnahme in den Kreis der Burgmannen der reichsunmittelbaren Burggrafschaft Friedberg in der Wetterau, 1805 trat er die Nachfolge seines Schwiegervaters als Burggraf an.[283]
In Stratmanns Porträt ist er deshalb mit dem Ordenskreuz (nur das Ordensband sichtbar) und dem Bruststern des Kaiserlichen St. Josephsordens zu Burg Friedberg dargestellt.[284] Dieser war 1768 von Kaiser Joseph II. für die Friedberger Burgmannen gestiftet worden.
Da Clemens August (II.) im Bild den ihm 1779 verliehenen Orden trägt und seine erste Ehefrau, deren Porträt Stratmann als Pendant (s. Kat.-Nr. C 51) malte, 1786 starb, werden die Gemälde zwischen 1779 und 1786 entstanden sein.

Hesse 1966, S. 255.

C 51 Maria Antonia von Westphalen
Westfälischer Privatbesitz
Öl auf Leinwand, 85 x 65 cm, auf Sperrholzplatte aufgezogen
Aufschrift oben links: *ANTONETTE FRAU VON WESTPHALEN GEB: GRAEFIN BOTTI VON BASSENHEIM*
Zwischen 1779 und 1786?

Halbfigur nach rechts, den Kopf nach links zurückgewendet. Stehend vor einem Postament (?). Ihr linker Unterarm ist dort aufgestützt, die andere Hand locker darübergelegt. Graues Kleid, dessen Säume mit einer Doppelreihe Perlen besetzt sind. Darunter langärmeliges, rosafarbenes Hemd mit Spitzenrüschen an Ärmeln und Ausschnitt. Rosafarbener, um die Hüften geschlungener Stoffgürtel. An einer Perlenkette, um den Hals hängend, Medaillon mit dem Bildnis ihres Ehegatten (s. Kat.-Nr. C 50). Dazu Birnperlohrringe, Fingerring und Perlenschnüre im

---

[282] Biographische Angaben nach Keinemann 1996, Bd. II, S. 299ff., Bd. III, Register.

[283] Ludger Graf von Westphalen, Aus dem Leben des Grafen Clemens August von Westphalen zu Fürstenberg (1805-1885). Münster 1979, S. 13ff., dort auch Stammtafel.

[284] Roman von Procházka, Österreichisches Ordenshandbuch. 2. Auflage. Bd. 1. München 1979, S. 23, Taf. XVII. – Arens 1986, S. 98.

hochtoupierten Haar, das hinten lang über ihre linke Schulter herabfällt. Auf der Frisur drapiert ein Chiffontuch mit Streifenmuster. Grüngrauer Hintergrund.
Das Porträt der Maria Antonia von Westphalen geb. Gräfin von Waldbott-Bassenheim (1757-1786) bezieht sich als Pendant auf das Porträt ihres Ehemannes Clemens August (II.) von Westphalen (s. Kat.-Nr. C 50). Im Motivischen ist das Gemälde eine Variante des Bildnisses der Maria Anna Felicitas von Mengersen (s. Kat.-Nr. C 49).

Unveröffentlicht.

C 52 Friedrich Kreilmann
Westfälischer Privatbesitz
Öl auf Leinwand, 85 x 70,5 cm, doubliert, Schüsselbildung in der Malschicht in der rechten Bildhälfte, Retuschen
Rückseitige Aufschrift: *Fridericus Kreilmann Ord: Sti Benedicti per 22 annos Abbas in Grafschaft, natus 25: Aprilis 1719 obiit 16: Septembris 1786*
Um 1780/85

Halbfigur nach links, stehend (?), das Gesicht dem Betrachter zugewendet. Hält vor sich in Bauchhöhe ein geöffnetes Buch in den Händen. Die angedeuteten handschriftlichen Eintragungen auf der sichtbaren Buchseite sind nicht lesbar. Ordenskleid in Schwarz mit Kapuze, auf dem weißen, locker fallenden Haar ein schwarzes Scheitelkäppchen (Pileolus). Mit Brillanten verziertes Brustkreuz an grüngrundigem, mit rotem Muster versehenen Band. Brillantring. Links im Bildhintergrund Abtsstab mit aufwendigem Figurenschmuck und Mitra. Graubrauner Hintergrund.
Friedrich Kreilmann (1719-1786) stammte aus einer Erwitter Beamtenfamilie. Nach seinem Eintritt in das Benediktinerkloster Grafschaft wurde er 1754 schon in relativ jungen Jahren Pfarrer von Altenrüthen, einer dem Kloster inkorporierten Pfarrei. Dort ließ er die Pfarrkirche neu erbauen und im Stile des Rokoko aufwendig austatten. Die Altarbilder schuf Anton Joseph Stratmann (s. Kat.-Nr. A 1, 4), so daß es nicht verwundert, daß dieser Maler auch für das Porträt Kreilmanns herangezogen wurde. 1765 wählte der Grafschafter Konvent Kreilmann zum Abt des Klosters. Als solchen hat ihn Stratmann porträtiert, aufgrund des Alters des Dargestellten jedoch offenbar erst gegen Ende seines Lebens. Als Entstehungszeit des Bildes wird man die erste Hälfte der achtziger Jahre annehmen können.

C. L., Abt Friedrich Kreilmann aus Erwitte, in: Heimatblätter Lippstadt 34, 1953, Nr. 9, S. 68-71, Abb. S. 69, ohne Künstlerzuweisung. – Michels 1963, S. 415.

C 53 Raban Heinrich von Haxthausen
Westfälischer Privatbesitz
Öl auf Leinwand, 99 x 72,5 cm, doubliert, verfälschende Übermalungen im Gesicht und im Hintergrund
Aufschrift rückseitig: *Raban Heinrich von Haxthausen / Ordensritter und Commandeur / zu Welheim und Commendeur / in dem 81 Jahr seines Alters / von Stratman gemahlet im / Jahr 1783, 28 Juni / wen unsere Liebe Leben / gebe nicht sterben / * 1700 † 1792 begraben?*
1783

Halbfigurenbild im Dreiviertelprofil nach links. Der Kopf ist in die Frontalansicht zurückgewendet. Küraß mit Armstück, rotem Stoffbesatz und Schmucknieten. Darunter schwarzer Waffenrock mit roten Ärmelaufschlägen und gestickter Schmuckborte aus Goldfäden. Weißes Hemd mit Spitzenjabot und Ärmelrüschen aus Spitze. Schwarze Halsbinde. Über rechte Schulter und linke Hüfte drapierter weißer Mantel mit Deutschordenskreuz (nur ein Balken hinter dem linken Arm sichtbar). Deutschordenskreuz als Brustkreuz an schwarzem Band. Der linke Arm ist in die Hüfte gestützt, der rechte durch den Mantel verdeckt. Graubrauner Hintergrund.
Raban Heinrich Freiherr von Haxthausen zu Abbenburg und Bökendorf (1702-1793) war von 1732 bis 1736 Komtur des Deutschen Ordens in Malenburg, danach von 1737 bis zu seinem Tode Komtur in Welheim.[285] In der westfälischen Ballei des Deutschen Ordens nahm der Komtur von Welheim hierarchisch und nach seinen Einkünften den zweiten Platz hinter dem Landkomtur ein.[286]
Typisches Repräsentationsporträt eines Ordensritters. Die selbstbewußte Pose des in die Hüfte gestützten Armes findet sich auch bei den Porträts

---
[285] Daten nach Dorn 1978, S. 208.
[286] Dorn 1978, S. 42.

anderer Komture.²⁸⁷ Als Vorbild mag möglicherweise das Porträt Kurfürst Clemens Augusts von Bayern als Hochmeister des Deutschen Ordens von Georg Desmarées (um 1746) gedient haben.²⁸⁸
Die Beschriftung der Doublierungsleinwand wiederholt vermutlich die ältere, nicht mehr komplett lesbare Aufschrift der Originalleinwand.

Hesse 1966, S. 255.

148 C 54 Fürstbischof Friedrich Wilhelm von Westphalen
Büren, Wewelsburg, Kreismuseum Paderborn, Inv.-Nr. 7815
Provenienz: aus Paderborner Privatbesitz 1996 angekauft
Öl auf Leinwand, 87,3 x 73 cm, verbräunter Firnis
Klebezettel auf der Rückseite des zeitgleichen Zierrahmens mit teilweise zerstörter Aufschrift: *Die*[ses] *Portre Sr Hochfürstl. Gn*[aden] *Friedrich Wilhelm gn* [unleserlich] *Andenkens gehört dem* [zerstört] *Deppen eigen* [zerstört] *1783.*
1783

Halbfigur nach links. Bekleidet mit Cappa magna in Violettgrau mit Hermelinkapuze und roter Schleife, Beffchen, Brustkreuz an rotem Band. Auf Tisch im Hintergrund links Fürstenhut und Mitra. Neutraler graugrüner Hintergrund.
Der Porträtkopf ist eine offenbar eigenhändige Wiederholung des bereits im Bildnis Kat.-Nr. C 21 gemalten Kopfes, der den Bischof mit gealterten Zügen zeigt. Nach der rückseitigen Aufschrift könnte das Gemälde 1783 entstanden sein, vielleicht aus Anlaß des im Jahr zuvor erfolgten Regierungsantritt als Fürstbischof von Paderborn.

Unveröffentlicht.

Dem Museumsleiter, Herrn Brebeck, sei für seine Unterstützung herzlich gedankt.

149 C 55 Joseph II. von Habsburg-Lothringen, dt. Kaiser 1765-90
Westfälischer Privatbesitz
Öl auf Leinwand, ca. 330 x 130 cm
Nach 1783?

Ganzfigurenporträt. Der Kaiser steht fast frontal in Schrittstellung, mit einer leichten Wendung nach links, neben einem Tisch mit reicher Rocailleschnitzerei und Marmorplatte. Das Gesicht ist dem Betrachter zugewendet. Auf dem Tisch liegt ein rosafarbenes Samtkissen, darauf die Alte Kaiserkrone des Heiligen Römischen Reiches, Reichsapfel und Zepter. Der Kaiser trägt unter dem weißen Waffenrock mit rotem Futter, roten Ärmelaufschlägen, Goldknöpfen und goldenen Tressen den Küraß. Darunter sind die Schöße einer langen, opulent mit Goldstickerei verzierten Weste zu erkennen. Zur roten Kniehose trägt Joseph II. weiße Strümpfe und Reitstiefel mit Sporen. Schwarze Halsbinde. Gepuderte Perücke mit Zopfschleife. Der Kaiser ist mit dem Degen gegürtet und trägt die goldene Feldherrnbinde. An rotem Band um den Hals das Kleinod des Ordens vom Goldenen Vlies, an rot-silbernem Schulterband das Großkreuz des Militärischen Maria-Theresia-Ordens, auf der Brust der dazugehörige Ordensstern sowie der Stern des Großkreuzes des Ungarischen St.-Stephans-Ordens.²⁸⁹ Joseph II. steht auf einem gemusterten Marmorboden vor der Kulisse zweier Säulen, um die ein zurückgezogener blaugrauer Vorhang drapiert ist. Seine linke Hand ist in die Hüfte gestützt, die rechte hält den auf den Tisch aufgesetzten Kommandostab. Angedeuteter Landschaftshintergrund.
Stratmann wird das Bild des Kaisers wohl kaum nach der Natur gemalt haben, sondern dürfte sich auf ein älteres Vorbild gestützt haben. Eine ganz ähnliche Pose des Dargestellten und weitere motivische Übereinstimmungen zeigt ein Kupferstich von A. Cardon nach einer Vorlage von G. Hereyns, der 1783 in Brüssel erschien.²⁹⁰ Abgesehen von einigen Variationen des Decorum, hat Stratmann dem Gesicht die für seine künstlerische Handschrift typische Ausgestaltung verliehen, so daß an der Zuschreibung keine Zweifel bestehen.
Bei dem Bild handelt es sich um ein wandfest in einen Stuckrahmen eingelassenes Gemälde, das zur Ausstattung eines Saales gehört und dort wie üblich dem Landesherrn, in diesem Fall dem Kölner Kurfürsten, gegenübergestanden haben wird. Heute

---

²⁸⁷ S. Kat. Nürnberg, S. 251, Nr. III.11.15, S. 525, Nr. VIII.3.6.
²⁸⁸ Kat. Nürnberg 1990, S. 226, Nr. III.8.16, Farbabb.
²⁸⁹ Zur Krone und den Orden s. Kat. Münster 1977, Nr. 35, 37, sowie S. 225ff.
²⁹⁰ Kat. Münster 1977, Nr. 36, Abb. S. 101.

befindet sich an dessen Stelle ein Porträt des münsterschen Fürstbischofs Friedrich Christian von Plettenberg (reg. 1688-1706).

Unveröffentlicht.

C 56 Joseph II. von Habsburg-Lothringen, dt. Kaiser 1765-90
Paderborn, Franziskanerkloster
Öl auf Leinwand, 96 x 72 cm
Nach 1783?

Halbfigurenbild nach links, stehend. Das Porträt des deutschen Kaisers Joseph II. im Paderborner Franziskanerkloster ist eng verwandt mit der ganzfigurigen Darstellung in Privatbesitz (Kat.-Nr. C 55). Körperhaltung und Kleidung sind allerdings variiert. Das Bildnis zeigt in der Art der Inkarnatdurchbildung und der Wiedergabe der Spitzen eindeutig die Handschrift Anton Joseph Stratmanns. Das Bild ist nach Klaus der Überlieferung zufolge aus dem Nachlaß von Fürstbischof Franz Egon von Fürstenberg oder aber zu seiner Zeit ins Kloster gekommen.

Klaus 1958, S. 166, 168, ohne Künstlerzuweisung.

C 57 Wilhelm Joseph von Weichs
Rüthen-Kallenhardt, Schloß Körtlinghausen
Öl auf Leinwand, 87 x 69,5 cm, blätternde Malschicht am unteren Bildrand, stark glänzender, verbräunter Überzug
Zwischen 1784 und 1786

Halbfigur nach links, stehend neben einem Tisch am linken Bildrand, das Gesicht dem Betrachter zugewendet. Sein linker Arm angewinkelt, die Hand unter den Talar gesteckt. Der rechte Unterarm auf den Tisch gelegt, die Hand hängt locker vor der Tischplatte herab. Graue Perücke mit seitlichen Lockenreihen. Beffchen. An rotem, durch ein Knopfloch des Talars gestecktem Band Brustkreuz des Paderborner Domkapitels von 1784. Auf dem Tisch Brustkreuz des Hildesheimer Domkapitels an rotem Band mit goldenen Kanten und ein rotes Birett. Braungrauer Hintergrund.
Wilhelm Josef Freiherr von Weichs zu Körtlinghausen (1716-1786) erhielt 1737 eine Präbende am Paderborner Domkapitel, 1750 folgte eine solche in Münster (resigniert 1773), 1763 schließlich noch eine hildesheimische. 1757 wählte man ihn zum Dechanten und 1775 zum Propst des Paderborner Domkapitels.[291] Wilhelm Joseph von Weichs ist der Auftraggeber des ebenfalls von Stratmann gemalten Altarbildes der Marienkapelle im Paderborner Dom (s. Kat.-Nr. A 13). Die Datierung des Bildes zwischen 1784 und 1786 ist durch das Stiftungsdatum des abgebildeten Paderborner Domherrenkreuzes sowie das Todesdatum des Porträtierten gegeben.

Hesse 1966, S. 255.

C 58 François Gaspard de Jouffroy-Gonssans
Paderborn, Franziskanerkloster
Öl auf Leinwand, 88 x 72 cm, doubliert
Nachträgliche Aufschrift: *Franciscus Gaspard de Jouffroy-Conssars Eppus Cenoman. sede patriaque expulsus obiit hac in urbe*
1795/96

Halbfigurenbild (ohne Hände) nach rechts, in gemaltem Oval. Der Kopf ist nach links zurückgewendet, der Blick richtet sich auf den Betrachter. Spitzenrochett, dunkelbraune Mozzetta, Beffchen, schlichtes Brustkreuz an violettem Band. Gepuderte Perücke mit je einer seitlichen Lockenrolle. Neutraler graubrauner Hintergrund.
François Gaspard de Jouffroy-Gonssans (1720?-1799), Bischof von Le Mans, mußte wie viele seiner Amtsbrüder und andere katholische Geistliche vor den Folgen der Französischen Revolution aus Frankreich fliehen. 1795 kam der Bischof nach Paderborn und wurde hier aufgrund der traditionell engen Verbundenheit der beiden Bistümer besonders herzlich aufgenommen. Er wohnte in der Domdechanei und nahm die Funktionen eines Weihbischofs wahr.[292] Ein solcher war in Paderborn seit 1763, dem Amtsantritt Wilhelm Anton von der Asseburgs, nicht mehr ausdrücklich bestellt worden. Am 23. Januar 1799 starb der Bischof von Le Mans nach zweijähriger Krankheit im Alter von 78 Jahren in Paderborn und wurde im Dom beigesetzt.
Das Bild im Franziskanerkloster kam der Überlieferung nach aus dem Nachlaß von Fürstbischof Franz Egon von Fürstenberg oder aber zu seiner Zeit ins Kloster. Es handelt sich vielleicht um die

---

[291] Biographische Angaben nach Keinemann 1967, S. 306f.
[292] Angaben nach Wilhelm Tack, Bischof Jouffroy-Gonssans von Le Mans starb in Paderborn, in: Westfälisches Volksblatt, Jg. 106, 24. Juli 1954, Liboribeilage, m. Abb. – Klaus 1958, S. 168. – Brandt/Hengst 1984, S. 286, 357.

Replik eines weiteren Porträts des Bischofs von Le Mans von der Hand Stratmanns im Paderborner Kapitelsaal (s. Kat.-Nr. D 35). Dieses Bild wurde 1945 zerstört.[293]

Der weit über 70jährige Bischof ist von Stratmann in idealisierter Form als Mann in den besten Jahren dargestellt.

Klaus 1958, S. 166,168. – Brandt/Hengst 1984, Abb. 171. – Liborius, Bischof und Schutzpatron. Hrsg. von Klemens Honselmann. Paderborn 1986, S. 59f. mit Abb. S. 58. Alle ohne Zuschreibung an einen Künstler.

153 C 59 Joseph Ernst von Hörde
Westfälischer Privatbesitz
Öl auf Leinwand, 62,5 x 48,5 cm, verbräunter Firnis, starkes Craquelé
Um 1795/1800

Brustbild (ohne Arme) nach links, in gemaltem Oval (nur am unteren Bildrand). Gesicht fast „en face". Talar, Beffchen, Spitzenjabot, Brustkreuz des Paderborner Domkapitels an rotem Band, durch ein Knopfloch gesteckt. Dunkle, wellige Haare. Undifferenzierter dunkler Hintergrund.

Joseph Ernst Freiherr von Hörde zu Schwarzenraben und Störmede (1757-1803), 1781 bis 1800 Dekan des Soester St.-Patrokli-Stifts, seit 1789 Domherr zu Osnabrück und Paderborn, wurde 1800 Paderborner Domkämmerer.[294] Er trägt das von Fürstbischof von Westphalen 1784 gestiftete Brustkreuz. Nach dem Alter des Dargestellten dürfte das Bild gegen Ende der 1790er Jahre entstanden und damit dem Spätwerk Anton Joseph Stratmanns zuzurechnen sein. Für die späte Entstehungszeit kennzeichnend ist die Wahl des kleineren Bildausschnittes des Brustbildes, das der Darstellung größere Intimität und Unmittelbarkeit zugleich verleiht. Stratmann verdankt dem Stiftsdekan von St. Patrokli vermutlich auch den Auftrag für das Gemälde des Hochaltars der Soester Kirche, in dem man das Porträt von Hördes wiederzuerkennen meint (s. Kat.-Nr. A 25).

74

Unveröffentlicht.

---

[293] Tack 1961, S. 286. Das Bild im Franziskanerkloster ist dort als Doublette bezeichnet, nach der wiederum gegen 1960 eine Kopie für den Kapitelsaal als Ersatz für das kriegszerstörte Gemälde angefertigt wurde.

[294] Biographische Angaben nach Michels 1966, S. 150, sowie Boeselager 1990, S. 262f.

D. Zerstörte, verschollene und nicht zur Ausführung gelangte Werke

Sakrale Themen

D 1 Die Königin von Saba bei Salomon
Ehem. Höxter-Corvey, Gemäldesammlung des Fürstabts Theodor von Brabeck
Verbleib unbekannt
Um 1754/55

Von diesem und den folgenden Gemälden Anton Joseph Stratmanns haben wir nur durch die Beschreibung Philipp Ferdinand Ludwig Bartschers (1749-1823) Kenntnis.[295] Der Rietberger Maler und etwas jüngere Zeitgenosse Stratmanns erarbeitete 1787 einen Katalog der Gemäldesammlung des Corveyer Fürstabtes und späteren Fürstbischofs Theodor von Brabeck, in der sich Stratmanns Bilder damals befanden. Sind Bartschers Künstlerzuweisungen auch oftmals vermutlich unzutreffend, so wird er doch im Falle seines Zeitgenossen Stratmann sicher nicht fehlgegangen sein:

Nro. 7. Von Anton Stradtmann. Dieses herrliche Gemälde, das Stradtmann als ein Preisstück zu Antwerpen gemalt hat, hat auch die besten Prämie erhalten. Sein Vorwurf ist die biblische Geschichte, wie die Königin von Saba den weisen Salomon besucht. Rechter Hand des Anschauers sitzt der König Salomon auf einen sehr erhabenen Throne und reicht der vor denselben knienden Königin von Saba die rechte Hand, die aber voll Entzücken und Ehrfurcht nicht aufzustehen scheint; neben ihr knien noch zwey von ihren Kammerweibern; vor ihr liegen allerhand Kostbarkeiten, als goldenen Gefäße, Perlen, und was dergleichen mehr ist; hinter ihr erblickt man ein groses Gefolge, von denen alle noch mehrere Kostbarkeiten herbeytragen; neben dem Throne stehen des Königs Hofleute und Leibwache. Der Hintergrund ist mit der schönsten Architectur nach alter Art geziert.
Dieses auserordentliche schöne Gemälde gehört gewiß unter die besten Werke dieses grosen Meisters: allenthalben entdeckt man Spuren seiner grosen Kunst, und Grazie ist selbst über die kleinsten Gegenstände verbreitet; die ganze Gruppe ist meisterhaft verbunden; das Colorit ist kräftig und die Würkung piquant; die Köpfe des Königs und der

---

[295] Zu Bartscher s. Beine 1994.

Königin wie auch die mehrsten übrigen sind vortreflich und von feinen Ausdrück; man glaubt, das schönste Fleisch zu sehen; die Gewänder sind frey geworfen, und die ganze Behandlung ist ungemein leicht; und dabey sind doch die Umrisse mit solcher Kunst ausgedeutet, daß man darüber erstaunet und sich über die richtige Ausführung auch in einzelnen Theilen nicht genug verwundern kann. Auf Leinwand; 3 Fuß 2 Zoll hoch, 4 Fuß 6 Zoll breit.

Die Datierung des Gemäldes ergibt sich aus der Tatsache, daß Stratmanns Aufenthalt in Antwerpen für die Jahre 1754 und 1755 bezeugt ist.

Das Schicksal der Gemäldesammlung ist unbekannt. Sie dürfte nach der Säkularisation in alle Winde zerstreut worden sein. Nur wenige Bilder lassen sich heute noch nachweisen. Stratmanns Werke sind nicht darunter.

Bartscher 1787, S. 36. – Hesse 1966, S. 250.

D 2 Marienkrönung   154
Lippstadt-Bökenförde, Schloß Schwarzenraben, Kapelle St. Antonius Abt, Deckengemälde
Öl auf Leinwand
Bei dem Brand des Schlosses 1935 zerstört
Um 1765/70

Das Deckengemälde ist lediglich auf einem Foto der Kapellendecke von 1909 überliefert.[296] An seiner Stelle befindet sich heute eine nach der Zerstörung 1935 direkt auf den Putz aufgetragene Nachschöpfung. Das Foto läßt auch die Köpfe der Schrauben erkennen, mit denen das auf Leinwand gemalte Bild auf der Decke befestigt war. Es zeigte in starker Untersicht mit entsprechender Verkürzung der Proportionen die auf Wolken schwebende kniende Gottesmutter, über deren Kopf Christus und Gottvater gemeinsam die Krone hielten. Christus hatte das Kreuz im rechten Arm, Gottvater umfaßte mit der Linken Zepter und Weltkugel, assistiert von einem Engelputto. Über Maria schwebte die Geisttaube. Gruppen von Engelputten, darunter eine mit einem Korb voller Rosenblüten, erschienen unterhalb Mariens und am oberen rechten Bildrand. Formal und motivisch sehr ähnliche plastische Darstellungen des Themas finden sich im übrigen in den Auszügen der Hochaltäre von Altenrüthen (1760)   31
und Geseke, Franziskanerkirche (1760/65). In beiden Fällen lieferte Anton Joseph Stratmann die Altarbilder (s. Kat.-Nr. A 1, 2).   50, 51

Die Datierung des Schwarzenrabener Bildes ergibt sich zum einen aus der Tatsache, daß 1765 an der Stuckdekoration der Kapelle, ausgeführt von Bernhard Metz aus Attendorn, gearbeitet wurde.[297] Mit der Anbringung des Deckengemäldes wird man nach deren Fertigstellung nicht mehr lange gewartet haben. Zum anderen fügt sich das Bild gut in die Reihe der im sechsten Jahrzehnt entstandenen Werke Anton Joseph Stratmanns ein. So ist das Gesicht Mariens bereits im Erwitter Altarbild (s. Kat.-Nr. A 3) vorgebildet, das auch für die Vergleichbarkeit   52
der Engelputten herangezogen werden kann. Die Körpermodellierung der Christusfigur hat ihre Entsprechung in dem Christus des Laerer Altarbildes (s. Kat.-Nr. A 5). Die Aufzählung der Vergleichbarkeiten ließe sich fortsetzen.   54

Möglicherweise hat Anton Joseph Stratmann zeitgleich mit seinem Bruder Johann Heinrich Joseph an der Ausstattung der Schwarzenrabener Kapelle gearbeitet. Mit dem Altar schuf dieser eines seiner Hauptwerke, dessen Datierung zwischen 1768 und 1774 schwankt. 1775 erfolgte die vorläufige, 1777 die endgültige Weihe des Altars.[298]

Püttmann-Engel 1987, S. 252 m. Abb. ohne Erwähnung des Künstlers. – Strohmann 1994, S. 158, Anm. 70.

D 3 Darbringung im Tempel   157
Hildesheim, kath. Seminarkirche, ehem. Kapuzinerkirche, Hochaltargemälde
Im Zweiten Weltkrieg zerstört
1772

Eine im Hildesheimer Stadtarchiv erhaltene Fotoaufnahme des Altars vor der Zerstörung läßt das Altarbild leider nur in groben Zügen erkennen. Danach stand der Hohepriester mit dem Jesusknaben in den Armen auf einem hohen, mehrstufigen Podest. Vor ihm kniete Maria auf den Stufen, die Arme ausgebreitet, um das Kind aus den Händen des Hohenpriesters zu empfangen. Vor und hinter dieser Figurengruppe sind schemenhaft Assistenz-

---

[296] Bildarchiv des WAfD.
[297] Dies ergibt sich aus einem 1765 zu datierenden Brief, den der in der Bürener Jesuitenkirche tätige Freskomaler Joseph Gregor Winck an den in Schwarzenraben arbeitenden Bernhard Metz schreibt. S. Stangier 1994, S. 83.
[298] Zink 1985, S. 197-199.

figuren zu sehen. Hinter dem Rücken des Hohenpriesters befand sich ein Lesepult, das vor einer hochaufragenden Architekturstaffage mit Bogen und Säule aufgestellt war. Im Vordergrund links stand ein Korb mit Tüchern und einem darübergelegten Stab.

Auch in diesem Bild Stratmanns spielt die von links unten nach rechts oben aufsteigende, tiefenräumlich wirksame Diagonale wieder eine bildbestimmende Rolle.

Die Zuschreibung des Altarbildes an Anton Joseph Stratmann beruht nicht nur auf dem aus dem erhaltenen Foto leider nur ungenügend ablesbaren stilistischen Befund, sondern auch auf einer frühen Sekundärquelle. Zink (s. u.) zitierte 1985 die Mitteilung eines gewissen Zeppenfeldt von 1827: „ ... Das Altarblatt im Hochaltare und die Maria in Frontispicio Ecclesiae in Stein gehauen ... haben die Brüder und Künstler Stratmann aus Paderborn fabricirt."[299] Auftraggeber war der Hildesheimer Fürstbischof Friedrich Wilhelm von Westphalen, dessen Wappen den von ihm gestifteten Hochaltar der 1772 geweihten Kapuzinerkirche zierte. Die Altarfiguren arbeitete Anton Josephs Bruder Johann Heinrich Joseph Stratmann.

BKH Hildesheim, S. 285. – Zink 1985, S. 193. – Zink 1986, S. 124. – Walther Hümmerich, Anfänge des kapuzinischen Klosterbaues. Mainz 1987, S. 286ff., hier S. 289. – Zink 1989, S. 97.

155, 156   **D 4 Anbetung der Könige**
Hildesheim, Dom, Dreikönigskapelle, Altarbild
Im Zweiten Weltkrieg zerstört
1773

Das Aussehen des Gemäldes ist durch zwei fotografische Aufnahmen des Altars in etwa überliefert. Beide Fotos sind undatiert. Die Schwarzweißaufnahme befindet sich in der Photothek des Instituts für Denkmalpflege Hannover, die Farbaufnahme wird im Dom- und Diözesanmuseum Hildesheim aufbewahrt.

Stratmann hatte die Bildszene offenbar in eine Höhle verlegt, in deren Eingang im Bildhintergrund sich der hellere Nachthimmel abzeichnete. Im Höhleneingang waren Knechte mit Reittieren zu erkennen. Vor dieser Kulisse saß Maria mit dem Kind in rotem Gewand und blauem Mantel. Das Kind auf ihrem Schoß streckte seine Arme dem vor ihm flach auf dem Boden liegenden, mit einem weißen Mantel bekleideten König entgegen. Links hinter ihm waren der stehende Mohrenkönig und der kniende dritte König angeordnet. Auf der rechten Seite stützte sich Josef auf dem hinter Maria befindlichen Felsen ab.

Stratmanns Bildkomposition lebte im wesentlichen von dem durch den liegenden König eingeleiteten diagonalen Tiefenzug, der sich mit der V-förmigen Figurenanordnung in der Fläche verschränkte. Die Rubensschen Formulierungen des Themas, durch Kupferstiche verbreitet, waren offenbar nur loses Vorbild. Eindeutige Motivzitate sind nicht zu verzeichnen. Jedoch könnte sich Stratmanns Bildkomposition mit der bestimmenden Diagonale von Nicolaas Lauwers Kupferstich nach Rubens' Brüsseler Anbetung der Könige ableiten.[300]

Der Altar, dessen Figurenschmuck Anton Josephs Bruder Johann Heinrich Joseph gearbeitet hatte, trug eine leider nicht vollständig überlieferte Inschrift, die den Stifter Ferdinand Wilhelm von Bocholtz († 1784) nannte. Nach dem Kunstdenkmälerinventar (s. u.) befand sich bis zur Kriegszerstörung auch eine Blechtafel in der Kapelle, die als „Erinnerungszeichen an die Stiftung des von Stratmann 1773 gemalten Altarbildes durch Ferdinand Wilhelm Ignaz Engelhardt von Bocholtz" diente. Der stilistische Befund bestätigt diese Zuweisung des Gemäldes an Anton Joseph Stratmann, die bereits 1863 in Fahnes Geschichte des Geschlechtes von Bocholtz (s. u.) erscheint.

Ferdinand Wilhelm von Bocholtz, Stratmanns Auftraggeber, war Domherr. In Münster wurde er 1761 zum Domscholaster gewählt, in Hildesheim brachte er es bis zum Kammerpräsidenten.[301] Er war ein naher Verwandter der Familien von Asseburg und von Westphalen, für die Anton Joseph Stratmann bereits in den sechziger Jahren gearbeitet hatte (s. Kat.-Nr. C 17-22, C 40). 1772 hatte der Maler für den Hildesheimer Fürstbischof Friedrich Wilhelm von Westphalen das Hochaltarbild der Hildesheimer Kapuzinerkirche gemalt (s. Kat.-Nr. D 3). Anton Joseph Stratmann besaß also, ebenso wie sein Bruder Johann Heinrich Joseph, mit dem er bei

---

[299] Mittwochen-Blatt oder: Magazin des Nützlichen und Angenehmen, Nr. 34, 29. 8. 1827, S. 133-139, hier S. 134, § 36.

[300] Kat. Köln 1977, Abb. 39.
[301] Keinemann 1967, S. 294f.

einigen dieser Aufträge zusammengearbeitet hatte, ausreichend Empfehlungen, die Ferdinand Wilhelm von Bocholtz bewogen haben mögen, den Auftrag für den Altar der Bocholtzschen Familienkapelle den beiden Stratmanns zu erteilen.

Fahne 1863, S. 342. – BKH Hildesheim, S. 56f. – Herzig 1922, S. 40. – Bleibaum 1924, S. 194f. – Th.-B., S. 161. – Elbern/Engfer/Reuther 1974, S. 66 mit falschen Angaben zum Gemälde. – Zink 1985, S. 194. – Zink 1986, S. 125.

D 5 Thema unbekannt
Wünnenberg-Fürstenberg, kath. Pfarrkirche Mariä Himmelfahrt, ehemaliges Hochaltargemälde
Zerstört
Um 1775

Das jetzige Hochaltargemälde ist eine 1937 gemalte Kopie nach Piazzettas Himmelfahrt Mariens im Pariser Louvre (vgl. Kat.-Nr. A 12).[302] Zuvor nahm eine Kreuzigungsgruppe des 19. Jahrhunderts den Platz des Altarbildes und der beiden ursprünglichen Altarfiguren von Johann Heinrich Joseph Stratmann ein.[303] Zink vermutet aufgrund der Auftraggeberschaft des Fürstbischofs Friedrich Wilhelm von Westphalen, dessen Wappen die Altarbildrahmung trägt, und der Tätigkeit von Anton Josephs Bruder Johann Heinrich Joseph für das ursprüngliche Altarbild die Urheberschaft Anton Joseph Stratmanns. Zink datiert die Altarfiguren um 1775, ein Datum, das dann auch für das Gemälde einige Wahrscheinlichkeit hat. Denkbar wäre, daß das Stratmann aufgrund einer älteren Sekundärquelle zugeschriebene Bild der Schmerzhaften Muttergottes (s. Kat.-Nr. D 6), das heute in der Fürstenberger Kirche nicht mehr vorhanden ist, mit dem ehemaligen Hochaltarbild identisch war.

Zink 1985, S. 202. – Zink 1986, S. 128f. – Zink 1989, S. 97.

D 6 Schmerzhafte Muttergottes
Ehemals Wünnenberg-Fürstenberg, kath. Pfarrkirche Mariä Himmelfahrt
Verbleib unbekannt
Um 1775?

Es handelt sich möglicherweise um das ursprüngliche Gemälde des Hochaltars (s. Kat.-Nr. D 5).

Michels 1963, S. 415 nach EAB Paderborn, AAVP, Acta 194, Stratmann (um 1900).

D 7 Erzengel Michael
Borgentreich-Großeneder, kath. Pfarrkirche St. Peter und Paul, ehemaliges Hochaltargemälde
Verbleib unbekannt
Um 1777

Die Zuschreibung des Gemäldes beruht auf einer Notiz in einem *Status ecclesiarum parochialium …* (EAB Paderborn, Archiv des Altertumsvereins, Cod. 137): *Imago S. Michaelis archangeli in summo altari est pictoris eximii Antonii Stratmann, inter aedificationem novi templi neglecta fere interiit.*
Ein in der nördlichen Außenwand der Kirche eingemauerter Stein trägt die Jahreszahl 1777.[304] In diesem Jahr soll der Vorgängerbau der jetzigen Kirche von 1814/16 errichtet worden sein. Im Zuge der Ausstattung dieses Kirchenbaues könnte auch Stratmanns Altarbild entstanden sein.
Bemerkenswert ist die Tatsache, daß Stratmann 1788 für den Nachbarort Lütgeneder ein noch erhaltenes Altarbild desselben Themas gemalt hat.

Nordhoff 1885/86, S. 45. – Th.-B., S. 161. – BKW Warburg, S. 205. – Michels, S. 413. – Adalbert Kleinert, 1100 Jahre Großeneder. o. O., o. J. (Borgentreich 1987), S. 76.

D 8 Christus am Ölberg
Öl auf Leinwand
Verbleib unbekannt
Anfang 1780er Jahre

Die Zuschreibung dieses Gemäldes an Anton Joseph Stratmann beruht auf guten Fotos einschließlich farbiger Details im Archiv einer Restaurierungsfirma. Der Standort des Bildes konnte leider nicht ermittelt werden.
Das großformatige Gemälde zeigt Christus in grauem Gewand und rotem, nur das rechte Bein verhüllendem Mantel in den Armen eines hinter ihm knienden Engels liegend. Der frontal dargestellte Engel in weißem Gewand und blauem, flatterndem Mantel hat sein rechtes Knie unter die Achsel Jesu

---

[302] Zink 1986, S. 128, Anm. 68, nach Auskunft des Grafen von Westphalen.
[303] BKW Büren, S. 124, m. Abb. des im 19. Jahrhundert hergestellten Zustandes.

[304] BKW Warburg, S. 204.

geschoben und stützt dessen Oberkörper ab. Er hält die weitausgebreiteten Arme des Erlösers. Der Engel blickt auf Jesus, dessen Kopf im Profil der vom rechten oberen Bildrand innerhalb einer Wolkenbank herabströmenden Lichtbahn zugewendet ist. Links im Bildvordergrund befindet sich eine kleine Bodenerhebung mit niedriger Vegetation und einem Baum. Hinter der Figurengruppe öffnet sich der Durchblick auf eine Baumstaffage.

Stratmanns Formulierung des Bildthemas zeichnet sich zum einen durch eine eher ungewöhnliche Reduzierung des Figurenrepertoires aus. Es fehlen die sonst üblichen drei schlafenden Jünger und der am Himmel erscheinende Engel mit dem Kelch. Zum anderen ist Jesus nicht im Moment des angstvollen Betens zu Gott dargestellt, sondern als bereits Getrösteter, demütig in sein Schicksal Ergebener. Das in barocken Darstellungen des Themas in der Regel mit den Mitteln einer dynamischen Bildsprache versinnbildlichte Ringen Christi um Fassung angesichts des ihm bestimmten Todes (z. B. Epitaph Dompropst Ferdinand von Plettenberg, Münster, Dom, um 1720, Johann Wilhelm Gröninger) ist bei Stratmann eine stille Szene fast intimen Charakters.[305] Christus hat offenbar die „menschliche" Angst vor der Erfüllung seiner göttlichen Sendung bereits überwunden. Begleitet von der mitleidigen Anteilnahme des stützenden Engels, hält er gefaßt Zwiesprache mit dem in der Lichtbahn gegenwärtigen Gottvater.

Formal ist das Bild ganz auf die Herausarbeitung der beiden zentralen Figuren bezogen. Die wichtigste Rolle spielt dabei das Licht, das Christus und den Engel aus dem Dunkel heraushebt. Die Diagonale der einfallenden Lichtbahn trifft sich im Oberkörper Christi mit der gegenläufig ansteigenden Diagonale des hingelagerten Körpers und betont diesen Bildbereich ganz entschieden. Die Hintereinanderstaffelung beschatteter und belichteter Bildgründe schafft Raumtiefe, ebenso wirken die ausgebreiteten Arme Christi.

Etwaige Vorlagen für die äußerst dichte Bildkomposition Stratmanns sind bisher nicht bekannt. Was die Funktion des großen Engels anbelangt, kann auf ein ähnliches Beispiel in einem Kupferstich von Pieter Schenck verwiesen werden, der möglicherweise auf ein Vorbild von Charles Le Brun zurückgeht.[306]

Der große Engel erscheint auch in der Ölberggruppe des Plettenberg-Epitaphs im Dom in Münster (s. o.).

Unveröffentlicht.

D 9 Kreuzigung Christi 159
Münster, Schloß, Kapelle St. Michael, Altargemälde
Öl auf Leinwand, 298 x 202 cm
Im Zweiten Weltkrieg zerstört
1783/84

Das Gemälde ist auf einer um 1930 fotografierten 35 Innenansicht der Kapelle zum Altar hin überliefert.[307] Die Betrachtung wird jedoch durch den damals bereits schlechten Erhaltungszustand erschwert.[308] Zu erkennen sind nur der stark S-förmig geschwungene Umriß des Körpers Christi und das Kreuz. Demnach war Christus mit drei Nägeln an das Kreuz geheftet. Den Kopf auf die rechte Schulter gelegt, blickte der Gekreuzigte mit offenen Augen zum Himmel empor. Das nur sparsam über einer zusammengeknoteten Kordel drapierte Lendentuch ließ die rechte Hüfte frei.

Der Typus des mit offenen Augen emporblickenden Gekreuzigten dürfte von Rubens' „Einsamen Kruzifixus" abzuleiten sein, wie er auch von Paulus Pontius 1631 in Kupfer gestochen wurde.[309]

Es existiert ein von Johann Christoph Rincklake 23 signiertes Kreuzigungsgemälde im Besitz des Landesmuseums in Münster, bei dem es sich offenbar um eine nur in wenigen Details abweichende, verkleinerte Kopie des Stratmannschen Altarbildes handelt. Möglicherweise hat diese Kopie dazu geführt, daß Rincklakes Tochter Louisa in dem von ihr posthum erstellten Werkverzeichnis ihres Vaters ihn als den Schöpfer des Altarbildes der Schloßkapelle anführt.[310] Es war jedoch Anton Joseph Stratmann, der für diesen Auftrag bezahlt wurde. In der *Specificatio und Berechnung deren behuf Erbauung Hochfürstlicher Residenz zu Münster laut assigniert und quitierten Rechnungen ausgezahlten Geldern vom 16ten März 1783 bis ultimo Xbris 1784* (StA Münster, Fürstbistum Münster,

---

[305] BKW Münster V, S. 278, Abb. 1533.
[306] Hollstein, Dutch, Bd. XXV, S. 44, Nr. 233, m. Abb.

[307] BKW Münster I, Abb. 222.
[308] Vgl. BKW Münster I, S. 424f.
[309] Kat. Köln 1977, Abb. 43.
[310] Westhoff-Krummacher 1984, S. 441, Nr. 274, m. Abb.

Kabinettsregistratur, Akten, Nr. 67, fol. 448) heißt es u. a.:
Num. 6 H. Stradtman für die portraits aufm speise saal völlig zu verfertigen 400 Rtlr
Num. 7 item für das gemachte Altar blat in der Capelle 70 Rtlr.

Hartmann 1910, S. 207. – BKW Münster I, S. 422, 425f. – Th.-B., S. 161. – Meyer 1938, S. 61. – Geisberg 1941, S. 178. – Michels 1963, S. 414. – Westhoff-Krummacher 1984, S. 441, Nr. 274. – Püttmann-Engel 1987, S. 224. – Strohmann 1994, S. 159. – Schlaun 1995, S. 143.

D 10 Taufe Christi
Ehemals Paderborn, kath. Marktpfarrkirche St. Franz Xaver, ehem. Jesuitenkirche
Verbleib unbekannt
1785

Nach den erhaltenen Rechnungsunterlagen wurde Anton Joseph Stratmann 1785 für ein Gemälde der Taufe Christi bezahlt, das für die Wand hinter dem Taufstein bestimmt war (s. Kat.-Nr. G 5).

Strohmann 1994, S. 164.

D 11 Susanna im Bade
Höxter-Corvey, Gemäldesammlung des Fürstabts Theodor von Brabeck
Verbleib unbekannt
Vor 1787

Bartscher 1787, S. 52: *Nro 62 und 63. Von Stradtmann, dem ältern. Das erste Gemälde stellt die Susanna im Bade, wie sie von zwey alten Kerls überfallen wird, und das andere die badende Batseba vor. Beide sind sehr fein, aber kalt, trocken und steif gemalt. Auf Holz; 1 Fuß hoch, 1 Fuß 4 Zoll breit.*

Hesse 1966, S. 250.

D 12 Die badende Bathseba
Höxter-Corvey, Gemäldesammlung des Fürstabts Theodor von Brabeck
Verbleib unbekannt
Vor 1787

Bartscher 1787, S. 52: *Nro 62 und 63. Von Stradtmann, dem ältern. Das erste Gemälde stellt die Susanna im Bade, wie sie von zwey alten Kerls überfallen wird, und das andere die badende Batseba vor. Beide sind sehr fein, aber kalt, trocken und steif gemalt. Auf Holz; 1 Fuß hoch, 1 Fuß 4 Zoll breit.*

Hesse 1966, S. 250.

D 13 Thema unbekannt
Ehemals Olsberg-Bigge, kath. Pfarrkirche St. Martin, Hochaltargemälde
Vermutlich 1895 zerstört
1791

Archivalisch belegt: Pfarrarchiv Bigge, B 25, Geschichte des Kirchbaues zu Bigge, darin *Verzeichnuß deren zum Kirchenbau ... verwendeten Kösten*
1791, 13. August
Noch Postgeld wegen Bestellung des Bildes in den hohen altar zu nach und von Paderborn 4 gr
d. 24 ten Nov. hat der mahler Herr Stratman zu Paderborn das Bild in den hohen altar geschickt dafür zahlt in paderb. cours 80 rt facit in hiesigem cours 100 rt 7 ½ gr.
dem bothen seinen Lohn bezahlet mit 1 rt 24 gr
der bothe nebst Hern Stratmann seinen Sohn tag und nacht hier gewesen verzehret 24 gr
dem Sohn Hern Stratmans weil er den weeg zur Lieferung des Bildes hierhin gratis gethan wein gegeben 1 maaß 14 ½ gr
vor acht tagen von Hern Stratmann ein brieff erhalten in betreff des beynahe fertigen bilds postporto 3 ½ gr
den 22 ten Xber hat Her Falcke das Bild auff den rahmen fest gemacht und in den altar gesetzt macht nebst verzehr summa 24 gr.

Nordhoff 1885/86, S. 45. – Th.-B., S. 161. – BKW Brilon, S. 117. – Michels 1963, S. 413. – Metten/Förster 1984, S. 40.

D 14 Hl. Josef mit dem Kinde
Ehemals Görlitz, Privatbesitz, Frau Bauinspektor Rosenkranz
Fahnenbild
Verbleib unbekannt

Michels 1963, S. 414, nach EAB Paderborn, AAVP, Acta 194, Stratmann (um 1900).

D 15 Maria mit Kind
Ehemals Paderborn, Gehlen
Kopie eines anderen Bildes
Verbleib unbekannt

Michels 1963, S. 415 nach EAB Paderborn, AAVP, Acta 194, Stratmann (um 1900).

D 16 Hl. Johannes Ev.
Ehemals Paderborn, Gehlen
Verbleib unbekannt

Michels 1963, S. 415 nach EAB Paderborn, AAVP, Acta 194, Stratmann (um 1900).

D 17 Verleugnung Petri
Ehemals Paderborn, Gehlen
Verbleib unbekannt

Michels 1963, S. 415 nach EAB Paderborn, AAVP, Acta 194, Stratmann (um 1900).

D 18 Weltheiland auf dem Regenbogen
Fahnenbild
Ehemals Paderborn, Stadt
Verbleib unbekannt

Michels 1963, S. 415 nach EAB Paderborn, AAVP, Acta 194, Stratmann (um 1900).

D 19 Das Gelübde der Franziskaner
Ehemals Wünnenberg-Fürstenberg, Schloß, davor Lichtenau-Herbram, Kaplan Brandt
Figürliche Darstellung der drei Gelübde
Verbleib unbekannt

Michels 1963, S. 415 nach EAB Paderborn, AAVP, Acta 194, Stratmann (um 1900).

Profane Themen

D 20 Nicht näher bezeichnete Arbeiten
Münster, Schloß
1773-1777

In einer vom 17. Januar 1778 datierenden Aufstellung der für den Zeitraum 1773-1777 noch ausstehenden Zahlungen für die Ausstattung des Schlosses erscheint auch *Stratmann Mahler* (StA Münster, Fürstbistum Münster, Kabinettsregistratur, Akten, Nr. 67, fol. 329v). Von den für beauftragte Arbeiten im genannten Zeitraum vereinbarten 700 Rtlr. hatte Stratmann erst die Hälfte erhalten. Ob in der Gesamtsumme das Deckengemälde des Treppenhauses, die Supraporten des südlichen Audienzsaales und eine erste Teilzahlung für die Porträts im Fürstensaal (s. Kat.-Nr. D 29-34) enthalten waren oder ob ganz andere, unbekannte Arbeiten damit abgegolten werden sollten, ist nicht zu entscheiden. Der münstersche Hofmaler Christian Rienermann hatte laut derselben Aufstellung Arbeiten für 3430 Rtlr. in Auftrag.

BKW Münster I, S. 476, Anm. 80.

D 21 Zwei Supraporten
Münster, Schloß, südlicher Audienzsaal
1775
Ausführung ungewiß

Am 3. März 1775 lag dem Kurfürsten eine Anfrage der Baukommission vor, in der sie um Entscheidung darüber bat, *… welche dessus portes in denen Zimmern, worin keine Thierstück können angebracht werden; und wovon keine Maaß übersandt, gnädigst beliebet werden …* (StA Münster, Fürstbistum Münster, Kabinettsregistratur, Akten, Nr. 67, fol. 231v, 232r). Der Vorschlag der Baukommission für den südlichen Audienzsaal lautete: *Im audienz Saal zwey Historische Stuck vom Mahler Straatman, wovon der einhalt unterthänigst gebetten wird.* Mit Randvermerk verfügte der Kurfürst hinsichtlich der Supraporten: *können nach Wohlfallen des H. Kammerpräsidenten verfertigt werden.* Wenn diese Gemälde für den Audienzsaal je von Stratmann ausgeführt wurden, waren sie bereits 1932 dort nicht mehr vorhanden. Sowohl nach Einschätzung des Inventarverfassers Geisberg als auch nach stilkritischer Beurteilung der erhaltenen Fotos stammten die 1932 existenten, im Krieg zerstörten Supraporten aus späterer Zeit.[311]

BKW Münster I, S. 438f. – Th.-B., S. 161.

D 22 Zwei gemalte Statuen mit Nischen
Zwei gemalte Reliefs mit Putten
Münster, Komödienhaus, Portal
1776
Zerstört

Die Kämmereirechnung der Stadt Münster verzeichnet für 1776 unter der Rubrik Komödienhaus die Zahlung von 25 Rtlr. an *Mahlern Stroetman von Paderborn* (StadtA Münster, Altes Archiv, A VIII 277, Bd. 141, 1776, fol 29ff., Nr. 42). Genaueren Aufschluß über die Art der ausgeführten Arbeiten gibt der zugehörige Rechnungsbeleg, der bisher in

---

[311] BKW Münster I, S. 438, Abb. 235.

der Literatur noch keine Berücksichtigung gefunden hat (StadtA Münster, Altes Archiv, A VIII 280, Bd. 95, 1776, Nr. 42, freundlicher Hinweis von Gerd Dethlefs, Landesmuseum Münster). Die Eintragungen auf dem Blatt beginnen mit der eigenhändigen Rechnung Stratmanns:
an die von seiner Hochwürden H Canonicus bestellten mahlerey des hiesigen Coemedien Haußes welche nach dem Gedanken, und Zeignung ist verfertiget worden, in zwey Nischen mit lebensgrößige Figuren, ober denen zwey Kinder sint siehe überhaupt für verfertigen der Malerey ad 28 rt
A. Stradtman.
Darunter folgt ein Vermerk des Architekten und Stiftskanonikers Wilhelm Ferdinand Lipper, der von Stratmann in seiner Rechnung als „Hochwürden Herr Kanonikus" und Besteller der Arbeit angesprochen wird:
Die am Portal des theatres gemachte 2 „ basreliefs Kinder darstellend, und 2 Statuen, sambt ihre Niches sind anfänglich verabredet worden überhaupt für zwantzig fünf Rtl zu verfertigen, welche summe daran verdienet ist. Sigl. Munster d 7 9b [Novembris] 1776
WF Lipper
Es folgt die Quittung Stratmanns:
daß mir sind dato vom H Camerarius Isvort obige 25 rt schreibe zwanzig fünff Rhtl richtig sein ausbezahlet worden über welchen Empfang dankbahrlich quitiere. Münster d 23ten Xbris [Decembris] 1776
A J. Stradtman.
Aus der Hand des Stadtkämmerers erhielt der Paderborner Maler also nur die vom Architekten anerkannten 25 Rtlr. als Bezahlung, nicht die aus unbekannten Gründen offenbar nachträglich erhöhte Forderung von 28 Rtlr. Die Anweisung des Geldes ist auch im Ratsprotokoll vom 9. November 1776 verzeichnet.[312]
Nach den Formulierungen in den Quellen muß man annehmen, daß Anton Joseph Stratmann gemalte Skulpturen zur Dekoration des Komödienhauses beisteuerte. Für das Portal malte er zwei Statuen einschließlich der Figurennischen, vermutlich in Grisaille. Darüber waren gemalte Reliefs mit Putten angeordnet. Bei dem Portal wird es sich um den Durchgang vom Foyer zum Zuschauerraum des Theaters gehandelt haben, da die Hauptfassade erst 1778 errichtet wurde.[313]

Die Stratmannschen Malereien sind spätestens mit dem Abriß des Komödienhauses 1894 zugrunde gegangen. Weitere Beschreibungen oder Fotos liegen nicht vor. Der Verbleib der in Stratmanns Rechnung erwähnten Entwurfszeichnung zu den Malereien ist ebenfalls unbekannt.

Wormstall 1898, S. 262. – BKW Münster IV, S. 310. – Geisberg 1941, S. 178. – Bussmann 1972, S. 89.

D 23 Deckengemälde 36
Münster, Schloß, Treppenhaus
1776
Vermutlich spätestens seit 1884 übermalt und im Zweiten Weltkrieg zerstört

Am 24. April 1775 genehmigte der Kurfürst die Entwürfe des verantwortlichen Architekten Wilhelm Ferdinand Lipper für die innere Ausgestaltung des Haupttreppenhauses des Schlosses.[314] Im Juli 1776 war der Deckenplafond zum größten Teil fertig stuckiert, das Gerüst stand aber noch, so daß vermutlich gleich anschließend mit der Bemalung des Plafonds begonnen wurde.[315] 1782 ist das Deckengemälde des Treppenhauses in Zusammenhang mit der Ausgestaltung des großen Saals als vorhanden erwähnt.[316] Archivalien, die direkten Bezug auf die Entstehung des Deckengemäldes im Treppenhaus nehmen, fehlen jedoch.
Die Zuschreibung an Anton Joseph Stratmann beruht auf der Existenz von eindeutig auf das Deckengemälde zu beziehenden Entwurfsskizzen des Malers (s. Kat.-Nr. F 1-3). Es kann aber nur vermutet werden, daß Stratmann auch den Auftrag zur Ausführung des Bildes erhielt, dessen tatsächliche Gestaltung in keiner Weise überliefert ist.
Die Angabe Hartmanns, das Deckengemälde sei bereits 1855 beseitigt worden, ist anscheinend unzutreffend. Tatsächlich waren in diesem Jahr die totale Wegnahme und Erneuerung der Decken des Treppenhauses und des großen Saales geplant. Man hielt zunächst die Deckenbalken für genauso stark vom Holzwurm geschädigt wie den aus Nadelholz erbauten Dachstuhl des Schlosses, der seit 1850 in

167-170

---

[312] BKW Münster IV, S. 310.
[313] BKW Münster IV, S. 310, 318.
[314] Wiedergabe der Quelle bei Bussmann 1972, S. 101.
[315] Wiedergabe der Quelle bei Bussmann 1972, S. 103. Geheimer Rat Wenner an Fürstenberg am 23. Juli 1776.
[316] Wiedergabe der Quelle bei Bussmann 1972, S. 108. Bericht der Baukommission vom 8. Dezember 1782.

Jahresabschnitten komplett erneuert wurde. In dem Entwurf der Kostenanschläge nebst Erläuterungsbericht für den letzten Maßnahmenabschnitt, aufgestellt vom zuständigen Oberbauinspektor am 12. Januar 1855, heißt es: *Die Decke des Treppenhauses ist in der Architektur ganz einfach gehalten und mit Rosetten, einigen Gesimsgliedern, in der Mitte mit einem bereits sehr verblichenen Gemälde verziert. Es erscheint zweckmäßig, diese Decke in derselben Weise wiederherzustellen, jedoch mit Hinweglassung des Gemäldes, statt des Gemäldes in der Mitte eine große Rosette und in den 4 Ecken 4 kleinere zu malen* (StA Münster, Staatshochbauamt Münster, Nr. 391).

Die Herausnahme der Decken unterblieb jedoch schließlich, weil nach teilweiser Freilegung der Deckenbalken von oben keine besorgniserregende Schädigung festgestellt werden konnte (Gutachten des Baurates von Briesen vom 14. März 1855, Quelle s. o.).

Im Zuge der Instandsetzung des Treppenhauses 1884 erhielt der Plafond einen flächigen Anstrich, ohne daß im Kostenanschlag ein unterliegendes Gemälde erwähnt ist. (StA Münster, Staatshochbauamt Münster, Nr. 256). Spätestens zu diesem Zeitpunkt wird das Deckenbild der Sicht entzogen worden sein, bevor es dann endgültig den Zerstörungen des Zweiten Weltkriegs zum Opfer fiel.

Hartmann 1910, S. 192f. – BKW Münster I, S. 454f. – Bussmann 1972, S. 37, 103. – Strohmann 1994, S. 159, 164.

D 24 Deckengemälde
Münster, Schloß, großer Saal
1784
Nicht ausgeführt

Nachdem bereits 1782/83 eine Skizze des in Westfalen ansonsten unbekannten Malers Hickel geprüft und verworfen worden war, legte Wilhelm Ferdinand Lipper am 8. Februar 1784 dem Kurfürsten zwei Entwürfe Anton Joseph Stratmanns für das Deckengemälde des großen Saales vor.[317] Diese Entwürfe sind erhalten (s. Kat.-Nr. F 4-5). Kurfürst Maximilian Friedrich von Königsegg-Rothenfels stellte jedoch die Entscheidung über die Ausführung am 26. Februar 1784 ohne Angabe von Gründen vorerst zurück. Nach dem am 15. April 1784 erfolgten Tod des Kurfürsten blieb der Deckenplafond im großen Saal ohne Gemälde.

Hartmann 1910, S. 199. – BKW Münster I, S. 469. – Geisberg 1941, S. 178. – Bussmann 1972, S. 56. – Westhoff-Krummacher 1993, S. 443. – Strohmann 1994, S. 159, 164.

D 25 13 Supraporten im großen Saal, vier im Speisesaal, zwei im Assemblésaal
Münster, Schloß
1784
Ausführung ungewiß

In seiner an den Kurfürsten gerichteten Stellungnahme vom 8. Februar 1784 zu den von Stratmann vorgelegten Entwürfen für das Deckengemälde des großen Saals macht Lipper den Vorschlag, den Preis für das Deckenbild durch Einbeziehung zusätzlicher Arbeiten zu drücken (vollständiger Text s. Kat.-Nr. F 5). Er spricht von *basreliefs* über den Türen in den angegebenen Räumen des Schlosses, worunter gemalte Supraporten zu verstehen sind. Diese Deutung des Begriffs ergibt sich aus einer entsprechend belegten ähnlichen Verwendung des Wortes in den Quellen zu dem Auftrag Stratmanns für das münstersche Komödienhaus (s. Kat.-Nr. D 22). Möglicherweise sollte es sich um mit malerischen Mitteln vorgetäuschte Reliefskulptur, etwa „en grisaille", handeln. Aus den Formulierungen Lippers geht hervor, daß diese *basreliefs* noch nicht beauftragt waren, so daß es fraglich erscheint, ob sie bei dem dann eingetretenen Verzicht auf das Deckengemälde auch wirklich von Stratmann ausgeführt wurden. Die bekannten Fotos des großen Saales vor seiner Zerstörung zeigen keine Malereien über den Türen.[318] Gleiches gilt für die Fotos des nördlichen Speisesaales und des Assemblésaales.[319] Der südliche Speisesaal besaß vermutlich in Bonn gemalte Tierstücke, die jedoch nicht über den Türen angebracht waren.[320] Alle diese Räume sind im Zweiten Weltkrieg zerstört worden, so daß der Nachweis am heutigen Bestand nicht mehr zu führen ist. Es scheint aber eher so zu sein, daß der Auftrag für die *basreliefs* ebenfalls unterblieb.

---

[317] S. hierzu Bussmann 1972, S. 108f. mit Wiedergabe der Quellen sowie Kat.-Nr. F 4, 5.
[318] BKW Münster I, Abb. 247ff.
[319] BKW Münster I, Abb. 255, 256, 263.
[320] BKW Münster I, S. 448, Abb. 239.

Hartmann 1910, S. 200. – BKW Münster I, S. 488. – Th.-B., S. 161. – Bussmann 1972, S. 109.

D 26 Vier Jahreszeiten
Ehemals Paderborn, Westphalenscher Hof
Wanddekoration auf Leinwand
Verkauft an Althändler Wertheim
Verbleib unbekannt

Michels 1963, S. 415 nach EAB Paderborn, AAVP, Acta 194, Stratmann (um 1900).

D 27 Ansicht des Paderborner Domes von der Ostseite
Ehemals Paderborn, Frau Witwe Ahlemeyer
Verbleib unbekannt

Kat. Paderborn 1899, S. 57, Nr. 704.

Porträts

D 28 Franz Wenzel Graf von Kaunitz-Rietberg
Ehemals Mülheim, Deutschordenskommende
Verbleib unbekannt
1771

Der Auftrag für das Porträt ist archivalisch belegt (StA Münster, Grafschaft Rietberg, Akten, Nr. 2725, fol. 270.):
Vor Ehw. Hochwürden Hoch Gräfflich Exellens Hh Herrn oberst Graff von Rittberg und Kaunitz gemahlet
für portrey nach Mülheim 10rt
ein fein vergulldenen rahmen 7rt
der Zug und blindt rahmen
dem Schreinermeister bezahlet 24gr
dito ein Kästgen um daß nacher Wien abgeschickte portrey 8gr
dem botten für abgeschicktes portrey nach Mülheim bezahlet 27 gr
ferner noch ausgezahlte Kosten des Fuhrmanns so von selben verzehret in werender hin und her reiß und silbigen 3rt 14gr 4pf.
Summa 22rt 1gr 4pf.
Ant: Jo: Straedtman
Die Rechnung trägt einen Anweisungsvermerk vom 21. Oktober 1771. In der Rentkammerrechnung der Grafschaft Rietberg für 1771 heißt es dazu: *Dem Mahler Strateman für gemachtes Portrait Sr Hochwürden Excellence Hh Grafen Franz Wenzel von Kaunitz Ritberg laut Assign. vom 21 8b [Oktober] 22 Rtl. 1gr 4pf* (StA Münster, Grafschaft Rietberg, Akten, Nr. 2518, fol. 74v, Pos. 172).
Franz Wenzel Graf von Kaunitz-Rietberg (1742-1825) war der Sohn des regierenden Rietberger Fürsten und österreichischen Staatsministers Wenzel Anton von Kaunitz-Rietberg. 1769 wurde er in den Deutschen Orden aufgenommen.[321] 1771 erlangte er die Stellung des Koadjutors des Landkomturs der Ballei Westfalen, Ferdinand Mauritz von Mengersen (s. Kat.-Nr. C 24-26), dem er 1788 nachfolgte. Das Amt des Landkomturs hatte er bis zur Aufhebung des Ordens 1809 inne. Er hielt sich jedoch nur selten in Westfalen auf, da er außerdem die Pflichten eines Feldmarschalleutnant und Obersten der kaiserlichen Armee zu erfüllen hatte.
Stratmanns Porträt war für die Kommende in Mülheim bestimmt, dem Sitz des Landkomturs, und wurde offenbar aus Anlaß des Antritts der Koadjutorie durch Franz Wenzel angefertigt. Vermutlich gab es in Mülheim eine nicht erhaltene Porträtgalerie von Landkomturen, in die der frischgebackene Koadjutor eingereiht wurde.
Stratmann lieferte das Gemälde komplett mit Rahmen. Offenbar hatte er noch ein weiteres Porträt von Franz Wenzel, vielleicht eine Replik, gemalt, die er nach Wien abschickte, vermutlich an den Vater des Porträtierten. Dieses Bild war anscheinend schon anderweitig bezahlt, da nur die Verpackung in der zitierten Rechnung Stratmanns erscheint.

Beine 1994, S. 9, Anm. 28.

D 29-34 Reihe von sechs Ganzfigurenporträts der münsterschen Fürstbischöfe seit 1650
Münster, Schloß, Fürstensaal
Öl auf Leinwand, 264 x 155 cm
1778-1784

Die ehemals im Fürstensaal des Schlosses in Münster in Stuckrahmen eingelassenen Bilder wurden im Zweiten Weltkrieg vernichtet. Fotos von 1932 sind im Bildarchiv des WAfD erhalten. Die Bischofsporträts bildeten den Hauptschmuck des Raumes, der seinen Namen „Fürstensaal" nach ihnen trägt. Zu den von Stratmann gemalten sechs Porträts trat das ebenfalls zerstörte Bildnis des

---
[321] Hierzu und im folgenden Dorn 1978, S. 88f., 200f., 210.

regierenden Fürstbischofs Maximilian Friedrich von Königsegg-Rothenfels, das von Johann Heinrich Tischbein 1778 signiert war.

In einem Kostenanschlag vom 9. März 1778 über die Ausstattung des Fürstensaales sind sieben Porträts zum Preis von 450 Rtlr. aufgeführt, auf den bereits eine Abschlagszahlung geleistet worden war.[322] Obwohl kein Künstler genannt ist, darf man annehmen, daß Stratmann der Empfänger dieser Zahlung war und mit den Gemälden bereits begonnen hatte. Am 7. Juni 1783 schreibt der Kurfürst aus Bonn an die Baukommission nach Münster: *Da Ew. Churf. Gnaden am dienlichsten erachtete, daß die von dem mahleren Strootman angefangenen aber noch nicht völlig ausgemahlten portraits von demselben vollendet werden, so ist höchst ggst. intention, daß ferneren die commission versuche, ob besagter mahler gegen einen geringeren als den geforderten Preiß und daraus resultiren sollendes quantum von 445 rtlr solche vollenden und gäntzlich quittieren wolle, solt er aber dazu nicht zu bewegen seyen, so lassen auch allenfalls Ew. Churf. Gnaden sich noch gefallen, daß ihm solche 445 rt nach geschehener Vollendung, als den Rest seiner gantzen Forderung ausgezahlt werden.*[323] Nach der bereits zitierten Abrechnung vom 16. März 1783 bis 31. Dezember 1784 (s. Kat.-Nr. D 9) erhielt Stratmann schließlich 400 Rtlr. für die Porträts, deren Bestimmung im Rechnungstext sicher fälschlicherweise mit Speisesaal angegeben ist.

Hartmann 1910, S. 201. – Th.-B., S. 161. – BKW Münster I, S. 476ff. – Rensing 1936, Abb. 5. – Geisberg 1941, S. 178. – Michels 1963, S. 415. – Hesse 1966, S. 257. – Bussmann 1972, S. 52. – Bénézit 1976, S. 164. – Strothmann 1980, S. 23. – Westhoff-Krummacher 1993, S. 443f. – Strohmann 1994, S. 159.

Die Porträts sind von Geisberg in BKW Münster, Bd. I, S. 478-480 im einzelnen aufgeführt und kurz beschrieben. Diese Beschreibung wird im folgenden wörtlich wiedergegeben, da auf den Fotos nicht alle Einzelheiten zu erkennen und die Farbangaben ohnehin nicht wiederholbar sind. Geisbergs bei 1 beginnende Numerierung der Bilder ist lediglich durch die fortlaufende Numerierung des Werkkatalogs ersetzt.

D 29 Südwand: 160
Christoph Bernhard v. Galen, 1650-1678, halbrechts gewendet in blauer Soutane, Mozette und Chorhemd, sein Brillantenkreuz auf der Brust am Bande tragend. Er stützt die Rechte in die Seite und weist mit der Linken auf die im Hintergrunde rechts erscheinende Silhouette der Stadt Münster. Links hinter ihm rotbehängter Tisch mit Mitra, Barett und Fürstenhut, rechts Lehnsessel. Oben links Vorhang von rotem und grünem Stoff, rechts freier Himmel.

D 30 Westwand, zwischen Ecke und Südtür: 161
Ferdinand von Fürstenberg, 1678-1683, halblinks gewendet in gleicher Tracht; er hält in beiden Händen ein aufgeschlagenes Brevier. Links ein mit weinrotem Stoff behängter Tisch, auf dem Mitra und Fürstenhut, Buch und Briefschaften liegen. Rechts hinter ihm grüner Sessel, links Blick ins Freie.

D 31 Westwand, nördlich von der Südtür: 162
Max Heinrich Herzog von Bayern, 1683-1688, etwas links gewendet, im Kurfürstenmantel, die Rechte gesenkt, in der Linken ein Brevier haltend. Links auf einem mit blaugrauem Stoff behängten Tisch Mitra und Kurhut auf einem Kissen, rechts ein Sessel. Oben Vorhänge von goldbraunem und graublauem Stoff.

D 32 Westwand, Mitte: 163
Friedrich Christian von Plettenberg, 1688-1706, in blauer Soutane, Mozette und weißem Chorhemd. Er stützt die Linke auf den Tisch und hält einen Brief in der Rechten. Auf einem mit gelbbraunem Stoffe behängten Tische Mitra, Kurhut und Barett, in dem weitere Briefe liegen. Links goldbestickter Sessel. Rote Vorhänge zwischen Säulen; Fernblick.

D 33 Westwand, südlich von der Nordtür: 164
Franz Arnold von Wolff-Metternich, 1707-1718, ein wenig rechts gewendet, stützt den rechten Unterarm auf den Sockel einer Säule und hält mit der Linken das rote Barett; gleiche Tracht. Rechts mit grünem Stoffe behängter Tisch mit Fürstenhut, Mitra, Schelle und Briefen; davor ein Stuhl. Gelbbraune und rote Vorhänge vor dunkler Wand.

---

[322] StA Münster, Fürstbistum Münster, Kabinettsregistratur, Akten, Nr. 67, fol. 335ff.
[323] StA Münster, Fürstbistum Münster, Kabinettsregistratur, Akten, Nr. 103, fol. 16r.

165 **D 34** Westwand, zwischen Nordtür und Ecke:
Clemens August Herzog von Bayern, 1719-1761, bewegt halblinks gewendet, in rotem Kurfürstenmantel und rotem Kleide. Am roten Band hängt sein Ordenskreuz. In der Rechten hält er einen Grundriß der Anlage von Clemenswerth; darunter liegt das Pallium und der weiße Mantel des Deutschordens, dahinter Mitra und Kurhut. Rechts grüner Stuhl. Im Hintergrunde Blick in ein mit Pilastern verziertes Bauwerk; rote und goldgelbe Vorhänge.

Zwangsläufig mußte Anton Joseph Stratmann für seine Porträtfolge der münsterschen Fürstbischöfe auf bereits vorhandene Bildnisse zurückgreifen.
160 Christoph Bernhard von Galens Porträtkopf scheint wegen der charakteristischen isolierten Haarsträhne auf der Stirn auf ein Bildnis von der Hand des Jakob Quinchard von 1665 zurückzuge-
161 hen.[324] Das Porträt Ferdinand von Fürstenbergs entlehnt offenbar die Drapierung der Tischdecke und die Briefschaften und das Buch auf dem Tisch aus dem ganzfigurigen Porträt Rudolphis von 1672 im Paderborner Franziskanerkloster, für das Stratmann ja gearbeitet hat.[325] Der Porträtkopf stimmt dagegen sehr genau mit demjenigen eines Halbfigurenbildnisses eines anonymen Künstlers im Landesmuseum in Münster überein.[326] Beide Bilder dürften auf den Porträtstich von Philibert Bouttats d. Ä., um 1683 entstanden, zurückgehen.[327] Das Porträt
162 Maximilian Heinrichs von Bayern hat offenbar den Stich von Pieter van Schuppen nach Bertholet zum Vorbild.[328] Das Ganzfigurenporträt Franz Arnold
164 von Wolff-Metternichs von Gerhard Kappers im Stadtmuseum Münster hat dagegen Stratmann offenbar nicht unmittelbar angeregt.[329] Für den Porträtkopf ist auf ein anderes, halbfiguriges Bildnis von Gerhard Kappers im Landesmuseum in Münster zu verweisen.[330] Die Porträtdarstellung Cle-
165 mens Augusts von Bayern ist dagegen eine relativ genaue Kopie nach dem Gemälde von Georg Desmarées von 1754 im Bonner Rathaussaal.[331] Möglicherweise hat auch die nach dem Desmaréeschen Original angefertigte Kopie im Saal des Erbdrostenhofs in Münster vorbildhaft gewirkt.[332] Stratmann gibt Clemens August jedoch, abweichend von den beiden genannten Bildern, einen Lageplan des Jagdschlosses Clemenswerth in die rechte Hand und ändert auch den Hintergrund. Die repräsentative Spiralsäule mit dem Landschaftsdurchblick wird durch den Einblick in eine weitere Architektur ersetzt. Die Bewegtheit des Faltenwurfs, das Züngeln der Hermelinschwänze des Mantels bei Desmarées, ist in eine beruhigtere Formensprache überführt.[333]

Die erhaltenen Fotos der Porträtreihe Stratmanns zeigen, daß der Maler dem schwierigen Auftrag gewachsen und in der Lage war, der Gefahr stereotyper Wiederholungen und blutleerer, lebloser Gesichter zu entgehen. Es entstand eine repräsentative Folge von Herrscherporträts, die den Fürstensaal sicher zu einem würdigen Ort fürstbischöflicher Machtentfaltung erhoben und den hohen Anschaffungspreis rechtfertigen.

D 35 François Gaspard de Jouffroy-Gonssans
Ehemals Paderborn, Dom, Kapitelsaal
1945 zerstört
Um 1795/97
Weitere Angaben s. Kat.-Nr. C 58.

„Sein Bildniß, in Lebensgröße von Stratmann in Oel gemalt, sieht man auf dem Capitelssaale zu Paderborn" (Konrad Mertens, Der heilige Liborius. Paderborn 1873, S. 49, Anm. 1).

D 36 Kurfürst Maximilian Friedrich von Königsegg
Münster

Hartmann berichtet von einem in Münster befindlichen Porträt des Kurfürsten, das „A. Stradtmann pinxit" bezeichnet sei. Ehemaliger Standort und Verbleib des Bildes sind unbekannt. Sollte die Angabe Hartmanns zutreffen, könnte es sich um die Gemäldevorlage des nach Stratmann angefertigten

---

[324] Kat. Münster 1993, S. 165, Nr. 3.4, Farbtafel. Im Gemälde Quinchards findet sich die in Stratmanns Bild wiedergegebene vereinzelte Haarsträhne in der Stirn des Bischofs vorgebildet.
[325] Hermann Maué, Anton Ochsenfarth, Johann Georg Rudolphi 1633-1693. Paderborn 1979, S. 44f. Nr. 15.
[326] Kat. Münster 1993, S. 183, Nr. 3.60, Abb. S. 11.
[327] Kat. Münster 1993, S. 184, Nr. 3.62.
[328] Exemplar im Landesmuseum Münster.
[329] Geschichte der Stadt Münster im Stadtmuseum Münster. Hrsg. Hans Galen. Münster 1989, S. 100, Abb. S. 101.
[330] Inv.-Nr. 417 WKV.

[331] Holzhausen 1957, S. 30, Abb. S. 31.
[332] BKW Münster, Bd. IV, S. 237, Anm. 9. – Ulf-Dietrich Korn, Der Erbdrostenhof in Münster. Münster 1988, S. 28f, Abb.
[333] Holzhausen 1957, S. 30, sieht klassizistische Züge in dem Bild Stratmanns.

Kupferstichporträts des Kurfürsten (s. Kat.-Nr. C 44) gehandelt haben.

Hartmann 1910, S. 168. – BKW Münster I, S. 472, Anm. 65, bezieht sich auf Hartmann und stellt fest, daß das Bildnis Max Friedrichs im Schloß keine Signatur Stratmanns trägt. Vermutet eher Urheberschaft Kappers.

D 37 Familienstück
Ehemals Paderborn, Gehlen
Verbleib unbekannt

Michels 1963, S. 415 nach EAB Paderborn, AAVP, Acta 194, Stratmann (um 1900).

D 38 Porträt (Beneficiaten Thorwesten)
Ehemals Paderborn, Frau Dr. Westermann
Verbleib unbekannt

Kat. Paderborn 1899, S. 57, Nr. 703.

D 39 Friedrich Martin Hosius
Ehemals Recklinghausen, Fam. Hosius
Verbleib unbekannt
Datierung unbekannt

Friedrich Martin Hosius (1739-1813) entstammte einer im 17. Jahrhundert aus den Niederlanden nach Münster eingewanderten bürgerlichen Beamten- und Gelehrtenfamilie. Seit 1763 war er Kanoniker an St. Martini in Münster, von 1757 bis 1774 Domvikar, außerdem Sekretär des Domkapitels und Registrator beim Generalvikariat in Münster.
Nach freundlicher Auskunft von Herrn Dieter Hosius ist das Porträt nicht mehr im Besitz der Familie Hosius nachzuweisen.

Hesse 1966, S. 255. – Anna Marie Büning, Dr. Johann Hosius, ein münsterischer Stadtarzt aus den Niederlanden, und seine Nachkommen, in: Beiträge zur westfälischen Familienforschung 33-35, 1975-1977, S. 40-63, hier S. 52. – Wilhelm Kohl, Das Domstift St. Paulus zu Münster. Bd. 3. Berlin, New York 1989, S. 398.

D 40 Fürstbischof Wilhelm Anton von der Asseburg
Ehemals Wünnenberg-Fürstenberg, Schloß, davor Lichtenau-Herbram, Kaplan Brandt
Verbleib unbekannt
Datierung unbekannt

Dieses Bild konnte bereits Hesse nicht auffinden. Bei der erneuten Besichtigung des Schlosses 1996 war es ebenfalls nicht zu entdecken. Möglicherweise ist das Porträt aber auf einem Foto aus dem Nachlaß Paul Michels (StadtA Paderborn, S 1/1/30) abgebildet, das 1964 aufgenommen wurde. Bis auf winzige Abweichungen ist das Gemälde auf dem Foto mit dem Porträt Kat.-Nr. C 11 identisch. Es dürfte sich also um eine weitere Replik handeln.

Michels 1963, S. 415 nach EAB Paderborn, AAVP, Acta 194, Stratmann (um 1900). – Hesse 1966, S. 257.

D 41 Fürstbischof Friedrich Wilhelm von Westphalen in älteren Jahren
Ehemals Wünnenberg-Fürstenberg, Schloß, davor Lichtenau-Herbram, Kaplan Brandt
Verbleib unbekannt
Datierung unbekannt

Michels 1963, S. 415 nach EAB Paderborn, AAVP, Acta 194, Stratmann (um 1900). – Hesse 1966, S. 257.

E. Nicht mehr zugeschriebene Gemälde

E 1 Vulkan in der Schmiede
Brilon, Haus Sauvigny

Michels 1963, S. 416, Abb. 8, nach EAB Paderborn, AAVP, Acta 194, Stratmann (um 1900).

E 2 Hl. Nikolaus
E 3 Hl. Dreifaltigkeit (Giebelbild)
Geeste-Groß Hesepe, kath. Pfarrkirche St. Nikolaus, Hochaltargemälde

Poppe 1974, S. 28, 102f., 111. – Dehio Niedersachsen, S. 332. – Zink 1985, Anm. 160.

E 4 Legende des hl. Antonius
Lähden-Vinnen, kath. Pfarrkirche St. Antonius von Padua, Hochaltargemälde

Poppe 1974, S. 28, 102f., 111. – Dehio Niedersachsen, S. 558. – Zink 1985, Anm. 160. – Dehio Niedersachsen 1992, S. 1311.

E 5 Fürstbischof Maximilian Friedrich von Königsegg-Rothenfels
Münster, Stadtmuseum
Öl auf Leinwand, 90 x 73,5 cm

Aufgrund einer Verwechslung mit dem Bild Kat.- Nr. C 45 falsch zugeschrieben. Vermutlich J. M. Kappers.

Kat. Münster 1984, Nr. 286, Abb. S. 403.

E 6 Porträt eines münsterschen Domherrn
Münster, Westfälisches Landesmuseum für Kunst und Kulturgeschichte (Inv.- Nr. 668 LM/ 35-7)
Öl auf Leinwand, 82 x 65 cm
Zuschreibung Museum

Unveröffentlicht.

E 7 Hl. Johannes Ev.
Olsberg-Bigge, kath. Pfarrkirche St. Martin, Pfarrhaus
Öl auf Holz, 66 x 46 cm

Th.-B., S. 161. – BKW Brilon, S. 120 m. Abb. – Michels 1963, S. 413.

E 8 Hl. Dreifaltigkeit
Paderborn, Erzbischöfliches Diözesanmuseum, Inv.-Nr. M 331
Öl auf Leinwand, 86 x 72 cm
Leihgabe aus westfälischem Privatbesitz
Nach 1760

Christus mit dem Kreuz und Gottvater, auf einer Wolkenbank thronend, zwischen sich die Weltkugel, mittig über ihren Köpfen die Geisttaube.
Die Zuschreibung an Anton Joseph Stratmann erfolgte durch Christoph Stiegemann und wurde insbesondere wegen der physiognomischen Ähnlichkeiten mit den Stratmannschen Gesichtstypen zunächst auch vom Verfasser bestätigt. Nach reiflicher Betrachtung fallen jedoch die sehr kompakten Umrisse der Figuren und ihre statische Haltung auf, die sich von den bewegteren, im Körperlichen stärker durchformulierten Gestalten Stratmanns etwa im Bürener Giebelbild (s. Kat.-Nr. A 9) und der damit eng verwandten Darstellung in Bruchhausen (s. Kat.-Nr. A 11) absetzen. Die Wiedergabe der Gesichter und Hände ist in dem Paderborner Bild sehr viel grober, als von Stratmann gewohnt, und auch der leuchtende Rotton des Mantels Christi findet in seiner ungebrochenen, heftigen Intensität keine Parallele im Werk des Paderborner Malers, ebensowenig wie die scharfen Kontraste von Licht und Schatten. Von einer weiteren Zuschreibung des Gemäldes an Anton Joseph Stratmann muß daher abgesehen werden.

Kat. Paderborn 1981, S. 66, Abb. S. 65f. – Strohmann 1994, S. 158, Anm. 70.

E 9 Allegorische Huldigung an Clemens August von Bayern
Paderborn-Schloß Neuhaus, Schloß, Südturm, 1. Geschoß,
Deckengemälde
Um 1755

Das in Tempera auf Bolusgrund gemalte Deckenbild wurde nach seiner Freilegung 1978 von Wilfried Hansmann und Peter Butt Anton Joseph Stratmann zugeschrieben. Die Autoren zogen zum Vergleich die frühen Altarbilder Stratmanns in Geseke, Erwitte und Altenrüthen (s. Kat.-Nr. A 1-4) heran. Die konstatierten motivischen und formalen Ähnlichkeiten sind jedoch so allgemeiner Art, daß die Zuschreibung auf der Grundlage einer breiteren Œuvrekenntnis der Überprüfung nicht standhält. Die etwas summarische, stellenweise recht wenig differenzierende und modellierende, teilweise ungelenke Malweise des Deckengemäldes ist der Stratmannschen Handschrift völlig fremd. Auch die mitunter wenig ausdrucksvollen Gesichter mit der stark betonten herzförmigen Lippenpartie entsprechen nicht den bei Anton Joseph Stratmann geläufigen Gesichtstypen.
Ebensowenig wie Anton Joseph kommt sein Vater Johann Heinrich als Urheber des Deckengemäldes in Frage. Nach dem wenigen, was über ihn bekannt ist, reichten seine künstlerischen Fähigkeiten nicht für die Qualitätsstufe des Deckengemäldes aus.
Die von Borchers ins Spiel gebrachte Zuschreibung an einen der münsterschen Maler Kappers ist m. E. ebenfalls nicht zutreffend.

Borchers 1975, S. 24. – Hansmann/Butt 1978. – Zink 1985, Anm. 160, datiert um 1775. – Hansmann 1986, S. 17.

E 10 Himmelfahrt Mariens
Papenburg-Aschendorf, kath. Pfarrkirche St. Amandus, Hochaltargemälde

Die Angabe, das Bild sei von Stratmann signiert, ist nicht zutreffend. Das Altargemälde ist J. M. Kappers zuzuschreiben.

Hopmann 1967, S. 16f. – Poppe 1968, S. 75. – Poppe 1974, S. 28, 102f., 111. – Dehio Niedersachsen, S. 762. – Zink 1985, S. 214, Anm. 160, 177. – Dehio Niedersachsen 1992, S. 140. – Karrenbrock 1993, S. 321, bereits als J. M. Kappers.

E 11 Maria Immaculata
Rüthen-Kallenhardt, Schloß Körtlinghausen, Kapelle, Altarbild

Die vom Verfasser 1994 getroffene Zuschreibung hat sich nach intensiver Überprüfung als nicht haltbar erwiesen.

Strohmann 1994, S. 158, Anm. 70.

E 12 Fürstbischof Maximilian Friedrich von Königsegg-Rothenfels
Sassenberg-Füchtorf, Schloß Harkotten, Saal, über dem Kamin
Öl auf Leinwand, ca. 400 x 200 cm

Th.-B., S. 161. – BKW Warendorf, S. 151, Abb. 224. – Michels 1963, S. 417.

E 13 Ludgerus Zurstrassen
Wadersloh-Liesborn, Museum Abtei Liesborn
Öl auf Leinwand, 128 x 101 cm
Abt von Liesborn 1767-1798

Kat. Liesborn 1965, S. 82, Nr. 50, Abb. 32.

E 14 David mit dem Kopf des Goliath
Westfälischer Privatbesitz, ehemals Lichtenau-Herbram, Kaplan Brandt

Michels 1963, S. 415 nach EAB Paderborn, AAVP, Acta 194, Stratmann (um 1900).

F. Zeichnungen

Alle Münster, Westfälisches Landesmuseum für Kunst und Kulturgeschichte

F1 Allegorie auf die segensreiche Regierung des Kurfürsten Maximilian Friedrich von Königsegg-Rothenfels (Varianten 1 u. 2)
Blattgröße 41 x 55,5 cm
Schwarze Tusche, schwarz laviert, auf Papier
Die Bildmitte einnehmendes, am oberen Rand aufgeklebtes, hochklappbares Deckblatt mit Variante der Darstellung, Maße: 22-23 x 16 cm
Rückseitig Stempel des Museums, in Blei Gb 49.
Inv.-Nr. KdZ 4116 LM

Die Darstellung (Variante 1) erläuternde Beschriftung in brauner Tusche:
Zeichnung zum Plafond der haubt stiege. Die Zeit führt die Wahrheit zum Himmel, ein Genius hält ein Medaillon worauff das brust bild sein. Chürfürstl. Gnaden erblicket und entreist der warheit den schleyer der sie verborgen, ein anderer Genius mit einem Öhl, und Eichen Zweig unterstützt den Medaillon, zur rechten, im Vorgrund ist Minerva mit dem fülhorn woraus allerhand instrumenten von Künsten, und Wißenschaften fallen, über dieser zwey Genii einen Korb mit Blumen, und lorber Krantze haltent, wo von einige herunter fallen. Zur linken die Göttin des landes mit dem füllhorn, und einige landes producten, in der ferne halten zwey Genii eine Kette von Blumen, und streichen einige herunter. Diese Zeichnung ist nicht gemacht um darnach zu arbeiten. Sollte dieser Gedanke Gnädigst Beyfall finden, so werde ich die nöhtigen Figuren nach posirte Modellen verkürzen und eine größere Scitze nach Vollkommenheit ausmahlen, nach welcher alsdann der Accord geschlossen werden kann. A. Stradtman.

Das den mittleren Teil der Darstellung variierende Deckblatt (Variante 2) zeigt oben zwei schwebende Putten, die das Porträtmedaillon des Kurfürsten halten. Ein dritter Putto schleudert von dort aus Blitze auf eine Dreiergruppe fallender Männergestalten mit Schlangen als Haaren. Der eine hält eine Fackel, der andere eine Maske und einen Stab. Zweifellos verkörpern die drei besiegten Männergestalten die Mächte des Bösen.

F 2 Allegorie auf die segensreiche Regierung des Kurfürsten (Variante 3)
Blattgröße 38,5 x 54,5 cm
Schwarze Tusche, schwarz laviert, auf Papier
Rückseitig Stempel des Museums, in Blei Gb 50.
Inv.-Nr. KdZ 4119 LM

Die Darstellung erläuternde Aufschrift in schwarzer Tusche:
In der Mitte findet man den tempel des Schicksaals in den Wolken, und in denselben daß altar worauff

daß Buch des Schicksaals stehet. Zur einen Seiten fliegt Mercurius herunter in der einen Hand die Leyer haltend umschlungen mit lorbeer Zweige, in der anderen hand einige roggen Ähr: ein Zeichen des überfließens. Zu der Göttin Pallas, welche im Vordergrundt sitzet, mit der einen Hand die Kriegsfackel umwendet, und gegen den Boden stoßet, mit der anderen Hand zeiget sie der landes Göttin, welche neben ihr liegt auff den tempel des Schicksaals ihr versichernd, daß der Überfluß, und Friede hinfüro fortdauern werde, von der anderen Seite des Tempels stürzet sich in vollem Flug die Göttin des Ruhms herunter mit ihren trompeten, daß Glückliche schicksaal des Vatterlands zu verbreiten, oben ihr Appollo Ein Gött der Künsten worüber einige Geny eine blumen Kette halten.

170   **F 3 Allegorie auf die segensreiche Regierung des Kurfürsten (Variante 4)**
Blattgröße 25,5 x 55,5 cm
Schwarze Tusche, schwarz laviert, auf Papier, teilweise sichtbare Bleistiftvorzeichnung
Ohne Aufschrift (abgeschnitten?, da abweichendes Format)
Rückseitig Stempel des Museums, in Blei Gb 47.
Inv.-Nr. KdZ 4115 LM

167   Die Zeichnung steht Variante 1 sehr nahe. In der linken Bildhälfte sitzt die Personifikation des Fürstbistums Münster, die *Göttin des Landes*, ohne Wappen und in veränderter Pose auf einer Wolkenbank. In der rechten Bildhälfte hat Pallas Athene statt der verlöschenden Kriegsfackel nun die Waage als Symbol der Gerechtigkeit in der Hand. Weibliche Figuren und Putten mit Attributen der Künste und der Wissenschaften begleiten sie. In der Mitte am oberen Bildrand schweben auf einer Wolke eine weibliche Figur und ein geflügelter alter Mann. Er hält in der Linken einen nicht identifizierten Gegenstand. Aller Wahrscheinlichkeit nach handelt es sich auch hier um Chronos, der die Wahrheit entschleiert.

Wie Stratmann in seiner eigenhändigen Erläuterung zu Variante 1 angibt, sind die Zeichnungen Entwürfe für den Plafond im Haupttreppenhaus des Schlosses in Münster. Dieser war 1776 bei noch stehendem Gerüst im Stuck fertiggestellt, so daß für diesen Zeitpunkt die Ausführung des Gemäldes anzunehmen ist (s. Kat.-Nr. D 23). Ein solches wird 1782 als vorhanden erwähnt. Ob und in welcher Form das nicht erhaltene Deckenbild von Stratmann gemalt war, ist quellenmäßig nicht belegt. Man kann nur mutmaßen, daß er auf der Grundlage seiner Entwürfe auch den Auftrag zur Ausführung erhielt. Das Deckenbild des Hauptreppenhauses   36
wie auch das des repräsentativen Festsaales (s. Kat.-   37
Nr. D 24) des Schlosses in Münster waren zweifellos die renommiertesten Aufgaben, die ein Maler im späten 18. Jahrhundert in Westfalen erhalten konnte. Daß Anton Joseph Stratmann trotz auswärtiger Konkurrenz dazu ausersehen wurde, diese beiden kolossalen Plafonds in Farbe zu setzen, zeigt die ihm entgegengebrachte Wertschätzung, der er sich in seinen Entwürfen auch würdig erweist.

In seinen Zeichnungen variiert Anton Joseph Stratmann das ihm zweifellos vorgegebene Thema der allegorischen Huldigung des Landesherrn und Erbauers des Schlosses in Münster, Maximilian Friedrich von Königsegg-Rothenfels, Kurfürst von Köln und Fürstbischof von Münster. Er bedient sich dazu der seit der Renaissance beliebten ikonographischen Form des Guten Regiments. Variante 1 stellt uns den mit seinem Porträtmedaillon im Bild vertretenen Kurfürsten als Beschützer und Förderer der Landeswohlfahrt, aber auch besonders der Wissenschaften und Künste vor Augen. Ergänzt wird diese Vorstellung durch das allegorische Thema der von der Zeit entschleierten Wahrheit, mit der erst das ganze Ausmaß der herrscherlichen Verdienste des Kurfürsten deutlich wird. Variante 2 wandelt diese allegorische Einlage   168
ab, in dem sie den Kurfürsten als siegreichen Überwinder des Bösen vorführt. Variante 4 behält   170
das allegorische Repertoire von Variante 1 in etwas veränderter Form bei und bindet außerdem die Gerechtigkeit als weitere Herrschertugend in das Konzert von Landeswohlfahrt, Wissenschaft und Kunst ein. Variante 3 bietet mit dem Tempel des   169
Schicksals ein völlig anderes allegorisches Motiv, das die schicksalshafte Begünstigung des Landes durch die Friedensliebe und die musischen Neigungen des Kurfürsten in den Vordergrund stellt, verständlich und wichtig in einer Zeit, die immer noch an den Folgen des Siebenjährigen Krieges zu tragen hatte.

In seiner Erläuterung zu Variante 1 weist Stratmann   167
ausdrücklich darauf hin, daß es sich bei den Entwürfen nur um erste Ideenskizzen handelt. Für die Ausführung gedachte er offenbar Kartons anzufertigen, wobei er die Figuren nach posierten Modellen

167
168
170

169

167

verkürzen wollte, eine dem akademisch gebildeten Maler angemessene, professionelle Vorgehensweise.

Kat. Münster 1995, S. 706, Nr. 3.181 (Variante 3), dort falsch als Allegorie auf die Künste und die Wissenschaft benannt, falsche Inv.-Nr., richtig KdZ 4119 LM. – Schlaun, Werkverzeichnis, Bd. 2, S. 713, Abb. 13 (Variante 3), dort falsch als Apotheose benannt.

171 **F 4 Apotheose des Kaisers Titus**
Blattgröße 37 x 62,2 cm
Braune und schwarze Tusche, braun und schwarz laviert, auf Papier
Beschriftung in brauner Tusche: *Erster entwurff*
Rückseitig Stempel des Museums, in Blei: Gb 51.
Inv.-Nr. KdZ 4118 LM

Die ausgeführte Zeichnung bildet auf dem rechteckigen Blatt ein Oval, das von einem durchlaufenden Tuschestrich begrenzt wird. Dargestellt ist der Olymp, der Götterhimmel der Antike. Die Gottheiten lagern in über das Oval verteilten Gruppen auf Wolkenbänken. Es ergibt sich eine kreisförmige Anordnung, die auf das Geschehen im Bildzentrum ausgerichtet ist. Dort schwebt eine männliche Gestalt auf dem Rücken von Chronos, der durch sein Attribut, die Sense, kenntlich gemachten Verkörperung der Zeit. Nach den zu der Zeichnung erhaltenen Erläuterungen (s. u.) handelt es sich um den römischen Kaiser Titus. Er wendet sich zwei über ihm thronenden Göttern zu, die ihm ihre Arme entgegenstrecken und den Akt der Aufnahme des Sterblichen in die Reihen der Unsterblichen verdeutlichen. Bei den beiden gerüsteten Göttern dürfte es sich um Ares und Athene handeln. Links von dieser zentralen Gruppe thronen im Hintergrund Zeus und Hera, denen sich Hermes zuwendet, vermutlich die Nachricht von der Ankunft des Titus überbringend. Hinter der Mittelgruppe ist eine lange Tafel als Hinweis auf das Göttermahl zu erkennen, links und rechts rechts von ihr lagern weitere Götter, von denen einige durch Attribute genauer definiert sind, so Hephaistos mit dem Amboß, Apollon mit der Lyra. Die Göttergruppen im Bildvordergrund sind wegen ihrer Ausrichtung auf das Bildzenrum teilweise in Rückenansicht gegeben. Man erkennt hier Herakles mit der Keule, den bocksfüßigen Pan, die geflügelte Psyche und Flußgottheiten am rechten Bildrand. Unterhalb der Mittelgruppe erscheint ein Ausschnitt aus dem Zodiakus, dem Tierkreis.

F 5 Apotheose des Romulus **172**
Blattgröße 34,5 x 51 cm
Schwarze Tusche, schwarz laviert, auf Papier
Beschriftung in brauner Tusche: *2ter entwurff*
Inv.-Nr. KdZ 4117 LM

Die wie beim ersten Entwurf ovale Zeichnung zeigt ebenfalls einen Götterhimmel, allerdings mit reduziertem Figurenrepertoire und abgewandelter Verteilung. Geblieben sind die rückansichtigen, dem Betrachter etwas näher gerückten Vordergrundsgruppen, aus denen Herakles und ein Flußgott als auffälligste Gestalten hervorstechen. Die Hauptgruppe ist etwas aus dem Bildmittelpunkt nach rechts verschoben. Auf einer Wolke kniet hier im Profil eine männliche Gestalt, nach den Erläuterungen als Romulus zu interpretieren, vor Zeus und Hera. Zeus bekränzt Romulus und besiegelt damit dessen Aufnahme unter die Götter. Hinter Romulus sind Chronos und eine weibliche Gottheit zu erkennen. Links von dieser zentralen Figurengruppe schwebt Hermes auf weitere Göttergruppen zu. Im Bildhintergrund ist der Figurenbestand gegenüber dem ersten Entwurf stark ausgedünnt.
Die Tiefenstaffelung der Figuren geht in beiden Blättern von einem festen Betrachterstandort aus, dem sich die Zeichnung in nicht übermäßig starker Untersicht von unten nach oben bzw., auf den Bildraum bezogen, von vorne nach hinten erschließt. Dies erreicht der Maler durch nach hinten abnehmende Größe der Figuren und Einsatz der Luftperspektive, bei der die Figuren nach hinten immer heller und weniger detailliert ausgearbeitet erscheinen.
Die Umrisse der Figuren sind wie auch bei den Entwürfen für das Treppenhausgemälde (s. Kat.-Nr. F 1-3) mit präzisem und sicherem Strich ausgeführt und verraten langjährige zeichnerische Übung. Auffällig ist der sparsame Einsatz der Binnenzeichnung, die sich aber stellenweise zu ungeordneten kurzen Strichhäufungen verdichtet. Die Aufgabe der Modellierung übernimmt weitgehend die detailliert ausgearbeitete Lavierung mit ihren charakteristischen kurzen, abgesetzten Pinselstrichen, die eine etwas unruhige Fleckigkeit in die Zeichnungen bringen. Auf diese Weise erhalten die Zeichnungen eine sehr malerische Wirkung. **166-170**

37 Die beiden Zeichnungen sind archivalisch als Werke Anton Joseph Stratmanns belegt. Es handelt sich um Entwürfe für das ovale Plafondgemälde des großen Saales im Schloß zu Münster. Dieser Saal wurde nach den Plänen und unter der Bauleitung von Wilhelm Ferdinand Lipper, dem Nachfolger Schlauns, ausgestattet. Auf Wunsch des Kurfürsten Maximilian Friedrich von Königsegg-Rothenfels sollte der Plafond ein Gemälde erhalten, für das 1782 bereits der Maler Hickel eine Skizze vorgelegt hatte. Diese fand kein Gefallen. 1784 präsentierte Lipper dem Kurfürsten die Entwürfe Stratmanns, der die Ausführung jedoch vorerst zurückstellte. Sein kurz darauf erfolgter Tod bereitete dem Vorhaben ein Ende, das Deckengemälde wurde nie ausgeführt (s. Kat.-Nr. D 24 sowie Bussmann 1972, S. 108f.).

Die Vorlage der Stratmannschen Entwürfe beim Kurfürsten begleitete Lipper mit einem von ihm und von Schmising als Mitglieder der Baukommission unterzeichneten Schreiben:

Hochwürdigster Churfürst Gnadigster Furst und Herr
Ew. Churfürstlichen Gnaden, legen wir die von dem mahleren Strotman erhaltene Zeichnung des im Salon zu mahlenden plafond; sowohl die ersten entwurff als auch abgeänderte Gedanke unterthänigst zur ggsten Wahl zu Füßen. so wie die erste entwurff die Vergöterung des Keysers Titus vorstellend mit Figuren überladen scheint, eben so leer fält die zweyte Vorstellung, die Vergötterung Romulus, in die Augen. Wan man sich vorstellet das die figuren im Hintergrund des ersten Entwurffs sehr schwach in der Ferne gehalten werden, so werden nur die Figuren im Vordergrund merckbahr sein, und da diese in beyden entwürffen gleiche Viehl angebracht; so scheint die erste Zeichnung so wohl im gruppiren als auch in der composition den Vorzug zu behalten. Der Mahler macht auch kein Unterschied im Preiß, und beharret auf seine erste Forderung von 2000 rt, welcher entwurff auch zu mahlen seye. Allen vermuhten nach wird der Mahler auf seine Forderung, wie die vorige Jahren geschehen, beharren. Damit aber der preiß des plafonds nicht zu hoch kombt, so haben Ew Churfürstliche Gnaden wir gehorsambst unmaasgeblich vorstellen sollen ob nicht ggst gefallen mogte, weilen ausser den plafond vier große basreliefs zwey Mittelere gattung, sieben in ordinaire grösse, über denen thüren, noch vier im Speißsaal und zwey Köpff im assemblee Saal, in allen neunzehn stück, diese sambtliche basreliefs in den preiß des plafonds mit ein zu accordiren, wozu vielleicht der Mahler sich ehender entschließen wird, als von seiner Forderung abzugehen oder mit ein Zusatz zufrieden sein wird ...
Clemens August von Schmising
Wilhelm Ferdinand Lipper

Das zitierte undatierte Gutachten gehörte zusammen mit den Entwürfen wiederum als Anlage zu einem Schreiben Lippers vom 8. Februar 1784 an den *Herr Geheimbter Rat und Vetter*, der das Ganze dem Kurfürsten vortragen sollte. Lipper äußerte sich in diesem Brief nochmals zu Stratmanns Zeichnungen:

... Se. Excellence H cammerpräsident, und ich, hoffen die 19 basreliefs mit ein zu accordiren, wäre es auch daß man etwas oben auf legen müste, denn blos die basreliefs machtet Stratman unter 2 bis 3 hundert Rtl. nicht. Ew. Wohlgeboren kennen den Stratman, das nicht viehl mit ihm zu accordiren, haben sie die Gnad und tragen es auf der besten Art Ihrer Churfurstl. Gnaden vor, wan der Mahler das nemliche fordert, so scheint mir unmaasgeblich das erste zu wählen, wan der erste entwürff gehorig ausgemahlet wird, so werden nur die figuren im Vordergrund blos in den Augen fallen, die figuren daselbst werden 10 Fuß, welches grad die proportion ist welche zu der Höhe erfordert wird ...

(StA Münster, Fürstbistum Münster, Kabinettsregistratur, Akten, Nr. 103, fol. 22r+v).

Lippers Urteil bringt die Vorzüge und Schwächen der beiden Entwürfe mit sicherem Blick und treffender Formulierung zum Ausdruck. Er spricht sich für die Ausführung des ersten Entwurfs aus, der als die ausgewogenere Komposition zu werten ist. Die Mittelgruppe als zentraler Bedeutungsträger des Bildes hätte allerdings durchaus eine stärkere formale Betonung vertragen können. Die kolossale Größe des Bildes wird durch die Maßangabe Lippers verdeutlicht, nach der die Vordergrundsfiguren etwa doppelte Lebensgröße erhalten sollten.

Das Bildthema dürfte Stratmann vorgegeben worden sein, da Lipper bereits am 5. Januar 1783 dem Kurfürsten Themenvorschläge machte, indem er anfragte, *... ob vielleicht ein sujet ggst gefallen mögte, welches aus der geschichte eine apotheose eines deren besten Regenten, oder aus der fabelgeschichte die apotheose des hercules, oder die goldene Zeit vorstellet. welche auf der glücklichen und milden Regierung Ew. Churfürstl. Gnaden wahr* *beziehend sind ...* (StA Münster, Fürstbistum Münster, Kabinettsregistratur, Akten, Nr. 103, fol. 18, zitiert nach Bussmann 1972, S. 109). Man scheint sich auf die Apotheose eines vorbildhaften historischen Regenten geeinigt zu haben als allegorische Anspielung auf die ebenso gute, der Vergöttlichung ihres Urhebers genauso würdige Regentschaft des Kurfürsten. Der römische Kaiser Titus wie auch der sagenhafte Gründer und erste Herrscher von Rom, Romulus, galten offenbar als Inbegriff der Herrschertugenden.

Bei Ausführung hätte das Deckenbild des Festsaales das bereits im Treppenhaus angeschlagene Thema der Huldigung des Landesherrn in bester barocker Tradition nochmals aufgegriffen und vertieft, ein im Hinblick auf die bereits im voll entwickelten Klassizismus gestaltete Saaldekoration sowohl in formaler als auch inhaltlicher Sicht zweifellos anachronistisches Vorhaben. Dies dürfte seine Aufgabe nach dem Tod des Kurfürsten erklären.

Geisberg 1941, S. 178. – Bussmann 1972, S. 56, 109. – Kat. Münster 1995, S. 706, Nr. 3 180 (Apotheose des Kaisers Titus) – Schlaun, Werkverzeichnis, Bd. 2. S. 715, Abb. 16 (Apotheose des Romulus), S. 716, dort falsch als erster Entwurf und Apotheose des Kaisers Titus angegeben.

G. Faßmalerarbeiten

G 1 Skulptur Hl. Liborius
Willebadessen-Eissen, kath. Pfarrkirche St. Liborius
Farbfassung
1760

Die erhaltene Figur trägt heute eine Neufassung (nach Befund?).
Die Tätigkeit Anton Joseph Stratmanns ist durch einen Eintrag im Rechnungsbuch der Kirche für die Jahre 1727 bis 1779 (PfA Eissen) belegt:
1760, 8 t[en] Mart[ii] Habe für eine Neue Statue S. Liborii, so in Processionen soll getragen werden d[em] H[errn] Pütt zu Paderborn laut Quittung bezahlt 7 rtl
Item d[em] H[errn] Straatman Mahler in Paderborn für die illuminierung derselben laut quit[tung] 3 rtl 24 gr
Item dem Christoph Wassmoth dahie, welcher diese Statuam von Paderborn hieher getragen ... 24gr.

Dem Eintrag im Rechnungsbuch ist die Quittung des Malers beigeheftet:
Vor selbigeß libori bildnuß habe Verackordirt und entfangen 3 R: 24 gros[chen] bescheine hiemit paderborn den 2 [?] apr. 1760 Ant: Straedtman Mahler.

Beide Zitate nach Zink 1989, S. 93f. – Strohmann 1994, S. 159, 164.

G 2 Skulptur Maria Immaculata
Hildesheim, kath. Seminarkirche, ehemalige Kapuzinerkirche, Westfassade
Farbfassung
1772
Heute Neufassung (nach Befund?)

Ungesicherte Zuschreibung, die sich auf die vermutete Zusammenarbeit Anton Josephs mit seinem Bruder Johann Heinrich Joseph gründet, der die Statue meißelte. Der Maler schuf auch das Hochaltargemälde (s. Kat.-Nr. D 3).

Dehio Niedersachsen 1992, S. 729.

G 3 Hochaltar
Rüthen-Kallenhardt, kath. Pfarrkirche St. Clemens
Farbfassung
1776

Ungesicherte Zuschreibung. Da der bildhauerische Schmuck des Altars von Johann Heinrich Joseph Stratmann stammt, hat man eine Zusammenarbeit mit Anton Joseph angenommen, der auch das Altargemälde (s. Kat.-Nr. A 12) lieferte. Die Farbfassung ist freigelegt und ergänzt. Marmorierung in graubraunem Grundton mit schwarzen und weißen Adern. Füllungen in rotgrundigem Marmor, mit schwarzen und weißen Adern abgesetzt. Säulen hellblau mit entsprechender Äderung.

Servais 1968, S. 181. – Baudenkmalpflege und Restaurierung. Hrsg. von Anton Ochsenfarth. Paderborn 1970, o. Pag. – Strohmann 1994, S. 164f.

G 4 Hochaltar
Paderborn, ehemalige Kapuzinerkirche
Farbfassung
1783
Nicht erhalten

1783 wurden die Altäre wieder angestrichen; für den Hochaltar bekam der Maler Stratmann 75 rt; für das Anstreichen der beiden Seitenaltäre u. des

Predigtstuhls erhielt Hennevogel 60rt. Zitiert nach P. Basilius Krekeler, Jahrbuch der Capuciner in Paderborn 1859, Handschrift im Archiv des Erzbischöflichen Generalvikariats Paderborn, HS XXIIC, S. 5. – Meyer 1938, S. 67. – Strohmann 1994, S. 164.

G 5 Taufstein
Paderborn, kath. Marktpfarrkirche St. Franz Xaver, ehemalige Jesuitenkirche
Farbfassung
1785
Nicht erhalten

Als die ehemalige Jesuitenkirche 1784 Pfarrkirche der Marktkirchengemeinde wurde, war die Einrichtung eines Taufortes erforderlich. Dazu wurde der aus der abgebrochenen Marktkirche übernommene Taufstein durch den Bürener Bildhauer Leonard Falter umgearbeitet und mit einem neuen Fuß versehen. Anton Joseph Stratmann sorgte für die farbige Fassung des Taufsteines und schmückte die Wand dahinter mit einem Gemälde der Taufe Christi (s. Kat.-Nr. D 10).
Die Aufstellung der Kosten für die Umsetzung des Taufsteines vom 17. Dezember 1787 beinhaltet neben den Ausgaben für den Bildhauer und den Blechschläger, der den Deckel herstellte, auch eine Zahlung an Anton Joseph Stratmann: *dem Herrn Stratmann wegen gemachten bildniß die Taufe Christi darstellend, auch illumination des Taufsteines 19 Rthlr 17 gr* (EAB, Studienfondsarchiv Paderborn, Akten, V, 316). Dazu hat sich auch die am 17. Dezember 1785 quittierte Rechnung Stratmanns erhalten:
Aus Commission des H. Pastor Fecteler hochwürden, in der hisigen Unifersitet Kirche ferfertigen müßen, auf die hintere want des taufsteines für bildniß des heiligen Johannes des Täuffers für farben, daglohn, mit ferguldung, mit anstreichen des taufsteines, auch die vordere Stufe zusammen 19 rt 17 gr A Stradtman (EAB Paderborn, Archiv des Paderborner Studienfonds, Akten, V, 337).

Strohmann 1994, S. 164.

G 6 Vergoldung eines Bilderrahmens zum Porträt des Kurfürsten Max Franz von Österreich
Arnsberg, Sauerland-Museum, Inv.-Nr. 81-26
1787

Der Rahmen (85 x 70,5 cm) wurde 1981 auf die Erstfassung freigelegt, ornamentale Teile und Vergoldung insbesondere im unteren Bereich sind ergänzt. Für das 1786 vom Kurfürsten geschenkte Porträt fertigte Johann Heinrich Joseph Stratmann im Auftrag der Landstände des Herzogtums Westfalen den Rahmen an. Den Preis für die Vergoldung des Rahmens gibt Johann Heinrich Joseph am 1. Juni 1787 nach brieflicher Rückfrage bei seinem Bruder Anton Joseph mit fünfeinhalb Louisdor an. Der Landdrost bittet daraufhin um Reduzierung des Preises um einen halben Louisdor. Am 2. August 1787 schickt Johann Heinrich Joseph den fertig vergoldeten Rahmen von Geseke nach Arnsberg. Er fügt folgendes Schreiben seines Bruders Anton Joseph bei, in dem dieser um eine Zulage von einem Reichstaler zum vereinbarten Preis bittet, die ihm aber nicht gewährt wird:
Eure hochgeborhrene Excellens.
werden nicht ungnädig nehmen, daß ein Verseihen wegen Verguldung deß beykommenden Rahmens deß Preyses gescheihen ist. Indem ich denselben nicht geseihen, sondern bloß nach einer Schreibbahrt welche mir von meinem Bruder aus Gesecke ist zusteilt worden, woraus ich so wenig die Vielheit der Arbeit, als auch die Größe im Ganzen habe einseihen können, so dherselbe mißt. Eure Excellens werden deshalb die hohe Gnad haben, niebst übrigen hohen Landständen gnädigst einzuseihen, daß Meine Forderung ad 5 Luisdor wegen der Mühsamen Arbeit und dhar fur, da ich den Rahmen nicht habe überseihen können, besteihen kann, und mir wenigstens 1 Luisdor um mir in etwa schadlos zu halten gnädigst zuzulegen, weilen Eure Excellens desgleichen Rahmen bey anderen unter 8 Luidor nicht haben würden.
Hoffe eure Excellens werden die hohe Gnad haben, Mein Verseihen zu endtschuldigen, und selbiges dafür zu leisten, daß Mein Schaden nicht zu groß, sondern in etwa vergühtig wird wofür ich steits und unterdänigste Achtung die Gnade haben zu sein
Euhre hochwolgeborhrene Excellens
ganz unterdänigster Diener
A Stradtman.
Paderborn den 25 ten Juli 1787
Stadtarchiv Arnsberg. Bestand Alt-Arnsberg, Urkunde Nr. 101 von 1786-1787, zitiert nach Gosmann 1994.

G 7 Hochaltar
Borgentreich-Lütgeneder, kath. Pfarrkirche St. Michael
Farbfassung
1788

Der Altar ist nicht erhalten.
Archivalisch belegt (s. Kat.-Nr. A 19).

Zink 1989, S. 97ff. – Strohmann 1994, S. 164.

G 8 Nachvergoldung des zum Altarbild mitgelieferten Bilderrahmens
Borgentreich-Lütgeneder, kath. Pfarrkirche St. Michael
1788

Archivalisch belegt (s. Kat.- Nr. A 19).

Zink 1989, S. 97ff. – Strohmann 1994, S. 164.

G 9 Skulptur Hl. Josef
     Zwei Kreuze
Paderborn-Schloß Neuhaus, kath. Pfarrkirche St. Heinrich und Kunigunde
Farbfassung
1803

Die erhaltene Figur des hl. Josef auf dem südlichen Seitenaltar hat heute eine neue, buntfarbige Fassung statt der ursprünglichen Weißfassung mit Glanzgoldabsetzungen. Der Verbleib der zwei Kreuze ist unbekannt.

Am 31. Oktober 1803 quittierte Johann Heinrich Joseph Stratmann die Zahlung von 17 Reichstalern für ... *eine bildnüß des Heyl*[igen] *Joseph weis laqiert mit glansgolt. Zwey Creutze braun laqiert mit Mattem golde verguldet* ... (PfA Schloß Neuhaus, Akte Geschichte II, Varia, zitiert nach Zink 1985, S. 237).

Die von dem Bildhauer Johann Heinrich Joseph genau beschriebene Farbfassung der Statue und der beiden Kreuze besorgte sein Bruder Anton Joseph Stratmann, der dafür nochmals dieselbe Summe erhielt:

Für dasselbe [Josefsstatue von J. Stratmann] *und 2 Kreuzer auf den Nebenaltären zu illuminieren Herrn Stratman 17 Rl.*

Renovierungsbericht des Landbaumeisters Teudt von 1803 im PfA Schloß Neuhaus, Akten, Bd. 11, Pfarrkirche I., zitiert nach Pavlicic 1993, S. 30.

Werkkatalog Johann Heinrich Stratmann

A. Erhaltene Werke

A 1 Farbfassung des Kreuzganges
Höxter-Corvey, Kloster

Nach Brüning 1981 handelt es sich um die erhaltene, vor 1966 wiederhergestellte Marmorierung.
1740 bis 23. Octobris hatt der Mahler Herr Straetman aus Paderborn allhier den Kreutzgang, undt 3 Schildereyen gemahlt, dafür demselben versprochen 146 Taler
StA Münster, Corveyer Akten, Kammerregister.

Brüning 1981, S. 11, 14. – Brüning 1984, S. 142.

A 2 Hl. Johannes von Nepomuk in der Glorie
Höxter-Corvey, kath. Pfarrkirche St. Stephanus und Vitus, ehem. Abteikirche, Vituskapelle
Öl auf Leinwand, 214 x 138 cm, zugehöriger Rahmen
Bez.: *Renonovatum von Th. Müller 1863*
1746

Der Heilige kniet, nach links aufblickend, in Kanonikertracht auf einer Wolke. Die linke Hand ist vor die Brust gelegt, die Rechte hält den Palmzweig des Märtyrers. Zu seiner Linken geleitet ihn Fama, die an ihrer Trompete kenntliche, grün und rot gewandete Personifikation des Ruhmes. Sie bekränzt Johannes von Nepomuk mit den fünf Sternen. Im Hintergrund sitzt in blauem Mantel die Personifikation des Glaubens, das Kreuz im Arm und ein flammendes Herz als Zeichen der göttlichen Liebe in der Hand haltend. Die rechte Hand ist im Schweigegestus zum Mund geführt. In der Armbeuge hängen an einem Band zwei Schlüssel, dahinter steht ein Kirchenmodell. Zu Füßen des Heiligen liegen der überwundene böhmische Löwe, dem die Krone vom Kopf gefallen ist, und eine Trompete, aus der eine Schlange hervorkriecht, als Zeichen der üblen Nachrede. Am rechten unteren Bildrand ist als Nebenszene in der Ferne der Brückensturz des Heiligen zu erkennen.

Das insbesondere in der Faltengebung recht steife und in Details der Gesichter auch unbeholfene Bild ist archivalisch wie sein Pendant (s. u.) als Werk Johann Heinrich Stratmanns gesichert: *1746 den 22. Novembris dem Herrn Strathman Mählern, welcher die 2 Bildnüssen 1. S. Joannis Nepomuceni, und die andere S. Mariae Magdalenae, jede 40 Taler, 80 Taler, für 2 verguldete fein fernisirte Rahmen darum 20 Taler.* StA Münster, Corveyer Akten, Kammerregister, zitiert nach Brüning 1984, S. 142.

Kat. Corvey 1973, S. 115, Nr. 52. – Brüning 1981, S. 14. – Brüning 1984, S. 142.

A 3 Die letzte Kommunion der hl. Maria Magdalena
Höxter-Corvey, kath. Pfarrkirche St. Stephanus und Vitus, ehem. Abteikirche
Öl auf Leinwand, 214 x 138 cm, zugehöriger Rahmen
Bez.: *Renovatum von Th. Müller 1863*
1746

Das Bild wurde ebenfalls 1863 von Th. Müller überarbeitet.
Die hl. Maria Magdalena kniet, mit einem blauen Gewand dürftig bekleidet, im Profil auf den Stufen eines Altars, vor dem ihr ein Priester im weißen Meßgewand die hl. Kommunion erteilt. Ein großer geflügelter Engel im Hintergrund assistiert dabei und hält die Schulter Magdalenas umfaßt. Eine weitere Nebenfigur ist am rechten Bildrand zu erkennen. In Rückenansicht, vom Bildrand überschnitten, erscheint im Vordergrund ein Kniender in rotem Gewand. Auf dem Altar stehen der Meßkelch und zwei Leuchter, neben Magdalena liegen als attributive Zeichen ihrer Buße Totenkopf und Geißel.

Archivquelle und Literatur s. o.

B. Nicht erhaltene, archivalisch belegte Werke

B 1 Maria Immaculata
Höxter-Corvey, Kloster

Bezahlt April 1739 mit fünf Talern.
StA Münster, Corveyer Akten, Kammerregister.

Brüning 1984, S. 142.

B 2 Nicht näher bezeichnete Arbeiten
Höxter-Corvey, Kloster

Bezahlt 1739 mit 18 Talern.
StA Münster, Corveyer Akten, Kammerregister.

Brüning 1984, S. 142.

B 3 Gipsstatuen
Höxter-Corvey, Kloster

Bezahlt 1739 mit 3 Talern 14 Groschen.
StA Münster, Corveyer Akten, Kammerregister.

Brüning 1984, S. 142.

B 4 Drei Gemälde
Höxter-Corvey, Kloster

1740 bis 23. Octobris hatt der Mahler Herr Straetman aus Paderborn allhier den Kreutzgang, undt 3 Schildereyen gemahlt, dafür demselben versprochen 146 Taler
StA Münster, Corveyer Akten, Kammerregister.

Brüning 1981, S. 11. – Brüning 1984, S. 142.

B 5 Nicht näher bezeichnete Arbeit
Höxter-Corvey, Kloster

Bezahlt 1741 mit 30 Talern.
StA Münster, Corveyer Akten, Kammerregister.

Brüning 1984, S. 142.

B 6 Vier Porträts
Höxter-Corvey, Kloster

Bezahlt 1742 mit 25 Talern.
StA Münster, Corveyer Akten, Kammerregister.

Brüning 1984, S. 142.

B 7 Vier Gemälde
Höxter-Corvey, Kloster

Bezahlt 1742 mit 20 Talern
StA Münster, Corveyer Akten, Kammerregister.

Brüning 1984, S. 142.

B 8 Farbfassung der Sakristei
Marienmünster, kath. Pfarrkirche St. Jakobus d. Ä. und Christophorus

1744 4ta julii Pictori Strattman et ejus affini pro illuminatione Sacristia et Statua B. M. V. in Ecclesia nostra solvi 105 thl.
AAVP, Cod. 28, Abtstagebuch des Klosters Marienmünster, fol. 18v.

Michels 1966, S. 411. – Brüning 1981, S. 14.

B 9 Farbfassung der Statue Maria Immaculata
Marienmünster, kath. Pfarrkirche St. Jakobus d. Ä. und Christophorus

Quelle und Literatur s. o.

B 10 Bildnis des Paters Fidelis
Paderborn, ehemalige Kapuzinerkirche St. Franziskus Seraph

1746 wurden wegen der feierlichen Heiligsprechung der beiden Capuziner Fidelis u. Josephus die Bildnisse derselben, von dem Maler Stratmann sehr prächtig gemalt, wofür er 50 rt erhielt. Sie hängen gegenwärtig im Chor.
S. 13 in: P. Basilius Krekeler, Jahrbuch der Capuciner in Paderborn 1859, Handschrift im Archiv des Erzbischöflichen Generalvikariats Paderborn, HS XXIIC.

Michels 1966, S. 412.

B 11 Bildnis des Paters Josephus
Paderborn, ehemalige Kapuzinerkirche St. Franziskus Seraph

Quelle s. o.

B 12 Nicht näher bezeichnete Arbeit
Paderborn, Römische Kapelle

pictori Stratmann ultra 15 rt.
Libellus Sacelli Romani, p. 6, nach AAVP Paderborn, Acta 194. Die undatierte Ausgabe bezieht sich auf die Ausstattung der Römischen Kapelle.

Werkkatalog Anton Ferdinand Stratmann

A. Erhaltene Werke

A 1 Friedrich Christian von Oeynhausen
Westfälischer Privatbesitz
Öl auf Leinwand, 74 x 55,5 cm, kleiner Leinwandriß, im Gesicht umfangreiche Retuschen
Rückseitige Beschriftung: *Fridrich Christian V: Oeynhausen. Herr zu Merrelsheim Chur Hanoverischer Major aetatis 43, ao 1792. F: Strathmann pinxit*
1792

Halbfigur nach links. Trägt roten Uniformrock mit Schulterstücken aus Goldbrokat und blauem Umschlagkragen, darunter weißes Hemd mit plissiertem Jabot. Haar mit schwarzer Samtschleife zu Zopf gebunden. Hintergrund graubraun.
Friedrich Christian Freiherr von Oeynhausen (1748-1823) hatte gemäß der Tradition seiner protestantischen Familie die militärische Laufbahn an einem der benachbarten protestantischen Höfe eingeschlagen und war zum Major der hannoverschen Armee aufgestiegen.[334] 1783 erwarb er das landtagsfähige Rittergut Merlsheim, das er jedoch 1813 wegen finanzieller Schwierigkeiten wieder verkaufen mußte.

Glasmeier 1937, S. 31, Nr. 91. – Hesse 1966, S. 259.

A 2 Sophie Louise von Oeynhausen
Westfälischer Privatbesitz
Öl auf Leinwand, 73,5 x 55 cm, großflächige Retuschen
Rückseitige Beschriftung: *Sophie Luise V: Oeynhausen Gebohrne Roeder von Dierspurg Frau zu Merrelsheim aetatis 33, ao 1791. Ferd. Stratman pinxit.* Beschriftung teilweise durch großen Leinwandflicken verdeckt.
1791

Halbfigur nach rechts. Trägt dunkelgrünes Samtkleid, dazu weißes Spitzenhemd und weißen, unter der Brust geknoteten Schal. Lang fallende Haare mit eingeflochtenem, blauem und mit Perlen besetztem Samtband. Graubrauner Hintergrund.
Sophie Louise von Oeynhausen geb. Roeder zu Diersburg (1758-1848) war seit 1780 die Gemahlin des bereits genannten Friedrich Christian von Oeynhausen. Die beiden Bilder sind als Pendants angelegt.

Glasmeier 1937, S. 31, Nr. 90. – Hesse 1966, S. 259.

A 3 Karl Georg Ludwig von Oeynhausen
Westfälischer Privatbesitz
Öl auf Leinwand, 73 x 55,5 cm, stark verbräunter Firnis
Rückseitige Beschriftung: *Carl Georg Ludowig v. Oeynhausen aetatis 10 ao 1791.* Die noch folgende Signatur F. Stratmanns ist durch den Spannrahmen verdeckt.
1791

Halbfigur nach rechts. Trägt goldfarbene Hose, weißes Hemd mit plissiertem Jabot, roten, reich mit silbernen Knöpfen besetzten Rock mit blauem Kragen. Die rechte Hand ist hinter die Weste geschoben. Lange offene Haare. Graubrauner Hintergrund.
Karl Georg Ludwig Freiherr von Oeynhausen (1781-1859) war der Sohn der beiden vorgenannten Porträtierten.

Glasmeier 1937, S. 31, Nr. 92. – Hesse 1966, S. 259.

A 4 Charlotte Clementine Gräfin zur Lippe
Detmold, Lippisches Landesmuseum, aus Cappel?
Öl auf Leinwand, 183 x 135 cm

---

[334] Biographische Angaben nach Keinemann 1996, Bd. I, S. 426, Bd. II, S. 366, Bd. III, Register.

Beschriftung: *Charlotte Clementine Gräfin und edle Frau Zur Lippe, postulierte Äbtissin der frei weltlichen Stifter Cappel und Lemgo, introducirt den 13ten Mai 1793. F. Stratman pinxit 1796.* Darüber Wappen als Äbtissin von Cappel und Lemgo.
1796

Ganzfigur, sitzend, in grauweißem Seidenkleid. Großes und kleines Ordenskreuz der Stifter Lemgo und Cappel an rotem Schulterband und Damenschleife, dazu Bruststern der Stifter.[335] Perlenarmbänder und -halsketten. Die Äbtissin hat ihre linke Hand auf die Sessellehne gelegt, der rechte Unterarm ist auf den neben ihr stehenden Holztisch gestützt. An dem Tisch lehnt der Krummstab der Äbtissin. Unter dem Tisch sitzt ein Hund. Im Hintergrund gerüffter dunkelblauer Vorhang und ein Fenster mit Landschaftsdurchblick, darin sind die Türme der Cappeler Stiftskirche zu erkennen.
Charlotte Clementine Gräfin zur Lippe (1730-1804) hatte das Amt der Äbtissin der Damenstifte von Cappel und Lemgo, St. Marien, seit 1793 inne.

Hesse 1966, S. 259.

179 A 5 Regierungsrat Gerstein
Westfälischer Privatbesitz
Öl auf Leinwand 93 x 72 cm, zwei Leinwanddurchstoßungen, blasiger Firnis, stark verdunkelt
Rückseitig bez.: *F: Stratman pinx 1797*
1797

Halbfigur nach rechts. Dunkelblauer Rock, roter Kragen und rote Manschetten, weißes Hemd und weiße Halsbinde. Er hält mit beiden Händen ein Schriftstück über einem vor ihm stehenden Tisch, auf dem ein weiteres gerolltes Schriftstück liegt.
Regierungsrat Gerstein war Leiter der Fürstlich Bentheim-Tecklenburg-Rhedaischen Verwaltung.

Hesse 1966, S. 259.

---

[335] Zu den 1778 für die Damenstifter Cappel und Lemgo gemeinsam gestifteten Ordenskreuzen s. Edeltraut Klueting, Ordenszeichen in den Damenstiften der Grafschaft Mark, in: Der Märker 27, 1978, S. 57-69, hier S. 68. – Dies., Ordenskreuze und ähnliche Abzeichen in westfälischen Damenstiften des 18. Jahrhunderts. In: Monastisches Westfalen. Ausstellungskatalog Münster 1982, S. 541-549, hier S. 542.

A 6 Franz Wilhelm Harsewinkel 182
Westfälischer Privatbesitz, ehemals im Wiedenbrücker Schönhof
Öl auf Leinwand, 82 x 71 cm, ursprünglicher Rahmen
Rückseitig bez.: *Frans Wilhelm Harsewinckel Rentm. in Wiedenb. alt 70 jahr. F: Stratmann Pinx. 1800*
1800

Halbfigur nach rechts vor Stehpult. Hält darüber Schriftstück und Schreibfeder in den Händen. Blick geht sinnend nach rechts oben. Trägt braunen Rock, helle Weste mit Blumenmuster am Saum, weißes Hemd mit Spitzenjabot und Spitzenmanschetten. Perücke mit einer umlaufenden Lockenreihe. Hinter Harsewinkel Bücherbord. Darauf dreibändiges Werk mit Rückentitel *VOET ad pand:*. Brauner Hintergrund.
Franz Wilhelm Harsewinkel (1730-1815) war Rentmeister des fürstbischöflich Osnabrückischen Amtes Reckenberg in Wiedenbrück. Seine Familie besaß auch das Schönhoflehen. Das Bild gehört zur Ahnengalerie des Schönhofes, in dem zur Zeit der Entstehung der Porträts sein Bruder, der Stiftsdechant Florenz Karl Josef Harsewinkel (s. Anton Joseph, Kat.-Nr. C 33) wohnte. 127
Bei den Büchern auf dem Bord hinter dem Porträtierten handelt es sich vermutlich um das wohl berümteste Werk des niederländischen Juristen Johann Voet (1647-1714), Commentarius ad pandectas, das erstmals in zwei Bänden 1698 und 1704 in Leiden und Den Haag erschienen war und mehrere Neuauflagen erlebte. Die Pandekten oder Digesten sind einer von vier Teilen der unter Kaiser Justinian im 6. Jahrhundert n. Chr. zusammengestellten römischen Rechtssammlung, die 1583 als Codex Iuris Civilis neu veröffentlicht wurde und bis heute eine der Grundlagen der Rechtswissenschaft ist. Aus 50 Büchern bestehend, umfassen die Pandekten Auszüge aus den Werken etwa 40 juristischer Schriftsteller des 1.-3. Jahrhunderts n. Chr. Der Voetsche Kommentar zu den Pandekten zählte im 18. Jahrhundert zu den juristischen Standardwerken. Im Bücherregal Harsewinkels plaziert, verweist er im Bildnis des Rentmeisters auf dessen juristische Ausbildung und seine verantwortliche berufliche Stellung, in der ihm sicher auch die Abwicklung von Rechtsgeschäften oblag.

Flaskamp 1933, S. IX, Anm. 22.

183 **A 7 Maria Gertrud Harsewinkel**
Westfälischer Privatbesitz, ehemals im Wiedenbrücker Schönhof
Öl auf Leinwand, 82 x 71 cm, ursprünglicher Rahmen
Rückseitig bez.: *Mar. Gerd. Harsewinkel geb. Temme alt 60 jahr. F: Stratmann pinx. 1800*
1800

Halbfigur, fast frontal, Kopf nach links gewendet. Sitzt auf einem Stuhl an einem links neben ihr befindlichen Tisch, auf den sie sich mit ihrem rechten Ellenbogen aufstützt. Die Hände spielen in auffälliger Weise mit einem Faden, dessen Enden nicht zu erkennen sind. Trägt ein schwarzes Kleid mit weißem Schal, eine plissierte Haube mit brauner Samtschleife. Aufwendige Halskette mit Anhänger, Fingerring. Brauner Hintergrund.
Maria Gertrud Harsewinkel, geb. Temme (1740-1809) war die Ehefrau des Amtsrentmeisters
182 Harsewinkel (s. Kat.-Nr. A 6). Die beiden Bilder sind Pendants.

Flaskamp 1933, S. IX, Anm. 22.

184 **A 8 Florenz Karl Josef Harsewinkel**
Detmold, Freilichtmuseum, Schönhof aus Wiedenbrück, Küche
Öl auf Leinwand, 90 x 68 cm, doubliert, mit ursprünglichem Rahmen mit nach Befund erneuerter Weiß-Gold-Fassung
Hält Buch mit Inschrift: SERIES DECANORUM INSIGNIS COLLEGIATAE ECCLESIAE WIEDENBRUGENSIS AB ANNO 1185 AD ANNUM USQUE 1801
Nach 1801

Halbfigur nach links vor Tisch. Bekleidet mit Talar und Beffchen. Hält Buch mit dem bereits zitierten Titel vor sich auf dem Tisch. Sein rotes Birett ist umgedreht unter den linken Arm geklemmt. Im Hintergrund gerraffter Vorhang und Kniebank.
Der Wiedenbrücker Stiftsdechant Florenz Karl Josef Harsewinkel, 1774 bereits von Anton Ferdinand Stratmanns Vater Anton Joseph porträtiert
127 (s. Kat.-Nr. C 33, dort weitere Angaben zur Biographie), betätigte sich auch als Historiker. 1798 verfaßte er eine wissenschaftliche Abhandlung, deren langen Titel Franz Flaskamp 1933 in einer Kurzformel als „Ordo ac series clericorum Wiedenbrugensium" zusammenfaßte. Dieses kirchengeschichtliche Werk enthält die Lebensbeschreibungen sämtlicher Geistlicher der engeren Heimat Harsewinkels vom 12. bis ins 19. Jahrhundert. Offenbar liegt diese Handschrift im Bild auf dem Tisch vor dem Porträtierten, aufgeschlagen bei der Liste der Dechanten des Wiedenbrücker Kollegiatstifts, dem Harsewinkel in eben dieser Funktion vorstand.

Bartscher 1784, Vorwort Flaskamp, S. 23. – Flaskamp 1933, S. IX, Anm. 22. – Th.-B., S. 160. – Hesse 1966, S. 259.

A 9 Auguste Henriette Casimire Wilhelmine **181**
 Gräfin zur Lippe
Detmold, Lippisches Landesmuseum, aus Cappel?
Öl auf Leinwand, 170 x 117 cm
Inschrift auf Brief auf dem Tisch: *Auguste Henriette Casimire Wilhelmine Gräfin und edle Frau zur Lippe, Äbtissin der Stifter Cappel und Lemgo, introduciert 24ten Ok. 1804. Ferd. Stratman pinxit.*
Bald nach 1804

Ganzfigur, sitzend, in weißem Kleid. Roter Schal mit Brosche, rote Schuhe. Bruststern des Stiftsordens von Cappel und Lemgo. Zeitgemäße Frisur mit Schleifenhaube und Stirnlocken. Die Äbtissin stützt Kopf und linken Arm auf einem Tisch ab, darauf der bereits erwähnte Brief sowie großes und kleines Ordenskreuz. Der rechte Arm liegt locker am Körper, die Hand bei einem sie anspringenden Hündchen. Ein weiterer Hund sitzt im Vordergrund vor dem Sessel. Die Hintergrundsfolie bildet ein dunkelblauer und gelbbrauner Vorhang, auf dem das Wappen der Äbtissin angebracht ist. Hinter der Äbtissin lehnt ihr Krummstab.
Auguste Henriette Gräfin zur Lippe (1774-1826) war seit 1804 Äbtissin der lippischen Damenstifte Cappel und Lemgo.

Hesse 1966, S. 259, Abb. 98.

A 10 Friedrich Ferdinand von Hörde mit seinen **185**
 Kindern Engelbert, Alexandrine und
 Antoinette
Privatbesitz, ehemals Schloß Schwarzenraben
Öl auf Leinwand, 115 x 135 cm
Bez. unten links: *Ferdi Stratman pinx: 1809*
1809

Ganzfiguriges Gruppenporträt. Die Personen gruppieren sich um einen runden Tisch unter Bäumen in einer zum Horizont offenen, wenig ausdifferenzier-

ten Landschaft. Auf einem Lehnstuhl am Tisch sitzt der Familienvater in hellbrauner Hose, dunkelbraunem Rock und Stiefeln, den Hut in der linken Hand. Der linke Arm ruht auf der Tischplatte, auf der ein Schriftstück liegt. Der Porträtierte blickt nach rechts aus dem Bild heraus. Links neben ihm steht sein Sohn Engelbert in Reitstiefeln mit schwarzem Rock und heller Hose. Mit der rechten Hand krault er das Ohr eines neben ihm stehenden Hundes, in der Linken hält er einen Hut. Er blickt den Betrachter an. Die beiden Töchter stehen in der rechten Bildhälfte vor dem Tisch. Die jüngere in weißgrauem Kleid hält die ältere Schwester im zartroten Kleid umfaßt. Diese hat eine Gitarre in der linken und einen zylindrischen Gegenstand in der rechten Hand. Beide blicken nach links aus dem Bild heraus.
Friedrich Ferdinand von Hörde (1755-1819) sorgte nach dem Tode seines Vaters Ferdinand Friedrich von Hörde († 1782), des Erbauers von Schwarzenraben, für die endgültige Fertigstellung des Schlosses. Das Familienbild zeigt ihn mit seinen Töchtern Alexandrine und Antoinette und seinem Sohn Engelbert (1786-1848), dem letzten männlichen Erben derer von Hörde und erstem Landrat des preußischen Kreises Lippstadt. Die Mutter, Maria Anna von Hörde, geb. von Landsberg-Velen, war zu dem Zeitpunkt, als das Familienbild gemalt wurde, offenbar bereits verstorben.

Hesse 1966, S. 259f.

188 A 11 Ecce Homo
Paderborn, Dom, südl. Querhaus, Kreuzaltar (ehemaliger Sakraments- oder Pfarraltar), Altarbild über dem Tabernakel im Untergeschoß
Angeblich bez.: *Ferd. Stratmann, pinxit 1820*
1820

Christus in Halbfigur, frontal, in einem hellen Gewand. Die Hände sind vor der Brust zusammengebunden. Ein Ende des Stricks liegt als Schlinge um seinen Hals. Christus trägt die Dornenkrone. Der Kopf ist leicht nach links geneigt, der Blick gesenkt. Neutraler brauner Hintergrund.
Seitenrichtige Kopie nach dem Gemälde Ecce Homo von dem Mantuaner Hofmaler Domenico Fetti (1588/89-1623), das sich ehemals in der Düsseldorfer Gemäldegalerie befand, dann nach München gelangte und heute in der Würzburger Residenz ausgestellt ist.[336] Es fehlt die Brüstung mit Inschrift am unteren Bildrand, auf die Christus im Original seine Hände abstützt.

Nordhoff 1885/86, S. 45. – Fuchs 1917, S. 30f. – Th.-B., S. 161. – Michels 1966, S. 418, nach AAVP, Akte 194. – Steinmann 1994, S. 258.

A 12 Hl. Josef mit Jesusknaben, Kreuz und 189
Engel
Brakel-Beller, kath. Kapelle St. Josef Schutzfest
Öl auf Holz, 115 x 72 cm, 1921 restauriert
Bez.: *F. Stratman pinxit 1829*
1829

Josef, stehend, in rotem Gewand und blauem Mantel, hält den Jesusknaben, der ein Kreuz umfaßt, das ihm ein kniender Engel hinhält. Der grün und gelb gewandete Engel blickt zum Kind empor. Hinter ihm erscheint in Wolken ein anbetender Engelputto.
Ikonographisch seltene Darstellung Josefs mit dem Jesuskinde in Zusammenhang mit dem Kreuz, das bereits auf den Tod und die Auferstehung Christi, also das Erlösungswerk, vorausweist.

Steinmann 1994, S. 258.

A 13 Fürstbischof Ferdinand von Lüninck 186
Höxter-Corvey, Schloß, Äbtegalerie
Öl auf Leinwand, 169 x 97,5 cm (im Rahmen gemessen)
1834

Über der für die Äbtegalerie typischen Brüstung mit Inschriftkartusche und Wappen erscheint der Fürstbischof als Halbfigur nach rechts in hochoffiziellem Ornat mit Cappa magna und Pektorale. Mit dem rechten Arm stützt er sich auf ein Postament, in der Hand hält er ein Buch. Der Zeigefinger ist zwischen die Seiten gesteckt. Den Hintergrund bildet ein geraffter Vorhang.
Ferdinand von Lüninck (1755-1825) war der zweite Fürstbischof von Corvey, das erst 1793 den Status eines Fürstbistums erhalten hatte. Er trat sein Amt

---

[336] Eduard A. Safarik, Fetti. Mailand 1990, S. 176, m. Abb. Das heute in Würzburg befindliche Gemälde der Bayerischen Staatsgemäldesammlungen ist wiederum eine Replik nach dem Bild Fettis in Venedig. Außerdem existieren weitere Kopien. S. ebd.

1794 an und hatte es bis zur Säkularisation inne. 1821 wurde er Bischof von Münster.[337] Stratmanns Porträt ist posthum entstanden, dürfte also ein älteres Bildnis von Lünincks als Vorlage haben.

Die Urheberschaft Anton Ferdinand Stratmanns ist archivalisch belegt durch Akten des Fürstlichen Archivs in Corvey, Verw.–Akten XVI 3, Vol. IX und XXXII b 4. Anton Ferdinand hat das Bild im Auftrag des Landgrafen von Hessen-Rotenburg gemalt. Am 19. September wird das Bild abgeschickt, im November stellt der Schreiner Ewald Rechnung für den Blindrahmen und die Anbringung in der Äbtegalerie.

Brüning 1981, S. 14. – Brüning 1984, S. 142.

190 A 14 Hl. Familie

Marienmünster-Großenbreden, Kapelle, ehemaliges Altarbild aus der Kapelle Papenhöfen (Marienmünster)

Aufschrift: *Ein frommes Geschenk von der verwitweten Frau Junfermann geborne Bernardine Prott aus Marienmünster. pinxit Ferd. Stratman Paderanus Anno 1837.*

Maria und Josef halten den halbwüchsigen Jesusknaben zwischen sich an den Händen. Über Jesus schwebt die Geisttaube, darüber erscheint in Wolken Gottvater.

Die Heilige Familie ist im weitverbreiteten Bildtypus des sogenannten Hl. Wandels dargestellt, der die doppelte Trinität von irdischer Dreiergruppe und himmlischer Trinität thematisiert.[338]

Steinmann 1994, S. 258 m. Abb.

191 A 15 Enthauptung Johannes' d. Täufers

Paderborn, Erzbischöfliches Diözesanmuseum, Inv.-Nr. M 724

1994 aus dem Nachlaß des Bildhauers Mormann in Rheda-Wiedenbrück erworben

Öl auf Leinwand, 299 x 194 cm, stark restaurierungsbedürftig

Die angebliche Signatur Anton Ferdinand Stratmanns war mit bloßem Auge nicht zu entdecken.

Das Bild zeigt den mit entblößtem Oberkörper am Boden knienden Täufer zwischen den stehenden Figuren von Salome mit der Schüssel zur Linken und dem Henker mit dem Schwert zur Rechten. Im Hintergrund sind vor einer Wand mit hohem, vergittertem Fenster weitere Figuren zu erkennen, darunter ein Soldat.

Die ursprüngliche Herkunft des Bildes ist unbekannt.

Unveröffentlicht.

B. Nicht erhaltene, archivalisch gesicherte bzw. in der Literatur zugeschriebene Werke

B 1 Allegorische Gemälde zur Illuminierung der Stadt Paderborn anläßlich des Besuches des Königs von Westphalen, Jérôme Bonaparte, am 10. September 1808

Verbleib unbekannt

Am Vormittag des 10. Septembers 1808 hielt Jérôme, der jüngste Bruder des französischen Kaisers Napoleon, als neuer Landesherr feierlichen Einzug in Paderborn. Der König von Westphalen stieg im von Westphalenschen Hofe ab. Am Abend waren einige ausgewählte Plätze der Stadt mit gemalten allegorischen Huldigungen an den König und seine Gemahlin Katharina von Württemberg geschmückt und mit allerlei kunstvollen Beleuchtungen illuminiert. Das Aussehen dieser Festdekorationen ist durch die ausführliche Beschreibung in einer anonymem Handschrift überliefert (EAB Paderborn, Pa 55, = Studienfondsarchiv Paderborn, Handschriften I, Nr. 5, fol. 214r-217v, Beschreibung des Besuchs des Königs von Westphalen in Paderborn am 10. September 1808, hier fol. 215r – 216r)[339]:
Unter den verschiedenen Beleuchtungen zeichneten sich an den größeren hierzu passenden Plätzen der Stadt die von dem Hochwürdigen Domkapitel auf dem Markte, dem Kapitel zum Bußdorf vor ihrer Kirche und die des Universitäts Hauses an ihrer Kirche angebrachten mit Transparenten Gemählden, und Inschriften aus. Das große Gemählde des Domkapitels stellte den König und die Königin in einem offenen Wagen vor, welcher von der Gerechtigkeit

---

[337] Biographische Angaben nach Das Bistum Münster, Bd. 1, S. 251ff.

[338] S. zum Hl. Wandel Hildegard Erlemann, Die Heilige Familie. Münster 1993, S. 90ff.

[339] Abgedruckt in: Joseph Freisen, Die Universität Paderborn. Erster Teil. Quellen und Abhandlungen 1614-1808. Paderborn 1898, S. 243-247.

geführet wurde; mit der Devise: Justitia ante eum ambulabit, et ponet in via gressus suos. Ps. 84. V. 14. [Psalm 84, Vers 14: Gerechtigkeit geht vor ihm her und schreitet fort auf seinem Wege.] *Mit zwey Kronen schwebte ein Genius über dem Wagen, mit der Ueberschrift: Regem decorat, et populos laetificat. Vor der Kirche zum Bußdorf glänzte in einem transparenten großen Tempel mit der Inschrift: Hieronymo Primo, im Hintergrunde desselben der Napoleons-Stern; an beiden Vorderseiten standen die Bildsäulen Napoleons und Carls des Großen; und oben im kleinen Frontispitz leuchteten die Namen Hieronymus und Catharina.*

An der Spitze der hohen Universitäts Kirche, glänzte der französische Adler auch den einige Stunden von Paderborn entfernten Orten entgegen. Die Fenster des Frontispitzs waren sämtlich beleuchtet. In der mittlern großen Kirchenthüre, die mit mehreren Reihen von Lampions und colorirten Lampen umgeben war, war in einem großen Gemählde der Französische Kayser, seinem Bruder die Krone Westphalens aufsetzend, Religion und Staat zur Seiten Hand in Hand vereiniget, und oben das Auge der Vorsehung abgebildet. Die Unterschrift des Gemähldes zeigte den Spruch. Sap. VIII.1.: disponit omnia suaviter. [Buch der Weisheit, Kap. 8, Vers 1, letzter Abschnitt. Ordnet alles mit Sanftmut]. *In den beiden Nebenthüren der Kirche zeigten sich in der einen östlichen die Büste des Königs von der Pallas mit einem Lorbeerkranze gekrönet mit der Unterschrift: HIeronyMo RegI DeCVs IstoC PaLLas. Das hiesige Gymnasium war links in der Gruppe des Gemäldes abgebildet. In der zweyten, westlichen Nebenthüre war die Büste der Königin von Apollo bekränzt mit den Worten: RegInae FronDeIs ConseCrat et ArteM CynthIVs. Die Umgebungen der Thüren waren mit vielen glänzenden und colorirten Lampen verziert und oben sah man die transparenten Inschriften: oben der östlichen Thüre: HIeronyMVs, VoX VsqVe VeneranDa; nVnC qVoqVe aVspICata TheoLogIs, und oben der westlichen: CatharInae noMen DVLCe PhIlosophIs, als Andeutungen der Theologischen und Philosophischen Fakultäten, aus welchen die hiesige Universität besteht.* [Alle Chronogramme ergeben die Jahreszahl 1808.]

Die Balustrade vor der Kirche war mit vier durch colorirte Lampen erleuchtete hohe Pyramiden besetzt; die beiden mittleren zeigten in einem Chinesischen Feuer die Namen des Königs und der Königin in einer fortwährende strahlenden Erleuchtung. Eine Menge brennender Pechtöpfe rauchten auf der gesagten Balustrade und auf der, die den großen Vorplatz der Kirche umgibt. Auch das Universitätshaus und das Gymnasium waren an den von der Kampstraße sichtbaren Seiten schön erleuchtet.

Nach dem Protokoll der Sitzung des Domkapitels vom 19. August 1807 (StA Münster, Domkapitel Paderborn, Protokolle, Nr. 2118, S. 433) wurde dort vorgetragen ... *die Verabredung des Stifts Busdorf und anderer der Stadt mit Stratmann pto.* [puncto] *Bearbeitung verschiedener Sinnbilder und* [unleserlich] *zur illumination bey Gelegenheit der Ankunft S. Majestät des Königs von Westphalen ...* Das Domkapitel will ähnliches in Auftrag geben, und der Structuarius wird angewiesen, mit Stratmann den Kontrakt zu schließen. Das Domkapitelsprotokoll vom 3. Februar 1808 (StA Münster, Domkapitel Paderborn, Protokolle, Nr. 2121, S. 90f.) berichtet dazu ergänzend von einer Teilzahlung an Stratmann: *Auf Bericht Structuarius nebst Gesuch des Mahlers Stratmann meinen das honorarium für das behuf illuminatio verfertigte gemahld – ad 50 sollen demselben vorläufig 30 rl ex statu salvarum assigniert werden. Der Rest solle nach ganz vollendeter Arbeit bezahlt werden.*

Nach den Quellen ist also davon auszugehen, daß von Anton Ferdinand Stratmann sämtliche Gemälde zur allegorischen Verherrlichung des Königs von Westphalen und seiner Frau stammen. Obwohl kein Vorname genannt ist, kommt nur Anton Ferdinand dafür in Frage, da sein Vater Anton Joseph bereits am 12. Februar 1807 gestorben war.

Offenbar hatte man sich in Paderborn gleich nach dem Frieden von Tilsit am 7. Juli 1807, der die Errichtung des neuen Königreiches Westphalen mit sich brachte, an die Vorbereitungen für den Empfang des neuen Landesherrn gemacht, der Ende 1807 offiziell von den ihm zugedachten Ländern Besitz ergriff und Paderborn erst fast ein weiteres Jahr später seinen Antrittsbesuch abstatten sollte. Die Festdekoration beim Einzug des neuen Herrschers steht noch ganz in barocker Tradition. Offenbar begrüßten gerade die führenden geistlichen Korporationen der Stadt Jérôme als Befreier von den Preußen, deren Einzug in Paderborn kein Grund zum Feiern gewesen war.

Michels 1963, S. 417.

B 2 Ansicht der Marktkirche
Paderborn, Marktkirche, Pfarrhaus, Diele
Ölgemälde von 1821

Nach Michels hatte das 1945 zerstörte Bild, von dem noch Kopien existieren sollen, folgende Unterschrift: „Wahre Abbildung der vormaligen Pfarrkirche zu Paderborn, Markkirche genannt, die 1784 niedergerissen ist". Darunter standen die Namen der Pfarrer mit Jahreszahlen von 1397 bis 1821. Die letztere Angabe wird bestätigt durch AAVP, Acta 45, fol. 143: *Verzeichnis der Pfarrer unter dem Bilde der Markkirche des Mahlers Stratmann* ... Es folgt dort die Auflistung der Namen und Daten.

Michels 1963, S. 418.

B 3 Verkündigung Mariens
Delbrück, kath. Pfarrkirche St. Johannes Bapt.
Altargemälde in der Kapelle der Kirche
Verbleib unbekannt
1822

In einer Randglosse zum Sterbeeintrag der Ludovica Valepage vom 17. Februar 1825 im Totenbuch der Delbrücker Pfarrkirche (Kirchenbuch Bd. 11, S. 109) heißt es: *Auf der Capelle in unserer Pfarrkirche ließ sie* [L. Valepage] *im Jahre 1822 den alten morschen Altar abbrechen und den jetzigen wieder aufbauen. Diesen mit einem Altargemälde vom Maler Ferd. Stratmann in Paderborn gemalt die Annuntiatio Mariae vorstellend verzieren, alles dieses mit einem Kostenaufwande von mehr als 600 rt*. Den Hinweis auf die Archivstelle verdanke ich einem Schreiben von Hans Jürgen Rade, Münster, im Archiv der Fa. Ochsenfarth Restaurierungen, Paderborn.

B 4 Lasset die Kindlein zu mir kommen
Brakel, Schloß Hinnenburg, Kapelle
Altarbild
Verbleib unbekannt
Um 1830

Nach der maschinenschriftlichen „Geschichte der Kapelle zu Hinnenburg. Aus dem Inhalt der Niederschriften des Grafen Johannes von Bocholtz-Asseburg (1833-1898)" (WAfD, Bildarchiv), S. 2, ließ Graf Hermann Werner von Bocholtz-Asseburg um 1830 durch den Paderborner Maler Stratmann ein Ölbild mit dem genannten Titel als Altargemälde der Kapelle malen. 1853 wurde das Gemälde durch das heute noch im Altar befindliche spätgotische Relief ersetzt.

B 5 Clemens August Constantin von Mengersen
Paderborn, Priesterseminar
Verbleib unbekannt

Nach den Angaben von Schäfers (1902) wurde das Porträt 1832 „auf dem Museum" des Priesterseminares angebracht. „Dieses Gemälde, eine wenig gelungene Kopie einer Darstellung des verstorbenen Kammerpräsidenten auf dem Schlosse zu Rheder, ist angefertigt von dem Maler und Polizei=Kommissar Strathmann, einem Sohne des oben (S. 52) erwähnten Strathmann, welcher das Bild des Fürstbischofs Wilhelm Anton von Asseburg für den Seminarspeisesaal gemalt hat; die Technik und Schönheit des Bildes von Mengersen läßt sich mit der meisterhaft ausgeführten Darstellung Wilhelm Antons nicht im geringsten vergleichen."

Das angebliche Vorbild in Rheder stammt von Anton Joseph Stratmann (s. Kat.-Nr. C 29).

Schäfers 1902, S. 74, Anm. 2. – Schäfers 1927, S. 11. – Hesse 1966, S. 258f. – Michels 1966, S. 418.

B 6 Hl. Margaretha
Paderborn-Dahl, kath. Pfarrkirche St. Margaretha
Altarbild
Verbleib unbekannt

Nordhoff 1885/86, S. 45. – Th.-B., S. 161. – Michels 1966, S. 418, nach AAVP, Akte 194.

B 7 Hl. Johannes Ev.
Wünnenberg, Schloß Fürstenberg, ehemals Lichtenau-Herbram, Kaplan Brandt
Angeblich Kopie nach Leonardo da Vinci
Verbleib unbekannt

Michels 1966, S. 418, nach AAVP, Akte 194.

Genealogische Übersicht

Die folgende tabellarische Aufstellung umfaßt alle dem Verfasser aus der Literatur und eigener Archivrecherche bekannt gewordenen genealogischen Daten zur Malerfamilie Stratmann.

Die vollständige Auswertung der verfügbaren Quellen wurde allerdings nur für drei Generationen seit der Wiederansiedlung der Familie in Paderborn im frühen 18. Jahrhundert angestrebt, und hier auch nur für die malenden Familienmitglieder selbst.

Die Lebensdaten gehen, wenn nicht anders angegeben, auf die entsprechenden Kirchenbücher zurück.

Bürgerrolle I:
StadtA Paderborn, A 5246, Bürgerrolle 1571-1624.

Bürgerrolle II:
StadtA Paderborn, A 5247, Bürgerrolle 1677-1738.

Bürgerrolle III:
StadtA Paderborn, A 5248, Bürgerrolle 1739-1815.

I. Gerd Stratmann

aus Höxter

erstmals 1585 erwähnt (Signatur auf den bemalten Klappflügeln der kath. Pfarrkirche in Brakel; s. Schmitz/Butt 1978, S. 26)

1589 als Maler in Paderborn belegt (Michels 1963, S. 405f.)

1592 Bürger in Paderborn (Maspernbauerschaft; Bürgerrolle I, fol. 107)

II. Heinrich Stratmann

geb. vor 1592 (in Höxter?)

1592 mit seinem Vater Bürger in Paderborn (Maspernbauerschaft; s. o.)

verh. 2. 2. 1614 in Arnsberg mit Anna Ludimerdt (Ludmarts) aus Paderborn

wohl seit der Hochzeit in Arnsberg ansässig (Michels 1963, S. 407)

Tod zwischen 1652 und 1655 in Arnsberg (Michels 1963, S. 407)

Kinder:

1. Catharina

get. 17. 2. 1615 in Arnsberg. Paten: Johann Fauero und Catarina Appels

verh. 22. 10. 1634 in Rumbeck mit Gottfried Rücke, Kämmerer zu Arnsberg (Michels 1957, S. 85)

verh. 24. 1. 1655 in Arnsberg mit Johan von Bilefeldt, Bürgermeister zu Arnsberg. Trauzeugen: Friedrich von Fürstenberg und Ferdinand von Wrede. Dispens des Werler Offizials.

2. Anna Johanna

get. 30. 6. 1627 Arnsberg

verh. 17. 4. 1670 in Arnsberg mit Gerhard Klott. Trauzeugen: Henning Strotmann und Caspar Stuten.

3. Maria

get. 17. 5. 1629 Arnsberg

verh. am 7. 7. 1658 in Arnsberg mit Ferdinand Fasoll. Trauzeugen: Johann Bilefeldt und Arnold Boemer.

4. **Henning**

s. u.

5. Caspar

get. 12. 11. 1632 Arnsberg

angeblich noch zwei weitere Töchter belegt (Michels 1963, S. 409)

III. Henning Stratmann

geb. um 1630 (Michels 1963, S. 409)

verh. mit Ursula Friderici (get. 21. 2. 1627)

gest. 7. 6. 1678 (Keßler o. J., S. 7)

Kinder:

1. Norbert (**Alexander**)

s. u.

2. Johannes

get. 23. 4. 1656 Arnsberg

Kaiserlicher Notar und gemeiner offenbarer Schreiber und Richter (Michels 1963, S. 411)

3. Elisabeth

get. 26. 2. 1659 Arnsberg

4. Ferdinand
get. 13. 12. 1663 Arnsberg. Pate: Ferdinand von Wrede zu Melschede

5. Johanna Maria
get. 24. 4. 1667 Arnsberg

6. Augustinus
get. 20. 6. 1669 Arnsberg

IV. Norbert **(Alexander) Stratmann,**
vgl. Wahle 1964
get. 23. 8. 1653 Arnsberg. Paten: Alexander Abanthen, Sekretär der Arnsberger Bürgerschaft, und Johanna Rücke. Vater Henning im Kirchenbuch als Maler und Kirchenprovisor genannt
verh. am 7. 10. 1681 in Arnsberg mit Ursula Brewer (Breuer, get. 31.1.1657)
verh. 29. 10. 1701 in Oestinghausen mit Anna Helene Tyrell (gest. 1733, Keßler o. J., S. 8)
begr. 20. 3. 1715 (Keßler o. J., S. 8)
Kinder:

1. Johanna Maria
get. 15. 9. 1682 Arnsberg
verh. mit Dietrich Effing und 4. 7. 1714 in Westernbauerschaft Paderborn aufgenommen (Bürgerrolle II, fol. 224)

2. Anna Maria
get. 16. 4. 1686 Arnsberg

3. Johann Sebastian
get. 20. 9. 1688 Arnsberg

4. Elisabeth
get. 4. 11. 1690 Arnsberg

5. Maria Rosina
get. 5. 4. 1701 Arnsberg

6. Maria Anna Theodora
get. 13. 5. 1704 Arnsberg

7. Anna Elisabeth
get. 20. 3. 1706 Arnsberg

8. **Johann Heinrich**
s. u.

angeblich ein weiteres Kind belegt (Michels 1963, S. 411)

V. Johann Heinrich Stratmann
get. 28. 1. 1708 Arnsberg
verh. am 6. 3. 1731 in Paderborn, Gaukirche, mit Anna Maria Magdalena Woltemate (geb. 7. 7. 1703. Paderborn, Gaukirche. Patin: Anna Maria Magdalena Schlüters, verh. Kottenkampf. gest. 31. 10. 1755. Paderborn, Busdorfkirche). Trauzeugen: Caspar Ludwig Ernesti und Johann Georg Ar…
10. 6. 1732 in die Paderborner Kämperbauerschaft aufgenommen (Bürgerrolle II, fol. 332)
gest. 3. 7. 1755 Paderborn, Busdorfkirche
Kinder:

1. **Maria Agnes Ursula**
s. u.

2. **Anton Joseph**
s. u.

3. **Johann Heinrich Joseph**
s. u.

4. Franz Christian Liborius
geb. 8. 9. 1740. Paderborn, Busdorfkirche. Pate: Franz Christian Pöperling
gest. 27. 4. 1762 ebd.

5. Johann Maria Theodora Theresia
geb. 30. 10. 1744. Paderborn, Busdorfkirche. Patin: Maria Theresia Woltemate und Johanna Theodora Seiler condicta Stratman
gest. 17. 12. 1748 ebd.

VI., 1. Maria Agnes Ursula
geb. 5. 2. 1732. Paderborn, Busdorfkirche. Patin: Catharina Elisabeth Buren für Maria Agnes von Lippe
verh. mit Johann Jakob Pütt (1731-1784), Dispens des Busdorfpfarrers vom 8. 9. 1764.
13. 12. 1765 in die Westernbauerschaft aufgenommen (Bürgerrolle II, fol. 102r)
gest. 6. 12. 1771 im Wochenbett. Paderborn, Busdorfkirche.
Kinder:

1. Maria Gertrud Aloysia Pütt
geb. 15. 7. 1767. Paderborn, Busdorfkirche. Patin: Maria Gertrudis Pütt.
begr. 1. 8. 1767 ebd.

2. Philipp Ignatius Pütt
geb. 9. 8. 1768. Paderborn, Busdorfkirche. Pate: Philippus Pütt.

3. Maria Magdalena Franziska Pütt
geb. 7. 11. 1769. Paderborn, Busdorfkirche. Patin: Maria Magdalena Pütt nata Samson
gest. 12. 11. 1769 ebd.

4. Maria Clara Theodora Pütt
geb. 6. 12. 1771. Paderborn, Busdorfkirche. Patin: Maria Clara Cramer.
gest. 11. 12. 1771 ebd.

VI., 2. Anton Joseph

geb. 14. 4. 1734. Paderborn, Busdorfkirche. Pate: Großvater Jodokus Woltemate

verh. am 20. 10. 1764 in Paderborn, Marktkirche, mit Maria Clara Elisabeth Kaute (Kohten), (get. 28. 11. 1743. Paderborn, Marktkirche. Patin: Großmutter Maria Clara Spancken. gest. 15. 7. 1782, Paderborn, Marktkirche). Trauzeugen: Joseph Stratmann und Cristoph Reders. Mit Dispens des Busdorfpfarrers vom 21. 10. 1764.

12. 12. 1765 in die Westernbauerschaft aufgenommen (Bürgerolle III, fol. 102r)

verh. am 7. 8. 1785 in Neuhaus mit Maria Anna Block aus Neuhaus (get. 10. 11. 1750. Neuhaus, Kirche. Patin: Maria Anna Temme. gest. 2. 4. 1808. Paderborn, Marktkirche). Trauzeugen: Joseph Stratmann und Anton Todt. 24. 7. 1786 Notiz über die Hochzeit im Kirchenbuch der Marktkirche. Dort als Witwer und „pictor excellens et celeberrimus" bezeichnet.

gest. 12. 2. 1807. Kirchenbuch Marktkirchpfarre: „pictor in arte excellens et celeberrimus, per biennium decumbens" (zwei Jahre bettlägerig krank).

Kinder:

1. Friedrich Jakob Aloysius Joseph
geb. 14. 1. 1766. Paderborn, Marktkirche. Pate: Für Fridericus Kohten Jacob Pütt.
gest. 6. 12. 1786 ebd. als Hörer der Theologie. 1782 in die Klasse der Logiker an der Universität Paderborn aufgenommen. S. Freisen 1931/32, Bd. 1, S. 105, Nr. 8251. Bd. 2, S. 168, Nr. 8251. Durchläuft 1777-1782 die Klassen Sexta bis Sekunda des Gymnasium Theodorianum. S. F. J. Brand, Gymnasium Theodorianum. Album referens nomina Studiosorum ab anno 1760 ad 1828. AAVP, Acta 61.

2. Johann Joseph Liborius
geb. 30. 4. 1767. Paderborn, Marktkirche. Pate: Joseph Stratmann
gest. 22. 11. 1770 ebd.

3. Franz Xaver Anton Aloysius
get. 12. 1. 1769. Paderborn, Marktkirche. Pate: Johann Jakob Pütt
gest. 3. 4. 1769 ebd.

4. **Anton Ferdinand**
s. u.

5. Wilhelm Joseph
geb. 31. 8. 1772. Paderborn, Marktkirche. Pate: Hofrat Augustinus Schlüter
gest. 12. 7. 1774 ebd.

6. **Franz Anton Adolph**
s. u.

7. Maria Theresia Clara Margaretha
geb. 24. 9. 1777. Paderborn, Marktkirche. Patin: Witwe Clara Anna Margaretha Wegener
gest. 22. 5. 1778 ebd.

8. Heinrich Wilhelm
geb. 19. 11. 1779. Paderborn, Marktkirche. Pate: Heinrich Wilhelm Wegener, Cathedrali Beneficiatus
gest. 7. 12. 1797 ebd.

9. Franz Josef Aloysius
get. 18. 12. 1781. Paderborn, Marktkirche. Pate: Franz Josef Stratmann
gest. 24. 3. 1783 ebd.

10. Johanna Catharina Elisabeth
geb. 24. 6. 1788. Paderborn, Marktkirche. Patin. Elisabetha Block
verh. 10. 10. 1809 in Paderborn, Gaukirche, mit Wilhelm Anton Spanken, Friedensrichter in Steinheim. Ziehen nach Steinheim.

VI., 3. Johann Heinrich Joseph

(Angaben z. T. nach Zink 1985, S. 165f.)
geb. 21. 12. 1736. Paderborn, Busdorfkirche. Pate: Johann Philipp Pütt
verh. am 2. 11. 1768 mit Maria Christina Volmer aus Geseke (gest. 12. 10. 1791, Geseke, Stiftskirche). Dispens des Busdorfpfarrers vom 1. 11. 1768.
1770 in die Paderborner Giersbauerschaft aufgenommen (Bürgerrolle III, fol. 112r)
gest. 27. 11. 1805 in Geseke, Stiftskirche
Kinder:

1. Franz Christoph Joseph
geb. 15. 8. 1769. Paderborn, Busdorfkirche. Pate: Johann Cristoph Volmer

2. Maria Christina Franziska Clara
geb. 12. 12. 1771. Paderborn, Busdorfkirche. Patin: Maria Clara Stratmann für Maria Christina Volmer

3. Maria Theresia Clara
get. 18. 4. 1774 Geseke, Stiftskirche

4. Maria Bernardina Josephina
get. 19. 10. 1776 Geseke, Stiftskirche
5. Franz Anton Conrad
get. 12. 3. 1779 Geseke, Stiftskirche. Pate: Onkel Anton Stratmann
6. Maria Brigitta Christina
get. 23. 10. 1781, Geseke, Stiftskirche
gest. 9. 11. 1788
7. Franz Christoph Aloysius
get. 13. 2. 1784, Geseke, Stiftskirche
gest. 15. 6. 1786
8. Franz Ludwig Joseph
get. 30. 11. 1787, Geseke, Stiftskirche
9. Maria Antonetta
get. 22. 6. 1790, Geseke, Stiftskirche
gest. 7. 3. 1791

VII., 4. Anton Ferdinand
geb. 1. 3. 1770. Paderborn, Marktkirche. Pate: Ferdinand Woltemate
besucht 1780/81 die Sexta des Gymnasium Theodorianum. Erscheint danach nicht mehr in den Schülerlisten. S. F. J. Brand, Gymnasium Theodorianum. Album referens nomina Studiosorum ab anno 1760 ad 1828. AAVP, Acta 61.
verh. am 9. 7. 1799 in Paderborn, Dom, mit Anna Maria Catharina Wischmann (get. 23. 12. 1779. Paderborn, Dom. Patin: Maria Catharina Wischmann. gest. 2. 9. 1837 Paderborn, Dom). Trauzeugen: Anton Stratmann, Officialis Belli und Wilhelm Anton Dreyer, Vicecustos (am Dom). Dispens des Pfarrers der Marktkirche vom 20. 7. 1799.
4. 3. 1800 in die Maspernbauerschaft aufgenommen (Bürgerrolle III, fol. 185r).
gest. 2. 2. 1844. Paderborn, Dom. Als Polizeikommissar bezeichnet.
Kinder:

1. Maria Helena Charlotta
geb. 19. 2. 1800. Paderborn, Dom. Patin: Charlotta Wischmann
gest. 13. 6. 1803 ebd.
2. Anton Joseph Ferdinand
geb. 16. 3. 1802. Paderborn, Gaukirche. Pate: Großvater Anton Joseph Stratmann. Vater als Maler und Kaufmann bezeichnet.
3. Maria Catharina
geb. 25. 4. 1804. Paderborn, Gaukirche. Patin: Tante der Wöchnerin Brigitta Wischmann
gest. 13. 10. 1806

4. Ferdinand Otto Heinrich
geb. 24. 8. 1806. Paderborn, Gaukirche. Pate: Großvater Henrich Wischmann, Kaufmann
gest. 30. 11. 1806
5. Maria Charlotta Antonia Helena
geb. 18. 7. 1808. Paderborn, Gaukirche. Patin: Großmutter Maria Charlotta Wischmann, geb. Tilly. Vater erstmals als Polizeikommissar, Maler und Kaufmann bezeichnet.
6. Karl Eduard Ferdinand
geb. 10. 6. 1811. Paderborn, Gaukirche. Pate: Onkel Anton Stratmann, Leutnant. Vater als Maler und Polizeikommissar bezeichnet.
12. 11. 1828 „Eduardus Stratmann Paderanus" an der Universität Paderborn eingeschrieben. S. Freisen 1931/32, Bd. 1, S. 113, Nr. 9074.
7. Ferdinand August
geb. 30. 4. 1819. Paderborn, Dom. Pate: Canonicus Augustus Tilli
gest. 19. 8. 1822 ebd.

VII., 6. Franz Anton Adolph
get. 21. 2. 1774. Paderborn, Marktkirche. Pate: Adolphus Schem in Vertretung des Franziskanerpaters Schem
verh. mit Victoria Kleinschmidt aus Steinheim
12. 1. 1804 in die Kämperbauerschaft aufgenommen (Bürgerrolle III, fol. 198r)
Kinder:

1. Anton Joseph
geb. 27. 8. 1803. Paderborn, Gaukirche. Pate: Großvater Anton Joseph Stratmann. Vater als „Officialis bellicus, sive Lieutenant pderbornsis" bezeichnet.
gest. 12. 2. 1838 in Brakel
2. Karl Friedrich
geb. 24. 1. 1805. Paderborn, Gaukirche. Pate: Gottfried Kleinschmidt. Licentiat der Rechte und Bruder der Wöchnerin. Vater als einstiger Leutnant, nun Kaufmann bezeichnet.
gest. 22. 6. 1806
3. Ferdinand Alexander Napoleon
geb. 2. 7. 1807. Paderborn, Gaukirche. Pate: Onkel Ferdinand Stratmann, Maler und Kaufmann
4. Karl Werner
geb. 22. 11. 1808. Paderborn, Gaukirche. Pate: Gottfried Kleinschmidt für seinen Bruder Karl Werner

Literaturverzeichnis

Albrecht, Michael, Moses Mendelssohn 1729-1786. Ausstellungskatalog Wolfenbüttel 1986.

Arens 1986
Arens, Fritz, Abzeichen oder Konföderationsmedaillen des Mainzer Domkapitels und anderer Stifte, in: Mainzer Zeitschrift 81, 1986, S. 69-99.

Bartscher 1784
Bartscher, Philipp Ferdinand Ludwig, Beschreibung einiger Gemählde aus der Bildersamlung des Dechanten Harsewinkel zu Wiedenbrück. Holzminden 1784. Neu herausgegeben und erläutert von Franz Flaskamp, Münster 1937 (= Quellen und Forschungen zur Natur und Geschichte des Kreises Wiedenbrück, Heft 26).

Bartscher 1787
Bartscher, Philipp Ferdinand Ludwig, Beschreibung der Gemälde der Fürstlich-Corveyischen Bildergallerie auf dem Residenz-Schlosse zu Corvey. Corvey 1787. Herausgegeben und erläutert von Franz Flaskamp. Münster 1937 (= Quellen und Forschungen zur Natur und Geschichte des Kreises Wiedenbrück, Heft 25). – Handschriftliches Manuskript in der Bibliothek der Dechanei in Höxter (n. Flaskamp).

Bartscher 1787
Bartscher, Philipp Ferdinand Ludwig, Erklärung der nöthigsten Kunstwörter in der Malerey für junge Künstler und Liebhaber dieser Kunst. Detmold und Meinberg 1787.

Bartscher 1807
Bartscher, Philipp Ferdinand Ludwig, Beschreibung der Bildergalerie Seiner Bischöflichen Gnaden Frey-Herrn von Gruben zu Osnabrück. Osnabrück 1807. Unveröffentlichtes Manuskript im Diözesanmuseum Osnabrück.

BKH Hildesheim
Die Kunstdenkmäler der Provinz Hannover, Bd. II. Regierungsbezirk Hildesheim, Teil 4. Stadt Hildesheim. Kirchliche Bauten. Bearb. von A. Zeller. Hannover 1911.

BKW Brilon
Die Bau- und Kunstdenkmäler von Westfalen. Kreis Brilon. Bearbeitet von Paul Michels unter Mitwirkung von Nikolaus Rodenkirchen. Münster 1952.

BKW Büren
Die Bau- und Kunstdenkmäler von Westfalen. Kreis Büren. Bearbeitet von Johannes Körner. Münster o. J. [1926].

BKW Lippstadt
Die Bau- und Kunstdenkmäler von Westfalen. Kreis Lippstadt. Bearbeitet von A. Ludorff. Münster 1912.

BKW Münster
Die Bau- und Kunstdenkmäler von Westfalen. Stadt Münster. Bearbeitet von Max Geisberg. Bd. I: Ansichten und Pläne. Grundlagen und Entwicklung. Befestigungen. Bischofsresidenzen. Münster 1932. Bd. II: Domimmunität. Markt. Rathaus. Münster 1933. Bd. III: Bürgerhäuser, Adelshöfe bis 1700. Münster 1934. Bd. IV: Profane Bauwerke seit 1701. Münster 1935. Bd. V: Der Dom. Münster 1937. Bd. VI: Kirchen und Kapellen. Münster 1941. Registerband: Bearbeitet von M. Pieper-Lippe. Münster 1962.

BKW Warburg
Bau- und Kunstdenkmäler von Westfalen. Kreis Warburg. Bearbeitet von Nikolaus Rodenkirchen. Münster 1939.

BKW Warendorf
Bau- und Kunstdenkmäler von Westfalen. Kreis Warendorf. Bearbeitet von Karl Hölker. Münster 1936.

Bauer 1980
Bauer, Hermann, Rokokomalerei. Mittenwald 1980.

Baumgart, Fritz, Vom Klassizismus zur Romantik 1750-1832. Köln 1974.

Becker 1970
Becker, Walter, Schloss Neuhaus. Paderborn 1970.

Beine 1994
Beine, Manfred, Herbort, Käthe, Schoder, Albrecht, Schwedhelm, Sabine, Philipp Ferdinand Ludwig Bartscher. Rietberger Hofmaler (1749-1823). Rietberg 1994.

Bénézit 1976
Bénézit, E., Dictionnaire des peintres, sculpteurs, dessinateurs et graveurs. Nouvelle édition. Bd. 6. Paris 1976.

Berckenhagen 1967
Berckenhagen, Ekhart, Anton Graff. Leben und Werk. Berlin 1967.

Bleibaum 1924
Bleibaum, Friedrich, Bildschnitzerfamilien des Hannoverschen und Hildesheimschen Barock. Straßburg 1924.

Börsch-Supan, Helmut, Deutsche und skandinavische Malerei. In: Harald Keller, Die Kunst des 18. Jahrhunderts. Berlin 1971 (= Propyläen Kunstgeschichte, Bd. 10), S. 402-415.

Börsch-Supan, Helmut, Der Maler Antoine Pesne. Friedberg 1986.

Börsch-Supan, Helmut, Die deutsche Malerei von Anton Graff bis Hans von Marées 1760-1870. München 1988.

Boeselager 1990
Boeselager, Johannes Freiherr von, Die Osnabrücker Domherren des 18. Jahrhunderts. Osnabrück 1990.

Borchers 1975
Borchers, Walter, Das Jagdschloß Clemenswerth. In: Jagdschloß Clemenswerth. Geschichte und Sinn, Sögel 1975, S. 6-25.

Borrmann 1994
Borrmann, Norbert, Kunst und Physiognomik. Köln 1994.

Brand 1846
Brand, J., Kurze Beschreibung der Stadt Paderborn. Paderborn 1846.

Brandt/Hengst 1984
Brandt, Hans Jürgen, Hengst, Karl, Die Bischöfe und Erzbischöfe von Paderborn. Paderborn 1984.

Brüning 1972
Brüning, Hans Joachim, Über ein Gemälde in der Pfarrkirche zu Rheder, in: Mitteilungsblatt des Kreisheimatpflegers Höxter 2, 1972, Nr. 3, S. 25-27.

Brüning 1981
Brüning, Hans Joachim, Nachtrag zu dem Aufsatz: Zwei Künstler unserer Heimat, von F. K. Sagebiel, in: Höxter-Corvey 29, 1981, H. 4, S. 11-14.

Brüning 1984
Brüning, Hans Joachim, Zur Kunst- und Baugeschichte der Abtei Corvey in der Barockzeit, in: Westfalen 62, 1984, S. 129-152. Zu J. H. und F. Stratmann S. 142.

Buchenthal/Bauer 1994
Buchenthal, Gabriele, Bauer, Heinz, Heinrich Papen, Christophel Papen. Eine westfälische Bildhauerwerkstatt im Zeitalter des Barock. Paderborn 1994.

Bussmann 1972
Bussmann, Klaus, Wilhelm Ferdinand Lipper. Ein Beitrag zur Geschichte des Frühklassizismus in Münster. Münster 1972.

Claussen 1961
Claussen, Hilde, Ein Barockaltar in Coesfeld, in: Auf Roter Erde 16, 1961, N. F. Nr. 23 , S. 2.

Cleff 1986
Cleff, Anne, Johann Henrich Joseph Stratmann. Ein Geseker Bildhauer des späten 18. Jahrhunderts, in: Geseker Heimatblätter 44, 1986, S. 97-101, 105-108, 113-119, 121-128.

Das Bistum Münster
Das Bistum Münster. Hrsg. Werner Thissen. Bd. I. Alois Schröer, Die Bischöfe von Münster. Münster 1993.

Dehio Magdeburg
Dehio, Georg, Handbuch der deutschen Kunstdenkmäler. Bezirk Magdeburg. Bearbeitet von der Abteilung Forschung des Instituts für Denkmalpflege. Berlin 1974.

Dehio Niedersachsen
Dehio, Georg, Handbuch der deutschen Kunstdenkmäler. Bremen. Niedersachsen. Bearbeitet von Gottfried Kiesow u. a. München, Berlin 1977.

Dehio Niedersachsen 1992
Dehio, Georg, Handbuch der deutschen Kunstdenkmäler. Bremen. Niedersachsen. Bearbeitet von Gerd Weiß u. a. München, Berlin 1992.

Dehio Westfalen
Dehio, Georg, Handbuch der Deutschen Kunstdenkmäler. Nordrhein-Westfalen. II. Westfalen [1. Aufl. 1969]. Bearbeitet von Dorothea Kluge und Wilfried Hansmann. Unv. Neuaufl. München, Berlin 1977.

Dethlefs 1984
Dethlefs, Gerd, Die Kavaliersreise des Franz Anton Freiherr von Landsberg 1675-1678. Münster 1984.

Dorn 1978
Dorn, Hans Jürgen, Die Deutschordensballei Westfalen von der Reformation bis zu ihrer Auflösung im Jahre 1809. Marburg 1978.

300 Jahre Brauerei Rheder 1686-1986 ... o. O., o. J. (Brakel 1986)

Drewes 1992
Drewes, Hans Leo, Die Kapellen am Paderborner Dom. Paderborn 1992.

150 Jahre Evangelische Kirchengemeinde Coesfeld. Coesfeld 1989.

Eichner, Elisabeth, Das kurpfälzische Porträt im 18. Jahrhundert. Diss. Heidelberg 1981.

Elbern/Engfer/Reuther 1974
Elbern, Victor H., Engfer, Hermann, Reuther, Hans, Der Hildesheimer Dom. Architektur. Ausstattung. Patrozinien. Hildesheim 1974.

Fahne 1858
Fahne, A., Geschichte der westphälischen Geschlechter. Köln 1858.

Fahne 1863
Fahne, A., Die Dynasten, Freiherren und jetzigen Grafen von Bocholtz. Bd. I,1, Köln 1863.

Falke 1915
Falke, Didacus, Kloster und Gymnasium Antonianum der Franziskaner zu Geseke. Münster 1915, S. 31.

Flaskamp 1933
Flaskamp, Franz, Einführung zu: Florenz Karl Joseph Harsewinkel, Ordo ac series clericorum Wiedenbrugensi-

um. Herausgegeben und erläutert von Franz Flaskamp. Münster 1933, S. V-XVI (= Quellen und Forschungen zur Natur und Geschichte des Kreises Wiedenbrück, 4. Heft).

Flaskamp 1955
Flaskamp, Franz, Der Rietberger Dechant Johann Cristoph Schürckmann. In: Funde und Forschungen zur westfälischen Geschichte. Gesammelte Aufsätze von Franz Flaskamp. Münster 1955, S. 102-108.

Fleischhauer, Werner, Richtlinien zur Bildnisbeschreibung. Hamburg 1937 (=Historische Bildkunde, Heft 6).

Fleischhauer, Werner, Das Bildnis in Württemberg 1760-1860. Stuttgart 1939.

Freisen 1931/32
Freisen, Joseph, Die Matrikel der Universität Paderborn 1614-1844. Bd. 1, Würzburg 1931. Bd. 2, Würzburg 1932.

Fuchs 1915
Fuchs, Alois, Der hl. Liborius in der bildenden Kunst. In: Dritter Jahresbericht des Diözesan-Museumsvereins der Diözese Paderborn über das Vereinsjahr 1914, Paderborn 1915, S. 7-24.

Fuchs 1917
Fuchs, Alois, Der Sakramentsaltar des Paderborner Domes. In: Fünfter Jahresbericht des Diözesan-Museumsvereins der Diözese Paderborn über das Vereinsjahr 1916. Paderborn 1917, S. 26-32.

Fuchs 1929
Fuchs, Alois, Die Jesuitenkirche in Büren. Paderborn 1925.

Geisberg 1941
Geisberg, Max, Studien zur Geschichte der Maler in Münster, 1530 bis 1800, in: Westfalen 26, 1941, S. 147-182.

Gerson 1942
Gerson, Horst, Ausbreitung und Nachwirkung der holländischen Malerei des 17. Jahrhunderts. Haarlem 1942.

Gerson / ter Kuile 1960
Gerson, H., ter Kuile, E. H., Art and Architecture in Belgium 1600 to 1800. Harmondsworth 1960 (= Pelican History of Art).

Glasmeier 1937
Glasmeier, Heinrich, Die Ahnenbildersammlung des Archivvereins, in: Westfälisches Adelsblatt 9, 1937, S. 3-40.

Gosmann 1994
Gosmann, Michael, Ein „schicklicher Rahmen zu dem Portrait" des Kurfürsten Max Franz, in: Heimatblätter. Zeitschrift des Arnsberger Heimatbundes e. V. Heft 15, 1994, S. 80-91.

Gürtler 1912
Gürtler, M. Jos., Die Bildnisse der Erzbischöfe und Kurfürsten von Köln. Straßburg 1912.

Hansmann/Butt 1978
Hansmann, Wilfried, Butt, Peter, Ein neugefundenes Deckengemälde im Schloß zu Schloß Neuhaus. In: Aus der praktischen Denkmalpflege – Arbeitsberichte und Beiträge. Hrsg. Anton Ochsenfarth. Paderborn 1978, S. 4-17.

Hansmann 1986
Hansmann, Wolfgang, Fünf Gemälde des Paderborner Malers Anton Josef Stratmann (1734-1807) in unserer Pfarrkirche, in: Die Residenz 25, H. 84, Mai 1986, S. 15-17.

Hartmann 1910
Hartmann, Heinrich, Johann Conrad Schlaun. Münster 1910.

Heppe 1973
Heppe, Karl Bernd, Bemerkungen zu den plastischen Darstellungen des hl. Johannes von Nepomuk in Westfalen. In: Johannes von Nepomuk. Variationen über ein Thema. Ausstellungskatalog Höxter-Corvey 1973, S. 75-80.

Heppe 1980
Heppe, Karl Bernd, Druckgraphik und westfälische Kunst vom 15. bis 18. Jahrhundert. In: Von Dürer bis Tiepolo. Ausstellungskatalog. Unna 1980, S. 119-162.

Herzig 1922
Herzig, R., Der Dom zu Hildesheim und seine Kunstschätze. 6. Auflage. Hildesheim 1922.

Hesse 1948
Hesse-Frielinghaus, Herta, Die Kappers als Bildnismaler, in: Westfalen 27, 1948, S. 131-137.

Hesse 1966
Hesse, Herta, Anton Josef und Anton Ferdinand Stratmann als Porträtmaler, in: Westfalen 44, 1966, S. 250-260.

Hollstein, Dutch
Hollstein's Dutch and Flemish Etchings, Engravings and Woodcuts, ca. 1450-1700, Amsterdam 1949ff.

Holzhausen 1957
Holzhausen, Walter, Kurkölnische Hofmaler des 18. Jahrhunderts. Köln 1957.

Hohmann 1975
Hohmann, Friedrich Gerhard, Das Hochstift Paderborn – Ein Ständestaat. Paderborn 1975 (= Heimatkundliche Schriftenreihe der Volksbank Paderborn 6/1975).

Hopmann 1967
Hopmann, H., St. Amandus Aschendorf. Wiesbaden 1967.

Hubala, Erich, Barock und Rokoko. Stuttgart 1971 (= Belser Stilgeschichte, Bd. 9).

Karrenbrock 1993
Karrenbrock, Reinhard, Aspekte einer Kunstlandschaft. In: Westfalen in Niedersachsen. Kulturelle Verflechtungen: Münster – Osnabrück – Emsland – Oldenburger Münsterland. Ausstellungskatalog Münster, Cloppenburg, Osnabrück, Bad Iburg. Cloppenburg 1993, S. 107-329.

Kat. Antwerpen 1989
A. C. Lens 1739-1822. Bearbeitet von Alain Jacobs u. a. Ausstellungskatalog Antwerpen 1989.

Kat. Bremen 1977
Das Bildnis. Seine Entwicklung. Seine Gestalt. Ausstellungskatalog Bremen 1977.

Kat. Clemenswerth 1987
Clemens August. Fürstbischof, Jagdherr, Mäzen. Ausstellungskatalog. Clemenswerth 1987.

Kat. Corvey 1973
Johannes von Nepomuk. Variationen über ein Thema. Ausstellungskatalog Museum Höxter-Corvey. München, Paderborn, Wien 1973.

Kat. Hildesheim 1995
Die fürstliche Tafel. Das Silberservice des Hildesheimer Fürstbischofs Friedrich Wilhelm von Westphalen. Ausstellungskatalog Hildesheim 1995.

Kat. Kassel 1964
Johann Heinrich Tischbein d. Ä. (1722-1789). Ausstellungskatalog Kassel 1964.

Kat. Kassel 1989
Johann Heinrich Tischbein d. Ä. (1722-1789). Ausstellungskatalog Kassel 1989.

Kat. Köln 1977
Peter Paul Rubens (1577-1640). Maler mit dem Grabstichel – Rubens und die Druckgraphik. Ausstellungskatalog. Köln 1977.

Kat. Köln 1987
Triumph und Tod des Helden. Europäische Historienmalerei von Rubens bis Manet. Ausstellungskatalog Köln 1987.

Kat. Liesborn 1965
Liesborn. Kunst und Geschichte der ehemaligen Abtei. Ausstellungskatalog. Liesborn 1965.

Kat. Münster 1977
Porträt 1: Der Herrscher. Graphische Bildnisse aus dem Porträtarchiv Diepenbroick. Austellungskatalog Münster 1977.

Kat. Münster 1984
Münster 800-1800. 1000 Jahre Geschichte der Stadt. Ausstellungskatalog Münster 1984.

Kat. Münster 1993
Kessemeier, Siegfried, Koch, Petra, Bischofsländer. Ausstellungskatalog Münster 1993 (zugleich Bildheft 32 des Westfälischen Landesmuseums für Kunst und Kulturgeschichte Münster).

Kat. Münster 1995
Johann Conrad Schlaun. Architektur des Spätbarock in Europa. Ausstellungskatalog Münster 1995.

Kat. Nürnberg 1990
800 Jahre Deutscher Orden. Ausstellungskatalog Nürnberg 1990.

Kat. Paderborn 1981
Glas und Gemälde des 17.-19. Jahrhunderts. Eine westfälische Privatsammlung im Diözesanmuseum Paderborn. Ausstellungskatalog. Paderborn 1981.

Kat. Paderborn 1986
Liborius im Hochstift Paderborn. Ausstellungskatalog Paderborn 1986.

Kat. Passau 1971
Johannes von Nepomuk. Ausstellungskatalog. Passau 1971.

Kat. Rom 1977
Rubens e l'incisione nelle collezioni del Gabinetto Nazionale delle Stampe. Catalogo critico di Didier Bodart. Rom 1977.

Kat. Unna 1979
Himmlische Vettern. Barockskulptur im südlichen Westfalen. Ausstellungskatalog. Unna 1979.

Keinemann 1967
Keinemann, Friedrich, Das Domkapitel zu Münster im 18. Jahrhundert. Münster 1967.

Keinemann 1996
Keinemann, Friedrich, Das Hochstift Paderborn am Ausgang des 18. Jahrhunderts. 3 Teilbände. Bochum 1996.

Keller 1939
Keller, Horst, Barockaltäre in Mitteldeutschland. Burg 1939.

Keller 1981
Keller, Ina Marie, Studien zu den deutschen Rembrandt-Nachahmungen des 18. Jahrhunderts. (Diss. München 1971). Berlin 1981.

Keßler o. J.
Keßler, Franz, Das Arnsberger Kunsthandwerk im 17. und 18. Jahrhundert. Unveröffentlichtes Manuskript.

Keßler 1937
Keßler, Franz, Eine Arnsberger Malerfamilie des 17. Jahrhunderts, in: De Suerländer. Heimatkalender für das Sauerland. 1937, S. 85-87.

Kesting 1953
Kesting, Franz, Aus Huysburgs Tagen. Paderborn 1953.

Klaus 1958
Klaus, Adalbert, Kunst in Kirche und Kloster. Alte Gemälde. In: Festschrift zum 300jährigen Bestehen des Franziskanerklosters zu Paderborn 1658-1958. Werl 1958, S. 162-176.

Kluxen, Andrea M., Das Ende des Standesporträts. Die Bedeutung der englischen Malerei für das deutsche Porträt 1760-1848. München 1989.

Knox, George, Giambattista Piazzetta 1682-1754. Oxford 1992.

Körtlinghausen 1988
Körtlinghausen. Hrsg. Dietger Freiherr von Fürstenberg. Rüthen 1988.

Kohl 1982
Kohl, Wilhelm, Das Domstift St. Paulus zu Münster. Bd. 2. Berlin, New York 1982.

Kühle 1976
Kühle, H., Bilder aus der Geschichte des Kirchspiels Altenrüthen. Werl 1976.

Lienen 1988
Lienen, Bruno H., Geschichte des Schönhofes. In: Beiträge zur Volkskunde und Hausforschung 3, Detmold 1988, S. 11-56.

Lohmann-Siems, Isa, Begriff und Interpretation des Porträts in der kunstgeschichtlichen Literatur. Hamburg 1972.

Lucanus 1866
Lucanus, Friedrich, Wegweiser durch Halberstadt und die Umgegend, für Heimische und Fremde. 2., vermehrte Auflage, Halberstadt 1866.

Lüffe 1957
Lüffe, Clemens, Bildrestaurierungen in der Neuhauser Pfarrkirche, in: Die Warte 18, 1957, S. 129f.

Matzner/Schulze 1995
Matzner, Florian, Ulrich Schulze, Barock in Westfalen. Ein Reiseführer. Münster 1995.

Mertens 1892
Mertens, Konrad, Die Bildnisse der Fürsten und Bischöfe von Paderborn von 1498 bis 1891. Paderborn 1892.

Metten/Förster 1984
Metten, Fritz, Förster, Karl-Heinz, Bigge im Strom der Zeit. Olsberg 1984.

Meyer 1938
Meyer, Leo, Der westfälische Altar in seiner Entwicklung von 1650-1780. Wattenscheid 1938.

Michel 1984
Michel, P., Christian Wilhelm Ernst Dietrich (1712-1774) und die Problematik des Eklektizismus. Diss. München 1984.

Michels 1950
Michels, Paul, Paderborner Künstlerfamilien des 18. Jahrhunderts. In: Festgabe für Alois Fuchs zum 70. Geburtstag. Hrsg. von Wilhelm Tack. Paderborn 1950, S. 217-235.

Michels 1957
Michels, Paul, Paderborner Inschriften und Hausmarken. Paderborn 1957.

Michels 1963
Michels, Paul, Die westfälische Malerfamilie Stratmann, in: Westfälische Zeitschrift 113, 1963, S. 405-419.

Michels 1966
Michels, Paul, Ahnentafeln Paderborner Domherren. Paderborn 1966.

Morel-Deckers 1988
Morel-Deckers, Y., Schilderijen uit de 18de eeuw. Deelcatalogus. Koninklijk Museum voor Schone Kunsten. Antwerpen 1988.

Mueller von der Haegen 1993
Mueller von der Haegen, Anne, Das Benediktinerkloster Huysburg. München, Berlin 1993 (= Große Baudenkmäler, Heft 481).

Nordhoff 1884
Nordhoff, Joseph Bernhard, Johann Christoph Rincklake, in: Westdeutsche Zeitschrift für Geschichte und Kunst III, 1884, S. 145f. und 256f.

Nordhoff 1885/86
Nordhoff, Joseph Bernhard, Die to Rings und die spätern Maler Westfalens, in: Archiv für kirchliche Kunst, hrsg. von Theodor Prüfer 9, 1885, S. 73-75, 81-83, 89-91; 10, S. 2-6, 12-14, 19-22, 25-27, 34-35, 43-47.

Parthey 1863/64
Parthey, Gustav, Deutscher Bildersaal. 2 Bde. Berlin 1863-1864.

Pavlicic 1993
Pavlicic, Michael, Die große Neuhäuser Kirchenrenovierung des Jahres 1803, in: Die Residenz, Jg. 34, Heft 100, Dezember 1993, S. 21-31.

Pevsner 1986
Pevsner, Nikolaus, Die Geschichte der Kunstakademien. München 1986 (Englische Originalausgabe 1940).

Pieper 1988
Pieper, Eva, Die Saalmalereien im Festsaal des Schönhofes. In: Beiträge zur Volkskunde und Hausforschung 3, Detmold 1988, S. 113-156.

Poppe 1968
Poppe, Roswitha, Bau- und Kunstdenkmäler im Kreise Aschendorf-Hümmling. Köln 1968.

Poppe 1974
Poppe, Roswitha, Bau- und Kunstdenkmäler im Kreise Meppen. Meppen 1974.

Püttmann-Engel 1987
Püttmann-Engel, Kristin, Schloßkapellen im Raum Westfalen 1650-1770. Bonn 1987.

Raupp, Hans Joachim, Portraits. Münster 1995.

Rensing 1936
Rensing, Theodor, Johann Conrad Schlaun. Dortmund 1936.

Rodewyk 1960
Rodewyk, Adolf, Die Immakulata-Kirche in Büren. Paderborn 1960.

Rombouts / van Lerius 1872
Rombouts, Philipp, Lerius, Theodor van, De Liggeren en andere historische archieven der Antwerpsche Sint Lucasgilde. 2 Bde. Antwerpen o. J. (1872).

Rooses 1889
Rooses, Max, Geschichte der Malerschule Antwerpens. 2. Auflage. München 1889.

Sagebiel, F. K., Zwei Künstler unserer Heimat, in: Höxter-Corvey 29, 1981, H. 4, S. 5-11.

Schäfers 1902
Schäfers, Johannes, Geschichte des Bischöflichen Priesterseminars zu Paderborn. Paderborn 1902.

Schäfers 1927
Schäfers, Johannes, Geschichte des Bischöflichen Priesterseminars zu Paderborn von 1902-1927. Paderborn 1927.

Schauerte o. J.
Schauerte, Franz, Die Pfarrkirche St. Laurentius zu Erwitte. Erwitte o. J. (1990?).

Schlaun 1995
J. C. Schlaun. Sein Leben. Seine Zeit. Sein Werk. Münster 1995.

Schlaun, Werkverzeichnis
Matzner, Florian, Schulze, Ulrich, Johann Conrad Schlaun 1695-1773. Das Gesamtwerk. 2 Bde. Stuttgart 1995.

Schmitz 1969
Schmitz, Karl Josef, Grundlagen und Anfänge barocker Kirchenbaukunst in Westfalen. Paderborn 1969.

Schmitz/Butt 1978
Schmitz, Karl Josef, Butt, Peter, Die restaurierte Orgel in der Pfarrkirche St. Michael zu Brakel, in: Aus der praktischen Denkmalpflege – Arbeitsberichte und Beiträge. Bd. I. Hrsg. von Anton Ochsenfarth. Paderborn 1978, S. 19-31.

Schrader 1995
Schrader, Karin, Der Bildnismaler Johann Georg Ziesenis (1716-1776). Münster 1995.

Schwartz 1956
Schwartz, Hubertus, Soest in seinen Denkmälern. Bd. 2. Soest 1956.

Schwartz 1957
Schwartz, Hubertus, Soest in seinen Denkmälern. Bd. 3. Soest 1957.

Seibertz 1890
Seibertz, Johann Suitbert, Chronik des Minoritenklosters in Brilon. Brilon 1890.

Servais 1968
Servais, J. Georg, Zwei Weihnachtsbilder des Paderborner Malers Anton Jos. Stradtman (1734-1807), in: Die Warte 29, 1968, S. 181-184.

Singer, Bildniskatalog
Singer, Hans Wolfgang, Allgemeiner Bildniskatalog. 14 Bde. Leipzig 1930-1936

Singer, Neuer Bildniskatalog
Singer, Hans Wolfgang, Neuer Bildniskatalog. 5 Bde. Leipzig 1937-1938.

Spanuth 1952
Spanuth, Heinrich, Die Hamelner Malerfamilie Woltemathe, in: Der Klüt. Heimatkalender für das Oberwesergebiet 24, 1952, S. 81-85.

Stangier 1994
Stangier, Thomas, Die Stuckdekoration der Brüder Metz – Genese, Motive, Ikonographie. In: Assmuth, Norbert, u. a., Die ehemalige Jesuitenkirche Maria Immaculata in Büren. Dokumentation und Beiträge zur Innenrestaurierung 1986-1991. Bonn 1994 (= Denkmalpflege und Forschung in Westfalen, Bd. 27), S. 66-132.

Steinmann 1994
Steinmann, Friederike, Schwieters, Karl Josef, Aßmann, Michael, Paderborner Künstlerlexikon. Paderborn 1994.

Stiegemann 1983/84
Stiegemann, Christoph, Zur Ausstattung des Paderborner Domes – Restaurierungen und Neuzugänge, in: Alte und neue Kunst 1983/84, S. 90-92.

Straßer, Josef, Januarius Zick 1730-1797. Weißenhorn 1994.

Strohmann 1986
Strohmann, Dirk, Johann Georg Rudolphi (1633-1693) – Ein Beitrag zur Malerei des 17. Jahrhunderts in Westfalen. Bonn 1986.

Strohmann 1994
Strohmann, Dirk, Die Ausstattung und ihre Künstler. In: Assmuth, Norbert, u. a., Die ehemalige Jesuitenkirche Maria Immaculata in Büren. Dokumentation und Beiträge zur Innenrestaurierung 1986-1991. Bonn 1994 (= Denkmalpflege und Forschung in Westfalen, Bd. 27), S. 133-185, bes. S. 155-168.

Strohmann 1994 II
Strohmann, Dirk, Die Kapelle von Haus Venne – Baugeschichtliche Befunde und Restaurierung, in: Westfalen 72, 1994, S. 592-620.

Strothmann 1980
Strothmann, Karl Heinz, Mahlershaus, in: Heimatblätter. Zeitschrift des Arnsberger Heimatbundes. Heft 1, 1980, S. 21-23.

Tack 1940
Tack, Wilhelm, Aufnahme, Ahnenprobe und Kappengang der Paderborner Domherren im 17. und 18. Jahrhundert, in: WZ 96, 1940, II, S. 3-51.

Tack 1947/49
Tack, Wilhelm, Die Barockisierung des Paderborner Domes, in: WZ 97, 1947, II, S. 35-79, WZ 98/99, 1949, II, S. 34-76.

Tack 1952
Tack, Wilhelm, Das religiöse Erbe der Väter. Die Kirchen. In: Hövelhof. Hrsg. von Philipp Schniedertüns. Paderborn 1952, S. 70-79.

Tack 1961
Tack, Wilhelm, Die Kapitelsäle des Paderborner Domes, in: WZ 111, 1961, S. 263-286.

Th.-B.
Allgemeines Lexikon der bildenden Künstler von der Antike bis zur Gegenwart. Begründet von Ulrich Thieme und Felix Becker. 37 Bde. Leipzig 1907-1950. Bd. 32, 1938, S. 160f. (Karl Hölker, Malerfamilie Stratmann).

van Looij 1989
van Looij, L. Th., De Antwerpse Koninklijke Akademie voor Schone Kunsten. In: Academies of Art between Renaissance and Romanticism. 's-Gravenhage 1989, S. 302-319 (= Leids Kunsthistorisch Jaarboek V-VI, 1986/87).

Verzeichnis 1887
Verzeichnis der zu incorporierenden Familien-Werthsachen [in Vinsebeck]. Düsseldorf 1887 (Fotokopie eines Aktenstücks).

von Einem, Herbert, Deutsche Malerei des Klassizismus und der Romantik 1760-1840. München 1978.

von Twickel 1991
von Twickel, Clemens Freiherr, Zur Geschichte des Hauses Havixbeck und des Geschlechtes der Freiherren von Twickel. In: Havixbeck und seine Vergangenheit. Gesammelt, bearbeitet und erzählt von Reinhold Holtstiege. Dülmen 1991, S. 236-240.

von Wolff-Metternich 1985
Clemens Freiherr von Wolff-Metternich 1803-1872. Eine Lebens-und Familienchronik. Hrsg.: Hermann Freiherr von Wolff-Metternich. Münster 1985.

Wahle 1964
Wahle, Walter, Eine alte Arnsberger Malerfamilie, in: Westfalenpost, Nr. 30, vom 5. Februar 1964.

Wagner 1967
Wagner, Georg, Barockzeitlicher Passionskult in Westfalen. Münster 1967.

Warnke 1985
Warnke, Martin, Hofkünstler. Zur Vorgeschichte des modernen Künstlers. Köln 1985.

Wenning 1988
Wenning, Wilhelm, Kunstwerke der Stadt Coesfeld. Coesfeld 1988, S. 112-114 (Der Fürstenberg-Altar der Evangelischen Kirche).

Westhoff-Krummacher 1979
Westhoff-Krummacher, Hildegard, Georg Oswald May. Ein Wandermaler vom Main in Westfalen, in: Westfalen 57, 1979, S. 40-58.

Westhoff-Krummacher 1984
Westhoff-Krummacher, Hildegard, Johann Christoph Rincklake. Ein westfälischer Bildnismaler um 1800. München, Berlin 1984.

Westhoff-Krummacher 1993
Westhoff-Krummacher, Hildegard, Die Malerei vom 18. bis 20. Jahrhundert. In: Geschichte der Stadt Münster, Bd. 3, Münster 1993, S. 439-462.

Westphalen zu Fürstenberg, Friedrich Carl Graf von, Geschichte von Burg und Schloß Fürstenberg. In: Heimatbuch der Stadt Wünnenberg. Wünnenberg 1987, S. 219-225.

Wormstall 1898
Wormstall, Albert, Studien zur Kunstgeschichte Münsters. In: Quellen und Forschungen zur Geschichte der Stadt Münster, Bd. 1, Münster 1898, S. 163-269.

Wüstefeld 1961
Wüstefeld, Franz, Die Restaurierung der St.-Laurentius-Kirche in Erwitte. In: Alte und neue Kunst im Erzbistum Paderborn 11, 1961, S. 53-63.

Zeppenfeldt 1827
Zeppenfeldt, Historische Nachrichten von dem Capucinerkloster in der Stadt Hildesheim, in: Mittwochen-Blatt oder: Magazin des Nützlichen und Angenehmen, Nr. 34, v. 29. 8. 1827, S. 133-139, hier S. 134-136.

Zink 1985
Zink, Jochen, Der Bildhauer Joseph Stratmann aus Paderborn (1736-1805), in: Wallraf-Richartz-Jahrbuch XLVI, 1985, S. 165-252.

Zink 1986
Zink, Jochen, Hildesheimer Werke des Bildhauers Joseph Stratmann aus Paderborn (1736-1805), in: Niederdeutsche Beiträge zur Kunstgeschichte 25, 1986, S. 115-142.

Zink 1989
Zink, Jochen, Neue Funde zum Werk und zum künstlerischen Umkreis des Bildhauers Joseph Stratmann. In: ders., Der Bildhauer Joseph Stratmann aus Paderborn (1736-1805), Paderborn 1989, S. 89-103 (= Wiederabdruck des Aufsatzes aus dem Wallraf-Richartz-Jahrbuch XLVI, 1985, herausgegeben vom Verein für Geschichte und Altertumskunde Westfalens, Abteilung Paderborn).

Züllighoven 1938
Züllighoven, Chr., Die Nikolaikirche, in: Mitteilungen des Vereins ehemaliger Petriner Brilon, 9, 1938, H. 3, S. 2-10; 10, 1939, H. 1, S. 2-7.

Abkürzungsverzeichnis

AAVP = Archiv des Vereins für Geschichte und Altertumskunde Westfalens, Abteilung Paderborn.
EAB = Erzbischöfliche Akademische Bibliothek Paderborn.
KB = Kirchenbuch. In der Regel benutzt die Mikroverfilmungen im Archiv des Erzbischöflichen Generalvikariats Paderborn, Kirchenbuchabteilung
PfA = Pfarrarchiv
StA = Staatsarchiv
StadtA = Stadtarchiv
WZ = Westfälische Zeitschrift

Personenregister

Abanthen, Alexander 134
Ahlemeyer 66, 112
Alberti, Maria Agatha 52, 52 Anm. 178
Appels, Catharina 133
Asseburg, Familie von der 26, 82, 105
– Antonetta Victoria von der s. Wolff-Metternich
– Christine Therese Theodora Agnes Elisabeth von der s. Haxthausen
– Ferdinandine von der s. Westphalen
– Hermann Werner von der 13 Anm. 27, 23f., 26, 43f., 77 C1, 82, 93 C40, 94 C40a C41, 95
– Theresia von der, geb. von der Lippe zu Vinsebeck 43, 77, 93, 94 C42, 95 C43
– Wilhelm Anton von der, Fürstbischof 21f., 26, 28, 42, 78, 80 C10, 80 C11, 80 C12, 81 C13, 82, 93, 96 C45, 96 C46, 97, 102, 115 D40, 132
Axer, Johann Theodor 51, 51 Anm. 173, 54

Bartscher, Philipp Ferdinand Ludwig 10, 29, 31, 89, 103
Bayern
– Clemens August von, Kurfürst von Köln 21f., 25f., 31, 59, 86, 93, 97, 101, 114, 116
– Joseph Clemens von, Kurfürst von Köln 86
– Maximilian Heinrich von, Kurfürst von Köln 113 D31, 114
Bentheim-Tecklenburg-Rheda, Fürst zu 127
Bertholet s. Flémal, Bertholet
Beschey, Balthasar 33, 33 Anm. 136
Biermann, Hans 65
Bilefeldt, Johann 133
Block
– Elisabetha 135
– Maria Anna s. Stratmann
Bocholtz, Familie von 105
– Ferdinand Wilhelm von 27, 105, 106
– Theresia von s. Westphalen
Bocholtz-Asseburg, Familie von 26
– Hermann Werner von 132
– Johannes von 132
Bockhorst, Johann 48
Bodenehr, Gabriel 79
Boel, Peter 76
Boemer, Arnold 133
Bolswert, Schelte à 37f., 53f.
Borchers, Walter 116
Boucher, François 41
Bouttats, Philibert d. Ä. 114
Brabeck
– Theodor von 10, 29, 103, 108

– Therese Isabella von s. Westphalen
Brand, Franz Joseph 18 Anm. 82
Brandt, Kaplan 78, 109, 115, 117, 132
Brewer (Breuer), Ursula s. Stratmann
Briesen, von 111
Brüning, Hans Joachim 56
Buren, Catharina Elisabeth 134
Butt, Peter 116

Cardon, Antoine Alexandre 101
Conca, Sebastiano 36, 57
Costeri, Margeritha s. Malberg
Coypel, Antoine 33, 55, 55 Anm. 186
Cramer, Maria Clara 135

Dammers
– Anna Sabina, geb. Kannegießer, verw. Unkraut 27, 77 C3, 78
– Nikolaus 27, 77 C2, 78
– Richard Cornelius 77
Delafaille, Carolus Josephus 29
Deppen 101
Desmarées, Georg 101, 114
Dietrich, Christian Wilhelm Ernst 39
D'Heur, Cornelis Josef 30, 33
Dreyer, Wilhelm Anton 136

Effing
– Dietrich 134
– Johanna Maria, geb. Stratmann 15, 134
Eikenkötter 68
Engemann, Engelbert 64
Ernesti
– Caspar Ludwig 134
– Elisabeth s. Woltemate
Eß, Carl von 64, 68
Ewald 130

Fabritius, Carl 13 Anm. 28
Fahne, A. 86, 105
Falcke 108
Falter, Leonhard 70, 122
Fasoll
– Ferdinand 133
– Maria, geb. Stratmann 133
Fauero, Johann 133
Fechteler 122
Ferrari 66
Fetti, Domenico 129, 129 Anm. 336

145

Flaskamp, Franz 128
Flémal, Bertholet 114
Fragonard, Jean Honoré 41
Franz II., Kaiser 26
Frey, Jakob 57
Friderici, Ursula s. Stratmann
Friedrich II., der Große, König 21
Fürstenberg
– Ferdinand von, Fürstbischof 13 Anm. 28, 113 D30, 114
– Ferdinand von 13 Anm. 27
– Franz Egon von, Fürstbischof 26, 28, 74, 102
– Franz Friedrich Wilhelm von 28, 46 Anm. 160, 92, 95
– Friedrich 133
Fyt, Jan 76

Galen
– Christoph Bernhard von, Fürstbischof 113 D29, 114
– Maria Anna von s. Plettenberg
Gallenberg, Josefine von s. Plettenberg
Gallitzin, Amalie von 28, 92
Geeraerts, Marten Jozef 33
Gehlen 108f., 115
Geisberg, Max 10, 109, 113
Gerstein 127
Gleseker 13 Anm. 27, 14 Anm. 29
Gouwen, Gilliam van der 37, 37 Anm. 149, 61 Anm. 205
Graff, Anton 46, 46 Anm. 158
Gröninger, Johann Wilhelm 107
Günther, Matthäus 41
Güte, F. W. 49, 49 Anm. 168

Haid, J. Elias 97
Hamm, Maria Theresia von s. Wolff-Metternich
Hansmann, Wilfried 116
Hansmann, Wolfgang 71
Harsewinkel
– Florenz Karl Joseph 27, 29, 32, 88 C33, 89, 89 Anm. 262, 90, 127f.
– Franz Wilhelm d. Ä. 89
– Franz Wilhelm 127f.
– Maria Gertrud, geb. Temme 128
Hartmann, Heinrich 10, 95, 110, 114f.
Haxthausen
– Caspar Moritz von 93
– Christine Therese Theodora Agnes Elisabeth von, geb. von der Asseburg 93 C 39, 94
– Raban Heinrich 44, 100 C 53
Hennevogel 122
Hereyns (Herreyns), Guillaume Jacques 101
Herreyns, Jacob 33
Hesse(-Frielinghaus), Herta 10f., 77-81, 94ff., 115
Hessen-Kassel
– Friedrich II., Landgraf von 26, 93
– Wilhelm VIII., Landgraf von 44
Hessen-Rotenburg, Landgraf von 130
Hickel 111, 120
Hildebrand, Julius 64
Hinse 68
Hölker, Karl 10

Hörde, Familie von 27, 129
– Alexandrine von 128f.
– Antoinette von 128f.
– Engelbert von 128f.
– Ferdinand Friedrich von 129
– Friedrich Ferdinand von 128f.
– Joseph Ernst von 24f., 45, 69, 103 C59
– Maria Anna von, geb. von Landsberg-Velen 129
– Maria Theresia von s. Mengersen
Hoet, Gerard 37, 37 Anm. 146, Anm. 148
Hondt, Pierre de 37 Anm. 148
Hosius, Friedrich Martin 27f., 115 D39
Houbraken, Arnold 37, 37 Anm. 149, 61 Anm. 205

Isvort 110

Jacobi, H. 72 Anm. 228, Anm. 229
Jérôme Bonaparte, König 20, 130f.
Jordaens, Jakob 36, 40, 54, 54 Anm. 182
Joseph II., Kaiser 42, 99, 101 C55, 102 C56
Jouffroy-Gonssans, François Gaspard de 102 C58, 114 D35
Junfermann, Bernardine, geb. Prott 130
Junfermann, Wilhelm 97
Juraschek, Wilhelm 64

Kannegießer, Anna Sabina s. Dammers
Kappers, Familie 115f.
– Gerhard 49 Anm. 166, 114
– Jodokus Matthias 22, 49, 49 Anm. 166, 96, 116 E5, 117 E10
– Johann Anton 22, 49 Anm. 166, 55, 57
Karl der Große, König 131
Karl VII., Kaiser 26
Kaubeck 51, 51 Anm. 174
Kaunitz-Rietberg
– Franz Wenzel von 112 D 28
– Wenzel Anton von 90, 112
Kaute s. Kohten
Ketteler, Familie von 90
– Clemens August von 90
Kirsch, Günther 65
Kitz, Johann Matthias 72
Klaus, Adalbert 102
Kleine, J. J. 49
Kleinschmidt
– Gottfried 136
– Karl Werner 136
– Victoria s. Stratmann
Klöpper 60
Klott
– Anna Johanna, geb. Stratmann 133
– Gerhard 133
Königsegg-Rothenfels, Maximilian Friedrich von, Kurfürst von Köln 21, 28, 42, 91, 95 C44, 96, 111, 113, 114 D36, 115, 116 E5, 117 E12, 117f., 120, 121
Kohten (Kaute, Kothe)
– Friedrich 135
– Maria Clara Elisabeth s. Stratmann

Kottenkampf, Anna Maria Magdalena, geb. Schlüters 134
Kreilmann, Friedrich 27, 51, 54, 100 C52
Kriner 65
Kruse 69
Kurting 18

Landsberg, Familie von 91
– Anna Theresia von, geb. von Velen 28, 46, 91, 92 C38
– Clemens August von 91f.
– Franz Karl von 24f., 45, 91 C36
– Johann Matthias von 24f., 45, 91 C36
Landsberg-Velen
– Maria Anna von s. Hörde
– Paul Joseph von 23f., 28, 91 C37, 92
– Therese Karoline von, geb. von Wolff-Metternich zur Gracht 92
Langemeyer, Gerhard 9 Anm. 1
Lauwers, Nicolaas 105
Le Brun, Charles 33, 107
Leisten, Joseph 73
Lens, Andries Cornelis 33, 33 Anm. 139
Leonardo da Vinci 132
Lindenberg, Jacob 37
Lippe, Grafen zur 70 Anm. 224
– Auguste Henriette Casimire Wilhelmine, Gräfin zur 128
– Charlotte Clementine, Gräfin zur 126
Lippe, Maria Agnes von 134
Lippe, Theresia von der s. Asseburg
Lipper, Wilhelm Ferdinand 95, 110f., 120
Lodenheit, Wilhelm 65, 67, 70
Lothringen, Carl von 85
Lucanus, Friedrich 9f.
Ludimerdt (Ludmarts), Anna s. Stratmann
Ludorff, Albert 54
Luther, Martin 37
Lüke 18
Lüninck, Ferdinand von 129f.

Malberg, Familie 18, 18 Anm. 78, 85
– Joseph 27, 46
– Margeritha, geb. Costeri 18, 27, 46f., 85 C23
– Wilhelm 85
Mallinckrodt, Baron von 82
Maulbertsch, Franz Anton 41, 62
May, Georg Oswald 28, 46, 46 Anm. 160, 49
Meinwerk, Bischof 14, 14 Anm. 30
Mendelssohn, Moses 28, 92
Mengersen, Familie von 23, 26f., 56, 73
– Burchard Bruno von 88 C31
– Christian Falcko von 85
– Clemens August Bruno von 23, 26, 98 C48, 99
– Clemens August Constantin von 23-26, 45, 70 Anm. 224, 73, 87 C29, 132
– Ferdinand Mauritz Falco Franz von 23f., 26f., 44, 85 C24, 85 C25, 85 C26, 112
– Franz Joseph von 23f., 26f., 44, 86 C27, 87, 98
– Friedrich Christian Burchard Bruno von 23, 27, 44, 87 C30, 88

– Maria Anna Felicitas von, geb. von Westphalen 45, 98 C49, 99f.
– Maria Theresia von, geb. von Hörde 88 C 32
– Moritz von 56
– Moritz Wilhelm von 23
– Sophie Antoinette von, geb. von Spiegel 87 C28, 98
– Wilhelm Werner von 27, 98 C47
Mengs, Raphael 9, 41
Metz
– Bernhard 57f., 86, 104, 104 Anm. 297
– Johann Nepomuk 57f., 86
Michels, Paul 10f., 12 Anm. 22, 13f., 18 Anm. 82, 78, 115, 132
Mignard, Pierre 36, 66
Mormann, Anton 130
Müller, Th. 124
Münchhausen, Familie von 12 Anm. 23
Murillo, Bartolomé Esteban 52 Anm. 178

Nagel, Franz Christoph 13, 13 Anm. 24
Napoleon I. Bonaparte, Kaiser 130, 131
Nordhoff, Johann Bernhard 10, 19

Österreich, Max Franz von, Kurfürst 28, 122
Oeynhausen
– Friedrich Christian von 126
– Karl Georg Ludwig von 126
– Sophie Louise von, geb. Roeder zu Diersburg 126
Overberg, Bernhard 92
Overmann, Friedrich 16 Anm. 51

Papen, Familie 73
– Christophel 32
– Heinrich 32
Passe, Crispinus de 55
Pausch, Heinrich Christian 18 Anm. 83, 22
Pfalz
– Carl Theodor von der, Kurfürst 46 Anm. 159
– Elisabeth Auguste von der 46 Anm. 159
Piazzetta, Giovanni Battista 31, 36, 38, 41, 59f., 106
Picart, Bernard 37, 37 Anm. 145, Anm. 148
Pilsticker, Jacob 16 Anm. 55
Plantin-Moretus 15 Anm. 42, 36
Plettenberg, Familie von 84
– Clemens August von 24, 84 C22
– Clemens August von 90
– Ferdinand von 107
– Ferdinand Joseph von 24f., 84 C22
– Friedrich Christian von 102, 113 D32
– Josefine von, geb. von Gallenberg 90
– Maria Anna von, geb. von Galen 90
– Maximilian Friedrich von 90 C35
Pöperling, Franz Christian 134
Pontius, Paulus 39, 69, 107
Prott, Bernardine s. Junfermann
Pütt
– Johann Jakob 12 Anm. 18, 16, 18, 134f.
– Johann Philipp 12 Anm. 18, 55, 121, 134f.

- Maria Agnes Ursula, geb. Stratmann 12 Anm. 18, 16, 134
- Maria Clara Theodora 135
- Maria Gertrudis 134
- Maria Gertrud Aloysia 134
- Maria Magdalena, geb. Samson 134
- Maria Magdalena Franziska 134
- Philipp Ignatius 19 Anm. 87, 134

Quinchard, Jakob 114, 114 Anm. 324

Rave, Wilhelm 11
Reders, Christoph 135
Rembrandt 39, 39 Anm. 151, 41
Reni, Guido 36, 39, 52
Rienermann, Christian 109
Rigaud, Hyacinthe 42
Rincklake
- Johann Christoph 9, 9 Anm. 3, 28, 46, 46 Anm. 161, 49, 107
- Louisa 107
Ring, Familie tom 9
Roeder zu Diersburg, Sophie Louise s. Oeynhausen
Rose 76 Anm. 242
Rosenkranz 108
Rubens, Peter Paul 15, 30-34, 36-39, 48, 53, 69, 105, 107
Rudolphi, Johann Georg 9, 9 Anm. 3, 14, 16f., 29, 32, 48, 48 Anm. 165, 114
Rücke
- Catharina, geb. Stratmann 133
- Gottfried 133
- Johanna 134
Ry, Simon Louis du 32
Rysbraeck, Pieter 33

Sachsen-Gotha, Ernst Ludwig von 46 Anm. 159
Sachsen-Weimar-Eisenach, Anna Amalia von 47
Samson, Maria Magdalena s. Pütt
Schäfers, Johannes 97, 97 Anm. 276, 132
Schem, Adolphus 136
Schem, Franziskanerpater 136
Schenck, Pieter 107
Schlaun, Johann Conrad 10, 22, 95, 120
Schlüter, Augustinus 135
Schlüters, Anna Maria Magdalena s. Kottenkampf
Schmiding, Maria Josepha s. Woltemate
Schmidt (Kremserschmidt), Martin Johann 62
Schmising, Clemens August von 120
Schönfeldt, Johann Heinrich 75
Schrader, Karin 79
Schüngel, Hermann von 69
Schürckmann, Johannes Baptist Christoph Franz 27, 45, 89 C34, 90
Schuppen, Pieter van 114
Schwartz, Hubertus 69
Schwieters, Julius 63
Seiler (condicta Stratmann), Johanna Theodora 134
Sinn, Johann Wilhelm 51
Snyders, Frans 76

Snyers, Pieter 76
Söckler, Johann Michael 95
Spancken, Familie 18
- Maria Clara 135
Spanken, Wilhelm Anton 135
Spiegel
- Philipp Leopold Georg von 27, 82 C16
- Sophie Antoinette von s. Mengersen
Stadion, Graf von 31
Stegemann, Josua 12 Anm. 20
Stiegemann, Christoph 116
Stratmann (Stradtmann, Strodtmann, Strotmann), Familie 10, 14, 15 Anm. 49, 16, 16 Anm. 55, 18 Anm. 82, 20, 48, 133
- Alexander (Norbert) 12 Anm. 18, 15, 15 Anm. 45, 133f.
- Anna Elisabeth 134
- Anna Helene, geb. Tyrell 134
- Anna Johanna s. Klott
- Anna Maria 134
- Anna Maria Magdalena, geb. Woltemate 12, 14, 16 Anm. 53, 134
- Anton Ferdinand 10f., 14 Anm. 30, 17, 19, 19 Anm. 85, Anm. 87, Anm. 91, Anm. 93, 20, 20 Anm. 96, 68f., 108, 126-132, 135f.
- Anton Joseph 136
- Anton Joseph 9-13, 15-19, 21-86, 88-118, 120-123, 127f., 131f., 134ff.
- Anna, geb. Ludimerdt (Ludmarts) 133
- Anton Joseph Ferdinand 136
- Augustinus 134
- Caspar 15, 133
- Catharina s. Rücke
- Elisabeth 133
- Elisabeth 134
- Ferdinand 134
- Ferdinand Alexander Napoleon 136
- Ferdinand August 136
- Ferdinand Otto Heinrich 136
- Franz Anton Adolph 17, 17 Anm. 72, 19 Anm. 85, 135f.
- Franz Anton Conrad 136
- Franz Christian Liborius 16, 134
- Franz Christoph Aloysius 136
- Franz Christoph Joseph 135
- Franz Joseph 135
- Franz Joseph Aloysius 135
- Franz Ludwig Joseph 136
- Franz Xaver Anton Aloysius 135
- Friedrich Jakob Aloysius Joseph 17, 17 Anm. 73, 135
- Gerd 14, 133
- Heinrich 14f., 133
- Heinrich Wilhelm 135
- Henning 15, 15 Anm. 42, Anm. 45, 133f.
- Johann Heinrich 11, 12, 14, 14 Anm. 32, 15f., 16 Anm. 51, Anm. 52, Anm. 53, 116, 124f., 134
- Johann Heinrich Joseph 11, 12 Anm. 18, 16ff., 22, 27, 49, 49 Anm. 167, 54f., 59f., 64f., 104ff., 121ff., 134f.
- Johann Joseph Liborius 135
- Johann Sebastian 134
- Johanna Catharina Elisabeth 19, 135

– Johanna Maria s. Effing
– Johanna Maria 134
– Johanna Maria Theodora Theresia 16, 134
– Johannes 133
– Karl Eduard Ferdinand 136
– Karl Friedrich 136
– Karl Werner 136
– Maria s. Fasoll
– Maria Agnes Ursula s. Pütt
– Maria Anna, geb. Block 18, 135
– Maria Anna Theodora 134
– Maria Antonetta 136
– Maria Bernardina Josephina 136
– Maria Brigitta Christina 136
– Maria Catharina, geb. Wischmann 19, 19 Anm. 91, 136
– Maria Catharina 136
– Maria Charlotta Antonia Helena 136
– Maria Christina, geb. Volmer 135
– Maria Christina Franziska Clara 135
– Maria Clara 135
– Maria Clara Elisabeth 17, 17 Anm. 71, 135
– Maria Helena Charlotta 136
– Maria Rosina 134
– Maria Theresia Clara 135
– Maria Theresia Clara Margaretha 135
– Ursula, geb. Brewer (Breuer) 134
– Ursula, geb. Friderici 133
– Victoria, geb. Kleinschmidt 136
– Wilhelm Joseph 135
Stubinitzki 64
Stuten, Caspar 133

Tack, Wilhelm 13 Anm. 27, 66
Temme
– Maria Anna 135
– Maria Gertrud s. Harsewinkel
Teniers d. J., David 30
Teudt 123
Thorwesten 115 D38
Tiepolo, Giovanni Domenico 41
Tilli, Augustus 136
Tilly, Maria Charlotta s. Wischmann
Tilly, Marquis de 44
Tischbein, Johann Heinrich d. Ä. 31, 44, 44 Anm. 154, 45, 47, 49, 113
Todt, Anton 135
Tyrell, Anna Helene s. Stratmann

Unkraut
– Anna Sabina s. Dammers
– Johann Heinrich 78

Valepage, Ludovica 132
Vanloo, Carle 31
Velen, Familie von 92
– Anna Theresia von s. Landsberg
Verhaghen, Joseph 33
Vervoort (van der Voort), Joseph 29f., 32f., 33 Anm. 128, Anm. 129

Visscher, Jan Claesz. 69 Anm. 222
Voet, Johann 127
Volmer
– Johann Christoph 135
– Maria Christina s. Stratmann
Voort
– Joseph van der s. Vervoort
– Michiel Frans van der 33
Vorsterman, Lukas 39, 69

Waldbott-Bassenheim, Maria Antonia von s. Westphalen
Waldeck 67
Waresius 94
Wassmoth, Christoph 121
Watteau, Jean Antoine 41
Weenix, Jan 76
Wegener
– Clara Anna Margaretha 135
– Heinrich Wilhelm 135
Weichs
– Franz Philipp von 76
– Joseph von 60 Anm. 204
– Wilhelm Joseph von 13 Anm. 27, 24f., 27, 60, 102 C57
Weiß, Franz Anton 57f., 58 Anm. 199
Wertheim 112
Westermann 13 Anm. 28, 115
Westhoff-Krummacher, Hildegard 9, 9 Anm. 3
Westphalen, Familie von 26, 59, 82, 105
– Clemens August I. von 23, 55, 59, 82 C17, 83 C17a, 83 C17b, 83 C17c, 83f., 99
– Clemens August II. von 23, 26, 44, 83, 99 C50, 100
– Ferdinandine von, geb. von der Asseburg 59, 82, 83 C19, 84 C20
– Friedrich Wilhelm von, Fürstbischof 13 Anm. 28, 21f., 25f., 28, 42f., 55, 75, 78 C4, 79 C5, 79 C6, 79 C7, 80 C8, 80 C9, 82, 84 C21, 93, 97, 99, 101 C54, 103, 105f., 115 D41
– Maria Anna Felicitas von s. Mengersen
– Maria Antonia von, geb. von Waldbott-Bassenheim 44, 47, 99 C51, 100
– Therese Isabella von, geb. von Brabeck 82, 83 C18
– Theresia von, geb. von Bocholtz 99
Willemssens
– Anton 32, 32 Anm. 123
– Ludwig 32, 32 Anm. 123
Winck, Joseph Gregor 11, 104 Anm. 297
Winckelmann, Johann Joachim 32
Wischmann
– Anna Maria Catharina s. Stratmann
– Brigitta 136
– Charlotta 136
– Heinrich 136
– Maria Catharina 136
– Maria Charlotta, geb. Tilly 136
Wolff-Metternich
– Antonetta Victoria von, geb. von der Asseburg 93f.
– Clemens August von 23, 44, 81 C14
– Franz Arnold von 113 D33, 114
– Johann Ignaz von 94

– Maria Theresia von, geb. von Hamm 44, 81 C15
– Therese Karoline von s. Landsberg-Velen
Woltemate, Familie 12 Anm. 19
– Anna Maria Magdalena s. Stratmann
– Berendt 12, 12 Anm. 20, Anm. 21, 13
– Elisabeth, geb. Ernesti 12 Anm. 19
– Friedrich Ferdinand 12, 13 Anm. 24
– Ignaz Heinrich 12f., 13 Anm. 24
– Jodokus (Jobst) 12, 12 Anm. 19, Anm. 22, Anm. 23, 13f., 16 Anm. 52, 135
– Johann 12 Anm. 23
– Johann Ferdinand 13, 13 Anm. 24, Anm. 27, Anm. 28, Anm. 29, 19, 136
– Maria Josepha, geb. Schmiding 13
– Maria Theresia 134
– Simon Christian 12, 12 Anm. 22
Wrede, Ferdinand von 133f.
Württemberg, Katharina von 130

York, Friedrich von 21

Zeppenfeldt 105
Ziesenis, Johann Georg 44, 44 Anm. 154, 45f., 46 Anm. 159, 47, 49, 78f.
Zink, Jochen 11, 59f., 105f.
Zurstrassen, Ludgerus 117 E13

Ortsregister

Aerzen 12, 12 Anm. 23
Ahaus 22
Altbunzlau 61f.
Altenrüthen 54, 100
– kath. Pfarrkirche
– – Altäre 52, 54 Anm. 183, 104
– – Verehrung der hl. Eucharistie durch Engel 51 A1, 75, 116
– – Kreuzigung Christi 36, 39f., 51, 53 A4, 54, 75, 116
Amsterdam 36f., 37 Anm. 147
Antwerpen 10, 15 Anm. 42, 17, 21, 29, 29 Anm. 106, 30ff., 32 Anm. 124, 33, 33 Anm. 128, 34ff., 40f., 46, 48, 53, 54 Anm. 182, 76f., 89, 103f.
Arnsberg 14f., 16 Anm. 52, 18, 22, 48, 122, 133f.
Aschendorf 116 E10
Attendorn 57, 104
Augsburg 36, 79, 97

Balve 15, 91
Beller 129
Berlin 92
Beverungen 70
Bigge 19, 108 D13, 116 E7
Bocholt 57 Anm. 193
Böddeken 59
Bökenförde s. Schwarzenraben
Bologna 31
Bonkholz 88
Bonn 95, 111, 113f.
Borcholtz 85
Borgentreich s. Großeneder, Lütgeneder
Borgholz 12, 12 Anm. 22
Brackel 85
Brakel 14, 48, 93, 133, 136
Brakel s. auch Beller, Erkeln, Hinnenburg, Rheder
Brilon 27, 61, 74, 78, 115 E1
– kath. Kirche St. Nikolai
– – Anbetung der Könige 37f., 40, 61 A14
Bruchhausen
– kath. Pfarrkirche
– – Hl. Dreifaltigkeit 59 A11, 116
Brüssel 101, 105
Büren 58, 122
– kath. Kirche, ehem. Jesuitenkirche 11, 57, 74, 104 Anm. 297
– – Maria Immaculata mit Jesuitenheiligen 28, 36, 40, 56 A8, 57, 75
– – Hl. Trinität 28, 58 A9, 59, 75, 116
Büren s. auch Wewelsburg

Calle 14
Cappel 126f., 127 Anm. 335, 128
Clemenswerth 22, 114
Coesfeld
– ev. Pfarrkirche, ehem. Jesuitenkirche
– – Abendmahl 68 A25, 69
Corvey 10, 15, 16 Anm. 51, 27, 29, 64, 82, 87, 103 D1, 108 D11, D12, 124f., 129f.

Dahl 132
Delbrück 65, 132
Den Haag 37, 37 Anm. 148, 127
Detmold 12 Anm. 22, 19, 88 C33, 89, 126, 128
Dingelstedt s. Huysburg
Drensteinfurt 58
Dresden 39, 46
Dringenberg 26, 93f.
Düsseldorf 129

Eisenach 85
Eissen 17, 121 G1
Erfurt 73
Erkeln
– kath. Pfarrkirche
– – Hochaltar 70, 73
– – Hl. Josef 73 A36
– – Hl. Petrus 39, 71, 74 A37
– – Guter Hirte 71, 74 A38
Erwitte 13 Anm. 28, 27, 91, 100, 116
– kath. Pfarrkirche
– – Himmelfahrt Mariens 36f., 39, 53 A3, 75, 104
Etteln 76

Falkenhagen 38, 67, 69f., 70 Anm. 224, 73
Florenz 31
Frankfurt s. Sachsenhausen
Fredeburg 51
Friedberg 99
Fritzlar 14, 14 Anm. 35, 14 Anm. 36
Füchtorf s. Harkotten
Fürstenberg 59
– kath. Pfarrkirche 22, 59, 106 D5, 106 D6
– – Hl. Meinulf 58 A10
– Schloß 22, 109 D19, 115 D40, 115 D41, 132
Fulda 27, 98

Geeste s. Groß Hesepe
Germete 73
– kath. Pfarrkirche 71f.

151

– – Hl. Petrus 39, 71 A32
– – Hl. Aloysius 72 A33
– – Hl. Josef 73 A34
– – Hl. Anna Maria unterweisend 73 A35
Geseke 13, 18, 27, 63, 65, 122, 135f.
– kath. Kirche, ehem. Franziskanerkirche 104
– – Anbetung der Hirten 36, 39ff., 52 A2, 75, 116
Gimbte 52
Görlitz 108
Grafschaft 27, 54, 100
Graz 62
Greven s. Gimbte
Groß Hesepe 115 E2, 115 E3
Großenbreden 130
Großeneder 106 D7

Halberstadt 9, 19, 64, 64 Anm. 210
Hamburg 27
Hameln 12, 12 Anm. 20
Hannover 21, 44, 79, 105, 126
Harkotten 90, 117 E12
Heidelberg 89
Herbram 79, 109, 115, 117, 132
Herdringen 13 Anm. 27
Herford 49
Hildesheim 18 Anm. 83, 22, 25, 25 Anm. 101, 27, 68, 79, 82, 90, 94, 98, 104
– Dom
– – Dreikönigskapelle, Altar 27, 36, 38, 61, 105 D4
– – Domkapitel 24f., 27, 78, 87, 102, 105
– Dom- und Diözesanmuseum 105
– Fürstbistum 21ff., 26, 28, 43, 48, 78, 82, 84, 93, 97, 105
– ehem. Kapuzinerkirche 22, 104 D3, 105, 121 G2
– fürstbischöfliche Residenz 22, 33, 35, 74f.
– Roemer-Museum 78, 79 C5
– – Spielende Putten mit Ziegenbock 74 B1
– – Spielende Putten mit Ziegenbock 75 B2
– – Spielende Putten 75 B3
Hinnenburg 93f., 132
Hövelhof 61ff.
Höxter 14, 16 Anm. 51, 67, 133
Höxter s. auch Bruchhausen, Corvey,
Holzminden 67, 89
Hubertusburg 21
Hunnesrück 26
Huysburg 64
– Benediktinerklosterkirche 9, 19, 41, 48, 68
– – Himmelfahrt Mariens 39, 63 A18, 75
– – Kreuzigung Christi 67 A23, 68f., 75
– – Maria Immaculata 63, 68 A24, 69, 75

Johannisberg 27, 98

Kallenhardt
– kath. Pfarrkirche 49, 60, 121 G3
– – Himmelfahrt Mariens 37f., 59 A12, 121
Kallenhardt s. auch Körtlinghausen
Kassel 16, 31f., 44
Kirchrarbach 14
Kleinenberg 13 Anm. 28

Kloster Brunnen 55
Köln 13 Anm. 24, 33 Anm. 129, 94
– Domkapitel 24
– Kurfürstentum 21, 23f., 26, 28, 43, 59, 81f., 85f., 88, 90f., 93, 95f., 101, 118
Körtlinghausen 60, 102 C57, 117 E11

Lähden s. Vinnen
Laer
– Schloßkapelle
– – Taufe Christi 22, 54 A5, 104
Leiden 127
Le Mans 102f.
Lemgo 12, 12 Anm. 21, 127, 127, Anm. 335, 128
Lichtenau 93
Lichtenau s. auch Herbram
Liebenburg 26
Liesborn 117 E13
Lippstadt 129
Lippstadt s. auch Schwarzenraben
London 37, 53
Lügde 13 Anm. 28, 26f., 86, 98
Lügde s. auch Falkenhagen
Lütgeneder
– kath. Pfarrkirche 123 G7, 123 G8
– – Erzengel Michael im Kampf mit dem Satan 64 A19, 65, 70, 106

Mainz 31
Malenburg 100
Mantua 129
Marienmünster 67, 125, 130
Marienmünster s. auch Großenbreden, Papenhöfen
Marseille 39, 69
Mecheln 87f.
Meppen 91
Merlsheim 126
Meschede s. Laer
Mülheim 85f., 112
München 95, 129
Münster 9 Anm. 3, 17, 25, 27f., 46, 48, 52, 55, 58, 85f., 88, 90f., 95, 109f., 113, 114 D36, 115
– Dom 107
– Domkapitel 24f., 25 Anm. 101, 27, 78, 85, 91, 102, 105, 115
– Erbdrostenhof 114
– Fürstbistum 21, 23f., 28, 42, 48f., 95f., 102, 118, 130
– Komödienhaus 109 D22, 111
– Landesmuseum 82 C17, 83, 95 C44, 96, 107, 114, 116 E6, 117ff. F1-F5
– Schloß 9 Anm. 1, 10f., 22, 28, 89, 95, 95 Anm. 274, 107, 109 D20, 109 D21, 111 D25, 115
– – Deckengemälde 16, 28, 35, 39, 110 D23, 111 D24, 118, 120
– – Fürstbischofsporträts 42, 112ff. D29-34
– – Kapelle 107 D9
– Stadtmuseum 95, 96 C45, 114, 116 E5

Neapel 52
Neuengeseke 15

Neuenheerse 13 Anm. 28
Niederense 15
Nieheim s. Sommersell
Nordkirchen 90
Nordkirchen s. auch Südkirchen

Oberelmen 88
Obermarsberg 13
Oestinghausen 134
Oldenburg 26f., 86, 88, 98
Olsberg s. Bigge
Osnabrück 85f.
– Domkapitel 24f., 25 Anm. 101, 78, 91, 103
– Fürstbistum 21, 26, 89, 127

Paderborn 9-12, 12 Anm. 18, 13, 13 Anm. 24, Anm. 27-29, 14ff., 16 Anm. 61, 17, 17 Anm. 72, 18, 18 Anm. 82, 19f., 22, 27-35, 37f., 41, 43, 47ff., 53, 55, 61, 64, 66-73, 76-79, 82-86, 88, 93f., 97ff., 101f., 105, 108ff., 112, 115f., 121f., 124f., 130-136
– Abdinghofkirche 14 Anm. 30
– Abdinghofkloster 71
– Busdorfkirche 13, 14 Anm. 29, Anm. 30, 16, 131, 134f.
– Busdorfstift 14 Anm. 30, 16, 130
– Diözesanmuseum 13 Anm. 27, 14, 19, 66f., 70, 116 E8, 130
– – Anbetung der Hirten 36, 69 A26
– – Madonna mit der Traube 36, 65 A20
– – Verkündigung Mariens 62 A16
– Dom 14, 19, 32, 62, 65f., 66 Anm. 219, 102, 112 D27, 129, 136
– – Maria Immaculata 27, 60 A13, 102
– – Der hl. Johannes von Nepomuk vor dem Gnadenbild der Muttergottes in Altbunzlau 61 A15
– Domdechanei 27, 60, 102
– Domkapitel 24f., 25 Anm. 101, 28, 60 Anm. 204, 63, 65f., 76, 78, 84, 87, 91, 102f., 130f.
– Erzbischöfliches Palais
– – Hl. Liborius 66 A21
– Franziskanerkloster 18, 27, 56, 102 C56, 102 C58, 103 Anm. 293, 114
– – Hostienwunder des hl. Antonius 55 A6
– Fürstbistum 13 Anm. 28, 21-24, 26, 28, 32, 42ff., 59, 66, 78, 82, 93, 97, 99, 101
– Gaukirche 12 Anm. 19, 13, 16, 19, 134ff.
– Gymnasium Theodorianum 16, 16 Anm. 61, 19, 131, 135f.
– Hochstift 22f., 26ff., 32, 48f., 64
– ehem. Jesuitenkirche 108 D10, 122 G5, 131f.
– Jesuitenkolleg 70 Anm. 224
– Kapitelhaus 65f.
– Kapitelsaal 65 Anm. 215, 66, 66 Anm. 219, 103 D35, 103 Anm. 293, 114 D35
– ehem. Kapuzinerkirche 121 G4, 125
– Marktkirche 17ff., 132, 135f.
– Priesterseminar 87, 96 C46, 132
– Ritterschaft 23f., 43, 86, 94
– Römische Kapelle 125
– Theologische Fakultät 13 Anm. 28

– Stadtgeschichtliches Museum 13 Anm. 28, Anm. 29, 79, 85 C23
– Universität 16f., 87, 131, 135f.
– Universitätshaus 70 Anm. 224, 130f.
– Westphalenscher Hof 112 D26, 130
Paderborn s. auch Dahl, Schloß Neuhaus
Papenburg s. Aschendorf
Papenhöfen 130
Paris 30f., 36, 38, 59, 66, 106
Passau 87
Pieve di Cento 52
Prag 62

Reckenberg 89, 127
Recklinghausen 115
Rettenberg 57
Rheda-Wiedenbrück, s. Wiedenbrück
Rheder
– kath. Pfarrkirche 56
– – Vision des hl. Johannes von Matha und des sel. Felix von Valois 27, 36, 56 A7
– Schloß 26f., 56, 85-88, 98, 132
Rhynern 14
Rietberg 27, 29, 48, 89 C34, 90, 103, 112
Rinteln 12, 12 Anm. 20
Rom 31, 36, 41, 87, 121
Rüthen s. Altenrüthen, Kallenhardt, Körtlinghausen
Rumbeck 133
Ruthe 26

Sachsenhausen 59
Saint-Riquier 55 Anm. 186
Salzkotten 13 Anm. 28
Sassenberg s. Harkotten
Schleißheim 38f., 69
Schloß Neuhaus 13 Anm. 28, 18f., 26, 116 E9, 135
– kath. Pfarrkirche 71, 123 G9
– – Heiligenzyklus 39, 70f. A27-31
Schwalenberg 26f., 86, 88, 98
Schwarzenraben 27, 36, 90, 104 D2, 104 Anm. 297, 129
Sevilla 52 Anm. 178
Soest 15, 28, 49, 69, 103
Sommersell
– kath. Pfarrkirche
– – Kreuzigung Christi 40, 67 A22
Steinheim 135f.
Südkirchen
– kath. Pfarrkirche
– – Maria Immaculata 63 A17, 68
Sundern s. Kloster Brunnen

Tilsit 131

Venedig 31, 129 Anm. 336
Venne 58, 58 Anm. 199
Verne 51
Vinnen 115 E4

Wadersloh s. Liesborn

Warburg 12f., 13 Anm. 29, 64, 72 Anm. 228, Anm. 229
Warburg s. auch Germete
Wedinghausen 15
Wehrden 81
Welda 64
Welheim 100
Werl 133
Wertach 57f.
Wewelsburg 26, 81, 93, 101 C54
Wiedenbrück 27, 29, 32, 88ff., 127f., 130
Wien 112
Willebadessen s. Eissen
Wocklum 92
Wohlenberg 27, 98
Worms 87
Wünnenberg 26, 93
Wünnenberg s. auch Fürstenberg
Würzburg 129, 129 Anm. 336

Abbildungsnachweis

Amsterdam, Rijksmuseum-Stichting: 9
Antwerpen, Koninklijk Museum voor Schone Kunsten: 2, 3
Antwerpen, Stedelijk Prentenkabinet: 8, 21
Augsburg, Städt. Kunstsammlungen: 29

Büren-Wewelsburg, Kreismuseum Paderborn: 148

Detmold, Westfälisches Freilichtmuseum: 127, 184
Dresden, Sächsische Landesbibliothek – Staats- und Universitätsbibliothek, Dezernat Deutsche Fotothek, R. Richter: 11

Eichenzell, Hessische Hausstiftung, Museum Schloß Fasanerie: 27

Frankfurt am Main, Historisches Museum: 16

Geseke, Monika Raker: 18

Halle, Landesamt für Denkmalpflege Sachsen-Anhalt, G. Preuß: 67, 72, 73
Hannover, Institut für Denkmalpflege: 155
Hannover, Niedersächsisches Landesmuseum: 28
Heidelberg, Kurpfälzisches Museum: 26
Hildesheim, Dom- und Diözesanmuseum: 156
Hildesheim, Roemer- und Pelizaeus-Museum: 88, 89
Hildesheim, Stadtarchiv: 157
Höxter, Museum Höxter-Corvey: 186

Köln, Rheinisches Bildarchiv: 22

München, Bayerisches Landesamt für Denkmalpflege: 12, 13

Münster, Stadtmuseum: 139
Münster, Universitäts- und Landesbibliothek: 15
Münster, Westfälisches Amt für Denkmalpflege: 25, 33-37, 39, 92, 109, 113, 130, 135-137, 153, 154, 159-165, 176-181, 185 – Brockmann-Peschel: 14, 56, 61, 65, 68, 69, 75, 81, 87, 190, 191 – Brückner: 32, 50, 51, 53, 57, 58, 63, 110-112, 128, 145, 146, 151, 173, 182, 183 – Dülberg: 30, 54, 55, 59, 60, 62, 64, 66, 70, 71, 74, 76-80, 93-95, 97-99, 100-106, 115, 117-126, 131-134, 140-143, 147, 149, 150, 152, 188 – Ludorff: 31 – Nieland: 52, 91, 144, 174, 175, 189 – Schnautz: 10 – Strohmann: 42, 129 – Vössing: 23, 38
Münster, Westfälisches Museum für Kunst und Kulturgeschichte: 170 – Ahlbrand-Dornseif: 167-169, 171, 172 – Förster: 166 – Jordan: 107, 138

Paderborn, Museum für Stadtgeschichte: 24, 116
Paderborn, Bildarchiv Ochsenfarth Restaurierungen GmbH: 40, 41, 108, 114, 141, 187
Paderborn, Stadtarchiv: 1
Paris, Service photographique de la réunion des musées nationaux: 17

Steinfurt, U. Brücker: 6, 7, 49, 90
Steinfurt, Foto Oskamp: 96

Repros aus Büchern:
4, 5: D. Stephen Pepper, Guido Reni. Oxford 1984, Abb. 10, 236
19: Pierre Marcel, La peinture au Musée du Louvre. École française. XVIIe siècle. Paris o. J., Abb. 83
20: Rubens e l'incisione, Ausstellungskatalog Rom 1977, Abb. 433

Abbildungen

1 Paderborn, Westernstraße, Wohnhaus Anton Joseph Stratmanns (Aufnahme Ende 19. Jh.)

2 Cornelis Josef D'Heur, Allegorie der Kraft, Antwerpen, Koninklijk Museum voor Schone Kunsten, Mitte 18. Jh.

3 Peeter Snyers, Jagdstilleben, Antwerpen, Koninklijk Museum voor Schone Kunsten, vor Mitte 18. Jh.

4 Guido Reni, Himmelfahrt Mariens, Pieve di Cento, Pfarrkirche, 1599/1600

5 Guido Reni, Anbetung der Hirten, Neapel, Certosa di S. Martino, 1640/42

6 Maria Alberti (?), Anbetung der Hirten, Greven-Gimbte, kath. Pfarrkirche, Ende 18. Jh.(?)

7 Maria Alberti (?), Anbetung der Hirten, Detail aus Abb. 6.

159

8 Schelte à Bolswert nach Peter Paul Rubens, Himmelfahrt Mariens, Kupferstich

9 Schelte à Bolswert nach Jakob Jordaens, Kreuzigung Christi, Kupferstich

10 Johann Anton Kappers, Taufe Christi, Sundern-Endorf, Kloster Brunnen, kath. Wallfahrtskirche, 1743/48

11 Jakob Frey nach Sebastiano Conca, Erscheinung der zum Himmel auffahrenden Maria Immaculata vor dem hl. Philipp Neri, Kupferstich

12 Franz Anton Weiß, *Martyrium des hl. Sebastian*, Hochaltargemälde, Wertach, kath. Kapelle St. Sebastian, 1763

13 Franz Anton Weiß, *Apotheose des hl. Sebastian*, Deckengemälde, Wertach, kath. Kapelle St. Sebastian, 1763

14 Unbekannter Maler, *Ecclesia*, Deckengemälde, Drensteinfurt, Haus Venne, Kapelle, 1770/71

15 Gilliam van der Gouwen nach Arnold Houbraken, *Anbetung der Hirten*, Kupferstich

16 Unbekannter Stecher nach Giovanni Battista Piazzetta, Himmelfahrt Mariens, Kupferstich

17 Giovanni Battista Piazzetta, Himmelfahrt Mariens, Paris, Louvre, 1735

18 Unbekannter Maler, Kommunion der hl. Franziska von Rom, Geseke, Heimatmuseum, 2. Hälfte 18. Jh.

19 Pierre Mignard, Madonna mit der Traube, Paris, Louvre, Mitte 17. Jh.

20 *Unbekannter Stecher nach Peter Paul Rubens, Anbetung der Hirten, Kupferstich*

21 *Paulus Pontius nach Peter Paul Rubens, Anbetung der Hirten, Kupferstich*

22 *Nicolaas Lauwers nach Peter Paul Rubens, Anbetung der Könige, Kupferstich*

23 *Johann Christoph Rincklake, Kreuzigung Christi, Münster, Westfälisches Museum für Kunst und Kulturgeschichte, 1810?*

24 *Gabriel Bodenehr nach Johann Georg Ziesenis, Fürstbischof Friedrich Wilhelm von Westphalen, Schabkunstblatt*

25 Jodokus Matthias Kappers, *Junge Dame aus der Familie von Senden*, Privatbesitz, um 1770

26 Johann Georg Ziesenis, Marquis de Tilly, Heidelberg, Kurpfälzisches Museum, 1753

27 Johann Heinrich Tischbein d. Ä., Landgraf Wilhelm VIII. von Hessen, Eichenzell bei Fulda, Hessische Hausstiftung, Museum Schloß Fasanerie, 1753

28 Johann Georg Ziesenis, Anna Amalia von Sachsen-Weimar-Eisenach, Wolfenbüttel, Lessinghaus, Leihgabe S. K. H. des Prinzen von Hannover, um 1769

29 Johann Heinrich Tischbein d. Ä., Junge Dame mit Fächer, Augsburg, Städt. Kunstsammlungen, 1752/53

30 Geseke, ehem. Franziskanerkirche, Hochaltar mit dem Gemälde A. J. Stratmanns, A 2 (Aufnahme 1985)

31 Rüthen-Altenrüthen, kath. Pfarrkirche, Inneres nach Osten, Hochaltar und Kreuzaltar mit Gemälden A. J. Stratmanns, A 1, A 4 (Aufnahme 1911)

32 Wünnenberg-Fürstenberg, kath. Pfarrkirche, Meinolfusaltar mit dem Gemälde A. J. Stratmanns, A 10 (Aufnahme 1975)

33 Paderborn, Dom, Altar der Marienkapelle mit dem Gemälde A. J. Stratmanns, A 13 (Aufnahme 1965)

34 Warburg-Germete, kath. Pfarrkirche, Inneres nach Osten mit den Gemälden A. J. Stratmanns, A 32-35 (Aufnahme 1934)

35 Münster, Schloßkapelle, Inneres nach Osten mit dem Altargemälde A. J. Stratmanns, D 9 (Aufnahme um 1930)

36 Münster, Schloß, Decke des Treppenhauses mit dem übermalten Gemälde A. J. Stratmanns, D 23 (Aufnahme um 1930)

37 Münster, Schloß, Großer Saal. Für die Decke war ein Gemälde A. J. Stratmanns vorgesehen, D 24 (Aufnahme 1931)

38 Brakel-Rheder, Schloß, Gartensaal mit den Porträts A. J. Stratmanns, C 24, 27-32, 47-49 (Aufnahme 1958)

39 Münster, Schloß, Fürstensaal mit den Porträts A. J. Stratmanns, D 29-34 (Aufnahme um 1930)

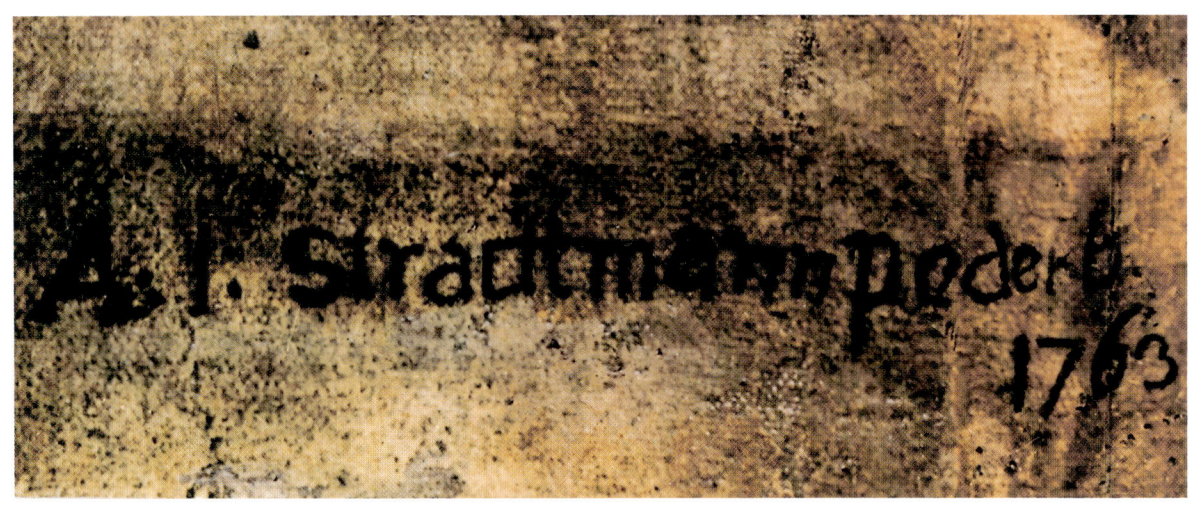

40 A. J. Stratmann, Signatur auf dem Gemälde Himmelfahrt Mariens, Erwitte, kath. Pfarrkirche St. Laurentius, Abb. 52 (A 3)

41 A. J. Stratmann, Signatur auf dem Gemälde Kreuzigung Christi, Rüthen-Altenrüthen, kath. Pfarrkirche St. Gervasius und St. Protasius, Abb. 53 (A 4)

42 A. J. Stratmann, Signatur auf dem Gemälde Kreuzigung Christi, Dingelstedt-Huysburg, Benediktinerkloster- und Pfarrkirche St. Maria Aufnahme, Abb. 72 (A 23)

43 A. J. Stratmann, Brustkreuz des Hildesheimer Domkapitels von 1739, Ausschnittvergrößerung aus Abb. 125 (C 29)

44 A. J. Stratmann, Brustkreuz des Paderborner Domkapitels von 1722, Ausschnittvergrößerung aus Abb. 125 (C 29)

45 A. J. Stratmann, Brustkreuz des Münsterschen Domkapitels von 1721, Ausschnittvergrößerung aus Abb. 126 (C 36)

46 A. J. Stratmann, Brustkreuz des Osnabrücker Domkapitels von 1730/32, Ausschnittvergrößerung aus Abb. 126 (C 36)

47 A. J. Stratmann, Brustkreuz des Fuldaer Stifts- und späteren Domkapitels von 1731, Ausschnittvergrößerung aus Abb. 143 (C 47)

48 A. J. Stratmann, Brustkreuz des Paderborner Domkapitels von 1784, Ausschnittvergrößerung aus Abb. 151 (C 57)

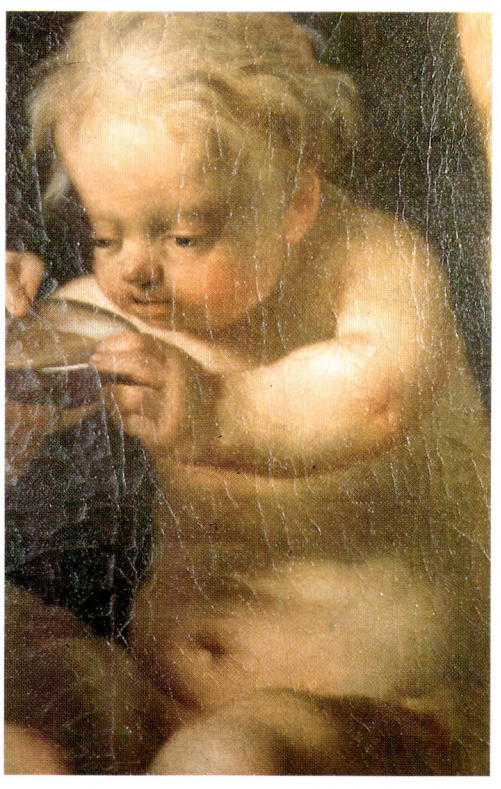

49 A. J. Stratmann, Putto mit Schale, Detailaufnahme zu Abb. 90 (B 3)

50 A. J. Stratmann, *Verehrung der hl. Eucharistie durch Engel*, Rüthen-Altenrüthen, kath. Pfarrkirche St. Gervasius und St. Protasius, 1760, A 1

51 *A. J. Stratmann, Anbetung der Hirten, Geseke, kath. Kirche St. Johannes Bapt., um 1760/65, A 2*

52 A. J. Stratmann, Himmelfahrt Mariens, Erwitte, kath. Pfarrkirche St. Laurentius, 1763, A 3

53 A. J. Stratmann, Kreuzigung Christi, Rüthen-Altenrüthen, kath. Pfarrkirche St. Gervasius und St. Protasius, 1765, A 4

54 A. J. Stratmann, Taufe Christi, Meschede, Haus Laer, Kapelle St. Johannes d. T., 1767/68, A 5

55 A. J. Stratmann, *Hostienwunder des hl. Antonius*, Paderborn, Franziskanerkloster, 1760er Jahre, A 6

56 A. J. Stratmann, Vision des hl. Johannes von Matha und des sel. Felix von Valois, Brakel-Rheder, kath. Pfarrkirche
    St. Katharina, um 1770, A 7

57 A. J. Stratmann, Maria Immaculata mit den Jesuitenheiligen Ignatius, Franz Xaver, Stanislaus und Aloysius, Büren, ehem. Jesuitenkirche Maria Immaculata, 1774, A 8

58 A. J. Stratmann, Die hl. Trinität in Erwartung der zum Himmel auffahrenden Maria Immaculata, Büren, ehem. Jesuitenkirche Maria Immaculata, 1774, A 9

59 A. J. Stratmann, Hl. Meinulf, Wünnenberg-Fürstenberg, kath. Pfarrkirche Mariä Himmelfahrt, um 1775, A 10

60 A. J. Stratmann, Hl. Dreifaltigkeit, Höxter-Bruchhausen, kath. Pfarrkirche Mariä Himmelfahrt, Mitte 1770er Jahre, A 11

61 A. J. Stratmann, Himmelfahrt Mariens, Rüthen-Kallenhardt, kath. Pfarrkirche St. Clemens, 1776, A 12

62 *A. J. Stratmann, Maria Immaculata, Paderborn, Dom, Marienkapelle, 1770er Jahre, A 13*

63 A. J. Stratmann, Anbetung der Könige, Brilon, kath. Kirche St. Nikolai, ehem. Minoritenkirche, 1785, A 14

64 A. J. Stratmann, *Der hl. Johannes von Nepomuk vor dem Gnadenbild der Muttergottes in Altbunzlau*, Paderborn, Dom, 1785, A 15

65 A. J. Stratmann, Verkündigung Mariens, Paderborn, Erzbischöfliches Diözesanmuseum, 1785, A 16

66 A. J. Stratmann, Maria Immaculata, Nordkirchen-Südkirchen, kath. Pfarrkirche
    St. Pankratius, 1785/90, A 17

67 A. J. Stratmann, Himmelfahrt Mariens, Dingelstedt-Huysburg, Benediktinerkloster- und Pfarrkirche St. Maria Aufnahme, um 1787, A 18

68 A. J. Stratmann, Erzengel Michael im Kampf mit dem Satan, Borgentreich-Lütgeneder, kath. Pfarrkirche
St. Michael, 1788, A 19

69 *A. J. Stratmann, Madonna mit der Traube, Paderborn, Erzbischöfliches Diözesanmuseum, 1791, A 20*

70 *A. J. Stratmann, Hl. Liborius, Paderborn, Erzbischöfliches Palais, 1792, A 21*

71 A. J. Stratmann, Kreuzigung Christi mit Maria Magdalena, Nieheim-Sommersell, kath. Pfarrkirche St. Peter und Paul, 1792/93, A 22

72 A. J. Stratmann, Kreuzigung Christi, Dingelstedt-Huysburg, Benediktinerkloster- und Pfarrkirche St. Maria Aufnahme, 1794, A 23

73 A. J. Stratmann, Maria Immaculata, Dingelstedt-Huysburg, Benediktinerkloster- und Pfarrkirche St. Maria Aufnahme, 1794, A 24

74 A. J. Stratmann, Abendmahl, Coesfeld, ev. Pfarrkirche, ehem. Jesuitenkirche, 1794?, A 25

75 *A. J. Stratmann, Anbetung der Hirten, Paderborn, Erzbischöfliches Diözesanmuseum, 1795, A 26*

76 A. J. Stratmann, Hl. Petrus, Paderborn-Schloß Neuhaus, kath. Pfarrkirche St. Heinrich und Kunigunde, 1795/1800, A 27

77 A. J. Stratmann, Hl. Paulus, Paderborn-Schloß Neuhaus, kath. Pfarrkirche St. Heinrich und Kunigunde, 1795/1800, A 28

78 A. J. Stratmann, Hl. Blasius, Paderborn-Schloß Neuhaus, kath. Pfarrkirche St. Heinrich und Kunigunde, 1795/1800, A 29

79 A. J. Stratmann, Hl. Felix, Paderborn-Schloß Neuhaus, kath. Pfarrkirche St. Heinrich und Kunigunde, 1795/1800, A 30

80 A. J. Stratmann, Hl. Stephanus, Paderborn-Schloß Neuhaus, kath. Pfarrkirche St. Heinrich und Kunigunde, 1795/1800, A 31

81 A. J. Stratmann, Hl. Petrus, Warburg-Germete, kath. Pfarrkirche St. Nikolaus, 1797/98, A 32

82 A. J. Stratmann, Hl. Aloysius, Warburg-Germete, kath. Pfarrkirche St. Nikolaus, 1800/01, A 33

83 A. J. Stratmann, Hl. Josef, Warburg-Germete, kath. Pfarrkirche St. Nikolaus, 1800/01, A 34

84 A. J. Stratmann, Hl. Anna, Maria unterweisend, Warburg-Germete, kath. Pfarrkirche St. Nikolaus, 1800/01, A 35

85 A. J. Stratmann, Hl. Josef mit dem Jesusknaben, Brakel-Erkeln, kath. Pfarrkirche St. Petri Ketten, nach 1800, A 36

86 A. J. Stratmann, Hl. Petrus mit dem Hahn, Brakel-Erkeln, kath. Pfarrkirche St. Petri Ketten, nach 1800, A 37

87 A. J. Stratmann, Christus als Guter Hirte, Brakel-Erkeln, kath. Pfarrkirche St. Petri Ketten, nach 1800, A 38

88 A. J. Stratmann, Spielende Putten mit Ziegenbock, Hildesheim, Roemer-Museum, 1763, B 1

89 A. J. Stratmann, Spielende Putten mit Ziegenbock, Hildesheim, Roemer-Museum, 1763, B 2

90 A. J. Stratmann, Spielende Putten, Hildesheim, Roemer-Museum, 1763, B 3

91 A. J. Stratmann, *Jagdstilleben mit erlegtem Hasen*, Privatbesitz, 1797, B 4

92 A. J. Stratmann, Hermann Werner von der Asseburg, Privatbesitz, bald nach 1755, C 1

93 A. J. Stratmann, Anna Sabina Dammers, Privatbesitz, frühe 1760er Jahre, C 3

94 A. J. Stratmann, Nikolaus Dammers, Privatbesitz, frühe 1760er Jahre, C 2

95 *A. J. Stratmann, Fürstbischof Friedrich Wilhelm von Westphalen, Privatbesitz, bald nach 1763, C 4*

96 A. J. Stratmann, *Fürstbischof Friedrich Wilhelm von Westphalen*, Hildesheim, Roemer-Museum, bald nach 1763, C 5

97 A. J. Stratmann, Fürstbischof Friedrich Wilhelm von Westphalen, Privatbesitz, bald nach 1763, C 6

98 A. J. Stratmann, Fürstbischof Friedrich Wilhelm von Westphalen, Privatbesitz, bald nach 1763, C 7

99 *A. J. Stratmann, Fürstbischof Friedrich Wilhelm von Westphalen, Privatbesitz, bald nach 1763, C 8*

100 A. J. Stratmann, Fürstbischof Wilhelm Anton von der Asseburg, Privatbesitz, bald nach 1763, C 13

101 A. J. Stratmann, Fürstbischof Wilhelm Anton von der Asseburg, Privatbesitz, bald nach 1763, C 10

102 A. J. Stratmann, Fürstbischof Wilhelm Anton von der Asseburg, Privatbesitz, bald nach 1763, C 11

103 A. J. Stratmann, Fürstbischof Wilhelm Anton von der Asseburg, Privatbesitz, bald nach 1763, C 12

104 A. J. Stratmann, Philipp von Spiegel, Privatbesitz, vor 1769, C 16

105 A. J. Stratmann, *Maria Theresia von Wolff-Metternich, Privatbesitz, um 1766, C 15*

106 A. J. Stratmann, Clemens August von Wolff-Metternich, Privatbesitz, um 1766, C 14

107 A. J. Stratmann, Clemens August (I.) von Westphalen, Münster, Westfälisches Landesmuseum für Kunst und Kulturgeschichte, um 1765/70?, C 17

108 A. J. Stratmann, Clemens August (I.) von Westphalen, Privatbesitz, um 1765/70?, C 17 b

109 A. J. Stratmann und Werkstatt?, Clemens August (I.) von Westphalen, Privatbesitz, um 1765/70?, C 17 a

110 A. J. Stratmann und Werkstatt?, Clemens August (I.) von Westphalen, Privatbesitz, um 1765/70?, C 17 c

111 A. J. Stratmann, Therese Isabella von Westphalen, Privatbesitz, um 1765/70?, C 18

112 A. J. Stratmann, Ferdinandine von Westphalen, Privatbesitz, um 1765/70?, C 19

113 A. J. Stratmann, Ferdinandine von Westphalen, Privatbesitz, um 1765/70?, C 20

114 A. J. Stratmann, Fürstbischof Friedrich Wilhelm von Westphalen, Privatbesitz, um 1765/70?, C 21

115 A. J. Stratmann, Clemens August oder Ferdinand Joseph von Plettenberg-Lenhausen, Privatbesitz, um 1765/70, C 22

116 A. J. Stratmann, Margeritha Malberg, Paderborn, Museum für Stadtgeschichte, um 1770/71, C 23

117 A. J. Stratmann, Ferdinand Mauritz Falco Franz von Mengersen, Privatbesitz, vor 1772, C 24

118 A. J. Stratmann, Ferdinand Mauritz Falco Franz von Mengersen, Privatbesitz, vor 1772, C 25

119 A. J. Stratmann, Ferdinand Mauritz Falco Franz von Mengersen, Privatbesitz, vor 1772, C 26

120 *A. J. Stratmann, Friedrich Christian von Mengersen, Privatbesitz, vor 1772, C 30*

121 A. J. Stratmann, Franz Joseph von Mengersen, Privatbesitz, vor 1772, C 27

122 A. J. Stratmann, Sophie Antoinette von Mengersen, Privatbesitz, vor 1772, C 28

123 A. J. Stratmann, Burchard Bruno von Mengersen, Privatbesitz, vor 1772, C 31

124 A. J. Stratmann, Maria Theresia von Mengersen, Privatbesitz, vor 1772, C 32

125 A. J. Stratmann, Clemens August Constantin von Mengersen, Privatbesitz, vor 1772, C 29

126 A. J. Stratmann, Johann Matthias oder Franz Karl von Landsberg, Privatbesitz, 1774?, C 36

127 A. J. Stratmann, Florenz Karl Joseph Harsewinkel, Detmold, Westfälisches Freilichtmuseum, 1774, C 33

128 A. J. Stratmann, Johannes Baptist Christoph Franz Schürckmann, Rietberg, kath. Pfarrhaus St. Johannes Bapt., Mitte der 1770er Jahre?, C 34

129 A. J. Stratmann, Maximilian Friedrich von Plettenberg, Privatbesitz, 1775, C 35

130 A. J. Stratmann, Christine Therese Theodora Agnes Elisabeth von Haxthausen, Privatbesitz, 1774?, C 39

131 A. J. Stratmann, Anna Theresia von Landsberg, Privatbesitz, 1775?, C 38

132 A. J. Stratmann, Paul Joseph von Landsberg-Velen, Privatbesitz, 1775?, C 37

133 A. J. Stratmann, Hermann Werner von der Asseburg, Privatbesitz, 1776, C 40

134 A. J. Stratmann, Theresia von der Asseburg, Privatbesitz, 1776, C 42

135 A. J. Stratmann und Werkstatt?, Hermann Werner von der Asseburg, Privatbesitz, um 1776?, C 40 a

136 A. J. Stratmann, *Theresia von der Asseburg*, Privatbesitz, um 1776?, C 43

137 A. J. Stratmann, Hermann Werner von der Asseburg, Privatbesitz, 1777, C 41

138 Kupferstich nach A. J. Stratmann, Fürstbischof Maximilian Friedrich von Königsegg-Rothenfels, Münster, Westfälisches Landesmuseum für Kunst und Kulturgeschichte, um 1775/81, C 44

139 A. J. Stratmann, Fürstbischof Wilhelm Anton von der Asseburg, Münster, Stadtmuseum, um 1770/80, C 45

140 A. J. Stratmann, Fürstbischof Wilhelm Anton von der Asseburg, Paderborn, Priesterseminar, um 1777/82, C 46

141 A. J. Stratmann, Clemens August Bruno von Mengersen, Privatbesitz, um 1780?, C 48

142 A. J. Stratmann, Maria Anna Felicitas von Mengersen, Privatbesitz, um 1780?, C 49

143 A. J. Stratmann, Wilhelm Werner von Mengersen, Privatbesitz, zwischen 1776 und 1778, C 47

144 A. J. Stratmann, Friedrich Kreilmann, Privatbesitz, um 1780/85, C 52

145 A. J. Stratmann, Clemens August (II.) von Westphalen, Privatbesitz, zwischen 1779 und 1786?, C 50

146 A. J. Stratmann, Maria Antonia von Westphalen, Privatbesitz, zwischen 1779 und 1786?, C 51

147 A. J. Stratmann, Raban Heinrich von Haxthausen, Privatbesitz, 1783, C 53

148 A. J. Stratmann, Fürstbischof Friedrich Wilhelm von Westphalen, Büren-Wewelsburg, Kreismuseum Paderborn, 1783, C 54

149 A. J. Stratmann, Joseph II. von Habsburg-Lothringen, Privatbesitz, nach 1783?, C 55

150 A. J. Stratmann, Joseph II. von Habsburg-Lothringen, Paderborn, Franziskanerkloster, nach 1783?, C 56

151 A. J. Stratmann, Wilhelm Joseph von Weichs, Rüthen-Kallenhardt, Schloß Körtlinghausen, zwischen 1784 und 1786, C 57

152 A. J. Stratmann, François Gaspard de Jouffroy-Gonssans, Paderborn, Franziskanerkloster, 1795/96, C 58

153 A. J. Stratmann, Joseph Ernst von Hörde, Privatbesitz, um 1795/1800, C 59

154 A. J. Stratmann, Marienkrönung, Lippstadt-Bökenförde, Schloß Schwarzenraben, Kapelle, Deckengemälde, um 1765/70, D 2 (Aufnahme 1909)

155 A. J. Stratmann, Anbetung der Könige, Hildesheim, Dom, Dreikönigskapelle, 1773, D 4, (Aufnahme vor 1945)

156 A. J. Stratmann, Anbetung der Könige, Hildesheim, Dom, Dreikönigskapelle, 1773, D 4, (Aufnahme vor 1945)

157 A. J. Stratmann, Darbringung im Tempel, Hildesheim, kath. Seminarkirche, ehem. Kapuzinerkirche, 1772, D 3, (Aufnahme vor 1945)

158 A. J. Stratmann, Christus am Ölberg, Verbleib unbekannt, Anfang 1780er Jahre, D 8

159 A. J. Stratmann, Kreuzigung Christi, Münster, Schloß, Kapelle, 1783/84, D 9, (Aufnahme um 1930)

160 A. J. Stratmann, Fürstbischof Christoph Bernhard von Galen, Münster, Schloß, Fürstensaal, 1778-1784, D 29, (Aufnahme 1932)

161 A. J. Stratmann, Fürstbischof Ferdinand von Fürstenberg, Münster, Schloß, Fürstensaal, 1778-1784, D 30, (Aufnahme 1932)

*162 A. J. Stratmann, Fürstbischof Max Heinrich von Bayern, Münster, Schloß, Fürstensaal, 1778-1784, D 31,
(Aufnahme 1932)*

163 A. J. Stratmann, *Fürstbischof Friedrich Christian von Plettenberg, Münster, Schloß, Fürstensaal, 1778-1784, D 32, (Aufnahme 1932)*

164 A. J. Stratmann, Fürstbischof Franz Arnold von Wolff-Metternich, Münster, Schloß, Fürstensaal, 1778-1784, D 33, (Aufnahme 1932)

165 A. J. Stratmann, *Fürstbischof Clemens August von Bayern, Münster, Schloß, Fürstensaal, 1778-1784, D 34,
(Aufnahme 1932)*

166 A. J. Stratmann, Allegorie auf die segensreiche Regierung des Kurfürsten Maximilian Friedrich von Königsegg-
Rothenfels (Variante 1), Münster, Westfälisches Landesmuseum für Kunst und Kulturgeschichte, 1776, Detailaufnahme der Mittelgruppe, F 1

167 A. J. Stratmann, Allegorie auf die segensreiche Regierung des Kurfürsten Maximilian Friedrich von Königsegg-Rothenfels (Variante 1), Münster, Westfälisches Landesmuseum für Kunst und Kulturgeschichte, 1776, F 1

168 A. J. Stratmann, Allegorie auf die segensreiche Regierung des Kurfürsten Maximilian Friedrich von Königsegg-Rothenfels (Variante 2), Münster, Westfälisches Landesmuseum für Kunst und Kulturgeschichte, 1776, F 1

169 A. J. Stratmann, *Allegorie auf die segensreiche Regierung des Kurfürsten Maximilian Friedrich von Königsegg-Rothenfels (Variante 3)*, Münster, Westfälisches Landesmuseum für Kunst und Kulturgeschichte, 1776, F 2

170 A. J. Stratmann, *Allegorie auf die segensreiche Regierung des Kurfürsten Maximilian Friedrich von Königsegg-Rothenfels (Variante 4)*, Münster, Westfälisches Landesmuseum für Kunst und Kulturgeschichte, 1776, F 3

171 A. J. Stratmann, *Apotheose des Kaisers Titus*, Münster, Westfälisches Landesmuseum für Kunst und Kulturgeschichte, 1784, F 4

172 A. J. Stratmann, *Apotheose des Romulus*, Münster, Westfälisches Landesmuseum für Kunst und Kulturgeschichte, 1784, F 5

173 Rüthen-Kallenhardt, kath. Pfarrkirche St. Clemens, Hochaltar, Farbfassung von A. J. Stratmann, 1776, G 3

174 J. H. Stratmann, Hl. Johannes von Nepomuk in der Glorie, Höxter-Corvey, kath. Pfarrkirche St. Stephanus und Vitus, Vituskapelle, 1746, A 2

175 J. H. Stratmann, Die letzte Kommunion der hl. Maria Magdalena, Höxter-Corvey, kath. Pfarrkirche St. Stephanus und Vitus, 1746, A 3

176 A. F. Stratmann, Sophie Louise von Oeynhausen, Privatbesitz, 1791, A 2

177 A. F. Stratmann, Friedrich Christian von Oeynhausen, Privatbesitz, 1792, A 1

178 A. F. Stratmann, Karl Georg Ludwig von Oeynhausen, Privatbesitz, 1791, A 3

179 A. F. Stratmann, Regierungsrat Gerstein, Privatbesitz, 1797, A 5

180 A. F. Stratmann, Charlotte Clementine Gräfin zur Lippe, Detmold, Lippisches Landesmuseum, 1796, A 4

181 A. F. Stratmann, Auguste Henriette Casimire Wilhelmine Gräfin zur Lippe, Detmold, Lippisches Landesmuseum, bald nach 1804, A 9

182 A. F. Stratmann, Franz Wilhelm Harsewinkel, Privatbesitz, 1800, A 6

183 A. F. Stratmann, Maria Gertrud Harsewinkel, Privatbesitz, 1800, A 7

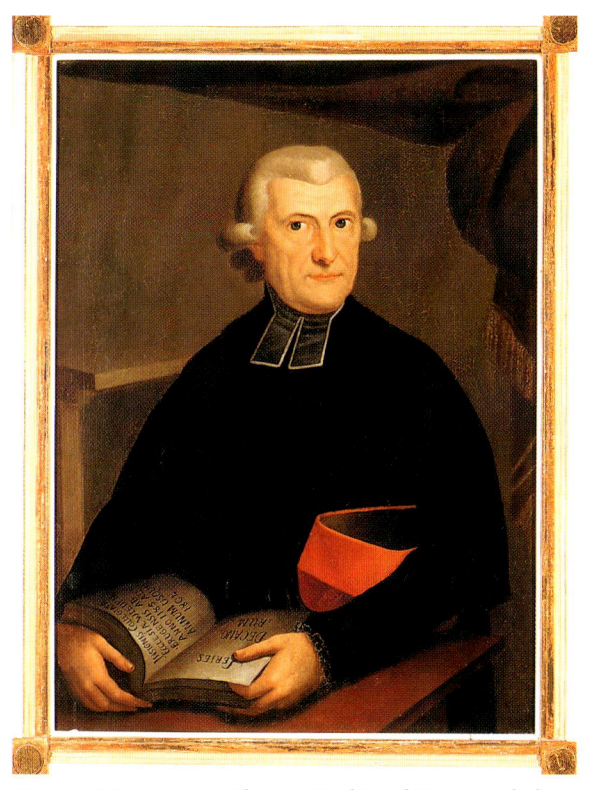

185 A. F. Stratmann, Friedrich Ferdinand von Hörde mit seinen Kindern Engelbert, Alexandrine und Antoinette, Privatbesitz, 1809, A 10

184 A. F. Stratmann, Florenz Karl Josef Harsewinkel, Detmold, Freilichtmuseum, nach 1801, A 8

186 A. F. Stratmann, Fürstbischof Ferdinand von Lüninck Höxter-Corvey, Schloß, Äbtegalerie, 1834, A 13

187 A. F. Stratmann, Hl. Johannes Ev., Verbleib unbekannt, B 7

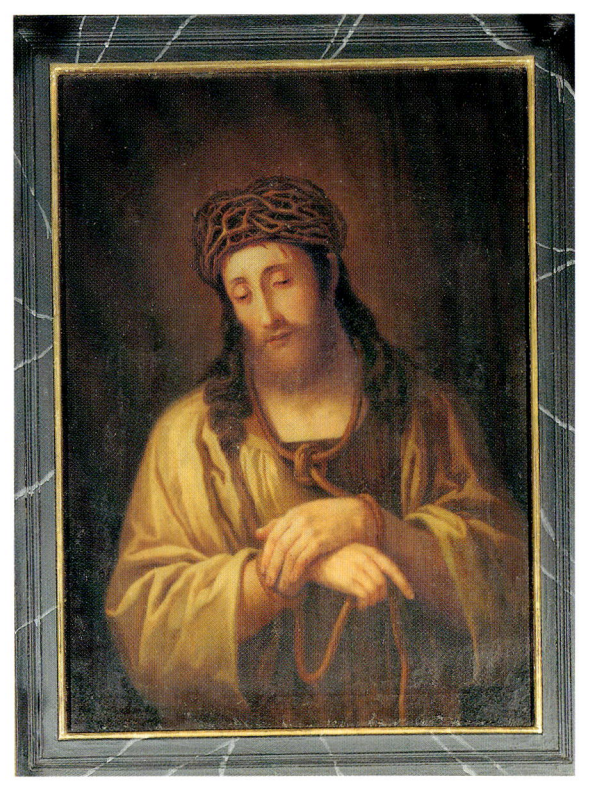

188 A. F. Stratmann, Ecce Homo, Paderborn, Dom, südl. Querhaus, Kreuzaltar, 1820, A 11

189 A. F. Stratmann, Hl. Josef mit Jesusknaben, Kreuz und Engel, Brakel-Beller, kath. Kapelle St. Josef Schutzfest, 1829, A 12

190 A. F. Stratmann, Hl. Familie, Marienmünster-
Großenbreden, Kapelle, 1837, A 14

191 A. F. Stratmann, Enthauptung Johannes' d. Täufers,
Paderborn, Erzbischöfliches Diözesanmuseum, A 15

Studien und Quellen zur westfälischen Geschichte
Band 30

Gabriele Buchenthal
Heinz Bauer

Heinrich Papen 1644-1719 /
Christophel Papen 1678-1735

Eine westfälische Bildhauerwerkstatt im Zeitalter des Barock

2. Auflage 1995.
292 Seiten. 230 Abbildungen, davon
17 vierfarbig. Gebunden
ISBN 3-87088-856-3

Die Bildhauerwerkstatt des Heinrich Papen und seines Sohnes Christophel aus dem sauerländischen Giershagen bei Marsberg war eine der führenden und schaffensreichsten Werkstätten der Barockzeit. Sie hinterließ einen umfangreichen Bestand an Kunstdenkmälern in mehr als 50 Orten im westfälischen und hessisch-waldeckischen Raum. Es gibt allein über 30 große Altäre mit vielen Figuren, Reliefs und reichem ornamentalen Schmuck. Darüber hinaus existieren große Grabdenkmäler, Epitaphien und Einzelobjekte. Die prachtvolle barocke Ausstrahlung aller dieser Werke hat die Kirchen und Klöster des hiesigen Raumes geprägt.

Das vorliegende Buch beschreibt im ersten Teil exakt die Entstehung, Entfaltung und besondere Art dieser Kunst. Im Mittelpunkt stehen die großen Kunstwerke wie die Seitenkapellen des Paderborner Domes oder die waldeckischen Grabmäler. Die Kunstwerke werden untersucht, in die Kunst ihrer Zeit eingeordnet und beurteilt.

Der zweite Teil enthält ein nach Orten alphabetsich angelegtes Verzeichnis der heute noch vorhandenen Papen-Werke mit ausführlicher Beschreibung. Hier liegt erstmals eine vollständige Kenntnis und Erfassung aller Werke der Giershagener Werkstatt vor.

Den dritten Teil bestimmt ein umfangreicher, neu erarbeiteter Bildteil, der das Schaffen der Werkstatt Papen umfassend in qualitätvollen Abbildungen veranschaulicht.

„Literaturverzeichnis, Sach- und Ortsregister runden das Werk ab. Der Text der Autorin Gabriele Buchenthal führt sowohl eine klare wie auch sensibel-einfühlsame Sprache, die Fotos – teils unter erschwerten Bedingungen entstanden – von Heinz Bauer erfüllen die Wünsche des Kunstfreundes durchaus. Nicht nur dem Fachmann ist somit ein gelungenes Werk in die Hand gegeben, gleichermaßen dem Kunstlaien, der die Region nun unter neuen Aspekten betrachten und erfahren kann."

Eckart Hachmann
DIE WARTE, Dezember 1994

BONIFATIUS
Druck · Buch · Verlag

Studien und Quellen zur westfälischen Geschichte

herausgegeben vom Verein für Geschichte und Altertumskunde Westfalens, Abteilung Paderborn:

Band 26:
Christoph Stiegemann
Heinrich Gröninger um 1578-1631
Ein Beitrag zur Skulptur zwischen Spätgotik und Barock im Fürstbistum Paderborn
1989. 402 Seiten. 358 Abbildungen. Gebunden.
ISBN 3-87088-589-0

Band 28:
Klaus Hohmann
Bauten des Historismus in Paderborn 1800-1920
1990. 359 Seiten. 234 s/w- und 40 Vierfarbabbildungen. Gebunden.
ISBN 3-87088-648-X

Band 29:
Michael Freiherr von Fürstenberg
„Ordinaria loci" oder „Monstrum Westphaliae"?
Zur kirchlichen Rechtsstellung der Äbtissin von Herford im europäischen Vergleich
1995. 460 Seiten. 8 s/w-Abbildungen. Gebunden.
ISBN 3-87088-695-1

Band 30:
Gabriele Buchenthal/Heinz Bauer
Heinrich Papen 1644-1719/
Christophel Papen 1678-1735
Eine westfälische Bildhauerwerkstatt im Zeitalter des Barocks
2. Auflage 1995. 292 Seiten. 230 Abbildungen, davon 17 vierfarbig. Gebunden.
ISBN 3-87088-856-3

Band 31:
Amalie Rohrer / Hans-Jürgen Zacher (Hg.)
Werl – Geschichte einer westfälischen Stadt
1994. 2 Bände. 1320 Seiten. Durchgehend illustriert. Gebunden.
ISBN 3-87088-844-X

Band 32:
750 Jahre Stadt Salzkotten
Geschichte einer westfälischen Stadt
Hg. von der Stadt Salzkotten und Detlef Grothmann
1996. 2 Bände. 1300 Seiten. Durchgehend bebildert, 32 Farbtafeln. Gebunden.
ISBN 3-87088-923-3

Band 33:
Dirk Strohmann
Anton Joseph Stratmann (1734-1807)
Leben und Werk eines Malers aus dem Paderborner Hochstift
1997. 301 Seiten. 121 vierfarbige, 70 s/w-Abbildungen. Gebunden.
ISBN 3-87088-989-6

Band 34:
Thomas Schöne
Das Soester Stadtrecht vom 12. bis zur Mitte des 15. Jahrhunderts
Zugleich ein Beitrag zur Entwicklung deutscher Stadtrechte im hohen und späten Mittelalter
1997. 332 Seiten. Gebunden.
ISBN 3-89710-016-9

Ältere Titel auf Anfrage noch lieferbar!

BONIFATIUS
Druck · Buch · Verlag